Volker Gerhardt

DER SINN DES SINNS

Volker Gerhardt

DER SINN DES SINNS

Versuch über das Göttliche

C.H.Beck

© Verlag C. H. Beck oHG, München 2014
Gesetzt aus der Adobe Garamond Pro und der TheSans: Janß GmbH, Pfungstadt
Druck und Bindung: CPI – Ebner & Spiegel, Ulm
Umschlaggestaltung: Uwe Göbel, München
Gedruckt auf säurefreiem, alterungsbeständigem Papier
(hergestellt aus chlorfrei gebleichtem Zellstoff)
Printed in Germany
ISBN 978 3 406 66934 7

www.beck.de

Dem Andenken meiner Mutter
Elsbeth Gerhardt
(28. 11. 1909—30. 8. 1995)
gewidmet

Inhalt

Vorwort

Glauben ist ein existenzieller Akt. Er umfasst das Ganze eines Individuums und bezieht es auf das Ganze einer Handlungs- oder Lebenslage. Den Glauben in dieser Leistung so zu beschreiben, dass seine Bedeutung für den Menschen kenntlich wird, ist die leitende Absicht des Buches. Es soll zeigen, dass wir vom Glauben nicht loskommen, solange wir noch etwas zu wissen glauben; es führt die Verschränkung von Wissen und Glauben vor und macht deutlich, mit welchen Erwartungen dies geschieht. Dabei vermag es aufzuweisen, dass sowohl mit der ansteigenden Reichweite des Wissens wie auch mit der anwachsenden Macht des technischen Könnens die Defizite größer werden, die dem Menschen scheinbar nur noch die Alternative zwischen Achselzucken und Glauben offenlassen. Ein verantwortlicher, ein dem Selbstverständnis des Menschen einzig angemessener Umgang mit der sich an den Grenzen von Wissenschaft und Technik zunehmend auftuenden Ratlosigkeit ist nur im Glauben möglich.

Damit soll nicht behauptet werden, dass jeder an Gott glauben muss. Zunächst ist nur gesagt, dass jede und jeder irgendetwas immer glaubt, sobald er ernsthaft etwas tut oder lässt. Das gilt selbst für den Schauspieler, der zwar nicht das glauben muss, was er auf der Bühne zu sagen hat, wohl aber, dass es für ihn gute Gründe gibt, Schauspieler zu sein und an Aufführungen mitzuwirken. Bei diesem alltäglichen Glauben setzt die Analyse an. Sie fragt, unter welchen Bedingungen sie steht und was ihr letztlich Sinn verleiht. Angenommen, der Künstler beruft sich nicht allein auf die Sorge um seinen Lebensunterhalt, sondern auch auf die Notwendigkeit der Kunst, ist er augenblicklich bei einem Sinn,

der jede ernste Absicht eines Menschen auch dort zu begründen vermag,
wo sein Wissen definitiv an eine Grenze stößt.

In diesem die Grenze des Wissens überschreitenden Sinn aber wird
das Wissen nicht bedeutungslos. Vielmehr wird es im Ganzen des
menschlichen Lebens überhaupt erst gewahrt und gesichert. Folglich ist
der Glauben nicht das, was sich vom Wissen löst; schon gar nicht das,
was ihm widerspricht, sondern das, was (in seinem stets gegebenen Ausgangspunkt im Wissen) den Zusammenhang zwischen Wissen und bewusster Lebensführung sichert. Glauben ist das Bewusstsein der Überschreitung des Wissens im Vertrauen auf ein Ganzes, zu dem (unter
Einschluss des Wissens) nicht nur einfach «alles», sondern insbesondere
das Individuum gehört, das den Glauben benötigt.

Früher hätte man eine Untersuchung der vorliegenden Art wohl
eine «natürliche» oder «rationale Theologie» genannt. Dagegen hätte
ich auch heute nichts einzuwenden, solange klar bliebe, dass diese Art
der Theologie seit ältesten Zeiten zur Philosophie gehört. Angesichts
der Tatsache, dass eine solche Einbindung gegenwärtig eher Befrem-
den auslösen dürfte, werden Anlage und Vorgehen der Untersuchung
mehrfach erläutert, um die systematisch zwingenden Übergänge
zwischen der Analyse empirischer, epistemischer und theologischer
Begriffe deutlich zu machen. Nach der ausdrücklich so benannten
Einleitung bieten auch die ersten beiden Kapitel Hinführungen begrifflicher und historischer Art, die alle das Ziel verfolgen, die drei-
fache Ganzheit aus Selbst, Welt und Gott zu erläutern, um die es im
religiösen Glauben geht.

Das Pathos der nachfolgenden Untersuchung ist darauf gerichtet,
die Rationalität des Glaubens auszuweisen. Glauben ist nicht nur auf
Wissen gegründet, sondern auch auf die Sicherung des Wissens bezogen. Was ihm in religiöser Erwartung vorschwebt, kann nur durch
die *Vernunft* ermittelt und angemessen nur durch *Vernunft* verteidigt
werden. Weil das so ist, treten Religionen seit Jahrtausenden mit *Lehren* auf, die, seit es sie gibt, umstritten sind. Auch wenn die Macht-
haber des Glaubens – und gewiss auch mancher Gläubige – es gern
anders hätten: Ihr Glauben schützt sie nicht vor Kritik. Das ist ein
Indiz für die innere Rationalität des Glaubens. Sie schließt aber das
Gefühl nicht aus. Solange die Vernunft auf das Interesse an ihr und

solange das Wissen auf Neugier angewiesen sind, wird auch der Glauben mit Hoffnung, Vertrauen und Liebe einhergehen. Deshalb verteidige ich den Glauben als *amor Dei*, scheue den Zusatz *intellectualis* nicht und stelle mich ausdrücklich in die Tradition der rationalen Theologie.

Das geschieht auch deshalb mit besonderem Nachdruck, weil es wesentlich philosophische Gründe sind, die mir die vorliegende Arbeit zu einem Anliegen gemacht haben. Ich stamme nicht aus einem Pfarrhaus, habe zu keiner Zeit mit dem Gedanken gespielt, Theologie zu studieren, und habe es tatsächlich auch nie getan. Stattdessen bin ich gleich zu Beginn meiner wissenschaftlichen Laufbahn gänzlich unspektakulär, ohne das Bewusstsein eines Bruchs und ohne die Absicht, jemanden zu empören oder zu beschämen, aus der Kirche ausgetreten. Fünfundzwanzig Jahre später habe ich diese Entscheidung revidiert – ohne Not und ohne äußeren Anlass, mit dem Glück eines Menschen, der etwas Verlorenes wiedergefunden hat.

Die bis dahin gewachsene Einsicht, dass eine systematisch verfahrende Philosophie das Problem des Göttlichen nicht umgehen kann, war daran nicht unbeteiligt. Mir war deutlich geworden, dass eine Erörterung von Zweifeln und Einwänden nicht genügt. Denn das Göttliche ist eine Macht im menschlichen Leben. Man muss fragen, was sie *bedeutet*, auch wenn man beste Gründe dafür hat, Gott nicht für einen wie auch immer beschaffenen Gegenstand zu halten. Wäre Gott ein Ding unter Dingen, ein «Etwas» (nur größer, mächtiger und klüger als alles, was uns sonst auf der Erde begegnet), wäre wohl kein Philosoph jemals auf die Idee verfallen, dieses Etwas als «Gott» anzusehen. Umso mehr ist die Philosophie seit mehr als zweieinhalbtausend Jahren darum bemüht, die Wirklichkeit und Wirksamkeit des Göttlichen angemessen zu erfassen. Dabei hat sie beachtliche Einsichten gewonnen. Doch die leuchten vielen heute offenbar nicht mehr ein. Deshalb kommt es darauf an, sie auf neue Weise verständlich zu machen.

Mit dieser gleichermaßen historischen wie systematischen Absicht unterbreite ich einen Vorschlag, der jüngste Einsichten aufnimmt, ohne damit ältesten Erkenntnissen zu widersprechen. Der historische Aspekt wird dabei nur beiläufig illustriert. Alle Anstrengung ist auf die sachliche Erörterung konzentriert, die zeigen soll, wie sehr das Göttliche zu der Welt gehört, in der wir uns als Menschen zu begreifen suchen. Der Schwierigkeit, das Neue verständlich zu machen, suche ich durch Anschaulichkeit und exemplarische Erläuterungen sowie durch eine einführende Einleitung Rechnung zu tragen.

Erneut schulde ich Vielen Dank. Aus dem großen Kreis derer, die mir Anregungen gegeben und mich oft schon durch ihr Interesse an meinen Überlegungen gefördert haben, möchte ich namentlich meine theologischen Kolleginnen und Kollegen erwähnen. Es sind Christine Axt-Piscalar, Helge Adolphsen, Jörg Dierken, Christof Gestrich, Wilhelm Gräb, Dietrich Korsch, Rudolf Langthaler, Eckart Reinmuth, Johannes Röser, Richard Schröder und Martina Trauschke. Mit ihrem Interesse haben sie keineswegs schon ihre Zustimmung zum Ausdruck gebracht; aber sie haben mir Zuversicht gegeben.

Aus der Philosophie hat mich vor allem der Gegenwind der Argumente von Birgit Recki, Marcus Willaschek und Héctor Wittwer gestärkt. Ähnlichen Gewinn habe ich aus dem «frommen» Atheismus Herbert Schnädelbachs gezogen. Martin Rosie hat durch aufmerksame Lektüre wesentlich zur Verbesserung des Textes beigetragen. Besonders geholfen haben mir die kritischen Nachfragen aus platonischer Sicht, denen mich Bettina Fröhlich ausgesetzt hat. Jonathan Beere danke ich für seine minutiöse Rekonstruktion des Gottesbegriffs bei Aristoteles.

Christian Polke, dem ich eine hilfreiche Aufklärung über Jacobi und gelehrte Urteile über Theologien und Religionsphilosophien der Gegenwart verdanke, war so freundlich, eine ältere Fassung des Manuskripts zu lesen. Die Menge der von ihm gestellten Nachfragen hätte mich zur Aufgabe meines Vorhabens genötigt, wenn nicht am Ende sein freundlicher Zuspruch überwogen hätte. Ich bin ihm für beides, Kritik und Ermunterung, verpflichtet und gestehe ihm zu, dass ich im Interesse der Schule die Parallelen zum amerikanischen Pragmatismus, zu den modernen Klassikern der Soziologie und zu manchem Theologen des 20. Jahrhunderts hätte ausziehen müssen. Aber wem schmerzlich bewusst ist, dass er Aristoteles und Cicero, Plotin, Augustinus und Nikolaus von Kues, Erasmus, Montaigne und Pascal, Spinoza, Leibniz und Rousseau, Spalding, Schleiermacher und Hegel einfach überspringt, auch Karl Jaspers und Dieter Henrich, denen er viel verdankt, kaum Erwähnung tat, der muss auf Verständnis rechnen können, wenn er einige ihm und seinen Lesern zeitlich näher stehende Autoren als weitgehend bekannt voraussetzt. Wenn von den Neueren etwas direkt aufgenommen wird, ist ein Nachweis hinzugefügt.

Schließlich habe ich den Zuhörern meiner beiden Berliner Vorlesungen zum Gottesproblem zu danken. Ihr Interesse, das sie trotz größter Skepsis nicht verloren haben, hat mir nicht nur manche ergänzende Erläuterung abgenötigt, sondern auch die Hoffnung gegeben, nicht unverständlich zu sein. Ich hätte nie gedacht, dass man auf dem Boden der ehemaligen «Hauptstadt der DDR» zwei Semester lang mit einer philosophischen Erörterung des Glaubens an Gott den Weierstraß-Hörsaal der Humboldt-Universität füllen kann.

Vorauszuschicken ist noch ein Wort zum Sprachgebrauch: Man kann «Glaube» und auch «Glauben» sagen. Theologisch dominiert der «Glaube» an Gott, und der Duden lässt beides zu. Lange Zeit habe ich über die Verwendung intuitiv nach dem Klang, gleichsam musikalisch, entschieden. Mit dem Nachdenken gewann ein rationaler Grund für nur eine Redewendung die Oberhand: Ich spreche nunmehr durchweg von «Glauben» statt von «Glaube», weil «Glauben» dem Verb nähersteht und damit *Haltung* und *Tätigkeit*, die der Glauben ist und die er von uns fordert, exponiert. Der Glauben ist kein fester Besitz, keine unter allen Bedingungen gleiche Fähigkeit, und er ist in allem ein uns stützendes, ein erhebendes Gefühl. Auch wenn wir ihn als ein Glück zu begreifen haben, das uns Kraft gibt, Schweres und Schwerstes zu bestehen, bleibt er dennoch eine Leistung, die uns das Leben nicht erst am Ende abverlangt, sondern tagtäglich von uns fordern kann, sobald es uns um etwas geht.

Berlin/Hamburg, den 25. Februar 2014

Volker Gerhardt

Einleitung
mit Fragen an das eigene Fach

«Gott ist das aller Mitteilsamste.»
(Meister Eckhart, Dt. Pred. 10)

1. Die Ausgangslage. Es ist noch gar nicht so lange her, da wurde das für alle Studierende obligatorische Eingangstutorium eines Philosophischen Instituts an einer großen deutschen Universität alljährlich mit der autoritativen Feststellung des tonangebenden Hochschullehrers eingeleitet, dass Gott tot sei. Gott, so sollten die Studienanfänger von vornherein wissen, sei in der Philosophie kein Thema mehr. Und das sei gut so, weil es Gott ja nicht mehr gebe.

Zum Glück ist es in diesem Institut nie so weit gekommen, dass man über niemanden gesprochen hat, der schon gestorben war. Die Texte toter Philosophen wurden durchaus noch behandelt, und wenn in ihnen das «Nichts» zur Sprache kam, konnte es auch erörtert werden. Aber der für tot gehaltene Gott war aus der Themenliste gestrichen. Den Verlust, den das für ein Fach bedeutet, das aus der Beschäftigung mit Gott erwachsen ist und das sich, wie kein anderes, mehr als zweitausendfünfhundert Jahre mit Gott befasst, konnten die Studienanfänger nicht ermessen. Doch das Armutszeugnis, das der renommierte Philosophielehrer sich selbst immer wieder von neuem ausstellte, hätte kaum größer ausfallen können. Zum Glück hält er sich inzwischen selbst nicht mehr an seine alte Maxime: Er ist zu einem der prononciertesten Kritiker des Glaubens geworden. Das nötigt ihn, viel von

Gott zu sprechen, und für seine scharfsinnigen Einwände verdient er den größten Respekt.

Man bedenke aber, dass der in vielen philosophischen Zusammenhängen über Jahre hinweg geforderte Verzicht auf die philosophische Beschäftigung mit dem Gottesproblem nach wie vor mit dem Zitat eines Philosophen begründet wird, der mit seinem Wort zunächst nur kenntlich machen wollte, wie schwer es dem Menschen fällt, von Gott loszukommen. Und selbst wenn es leicht fiele: Wie will man die Behauptung vom «Tod Gottes» erörtern, wenn über Gott nicht gesprochen werden soll? Wie will man sie verstehen, wenn man nicht zu ermitteln sucht, was die Vorstellung von Gott dem Menschen bedeutet – oder zumindest einmal bedeutet hat? Wie kann man als Philosoph an der Einsicht vorbei, dass die Großen des Fachs von Anfang an davon ausgegangen sind, dass die Gegenwart Gottes nirgendwo anders als im Selbstverständnis des Menschen liegt? Und sollte man als Philosoph tatsächlich vergessen haben, dass die Widerlegung der Beweise für die Existenz Gottes überhaupt erst die Voraussetzung für einen – auch wissenschaftlich angemessenen – Zugang zum Göttlichen geschaffen hat?

Friedrich Nietzsche hat sein Wort vom «Tod Gottes» zunächst einem «tollen Menschen» (*FW* 125) und wenig später auch der von ihm selbst erfundenen altpersischen Kunstfigur seines Zarathustra in den Mund gelegt (*Z, Vorr.* 2). Das hat ihn nie daran gehindert, über Gott zu sprechen. Damit soll nicht behauptet werden, dass er nicht auch selbst an seine literarisch stilisierte Todeserklärung glaubte. Seine späten Schriften lassen tatsächlich den Eindruck entstehen, die Zukunft des sich selbst überwindenden Menschen hänge daran, dass er auch Gott überwinde. Nietzsches *Antichrist* ist die aus tiefer Verletzung stammende Abrechnung mit jenen, die sich unter Berufung auf Gott zu entlasten suchen. Und er verachtet alle, die daraus einen Beruf oder ein Geschäft zu machen verstehen; erst recht jene, die damit Belastungen für andere erfinden, um sich selbst Vorteile zu verschaffen. Deshalb ist es nur konsequent, dass Nietzsche den die Liebe vorlebenden «Sohn Gottes», den «Hebräer Jesus», von seinem vernichtenden Urteil ausnimmt.

Je entschiedener seine Kritik sich Bahn bricht, umso mehr spricht Nietzsche von Gott. Und um sich durch ihn nicht länger dem Leben entfremden zu lassen, sucht er mit größter Intensität nach dem Sinn des

Glaubens an ihn. Niemals zuvor hat ein Denker seinen Lesern so anschaulich vor Augen geführt, was der Verlust des Glaubens für die Lebensführung des Menschen bedeutet. Bei Platon ist es der zeitweilige Rückzug der Götter, der die Menschen nötigt, die alleinige Zuständigkeit für die *polis* zu übernehmen – bis die Götter sich eines Tages wieder ihrer angestammten Aufgabe annehmen (*Politikos* 272d–274e). Ganz ähnlich betont Nietzsche die «Verantwortung», die der Mensch nach dem Tod Gottes zu tragen habe; nunmehr sei der Mensch als einziges Lebewesen mit dem «grossen Privilegium der Verantwortlichkeit» ausgezeichnet. Während der Tod Gottes am Kreuz noch ganz in die Verantwortung des göttlichen Vaters falle, vergieße der Mensch mit dem modernen Gottesmord sein eigenes Blut (*GM* 2, 2; *FW* 125).

Gesetzt, die mörderische Diagnose trifft zu: Wie kann der Mensch die von Nietzsche ins Ungeheuerliche gesteigerte Tat überhaupt verkraften? Hat er damit nicht die Erde von der Sonne «losgekettet»? Hat er nicht, wie mit einem «Schwamm», den «ganzen Horizont» weggewischt und das Meer «ausgetrunken»? Die Unterschiede zwischen oben und unten, rechts und links sowie zwischen Land und Meer sind aufgehoben, und alles, was dem Sinn des Menschen bislang einen Halt geben konnte, ist vernichtet. Damit ist der Sinn des menschlichen Handelns selbst verloren, und alles Dasein wird zu einem unausgesetzten Sturz: «Stürzen wir nicht fortwährend?» (*FW* 125).

Es ist klar, dass es unter diesen Bedingungen nicht nur nicht mehr möglich wäre, aufrecht zu stehen und geradeaus zu gehen: Auch das *Wissen* verlöre jeden Sinn, und mit ihm würden *Wissenschaft* und *Wahrheit* zu einem absurden Theater. Scheint es damit nicht konsequent, auch auf *Wahrhaftigkeit* gegenüber sich selbst zu verzichten (*FW* 344)? Damit aber wäre nicht nur jede *Erkenntnis*, sondern auch jede *Selbsterkenntnis* des Menschen obsolet.

Mit dieser Konsequenz – sofern unter diesen Bedingungen überhaupt noch von Konsequenz die Rede sein kann – reiht Nietzsche sich *via negationis* in die Ahnengalerie der von ihm geschmähten Philosophen ein: Denn von Sokrates und Platon bis hin zu Rousseau, Kant, Fichte, Schelling und Hegel ist die *Selbsterkenntnis* der Königsweg zur Einsicht in das Göttliche. Wenn der Gottesmord am Ende nun aber die Selbsterkenntnis des Menschen nicht nur unmöglich, sondern auch sinnlos macht, ist das gewiss das stärkste Argument, das je für die Unverzichtbarkeit Gottes vorgetragen worden ist.

Dabei ist Nietzsches Motiv höchst ehrenwert. Er glaubt, dass sich der Mensch durch die objektivistischen Suggestionen des Wissens und der Wahrheit von sich selbst ablenken lässt. Da er, noch ganz im Bann seiner religiösen Erziehung, annimmt, dass der Glauben an die Existenz Gottes Wissen und Wahrheit verbürgt, lastet er Gott die Schuld an der bis in die Seele des Einzelnen hineinreichenden Selbstentfremdung an. Dieser Einflussnahme von allerhöchster Stelle möchte er, erst recht im Bann seines pietistischen Erbes, ein Ende machen, damit der Mensch sich endlich «selbst überwinden» kann (*J, Nachgesang*). Nietzsche, hierin nunmehr ganz Romantiker, möchte auch noch das Innere des Menschen vor der *Entfremdung* bewahren. Während sich der politisch-ökonomisch orientierte Karl Marx damit begnügt, nur das Kapital unter Anklage zu stellen, und seine Epigonen auch die Technik und ein ganzes Sammelsurium von instrumentellen Leistungen für die Selbstgefährdung der Menschheit verantwortlich machen, ist es für den wahrhaft radikal denkenden Nietzsche das auf die *Wahrheit* gegründete *Wissen*, das die *décadence* unausweichlich macht.

Mit dieser hochtheoretischen Konstruktion, die ihn in den letzten Jahren seiner Autorschaft wiederholt beschäftigt, hat Nietzsche seine These von der Notwendigkeit des Todes Gottes begründet, zugleich aber auch das größte Fragezeichen hinter seine kühne Behauptung gesetzt. Denn abgesehen davon, dass er mit seinem Gottesbegriff weit hinter den Einsichten zurückbleibt, die in der Philosophie gerade mit Blick auf Wissen und Wahrheit längst gewonnen sind, muss er sich fragen lassen, was der Tod Gottes denn eigentlich erbringen soll, wenn der Gewaltakt den Menschen nicht zu der Selbstständigkeit befreit, in deren Verhinderung die angebliche Schuld Gottes liegen soll? Denn wenn nach seinem Tod sogar die Selbsterkenntnis ihren Sinn verliert, ist, zumindest für den von Nietzsche geforderten Menschen, alles verloren, weil es mit ihm auch sinnlos wird, von der «Selbstüberwindung» zu reden.

Aber das ist nicht alles. Nietzsche verlangt vom Menschen, sich mit dem Verzicht auf das Wissen auf die pure Leiblichkeit zu beschränken und seine Lebensmittel (einschließlich seiner geistigen Leistungen) allein aus der Selbstbezüglichkeit des Leibes zu gewinnen. So treffend und er-

hellend es ist, von der «grossen Vernunft des Leibes» zu sprechen (*Z* 1, 3):
Es kann gar nicht sein, dass die Vernunft allein aus der Selbstorganisation des *nur auf sich selbst* bezogenen Körpers hervorwächst. «Selbst»
und «Ich» laufen keineswegs nur am «Gängelband» des Leibes, der sich
mit ihrer Hilfe auf sich bezieht (*Z* 1, 3): Sie sind immer auch Funktionen
der sozialen Einbindung des Leibes in die (*mit* der Welt *auf* die Welt)
gerichteten *Verständigung* mit zahllosen anderen Leibern (*FW* 354).

Jeder reflexive Akt eines Leibes steht ursprünglich unter dem Einfluss
anderer ebenfalls reflexionsbegabter – und darin als *prinzipiell gleich* erfahrener – Leiber. Somit zieht die Entfremdung nicht erst mit dem Wissen und der Wahrheit ein; sie liegt bereits darin, dass jemand sich als
«Selbst» und «Ich» auszeichnet. Denn das tut ja jeder andere auch. Eine
rein leibliche Aktivität könnte die Funktion eines selbstbewussten Ich gar
nicht ausfüllen, weil es gar nicht am «Gängelband» nur *eines* Leibes
läuft, sondern *zwischen den Leibern* in einer *nicht bloß körperlichen Weise*
vermittelt. Erst in der (die Welt immer auch als *Mittel* einsetzenden) Verständigung kann sich der Leib als ein selbstbewusstes Individuum präsentieren. Und das, was er sich und seinesgleichen in dieser sozialen
Funktion *mitteilt*, ist eben das, was wir *bewusst* und *geistig* nennen.

Sosehr jeder Mensch Leib *ist*, der in die generative Kette vieler Leiber
gehört und sich nur im *sozialen* Konnex mit anderen Leibern erhalten
kann, so können sich die Menschen nur im Medium eines sie in jedem
Ausdruck und Eindruck bereits vorab verbindenden *Bewusstseins* durch
sachhaltige Mitteilung verständigen. Nur in diesem Bewusstsein können
sie «in sich» gehen, und nur in ihm können sie sich «äußern». Dieses auf
Mitteilung angelegte Bewusstsein nennt auch Nietzsche «Geist», dem er
in der Gestalt des «freien Geistes» zutraut, die *décadence* zu überwinden
und dem Menschen, trotz allem, eine Zukunft zu eröffnen.

Das hat Folgen, die Nietzsche durchaus hätte bedenken können.
Denn es ist ihm ja möglich, den Leib als «Gesellschaftsbau vieler Seelen» und das Bewusstsein als einen Akt der «Mitteilung» zu begreifen
(*J* 12 u. 19). «Bewusstsein», so sagt er, sei «eigentlich nur ein Verbindungs-
netz zwischen Mensch und Mensch» (*FW* 354). Aber eine Konsequenz
für das Selbstverständnis des Individuums zieht er daraus nicht. Der
Einzelne bleibt in sein «Bewusstseinszimmer» eingesperrt und kann nur
durch die «Spalten» in den Wänden etwas von dem erraten, was drau-

ßen vor sich geht (*WL* 1; 1, 877). Erst ein solches skeptizistisches Missverständnis legt es nahe, Wissen und Wahrheit als Agenten eines äußeren Zwangs anzusehen und sie als etwas Fremdes zu beargwöhnen. Deshalb kann Nietzsche auch kein Verständnis dafür haben, dass Gott, in dem der Mensch seine Wahrheit sucht, als das dem Menschen *Nächste* begriffen wird. Hier wird er tatsächlich zum Antipoden Platons und – zum Widersacher seiner selbst.

Zu solchen Antipoden und Widersachern müssten wir alle werden, wenn es uns gelänge, uns *nur* als Leib zu begreifen. Gewiss würde das manches erleichtern. So brauchte sich niemand die Mühe zu geben, ein «freier Geist» zu werden oder als ein solcher gelten zu wollen. Selbst das poetische Bild von der «Flamme», die wir «sicherlich» sein sollen (*SLR* 62; 3, 367), ließe sich nicht verstehen, weil es Wahrnehmung durch andere «Flammen» unterstellt. Das nur für sich selber flackernde Licht des Selbstbewusstseins kann nicht schon alles sein. Denn es liegt in der Logik des notwendig auf Andere und auf anderes seiner selbst bezogenen Bewusstseins, dass es als Licht auch anderen in deren Licht erscheint und sich dabei auf eine *Welt* bezieht, in der – neben dem Licht – auch das vorkommt, was im Licht erscheint. Und wenn wir, dem späten Nietzsche entgegenkommend, unterstellen, dass *alle* Menschen in *dasselbe* «Bewusstseinszimmer» eingesperrt sind, müsste derart viel Welt im Zimmer sein, dass es einfach lachhaft wäre zu behaupten, die «wahre Welt» sei außerhalb des Raums. Was man durch die Ritzen der Wände dieses Raums erraten könnte, kann in der Tat nur die «Hinterwelt» sein.

Die wirkliche Welt im gemeinsamen Verständigungsraum der Menschen, also die Welt, die Gegenstand, Voraussetzung und Rahmen aller bewussten Mitteilung ist, ist nun aber nicht ohne einen *Sinn* zu denken, den jeder sowohl *in ihr* wie auch *in sich* zu finden vermag. Und dieser, gewiss nur im Bewusstsein vorkommende, notwendig auf Andere und anderes bezogene *Sinn*, steht unter der Erwartung, *allen*, die über Bewusstsein verfügen, etwas zu *bedeuten*. Kann das aber sein, wenn vorab entschieden sein soll, dass es unsinnig ist, nach seiner *Bedeutung* zu fragen? Kann diese Bedeutung ohne die *Wahrheit* sein, die wir auf geradezu natürliche Weise mit ihr verbinden? Müssten wir nicht wenigstens an sie *glauben*, damit die *Bedeutung ihre Bedeutung* oder der *Sinn seinen Sinn* behält?

2. «Vielleicht alles sinnlos?» Die aus der kritisch prüfenden Lektüre Nietzsches folgenden Fragen an das eigene Fach verweisen auf Bewusstseinsleistungen, die ein in Gemeinschaft mit seinesgleichen lebendes, technisch hantierendes, auf Zukunft gerichtetes und unvermeidlich unter Unsicherheitsbedingungen stehendes Dasein ermöglichen. Man braucht den Erwägungen nur wenige Schritte nachzugehen, und schon kann man nicht mehr behaupten, die «Wirklichkeit» und die «Wahrheit» könne es nicht geben. Es gibt sie zumindest in dem *Sinn*, in dem wir uns verständigen. Und obgleich wir uns häufig missverstehen, ist doch an der Tatsache der Verständigung so wenig zu zweifeln wie daran, dass sie nicht ohne den Unterschied zwischen «wahr» und «falsch» auskommen kann. Sie ist überdies darauf angewiesen, sich auf *Tatbestände* in der Welt zu beziehen, und kann daher auch nicht leugnen, dass sie die *Welt* mindestens als Rahmenbedingung ihrer semantischen Leistungen benötigt.

Die Welt ist damit nicht nur die notwendige Voraussetzung zwischenmenschlicher Kommunikation, sondern auch des jeweiligen Selbstverständnisses der an ihr beteiligten Individuen. Im logischen Schluss auf die Welt haben wir den Eindruck, von ihr zu *wissen*; im Großen und Ganzen aber können wir nur darauf *vertrauen*, dass sie so, wie wir sie aufgrund vergleichsweise geringer Kenntnisse erschließen, tatsächlich ist und bleibt.

Das aber heißt: Wir *glauben* an die Welt, in der wir sind. Und sie kann von uns, wenn sie uns in einer exemplarischen Ansicht als übergroß und übermächtig, vielleicht sogar als staunenswert, schön oder erhaben gegenübertritt, als *göttlich* erfahren werden. Und wenn wir das *Göttliche der Welt* als etwas uns *personal Entsprechendes* annehmen, können wir es, sofern wir uns *selbst als Person* begreifen und in ihr ein persönliches Gegenüber suchen, als *Gott* ansprechen. Das ist die theologische These des vorliegenden Buches.

Diese These bleibt von der Einsicht, nach der die Welt sinnlos «ist», unberührt. Für sich genommen, hat gar nichts einen Sinn – weder die Sonne noch der Mond, die Erde oder das Leben, das sich auf ihr regt. Mit dieser Feststellung hat schon Kant eine seiner frühen Vorlesungen begonnen (*Naturrecht* 27, 2,2, 1319). Demgegenüber bleibt Zarathustras Rede vom «Sinn der Erde» reine Poesie. Der schwer erkrankte, inzwi-

schen verstorbene Schriftsteller Wolfgang Herrndorf ließ sich mit einem
Zettel fotografieren, auf dem zu lesen steht: «Weltformel nicht in Sicht.
Vielleicht alles sinnlos?» Das «Vielleicht» hätte er sich der tapfere Autor
ebenso sparen können wie das Fragezeichen. Wenn «alles» nur das ist,
was es in aufzählbaren Sachverhalten gibt, ist nichts sinnloser, als nach
dem Sinn der Welt zu fahnden.

Doch die Lage ändert sich augenblicklich, sobald wir, anstatt von
einer «Weltformel» objektive Auskunft zu erwarten, *von uns selbst* ausgehen und die «Selbstformel» als das Paradigma ernst nehmen, an das
alles Suchen nach Sinn und Bedeutung gebunden ist. Für die «Selbstformel» ist der Sinn bereits konstitutiv. Hier brauchen wir ihn noch
nicht einmal zu suchen, sondern er gehört bereits zu den allgemeinen
Bedingungen unserer Frage, die ohne ihn schon als Frage gar nicht
verständlich wäre. Wenn Helmuth Plessner 1946 von der «unergründ-
lichen Ergründbarkeit» der Welt spricht (*Mensch und Tier*, 8, 61), gibt
er dieser sich dem Menschen öffnenden Sinndimension der Welt einen
Namen. Die Sinndimension ist die Voraussetzung dafür, in der Welt
überhaupt nach einem Sinn suchen zu können. Man müsste schon das
Fragen verbieten, wenn man die Suche ausschließen will. Aber selbst
das Verbot würde noch einen Sinn verfolgen, nach dessen Sinn dann
vermutlich gar nicht oder nur in einem begrenzten Umfang gefragt
werden dürfte.

Wenn aber der Sinn in der Lage ist, eine Frage als Frage auszuzeich-
nen, kann er nicht, wie es wohl der herrschenden Ansicht entspricht, als
«bloß» subjektiv gelten. Denn in ihm müssen sich nicht nur verschiedene
Fragesteller, sondern auch alle einig sein, die ebenfalls eine mögliche
Antwort erwägen, ganz gleich, ob sie positiv oder negativ ausfällt. Über-
dies dürfte schwerlich zu leugnen sein, dass eine Frage zu den *objektiven
Strukturmerkmalen* einer ja stets von vielen Menschen gesprochenen
Sprache gehört. Also braucht man nur daran zu erinnern, dass sich
Fragen in verschiedenen Sprachen stellen und in der Regel auch in alle
Sprachen übersetzen lassen, um kenntlich zu machen, dass ihr *Sinn*
nicht nur ein Moment der gesprochenen Sprachen, sondern bereits des
Bewusstseins ist, das sich in ihnen artikuliert. Also hat der Sinn schon
im Bewusstsein des einzelnen Menschen einen Rang, der sich nicht als
«bloß» subjektiv qualifizieren lässt. Es ist vielmehr so, dass er nicht nur

eine *objektive,* sondern überdies eine die *Objektivität einer Mitteilung allererst ermöglichende Stellung* innehat.

Wir könnten selbst von einer «Weltformel» nicht sprechen, wenn es nicht den Sinn gäbe, der es uns ermöglicht, uns so auf die Welt und ihre Elemente zu beziehen, dass andere uns folgen. Gestehen wir unter diesen Bedingungen schließlich noch zu, dass es angemessen wäre, den stets gegebenen Anteil des *Selbst* in jeder möglichen Mitteilung über die *Welt* in Rechnung zu stellen, haben wir sogar darauf zu dringen, dass die Rede von einer «Weltformel» nur sinnvoll ist, wenn wir sie als «Selbst- *und* Weltformel» verstehen. Und in ihr ist der Sinn nicht etwas, das darin nicht gefunden werden kann. Er ist im Gegenteil das wesentliche Element, aus dem die Welt besteht, die freilich – als Welt – nur von einem Selbst gedacht werden kann.

Von diesem Sinn, in dem wir durchschnittlich leben, als sei er uns bekannt, und der uns verzweifeln lässt, sobald er fehlt (und dennoch die Verzweiflung trägt), handelt das vorliegende Buch. Es sucht zu zeigen, dass alles, was wir mit einer über den Augenblick hinausgehenden Sinnerwartung tun, auf einen tragenden Sinn des Daseins vertraut, in dem wir mit dem Ganzen verbunden sind. Unter dem Eindruck dieses uns stützenden und fördernden Sinns gewinnen wir die rationale Zuversicht, der zu sein, der wir sind oder sein möchten, um dort, wo es uns wichtig erscheint, über uns selbst hinauszugehen. Darauf beruht alles, was wir als kulturelle Leistung schätzen.

Suchen wir diesen Sinn zu benennen, haben wir die Freiheit, alles anzuführen, was uns so überzeugend erscheint, dass wir auf Zustimmung Gleichge*sinn*ter rechnen können. Was immer eine auf gute Gründe und ernste Absichten gestützte Einigkeit einer größeren Zahl von Menschen rechnen kann, kommt als ein solcher Sinn in Frage. In der Regel dürfte dabei der Anspruch bestehen, möglichst viele, vielleicht sogar alle Menschen in diesem Sinn vereinigt oder durch ihn erklärt zu sehen. In der Antike war vorzüglich vom *Ruhm,* vom *Glück* oder auch nur von der *Lust* die Rede, die mit der Erwartung langer Dauer verbunden war. Es gab auch den – bis heute zu findenden – Wunsch nach *ewigem Leben* und nach *Erlösung.*

Diese und andere Sinnerwartungen entstehen, wenn man ein im Leben sich stets nur begrenzt einstellendes Erleben ohne Unterbrechung und auf lange Sicht genießen können möchte. So kann das Gefühl der Überlegenheit oder des Erfolgs mit dem Verlangen nach Steigerung und nach Dauer verknüpft werden. Aber die Perspektive der Unendlichkeit ist keineswegs zwingend. Man kann sich auch mit einer als groß angesehenen und hoch bewerteten Aufgabe zufriedengeben, die man wenigstens in Angriff genommen und für die man alles gegeben hat, was in den eigenen Kräften steht. So dürfte man heute gewiss nicht wenige finden, die den Sinn ihres Lebens darin sehen, ihr Leben in großen Zügen, in äußerster Konzentration, in höchster Sichtbarkeit, mit allseitiger Anerkennung oder einfach bewusst, klug und exemplarisch zu führen. Manchen mag auch ein lange gesuchtes oder nie für möglich gehaltenes Glück im Augenblick genügen.

Alles dies ist möglich, und es ist durchaus mit Blick auf die Umstände, die vorhandenen Kräfte und die Ansprüche des Individuums zu begründen. Gleichwohl gibt es gute Gründe, allen diesen Sinnerwartungen einen sie fundierenden Sinn zu unterlegen, der ihnen einen von den jeweiligen inneren und äußeren Bedingungen unabhängigen Status verleiht. Und zur Kennzeichnung dieses allgemein gefassten, den Lebensvollzug im Ganzen fundierenden *Sinns* bietet sich, so meine ich, bis heute kein besserer Begriff an als der des *Göttlichen*. Und wo es einem Menschen gelingt, sich zu diesem Göttlichen in ein ihn *persönlich* berührendes Verhältnis zu setzen, hat er einen guten Grund, das Göttliche als *Gott* anzusprechen. Dagegen ist aus Sicht der Philosophie kein Einwand zu erheben, und es wird durch nichts entkräftet, was es Individuen im Einzelfall unmöglich macht, an ihrem Glauben festzuhalten.

3. Der Gang der Untersuchung.   Die in sechs Kapiteln vorgetragenen Überlegungen sind von der Überzeugung getragen, dass der Sinn des Menschen eine Realität ist, ohne die er nicht leben kann. Die vor uns liegende Analyse wird kenntlich machen, wie sehr uns der *Sinn* in unserer *physischen, sozialen, psychischen, logisch-semantischen* und *intellektuellen* Existenz umfasst; sie soll zeigen, wie *Glauben und Wissen* aufeinander angewiesen sind, und wie man das Göttliche als das begreifen muss, *was uns die Welt bedeutet.* Dabei stellt sich wie von selbst die Einsicht ein, dass es abwegig ist, nach der gegenständlichen Existenz Gottes auch nur zu fragen. Nicht weniger abwegig ist die Umkehrung des Kindermärchens vom «lieben Gott», der einst «im Himmel» gethront haben und nunmehr «tot» sein soll. Und vollkommen verdreht ist die Vermutung, Gott sei durch die «Schuld» der Wissenschaft treibenden modernen Menschen «getödtet» worden.

Demgegenüber ist deutlich zu machen, wie wenig man von sich und seiner Welt versteht, wenn man auf die Frage nach dem Sinn des eigenen Handelns verzichtet. Die ernst genommene Frage nach dem Sinn des eigenen Daseins ist es, die uns mit Notwendigkeit auf ihren existenziellen Grund: den unser Dasein tragenden *Sinn* aller uns wesentlichen *Sinnperspektiven* führt. Ihn kann man in Übereinstimmung mit einer zweieinhalbtausendjährigen philosophischen Tradition das *Göttliche* nennen, das in der Suche nach einem personalen Gegenüber als *Gott* angesprochen werden kann.

Die Deutung des Göttlichen als Sinn des Sinns hat eine Reihe begrifflicher Voraussetzungen, auf die im *ersten* Kapitel mit zunehmendem Ernst hingeführt wird. Das geschieht zum einen durch die Kritik an der populären Entgegensetzung von Glauben und Denken, hinter der die *vermeintliche Opposition von Glauben und Wissen* steht. Es geschieht zum anderen durch Überlegungen zum *Begriff des Ganzen*, der sich als die tragende Kategorie der Erörterung erweisen wird. Er muss nämlich nicht nur auf der Seite des *Daseins* und der *Welt*, sondern auch auf der des nach Einheit mit diesem Ganzen suchenden *Menschen* vorausgesetzt werden. Dabei wird augenblicklich klar, dass sich das *Ganze des Menschen* nur als das *zugehörige Gegenüber* des *Ganzen der Welt* begreifen lässt. Beide zusammen können als das sinntragende *Ganze* verstanden werden. Und erst bei diesem alle erlebten und erdachten Ganzheiten umfassenden Ganzen sind wir dem Begriff des Göttlichen nahe.

Im Buch ist so oft vom *Ganzen* die Rede, dass der Überdruss des Lesers vorhersehbar ist. Deshalb sei vorab die Vielfalt der Anwendung des Begriffs an jenen Fällen illustriert, die für die nachfolgenden Überlegungen entscheidend sind, ohne im Einzelnen zum Vortrag zu kommen:

– Der Mensch versteht sich, wann immer er etwas tut oder sich auf sich bezieht, *selbst* als ein Ganzes – als *Individuum* oder *Person*. Er versteht auch *sein Gegenüber* so – obgleich er von sich und von

seinem Gegenüber weiß, dass ein Individuum sich sehr wohl als
«teilbar», als widersprüchlich und in sich zerrissen erleben kann.

– Schon ein *Embryo* im Mutterleib muss aufgrund seiner physiologischen Einheit und mit Blick auf das, was aus ihm wird, als ein
Ganzes angesehen werden, sosehr er auch mit dem ihn ganz umgebenden anderen Körper verbunden ist. Doch noch in Bezug auf
den Embryo lässt sich der *Körper der Schwangeren* als ein Ganzes
begreifen, das er auch nach der Geburt bleibt.

– Nach seiner Geburt wird der Mensch in seiner nun auch physiologisch bestehenden Einheit und Ganzheit für jeden sichtbar. Wenn
alles gut geht, bleibt zunächst die *Mutter* die vorrangige Bezugs-
person. Aber das Ganze ist nun das *soziale Umfeld* in der empfundenen und erlebten Nähe. Eine Weile lang können Mutter, Vater,
Geschwister mit ihrer Umgebung zu dem Ganzen werden, das dem
Kind die Welt bedeutet.

– Im Gang der weiteren Entwicklung eines Menschen werden verschiedene Ganzheiten bedeutsam für ihn. Es können die *Sprache*,
die *Freunde*, die *Schule*, die *Heimat* oder, in der üblichen Abstraktion, die *Gesellschaft* sein. Wer sich emphatisch auf sich als *Mensch*
bezieht, dem ist die *Menschheit* das Ganze, in dem er sich begreift.

– Das Ganze, in dem eine Pflanze oder ein Tier sich behaupten, wird
als *Umwelt* bezeichnet. Die Umwelt des Menschen ist die *Welt*. Sie
ist das Ganze der von ihm wahrgenommenen, erkannten und begrifflich erschlossenen *Natur* und zugleich das *All* sämtlicher wirk-
licher und möglicher Sachverhalte überhaupt. Die zahlreichen Begriffe, die es für das All der Welt gibt, machen jeweils auf ihre Weise
klar, dass der Mensch eine Referenz zum *universalen Ganzen* benötigt, um überhaupt einen begrifflichen Bezug zu einzelnen Dingen
oder Vorgängen herstellen zu können. Dieses Ganze, das notwendig
alles in sich fasst, was überhaupt als Einzelnes erkannt werden kann,
hat den historischen und systematischen Anlass zur philosophischen
Rede von *Gott* gegeben.

– Alles Ganze steht in Relation zu dem, was es in sich fasst. So variiert
der Begriff des Ganzen auch in Relation zu dem Subjekt, das es
sinnlich oder begrifflich zu fassen sucht. Es ist ein Ganzes, dem der
Mensch mit seinen Fähigkeiten und Fertigkeiten gewachsen sein

will – ohne es in vollem Umfang begrifflich bestimmen zu können. Dieses das Ganze der Welt und des Selbst in ihrer bewussten Relation umfassende Ganze wird im Gang der Argumentation als *göttlich* ausgewiesen.

– Das ins Göttliche überhöhte Ganze des Daseins ist die Entsprechung des ins Personale erhöhten Ganzen unserer individuellen Existenz. Im Selbstbegriff unserer Person gehen wir sowohl über die naturalen wie auch über die sozialen Konditionen unserer Beziehung zur Umwelt hinaus und beanspruchen eine Eigenständigkeit, die sich in einem von allen Situationen unabhängigen *Identitätsbewusstsein des Einzelnen* behauptet. An ihm hängt die Überzeugung von einer (bis zum Heroismus steigerbaren) *existenziellen Konsistenz des Ich*, das auch im Augenblick radikaler Einsamkeit bei seinem Willen bleiben kann. Es begünstigt bis heute die Hoffnung auf eine über den Tod hinaus bestehende Beharrlichkeit der Seele. Das Gegenüber einer so exponierten (unbeugsamen oder «unsterblichen») Person kann nur ein gegenüber allem exponiertes (selbst unveränderliches und «ewiges») Ganzes sein, dem der Titel des *Göttlichen* gebührt.

– Wir benötigen das Göttliche somit als die *existenzielle Kondition eines personalen Begriffs unserer selbst*. Und diese existenzielle Bedingung erlaubt es, das Ganze so anzusprechen, als sei es selbst eine *Person*. So kommt es zur *Personalisierung des Göttlichen als Gott*, das so nur in Korrespondenz zur Person des unter dem Eindruck des Göttlichen stehenden Menschen genannt werden kann. Die Aufwertung findet somit auf beiden Seiten statt, und sie ist *existenziell* zu nennen, weil sie der einzelnen Person in ihrer Singularität einen universalen Rang verleiht.

– Vor Gott wird das Individuum *exemplarisch*. Damit ist, wenn auch erst gegen Ende des *fünften Kapitels*, die Rede von einem *personalen Verständnis Gottes* mit rein philosophischen Mitteln erläutert. Dass dabei die breite Palette des menschlichen *Sinns*, die Komplementarität von *Wissen und Glauben* und vor allem die alles grundierende Leistung des *Gefühls* eine Rolle spielen, wird in den vorangehenden Kapiteln mit dem Bemühen um Anschaulichkeit auseinandergesetzt.

Im *zweiten Kapitel* werden historische Positionen skizziert, die das Verständnis der nachfolgenden systematischen Überlegungen erleichtern sollen. Es sind nicht mehr als Illustrationen durch exemplarische Fälle aus der Geschichte der Philosophie. Vor dem Hintergrund der notorischen Selbstüberschätzung der Moderne sollen sie verständlich machen, warum die philosophische Erörterung des Gottesproblems auch heute noch in der Antike ansetzen kann. Nach einem kurzen Blick auf *Heraklit* und *Parmenides* wird am Beispiel *Platons* vor Augen geführt, dass Gott notwendig zu einer Welt gehört, die man zu verstehen glaubt. Dabei zeigt sich die Vielfalt, in der uns das Göttliche begegnet.

Das zweite Beispiel entnehmen wir dem Werk *Kants*, dessen notwendig zur Vernunftkritik gehörende Religionsphilosophie in ihrer gleichermaßen existenziellen wie sozialen Leistung dem Menschen das bietet, was ihm Wissenschaft, Moral und Politik allein nicht zu geben vermögen. Mit Blick auf die moderne Erfahrungswelt verweist Kant in methodischer Konzentration auf den, wie er sagt, «Wert» und «Sinn» des einzelnen Daseins. So kann jeder für sich das einholen, was Platon im Reichtum kosmischer, ästhetischer, ethischer und politischer Selbsterfahrung anschaulich macht.

Im *dritten* Kapitel beginnt die systematische Arbeit mit einer Analyse des die These des Buches tragenden *Begriffs des Sinns*. Alles ist darauf konzentriert, die Bedeutungsvielfalt des Begriffs durch die unterschiedlichen Ebenen zu erklären, auf denen er zur Anwendung kommt. Im Sinnbegriff liegen verschiedene Bedeutungsschichten neben- und übereinander, die eine beträchtliche Reichweite haben. Es sind *physiologische, soziale, affektive, logisch-semantische* und *intellektuelle Momente*, die es ermöglichen, im Sinn das Bindungs- und Bildungsmittel zu erkennen, das den Menschen auf seine Weise mit allem verknüpft, was für ihn Bedeutung haben kann. So kommt es zu einem fließenden Übergang in die Dimension des religiösen Sinns, in dem die gleichermaßen epistemische wie emotionale Verbindung des Individuums mit dem Ganzen seines Daseins gesucht wird.

Im *vierten* Kapitel wird gezeigt, dass *Glauben und Wissen* wechselseitig aufeinander angewiesen sind. Damit wird der immer wieder anzutreffenden Überzeugung, die Zunahme des Wissens führe zu einer sukzessiven Ersetzung des Glaubens durch Wissen, der Boden entzogen.

Kein Wissen kommt ohne Glauben aus, und es ist kein Glauben denkbar, der nicht auf Wissen beruht. Der umfassende, das Wissen nicht nur tragende, sondern auch überschreitende Charakter des Glaubens liegt wesentlich darin, dass er mitsamt seiner unerlässlichen epistemischen Gehalte als *Gefühl* verstanden werden muss. Auf die Ermittlung der emotionalen Dimension des Glaubens wird einige Mühe verwandt. Sie vermag es, anschaulich werden zu lassen, dass es tatsächlich das Ganze des Menschen ist, das nach einem Sinn im Ganzen des Daseins verlangt.

Das *fünfte* Kapitel entfaltet die im Titel des Buches zum Ausdruck gebrachte These, dass wir das Göttliche nur als etwas nicht Stoffliches, nicht Gegenständliches, aber gleichwohl unüberbietbar *Bedeutungsvolles*, nämlich als eine unser gesamtes Verstehen tragende, allgegenwärtige Größe verstehen können. Dazu ist es wichtig, das Göttliche als die *alles umfassende Welt* zu begreifen, zu der wir selbst gehören und die sich selber trägt – einschließlich unserer selbst. Ohne sie kann nichts Einzelnes, kein Wort, kein Satz, keine Tat, kein menschliches Dasein mit einem über es selbst hinausweisenden Sinn verbunden sein. Ohne diesen Sinn ist alles zwar dies und das – und dennoch kann es uns und unseresgleichen nichts bedeuten. Ohne Sinn bleibt die Welt ein Sammelsurium von Gegenständen und Vorgängen, von Daten und Fakten, die weder untereinander noch mit uns so verbunden sind, dass sie uns auch nur den geringsten Aufschluss darüber geben können, in welchem Verhältnis wir zu ihnen stehen und was wir so mit ihnen tun könnten, dass anzunehmen ist, daraus könnte ein nachvollziehbarer Vorteil erwachsen. Erst der leiblich fundierte Sinn mischt die stets sozial vermittelte Einsicht ins Selbst- und Weltverhältnis ein.

Der «Sinn des Sinns» verbindet alle im Einzelnen gegebenen Bedeutungen derart, dass sie *im Ganzen* eine Bedeutung für die Individuen haben können, die sich darin *selbst als ganze* zu erhalten und zu entfalten haben. Schon der Begriff des Sinns macht kenntlich, dass es nicht um eine einzige, objektive, für alle möglichen Wesen in allen möglichen Zeiten gültige Bedeutung gehen kann. Es bleibt uns verschlossen, welcher Sinn Lebewesen überzeugen könnte, von denen wir nichts wissen. Wir können es spüren, fühlen oder ahnen, aber *wissen* können wir es nicht.

Von anderen Lebewesen, die sich uns als Mitmenschen zu erkennen geben, können wir natürlich einiges wissen – und nicht nur das, was sie uns in Worten mitteilen. Wir können auf ihre Einstellungen schließen, können manches erraten und wissen vermutlich schon bald aus hirnphysiologischen Untersuchungen, ob und wie sie was bei welchen Anlässen empfinden oder vorstellen. Gleichwohl wird uns das, was sie in bestimmten Lagen so denken, wie es ihnen richtig erscheint, so lange verschlossen bleiben, als sie es uns nicht von sich aus mitteilen. Wo immer ihr ihnen selbst bedeutsames Denken gegen ihren Willen abgezwungen wird, ist ihr Recht auf Eigenständigkeit verletzt. Dieses Recht ist daher ausnahmslos zu garantieren, um den Ursprung des existenziellen Sinns zu sichern. Unter den Titeln der *Würde* und der *Integrität* ist das Ganze einer Person selbst gegenüber dem Ganzen der Welt – und somit ihr jeweils eigener Sinn – zu wahren.

Also ist der Sinn, der eine Wirklichkeit im menschlichen Dasein darstellt, als die offene Möglichkeit eines jeden Menschen zu schützen. Um was es dabei geht, wird mit der Formel vom «Sinn des Sinns» umrissen. Es ist das *Universelle*, das ohne *individuellen Zugang* noch nicht einmal gedacht werden kann. Der Sinn, der alles umspannen kann, ist in jedem Fall auf den einzelnen Menschen gegründet.

Wie vermessen wäre es, sich auszudenken, welchen Sinn ein Gott mit seiner Schöpfung verfolgt, und wie absurd, die weiter gehende Frage zu stellen, welchen Sinn er sich womöglich selbst mit seinem Dasein geben könnte – ganz abgesehen davon, dass man in seiner Lage, also in vollkommener Unabhängigkeit von allem, gar keinen Sinn benötigte? Hier wirkt die gleiche Logik wie beim Wissen und der Macht, die ihre Eigenart verlieren, wenn sie zum «Allwissen» oder zur «Allmacht» werden.

Deshalb muss von vornherein deutlich sein, dass die Rede vom «Sinn des Sinns» ihren Sinn allein aus der *Perspektive des Menschen* bezieht. Sie entspringt einem menschlichen Bedürfnis – und zwar einem hoch entwickelten Anspruch, der die Fähigkeit zu wissen und nach Gründen zu handeln voraussetzt. Der verbreiteten Ansicht, der Begriff eines Gottes dürfe nicht auf anthropologischen Konditionen beruhen, wird bereits mit der exponierten systematischen Stellung des Begriffs des Sinns widersprochen: Denn er setzt so offenkundig nicht nur bei somatischen und psychischen, sondern auch bei sozialen, kulturellen und intelligiblen Konditionen an, dass der humane Bezug des «Sinns des Sinns» außer Frage steht. Er macht klar, dass wir die Welt nur aus der Position des Menschen erschließen können, räumt aber der Empfindung, dem Gespür und dem Gefühl eine fundierende Rolle ein, die letztlich unter dem klärenden, nicht selten auch entscheidenden Anspruch des Wissens steht.

Genuin menschlich ist auch die Vergegenwärtigung der Welt, zu der wir selbst gehören. Und wenn wir sie nicht nur als das unermesslich Große und Unausdenkliche, sondern zugleich als das (nicht selten mit Furcht und Schrecken verbundene, gleichwohl) Anziehende, Erhebende und (wenn auch unerreichbar) Ideale annehmen können, dann kann uns diese uns ansprechende, herausfordernde und allemal einbeziehende Welt als das Göttliche erscheinen, über das hinaus zu denken oder zu hoffen, jeden Sinn verliert. In ihm haben wir die nicht allein durch die Welt, sondern auch durch uns selbst gegebene Grenze alles Wünschens und Verstehens. Und dennoch bricht an ihr nicht alles einfach ab, sondern es erfüllt sich an ihr.

Dieses Göttliche wird seit ältesten Zeiten als «heilig», als unverletzlich und unantastbar angesehen, und es folgt aus der zentralen Stellung des jeweils von einem Ganzen begriffenen Ganzen, dass die Person, die das Göttliche zu wahren weiß, sich ihm darin als angemessen zu begreifen sucht. So kann es als ein Moment des religiösen Glaubens angesehen werden, dass sich der Mensch im Respekt vor dem Heiligen heiligt.

Es ist, mit einem Ausdruck Kants, das «Allergenugsamste», in dem sich jeder denkbare Zweck der Welt in einer uns selbst befriedigenden Weise erfüllt. Anders als im ähnlich angelegten Begriff des Absoluten, ist der Begriff der «Allgenugsamkeit» (*Beweisgrund* 2, 151) anschaulich genug, um die Einheit von Innen und Außen sowie von Mensch und Welt im Begriff des Göttlichen zum Ausdruck zu bringen.

Obgleich das Verständnis des Göttlichen auf den Menschen bezogen bleibt, kann es nicht als etwas verworfen werden, das primär den Gattungsegoismus bestätigt. Denn so sehr das Göttliche den nach Sinn verlangenden Kräften des Menschen korrespondiert, steht es nicht in der Verfügung des Menschen. Es ist vielmehr die das Äußerste repräsentierende *Instanz der Welt*, vor der sich der Mensch als anerkannt begreifen kann. Vor ihr hat er die humane Chance, vor dem Absoluten nicht in Demut vergehen zu müssen. Das ihm zugewandte Göttliche der Welt macht es dem Menschen (selbst angesichts ihrer Ungeheuerlichkeit)

möglich, nicht nur schweigen zu können. Im Gegenteil: Erst die Vergegenwärtigung der Welt erlaubt es dem Menschen, *vor* dem Ganzen und
vom Ganzen des Daseins in seiner eigenen Sprache zu sprechen. Der
Mensch als «Emigrant der Natur» (*Plessner* 1946, 64), der sich unter Umständen genötigt sehen kann, alles zu verlassen, was ihm wichtig ist, und
der gar nicht selten von allen und von allem verlassen sein kann, braucht
den Sinn als das, was ihm selbst noch angesichts des Nichts einen Halt
geben kann. Ich sage nicht, dass dies das Göttliche ist oder sein muss.
Aber unter strikten begrifflichen Konditionen kann es nur das Göttliche
sein, das die Welt bedeutet, ohne ein Etwas *von* oder *aus* dieser Welt zu
sein. Und auch die Welt als Ganze kann den Titel des Göttlichen nur
tragen, sofern sie sich dem ihr eigenständig gegenüberstehenden Menschen öffnet. Da der Mensch natürlich *in* ihr steht, ist das ein mundaner
Akt unter den Bedingungen der gegensätzlichen Vielfalt der Welt.

Mit Bezug auf das Ganze der Welt bringt der Name *Gottes* noch
eine Steigerung – und zwar ins Innere des mitmenschlichen Daseins.
Das wird im Schlussabschnitt des *fünften Kapitels* zu zeigen versucht
und zu Beginn des *sechsten Kapitels* vertieft. *Gott* ist der Name für das
Göttliche, sofern es uns gelingt, es in Analogie zu unserer eigenen *Person*
zu verstehen. Mit Gott wird die im Göttlichen vergegenwärtigte Welt
zum bewegenden Moment, in dem wir uns selbst erkennen. Was immer
wir über das Göttliche sagen können, wird im Begriff Gottes derart
konzentriert, dass wir darin die äußerste Herausforderung unserer selbst
und im Fall des Scheiterns den aus nächster Nähe gespendeten Trost
erfahren können.

Im Glauben an Gott ergreifen wir die Möglichkeit, die uns in der
Wirklichkeit unserer individuellen Existenz als Befreiung oder Erlösung
erscheint: Wenn es mich selbst als den schier unglaublichen Fall eines so
und nicht anders beschaffenen Wesens gibt, warum sollte es dann nicht
möglich sein, das Ganze der Welt, das mir als Göttliches korrespondiert,
als eine Instanz zu begreifen, vor der ich auf ein persönliches Verständnis rechnen kann?

Wohlgemerkt: Man kann nicht den größten Wert darauf legen, dass
im Interesse eines angemessenen Sprechens über das Göttliche jede ver-
dinglichende Existenzbehauptung vermieden wird, um anschließend
mit der These aufzuwarten: «Gott *ist* Person». Worum es einzig geht, ist

die personale Vertiefung der den Sinn tragenden Korrespondenz zwischen Mensch und Welt: Mit dem Göttlichen wird das Ganze der Welt in eine Sinndimension gerückt, die den Menschen zu sagen erlaubt, dass sie ihnen etwas bedeutet. Die Welt geht den Menschen nicht nur etwas an, sondern sie eröffnet ihm einen Sinn, der ihn mit ihr verbindet. In ihm kann der Einzelne auch mit sich selber einig sein. Er kann sich ermutigt, ja begeistert fühlen, aber auch beruhigt und getröstet sein. Nur eine Welt, die ihm etwas bedeutet, kann er mit seinesgleichen als Raum gemeinsamen Handelns in Anspruch nehmen.

Mit dem Namen Gottes wird die Entsprechung zwischen Selbst und Welt *personalisiert*, so dass der Einzelne sich selbst in seiner Besonderheit auf das Göttliche beziehen und auf Verständnis hoffen kann. Mehr noch: In der personalen Beziehung auf ein personal verdichtetes Göttliches kann sich der Mensch nicht nur durch seine Vernunft und ihre soziale Verbindlichkeit, sondern auch im individuell erfahrenen Scheitern aller Vernunft dem Ganzen verpflichtet sehen. Genauer: Er kann ihm *vertrauen* – so wie der letzte Ausruf des Gekreuzigten oder die im Angesicht des Todes hinterlassenen Lebenszeichen der Verfolgten und Vernichteten die Lebenden hoffen lassen. Alles ist verloren, aber es bleibt noch ein Letztes, vor dem wir uns beklagen können oder bei dem wir auf Zuflucht hoffen dürfen. Darauf kommen wir im *Beschluss* zu sprechen.

Im *sechsten* und letzten Kapitel wird die Einsicht in den Unterschied zwischen dem persönlich erfahrenen, aber nicht auf eine Person adressierten *Göttlichen* und dem Glauben an einen *personalen Gott* vertieft. Der Glauben muss seine Kraft im Leben des Individuums beweisen. Er kann sich auf die ehrfürchtig-bewundernde Anerkennung eines alles Menschliche übersteigenden Höheren beschränken und, wie es in Nachahmung einer antiken Redeweise in der klassischen deutschen Literatur üblich war, sich mit der Ausrichtung auf ein *Göttliches* (*theios*) begnügen. Im Begriff des *Heiligen* ist das noch im 20. Jahrhundert einer luziden Analyse unterzogen worden (*Otto* 1917).

Der Glauben kann aber auch, ohne damit die der Logik des Glaubens gesetzten Grenzen zu überschreiten, eine der Person des Gläubigen korrespondierende *Person eines Gottes* imaginieren. Damit vervollständigt sich die Korrespondenz von Selbst und Welt in einer auf das Ganze ausgeweiteten Beziehung, die unter Menschen unerlässlich ist. Denn zur Person kommt es sowohl in genetischer wie auch in kommunikativer Perspektive nur im Gegenüber zu anderen Personen. Unter den Bedingungen eines Glaubens, in dem sich eine Person ihres Daseinssinns versichert, spricht daher nichts dagegen, dass sie auch im Ganzen des Seins ein personales Gegenüber sucht.

Wie wichtig das sein kann, zeigt sich darin, dass der Glauben notfalls die Kraft haben muss, dem von allen anderen verlassenen Individuum den *Trost* und die *Hoffnung* auf ein trotz allem mögliches gutes Ende zu geben. Die Religionen zeigen in den jeweils gegebenen kulturellen Formen Wege zu dieser zunächst kollektiven, letztlich aber individuellen Lebenshilfe auf. Obgleich sie damit eine eminente gesellschaftliche Aufgabe haben, so können sie das letztlich doch allein dadurch, dass sie dem *Individuum* den Weg zu *seinem* Einverständnis mit dem Ganzen, zu *seinem* Frieden und zu *seinem* Heil weisen. Dem widerspricht nicht, dass der geglaubte Gott nur ein Gott für *alle Menschen* sein kann. Doch die Einsicht in die für Genese und Kommunikation ursprüngliche Konstellation von Person zu Person macht es verständlich, dass unter den Bedingungen einer entfalteten Zivilisation der für *alle* zuständige Gott nur *einer* ist.

Die in den letzten Jahren aus leider nur zu berechtigten Gründen viel gescholtenen und dennoch missverstandenen monotheistischen Religionen scheinen in ihren Leitfunktionen ganz im Dienst an den Massen der Gläubigen aufzugehen. Tatsächlich haben sie Aufgaben in der Verkündigung ihrer an alle gerichteten Botschaft, in der Erziehung der Gläubigen, in der Hilfe für die Schwachen sowie in der Wahrung ihrer menschheitlichen Tradition. Aber ihr Erfolg als Religion kann nur darin liegen, *dass der Einzelne zu seinem Glauben findet*, ihm aus *eigenem Antrieb* folgt und aus ihm die Kraft schöpft, mit Zuversicht das zu tun, was er als *seine* Pflicht, *sein* Glück, *seinen* inneren Frieden oder als *sein* Heil begreift. Und wenn er darin ein *Beispiel für andere* geben kann, dann wirkt er im Sinn seines Glaubens in seine Gemeinschaft zurück.

Alles andere ist Beiwerk. Wo immer eine Religion nach politischer Macht strebt, wo sie Zwang ausübt und mit der Wahrheit dogmatisch oder diplomatisch umgeht, verfehlt sie ihren geistlichen Auftrag, der in nichts anderem bestehen kann, als Individuen zu helfen, ihren Glauben zu finden, so dass sie darin, notfalls auch ohne alle anderen, stark sein können. Dazu freilich bedarf es einer kollektiven Anstrengung. Also gehören die Gemeinschaften des Glaubens zu den unverzichtbaren Institutionen der menschlichen Kultur. Sie sind Einrichtungen der Bewahrung, Sicherung und Förderung einer religiösen Überlieferung und stehen im Dienst der Gläubigen. Denen helfen sie in der Führung und Gestaltung des Lebens, vornehmlich in den Fragen, die dessen Anfang und Ende betreffen. Darin können sie nur überzeugen, indem sie Anteil am Schicksal des Einzelnen nehmen und mit diesem Impuls für das Wohlergehen aller eintreten. Insofern formuliert das christliche Liebesgebot eine Regel, die für alle Glaubensgemeinschaften gelten sollte.

Um dieser Einsicht jeden missionarischen Zungenschlag zu nehmen, der den Verdacht erregen könnte, die Eigenständigkeit Andersdenkender werde nicht geachtet, enthält das *sechste Kapitel* eine knappe, auf die Evangelien und die Gründungsleistung des Apostels Paulus bezogene Erwägung zum Ursprung und zur Reichweite der christlichen Botschaft. In ihrem Zentrum steht die Überzeugung von der Gotteskindschaft des Menschen. In ihr erhält die Beziehung des Ganzen der Welt zum Ganzen der menschlichen Person einen Gehalt von genealogischer Anschaulichkeit. Den behält sie in der überlieferten Vorbildlichkeit des Lebens und Leidens des darin als göttlich erscheinenden Jesus von Nazareth. In ihrer theologischen Ausgestaltung eignet sich die christliche Botschaft dann in immer neuen Schüben die Welt- und Selbstkenntnis der Antike an und wird darin so produktiv, dass sie als Weltreligion den allmählichen Aufstieg der Wissenschaften begleiten und darin selbst wachsen kann. So kann man heute durchaus auf der Höhe einer wissenschaftlichen Einsicht und zugleich ein Christ im Geist des Evangeliums sein – wenn auch nicht notwendig auf dem Niveau einer von den Kirchen praktizierten Dogmatik.

Ein Zweites kommt hinzu: Die ganz auf die Individualität des Menschen gegründete Universalität des Christentums ist die erste, die sich nicht nur die in der Folge des Sokrates entstandenen Tugendlehren einverleibt, sondern die im Gebot der Liebe einen Herz und Verstand verbindenden Anspruch auf eine *friedliche Verständigung aller Menschen* erhebt. Dieses im Johannes-Evangelium und in den Briefen des Paulus entwickelte, das Selbstverständnis des Menschen umwälzende Verlangen ist zwar durch die Macht- und Staatsversessenheit der christlichen Kirchen immer wieder verraten worden; zum Glück aber fiel es nicht der Vergessenheit anheim. Das verdankt der christliche Glauben nicht zuletzt der Selbstverpflichtung auf verbindliche Texte, aus deren Deutung er eigene Fehler sichtbar machen und, wie wir hoffen, auch korrigieren kann.

Es ist nicht zu leugnen, dass die christlichen Kirchen im Gang ihrer zweitausendjährigen Geschichte nicht nur verhängnisvollen Irrtümern aufgesessen sind, sondern auch einen exemplarischen Lernprozess vollzogen haben, der erwarten lässt, dass sie sich nicht länger als das Opfer der Zivilisierung der Staatenwelt, sondern als deren kritische Begleiter verstehen. So könnten sie, nicht nur durch die urchristliche Botschaft, sondern auch durch ihre eigene Geschichte belehrt, zum beispielgebenden Anwalt globaler Verständigung werden. Damit könnten sie endlich dem weltgeschichtlichen Auftrag gerecht werden, der zum inneren Moment des Heilsversprechens der christlichen Lehre gehört.

Im *Beschluss* wird das Ergebnis mit Blick auf die eigene Zeit exemplarisch vergewissert. Die hier geplante Erinnerung an einige zwischen Antike und Moderne stehende Denker wie Nikolaus von Kues, Michel de Montaigne und Gottfried Wilhelm Leibniz ist entfallen; sie hätte nur bewusst gemacht, dass es im Nachdenken über das Göttliche nichts eigentlich Neues bedeutet, das Göttliche als «Sinn des Sinns» zu begreifen. Entfallen ist auch eine Explikation der das Buch tragenden Methode der narrativen Rekonstruktion [2002a, 18], die es mir unmöglich gemacht hat, den Inhalt in einer thetischen Fassung vorzutragen.

Verzichtet wurde auch auf eine Erläuterung meines in den Arbeiten der letzten Jahre ausdrücklich gemachten Ausgangspunkts, den man einen *humanitären Naturalismus* nennen kann. Er ist, um dies gegen umlaufende Missverständnisse zu sagen: nicht dualistisch, nicht reduktionistisch und nicht individualistisch, sondern vertritt, ohne Berührungsängste gegenüber der Metaphysik, einen empirisch ansetzenden existenziellen Rationalismus.

Stattdessen wird in einer auf unsere Gegenwart bezogenen Reflexion die säkularistische These von der Religion als Weltflucht zurückgewiesen, um im Anschluss daran zu zeigen, dass es im 20. Jahrhundert vornehmlich der Glauben gewesen ist, der dem Menschen die Kraft gegeben hat, sich gegenüber der Todesmaschinerie des Totalitarismus zu behaupten.

Diese die existenzielle Kraft des Glaubens außer Zweifel stellende Erfahrung wird die Zeitgenossen aber nur erreichen, wenn zuvor deutlich geworden ist, wie eng Glauben und Wissen auch in alltäglichen Handlungslagen verbunden sind. Dem Nachweis der Verbindung zwischen Glauben und Wissen gilt das ganze Buch. Gleichwohl eröffnen wir den *Beschluss* mit einem Beispiel, das wie eine Zusammenfassung gelesen werden kann. Es ist das Bekenntnis Charles Darwins, der zwar den Glauben an ein für sich bestehendes göttliches Wesen und an eine planvolle Schöpfungsordnung verloren hat, aber dennoch nicht darauf verzichten kann, Wissenschaft und Leben als eine Einheit zu begreifen, die nur durch Wissen gestiftet und allein in einem auf Liebe gegründeten Glauben gewahrt werden kann.

Doch so gefühllos es mit Blick auf die Schrecken des 20. Jahrhunderts auch erscheint: Im Ganzen des Buches halten wir daran fest, dass die Liebe zum Menschen, ebenso wie die Liebe zu sich selbst, die Wertschätzung der Welt zur Voraussetzung hat. Wir kommen nicht umhin, das Ganze zu achten, wenn wir unser Eigenes zu schätzen versuchen. Hier folge ich, vor allem auch im Ausgangspunkt bei den *Sinnen*, der *Sinnlichkeit* und dem vernünftigen *Sinn des Zwecks*, dem welt-, lebens-, leid- und lusterfahrenen Hamburger Dichter Barthold Heinrich Brockes. Mit Blick für das Kleinste, auch für das Künstliche und Technische, hat er den Reichtum theologischer Erfahrung *in der Welt* zu unüberbietbarer sinnlicher Anschauung gebracht. Alles Vergnügen ist «irdisches Vergnügen» – aber eben darin nichts anderes als «Vergnügen in Gott». Brockes, der allen Kapiteln das Geleit hätte geben können, hat den Ertrag des vorliegenden Buches in vier Verszeilen zusammengefasst:

[Wir] brauchen die Wunder unsrer Sinnen
Zu nichts, als Reichthum zu gewinnen,
Und das, was auf der Welt allein
Des Lebens Entzweck sollte seyn [...].»[1]

Kapitel 1

Das Ganze lässt sich nicht vergessen
Systematischer Impuls vor aktuellem Hintergrund

«Aber es gibt Nichts außer dem Ganzen!»
(Nietzsche, *GD*, 8; 6, 96)

1. Werbung und Abschreckung. Der Witz jener schon ein wenig be-
tagten Werbung eines schwedischen Möbelhauses: «Wohnst du noch
oder lebst du schon?» beruhte auf einer Alternative, die in Wahrheit
keine war und keine ist – und jeder, der den Reklamespruch las, wusste
das auch.

Wer – als Mensch, versteht sich – wohnen will, muss leben, und wer
leben möchte, muss wohnen können. Aber selbst wenn einer schlecht
wohnt, ist er damit noch nicht tot. Die Frage ist nur, ob man schon *gut*
lebt, wenn man nicht so wohnt, wie das Möbelhaus es gerne hätte. Offen
bleibt auch, was aus der Firma geworden wäre, wenn der lockere Spruch
die Adressaten dazu gebracht hätte, ihr selbstbestimmtes Leben nicht mit
dem Zusammenschrauben vorgefertigter Möbelteile zu vertun.

Der Reiz des Reklameeinfalls lag im ironischen Spiel mit dem Dop-
pelsinn von «Leben», das sich sowohl *deskriptiv* wie auch *normativ* verstehen lässt: Leben kann die Tatsache des Noch-nicht-gestorben-Seins,
aber auch den anspruchsvollen, zumindest komfortablen Vollzug des
Daseins meinen; es kann das «nackte» wie das «gute Leben» bezeichnen.

Die Werbung ist offenkundig auf das «gute Leben» bezogen. Doch
wer käme schon auf die Idee, seinen Traum vom guten Leben mit den
Produkten dieser Firma zu möblieren? Gleichwohl würde keiner in

Zweifel ziehen, dass sich mit ihnen passabel leben lässt, solange man sich noch keine richtigen Möbel leisten kann. Die Kunden verstehen das ganz richtig, wenn sie die preiswerten Möbel in dem Bewusstsein kaufen, dass es besser ist, erst einmal zu wohnen. Denn das ist, nach einem anderen Werbespruch des Möbelriesen, «besser als stehen». Wer pointierte Sprüche variiert, partizipiert am Sprachwitz der ersten Formulierung. Doch wenn man dabei deren Logik verfehlt, geht der Vorteil schnell verloren. So ist es, wenn man «wohnen» und «leben» durch «glauben» und «denken» ersetzt: *«Glaubst* du noch oder *denkst* du schon?»* Beim ersten Hören klingt diese von der antiklerikalen Giordano-Bruno-Stiftung in Umlauf gebrachte Variation plausibel, und es zeigt sich schnell, dass sie sich mühelos im Gedächtnis hält. Das ist eine günstige Voraussetzung für die mit ihr bezweckte Reklame gegen den Glauben. Aber taugt sie auch als Werbung für das Denken?

Sehen wir davon ab, dass vom Hintersinn der ersten Formel nichts bleibt und von Selbstironie keine Rede mehr sein kann: Alles ist auf den unterstellten Gegensatz von Denken und Glauben gegründet: «Schon» und «noch» nehmen das Epochenschema des Übergangs vom Zeitalter der Religion zu dem der Metaphysik und schließlich zu dem der positiven Wissenschaft in Anspruch und verkürzen den historischen Dreischritt auf den bereits durch Heben eines Beins zu bewältigenden Fortschritt vom Glauben zum Denken.

Und dieser eine Schritt ist mit der zur Selbstverständlichkeit gewordenen Erwartung verknüpft, dass die Zeit des Glaubens endgültig abgelaufen und nunmehr die des Denkens angebrochen sei. Jeder, der «noch» glaubt, hinkt seiner Zeit hinterher. Um aufzuholen, ist er es sich schuldig, nun endlich zum Denken überzugehen. Dabei ist das «schon» wohl nur dem variierten Werbespruch geschuldet. Denn selbst wenn einer ernsthaft an das «Glaubst du *noch* oder denkst du *schon?*» glauben sollte, kann er nicht der Ansicht sein, Denken sei eine Errungenschaft der letzten Jahrhunderte. Denken und auch Wissen muss es bereits viel früher gegeben haben.

2. Verschränkung von Glauben und Denken. Tatsächlich gehört das Denken zu den ältesten Leistungen der Menschheit. Es dürfte lange in Übung gewesen sein, ehe es einen prägnanten begrifflichen Sinn von

Glauben möglich gemacht hat. Es muss es aber auch in späteren Zeiten irgendwie gegeben haben, ehe jemand verstehen konnte, was Glauben und was Denken ist. Wie sollen wir jemanden als *gläubig* verstehen, wenn wir nicht wenigstens im Ansatz *begriffen* haben, was das ist? Wie sollte einer vom eigenen Glauben sprechen, der nicht über die Fähigkeit zum Denken verfügt? Was wäre das für ein Glauben, der nicht weiß, dass er sich vom Wissen unterscheidet?

Die Antworten liegen auf der Hand, und so zeigt sich das eigentlich Bedenkliche an der dogmatischen Aufrüstung eines verspielten Werbeeinfalls darin, dass er selbst *gedankenlos* ist. Dem Wortlaut nach optiert er für das Denken, kann aber selbst nicht auf Denken beruhen. Denn indem er das Denken zu dem macht, was auf den Glauben folgt, gibt er zu erkennen, wie fremd ihm nicht nur der Glauben, sondern auch das Denken ist. Es ist nicht nur ein Fehler zu meinen, das Denken lasse den Glauben hinter sich; es ist auch falsch zu glauben, der Glauben höre mit dem Denken auf.

Warum sollte man vom Glauben Abschied nehmen, um zum bloßen Denken überzugehen, wenn schon die Parteinahme für das Denken selbst auf einem Glauben beruht? Sowenig jemand ohne zu denken glauben kann, so unmöglich ist es ihm zu denken, ohne wenigstens daran zu glauben.[1]

Wer die Verschränkung von Glauben und Denken, die immer auch auf der Verbindung von Glauben und Wissen beruht, übersieht, kann mit keiner noch so pointiert formulierten Werbung für das Denken überzeugen. Wer mit der Frage: «Glaubst du noch oder denkst du schon?» aus Glauben und Denken eine *Alternative* macht, zeigt lediglich die Schwierigkeiten an, die er nicht nur mit dem Glauben, sondern offenkundig auch mit dem Denken hat.

Das ist entschuldbar, weil es ja nicht nur die Schwäche einzelner Personen oder einer Organisation, sondern die eines ganzen Zeitalters ist. Obgleich die Aufklärung des 17. und 18. Jahrhunderts viel zum Verständnis des inneren Zusammenhangs von Glauben und Wissen beigetragen und bedeutende theologische Denker hervorgebracht hat,[2] wird sie als die Epoche angesehen, in der beide zu unversöhnlichen Opponenten geworden sind. Daraus ist eine herrschende Ansicht des modernen Bewusstseins geworden: Der Glauben gilt als *bloßes Gefühl*, das man zu allem Überfluss auch noch als *irrational* bezeichnet, während sich die Rationalität nur bei jenen finden soll, die den Glauben hinter sich gelassen haben.

Aus der unterstellten Opposition zwischen Glauben und Denken ist die Grundprämisse der modernen Religionskritik geworden. Die Lehren der Kirchen, ihr Verhalten untereinander, ihr Widerstand gegen Neuerungen, ihre Abwehr umwälzender wissenschaftlicher Erkenntnisse und ihre Präferenz für die Macht scheinen den Gegensatz offensichtlich zu machen. Solange die Kirchen nicht davon lassen, den Glauben dogmatisch gegen das Wissen zu stellen, und daraus, wie es bis heute in der Biopolitik geschieht,[3] weiterhin politische Ansprüche ableiten, kann man es ihren Kritikern nicht verübeln, wenn sie falsche Alternativen für ihre Zwecke nutzen.

Lässt man jedoch den Ehrgeiz und die Eitelkeiten der Institutionen außer Acht, dann zeigt sich rasch, dass die Annahme einer Opposition zwischen Glauben und Vernunft auf lückenhaften Beobachtungen, mangelndem Wissen und einer gravierenden Verkennung des Glaubens beruht. Dass aber auch ein so gelehrter Anwalt des Glaubens wie Robert Spaemann den Missgriff tun kann, den religiösen Glauben als «unsterbliches Gerücht» zu verteidigen,[4] rechtfertigt es, sowohl historisch wie auch systematisch ein wenig auszuholen.

3. Das Ganze als Horizont des Individuums. In Vorbereitung auf die Analyse des Glaubens an das Göttliche empfiehlt es sich, der begrifflichen Relation der scheinbar gegensätzlichen Leistungen des Wissens und des Glaubens nachzugehen. Dabei wird sich zeigen, dass sie sich nicht trennen lassen. Wo Wissen ist, muss auch Glauben sein, der seinerseits nur nötig und sinnvoll ist, wo er sich mit den Mitteln des Denkens auf Tatbestände des Wissens bezieht. Der Glauben kann weder auf Wissen noch auf Denken verzichten, und beide gehören ihrerseits notwendig zum Glauben (*Hübner* 2001).

Schon alltagssprachlich gehen wir mit verschiedenen Reichweiten des Glaubens um: Der Glaube an die Leistungen von Denken und Wissen, an die Vernunft oder an den guten Ausgang eines Geschehens kann mit dem Glauben an einen göttlichen Grund nicht in eins gesetzt werden. Aber es gibt fließende Übergänge zwischen alltäglichen Erwartungen und den auf das Ganze des Daseins bezogenen Hoffnungen. Und es zeigt sich, dass es unmöglich ist, eindeutige Grenzen zwischen der Person des einzelnen Menschen, der Menschheit und dem Ganzen ihres Daseins auszumachen. Man sollte daher auch keinen definitiven Unterschied zwischen *belief* und *faith* behaupten. Die in der Regel auf alltägliche Erwartungen gerichtete Überzeugung (*belief*) kann sich auch auf größere und größte Handlungszusammenhänge erstrecken und somit das Göttliche einbeziehen; der Glauben an das Schicksal kann eine göttliche Vorsehung meinen und müsste mit *faith* übersetzt werden, kann aber auch einen unbeirrbaren Fatalismus zum Ausdruck bringen, der sich in den vorkommenden Fällen des Alltags als Überzeugung (*belief*) erweist.

Gesetzt, ich versuchte die begriffliche Analyse mit dem größten Nachdruck auf die gegebene Welt zu beziehen, so könnte ich von einem derart umfänglich Gegebenen nur als von einem im Ganzen *Gedachten* sprechen. Und gesetzt, ich würde mich aus innerster Überzeugung als Empirist begreifen, der nicht die geringste Neigung verspürt, über die erfahrene Welt hinaus zu denken: Ich würde dennoch vom Ganzen so sprechen müssen, als sähe ich es von außen, weil anders kein *Begriff* von dem zu haben ist, was mir wichtig ist. Denn auch nur über den bescheidensten Begriff von der Welt zu verfügen, schließt ein, sie (als den größtmöglichen «Gegenstand») gleichsam *wie von außen* zu denken.

Deshalb nützt es dem Empiristen wenig, wenn er versichert, er sei selbst ein Teil dieser Welt: In dem Begriff von ihr maßt er sich gleichwohl eine Stellung an, die jenseits von ihr zu liegen scheint. Gewiss: Das ist nur ein im Begreifen erzeugter Schein, aber er führt die begriffliche Notwendigkeit mit sich, zwischen der *gedachten Welt* und dem sie gleichsam von außen *begreifenden Selbst* eine Differenz zu denken, die ihrerseits erst im Rahmen einer beide Seiten umfassenden *Einheit* überwunden werden kann. Da sie das Ganze der Welt zusammen mit dem dieses Ganze irgendwie geistig erfassenden Selbst enthalten muss, kann die Einheit (wie schon der Begriff der *Welt*, der des begreifenden *Selbst* und die Leistung des *Begreifens* selbst) nur *begrifflich* sein. Und wenn es unter diesen Bedingungen nicht möglich ist, den Begriff des einzelnen Menschen ohne den der Menschheit zu fassen, die wiederum niemals bloß als für sich bestehende Idee, sondern immer nur in Verbindung mit dem Dasein der menschlichen Gattung zu fassen ist, kann auch der Begriff der Welt, in welcher der Mensch seine Existenz zu sichern sucht, nicht von dem der Person abgetrennt werden. Person ist der Mensch, der sich im Bewusstsein eigener Verantwortlichkeit um die Welt kümmert und dabei nicht nur an sich, sondern auch an die Menschheit und mit ihr an das denkt, was sie möglich macht.

Die Frage ist, wie wir die Einheit von allem bezeichnen, die, wohlgemerkt, bereits in einer strikt innerweltlichen Sicht der Verhältnisse benötigt wird, um überhaupt eine Bestimmung unserer selbst als erkennendes, handelndes und verstehendes Weltwesen angeben zu können: Wie sprechen wir von unserer Welt, wenn wir uns klarmachen, was mindestens dazugehört, sobald wir sie denken? Und wie verhalten wir uns zu der ja stets nur gedachten Welt, wenn wir nicht mit jeder neuen Erfahrung jede Absicht und jeden Lebensplan von neuem in Frage stellen wollen?

Die Antwort liegt auf der Hand, auch weil sie der seit Jahrtausenden eingeübten menschlichen Praxis entspricht: Wir *glauben* an das, was wir nicht vollständig *denken* können. Wir *vertrauen* auf die neu gewonnene oder erneut versicherte Einsicht und lassen uns selbst von dem noch leiten, was an den Grenzen unseres Wissens liegt. Und wir finden es als «Ganzes» oder als «Eines», oft auch als «All», als «Totalität», als «Sein», als «Natur» oder als «Wirklichkeit» bezeichnet.

Ich kenne niemanden, der auf den Gebrauch dieser und ähnlicher Begriffe verzichtet, um sich keiner epistemischen Anmaßung schuldig zu machen. Mit welchem Argument sollte sich auch jemand, der «Welt» hört und versteht, selbst den Begriff der Welt verbieten? Etwa weil er für ihn keine Bedeutung haben und folglich auch mit keinem Sinn verbunden sein kann? Hat er ihn denn nicht verstanden? Haben wir nicht schon im Kinderlied gewusst, was die «weite Welt» bedeutet? Wenn Totalitätsbegriffe eine praktikable Bedeutung haben, schließen sie ein, dass sie einen Sinn für jene mit sich führen, die diese Bedeutung verstehen.

Die so weitläufigen wie naheliegenden, so ehrwürdigen wie selbstverständlichen Termini für das All machen kenntlich, dass es um Einheiten geht, die das *Ganze der Welt* mit dem es begrifflich vergegenwärtigenden menschlichen Subjekt umfassen. Ihr Defizit liegt allenfalls darin, dass sie dies nicht ausdrücklich machen. Gewiss: Der mit Hilfe dieser Begriffe Erkennende gehört mit zur Welt, zur Natur und zur Wirklichkeit, über die er spricht. Was aber, wenn es ihm wichtig ist, kenntlich zu machen, dass er selbst ein Teil des so oder so verstandenen Ganzen ist? Um ausdrücklich *selbst* in die vom Einzelnen begriffene Welt einbezogen zu sein, muss auch das, *worin*, *wodurch* und *wozu* sie erfasst wird, in der Einheit von Welt und Selbst zum Ausdruck kommen. Der Ort, das Mittel und der Zweck des Begreifens ist aber niemand Geringerer als *der Einzelne selbst*. Folglich hat die Einheit des Ganzen auch die Signatur erkennen zu lassen, die den Erkennenden kenntlich macht. Im Ganzen der Welt, die sich in unendlich viele Teile differenzieren lässt, muss *ein* Teil vor allen anderen ausgezeichnet sein. Und das ist der das Ganze erfassende, es für sein Handeln benötigende und als sein Gegenüber begreifende Mensch. Genauer: Es ist das Individuum, das sich als dieses singuläre Wesen allerdings nur unter der generellen Kategorie des Menschen begreifen kann. Die Individualität des Einzelnen und die Universalität der in ihm zum Bewusstsein kommenden Menschheit sind voneinander nicht zu trennen.

4. Ein Name für das erhabene Ganze. Vielleicht liegt die größte Schwierigkeit des Begriffs von einem Ganzen des Daseins darin, sich klarzumachen, dass es gerade in der Manifestation des Tatsächlichen, die wir doch zur Einheit bringen wollen, nicht nur wesentlich ein Gedanke ist, den jeder fasst, um zu seiner eigenen Bedeutung zu gelangen. Es ist vielmehr auch das *Erhabene*, das in jedem Begriff des Weltganzen liegt und das in größtem Gegensatz zum Begriff des verschwindend kleinen *Individuums* steht. Nur ist zu beachten, dass dieses Individuum seine Bedeutung als ein Ganzes überhaupt erst dadurch erlangt, dass es in seiner Opposition zum Ganzen für sich bestehen kann und selbst ein Universelles hinter sich hat, das in seinem *Begriff als Mensch* und *als Person* zur Geltung kommt. So wird der Mensch, der dem Erhabenen der Welt standhält, nicht vernichtet, sondern er wird «erhoben» und gelangt erst darin zu seiner inneren Größe.

Es ist das Ganze der Welt, der gegenüber das Ganze eines Individuums zu seiner einzigartigen Bedeutung gelangt. Wem diese Steigerung im ausgehaltenen Gegensatz zu dem ihm prinzipiell Gleichen zu hoch erscheint, der denke nur an das erwähnte Kinderlied, in dem die Relation zwischen Welt und Individuum offenbar schon von den Kleinsten in seiner unendlichen Bedeutung erfasst werden kann. Bis heute verspüre ich den abenteuerlichen Schauer, den mir die verlockende Vorstellung erzeugte, ich könnte selbst «mit Stock und Hut» «in die weite Welt hinein» spazieren. Das Kind geht nicht hinaus, sondern *hinein* – ins Ganze, zu dem es gehört. Es hält das Ganze aus, und es wächst dadurch, dass es sich ihm in der eigenen Tätigkeit aussetzt.

Deshalb ist es allemal zu wenig, die Welt und Selbst umfassende Einheit nach Maßgabe eines lediglich von außen erkennbaren Gegenstands zu begreifen. Sie muss vielmehr auch die Eigenschaft haben, die den handelnden, beobachtenden und erkennenden Menschen dazu bringen kann, sich dieser Einheit des Ganzen zuzurechnen. Somit liegt es nahe, dem alles umfassenden Ganzen selbst jene Züge des Menschen zu verleihen, durch die er sich in ein Verhältnis zur Welt zu setzen vermag. So kann man sich erklären, warum es auch philosophisch naheliegt, dem *Einen* des Ganzen einen *Namen* zu geben, der dem Ganzen korrespondiert, das sich als *Teil der Welt* und dennoch als deren *Gegenüber* begreift. Eine solche Relation gibt es nur unter den Bedingungen der *Erkenntnis*, in der man sich beispielsweise als Teil einer Familie und dennoch als Einheit verstehen kann, dem die Familie fremd werden kann.

Es ist der Vorzug des Gottesbegriffs, dieses Ganze des Daseins in umfänglichster Weise zum Ausdruck zu bringen und darin zugleich ein inneres Verhältnis kenntlich zu machen, das durch mehr oder weniger große Nähe gekennzeichnet sein kann. Mit dem Begriff des Göttlichen hat ein in bewusst erlebten sozialen Relationen groß gewordener Mensch kein Problem, sich selbst als integralen Teil des Ganzen und dennoch als eigenständig zu begreifen. Zu Gott kann man stehen wie eine Tochter oder ein Sohn. Man kann ihm in Übereinstimmung mit der genealogischen Beziehung zwischen den Generationen zugestehen, dass man ihm ursprünglich «alles» verdankt und ihm in vielem verpflichtet ist, sich ihm gegenüber aber dennoch völlig eigenständig verhält.

In Gott also wäre alles aufgehoben, einschließlich des die Welt wie von außen erkennenden Selbst. Der Begriff Gottes erlaubt die alles einbeziehende Einheit in Verbindung mit der Selbstständigkeit des Denkenden zu denken. So vermag der Mensch im Begriff des lebendigen

Gottes nicht nur *sich selbst* nach Art einer personalen Einheit zu *denken*; er kann, ja er muss sich ihm gegenüber auch in seiner personalen Eigenständigkeit, die bereits in seinem Denken und Erkennen liegt, *verhalten*. In Gott begegnet der sich als ein *Ganzes* begreifende Mensch dem *Ganzen überhaupt*, das ihm mit eben den Mitteln entgegenkommt, mit denen er sich ihm zu nähern sucht.

Wem diese Reflexion zu abstrakt erscheint, der kann sie sich leicht dadurch anschaulich machen, dass der Begriff Gottes dem Menschen das Gefühl geben kann, in einer *sozialen Beziehung* zum Ganzen zu stehen. In der gesellschaftlichen Verbindung zu unseresgleichen gewinnen wir alles, was zum Gegenstand von Gefühlen und Erkenntnissen werden kann. Im sozialen Kontext macht es uns zumindest keine begrifflichen Schwierigkeiten, mit einigen Menschen eng verbunden, mit anderen nur bekannt und mit manchen sogar verfeindet zu sein. Freundschaft und Liebe sind ebenso wie Hass und Einsamkeit nur in einer Gesellschaft möglich, aus der wir alles Vertrauen in die Welt und in die eigenen Kräfte schöpfen. Diese soziale Einbindung des Daseins wird mit dem Gottesbegriff auf das Ganze der Welt übertragen.

5. Anleitung zur Selbsterkenntnis. Seit ältesten Zeiten erkennt sich der Mensch im Gegenlicht Gottes. Gott ist das Maß, von dem der Mensch nicht absehen kann. Wer das Äußerste denken kann, kann nicht vermeiden, es auf sich zu beziehen. Spätestens dadurch wird er sich seiner exponierten Stellung bewusst und wird zugleich seiner Schwäche, Hinfälligkeit und Endlichkeit gewahr. Die Lehrbestände der Religionen und der Theologien beruhen weitgehend auf der Ausdeutung des Vergleichs mit dem Unvergleichlichen, und ihre Ursprungs- und Offenbarungsmythen halten das Wunder einer Erfahrung fest, die jede alltägliche Erfahrung übersteigt.

Ein wesentliches Moment religiöser und philosophischer Theologien zielt somit auf die Anleitung zur Selbsterkenntnis. Sie hat als eine vorrangige Leistung der Gegenwart des Göttlichen zu gelten. Und der Abstand zwischen dem Maß und dem Vermessenen macht es zu einer geradezu natürlichen Folge, dass die menschliche Selbsterkenntnis in der absoluten Helligkeit Gottes *selbstkritisch* ausfällt. Das wird von den Kritikern der Religion entweder übersehen oder für eine angstbesetzte Selbstverkleinerung des Menschen gehalten. Nietzsche sieht darin eine Ablenkung des Menschen von sich selbst, die einleitend bereits mit dem Begriff der «Entfremdung» bezeichnet worden ist. In vorbehaltloser Betrachtung aber zeigt sich, dass der Gewinn einer sich zwischen den Extremen einstellenden Selbsteinschätzung überwiegt. Nicht nur an Sokrates und Platon, Augustinus, Pascal und Rousseau, sondern auch an Nietzsche ließe sich demonstrieren, wie die Selbsterkenntnis des Menschen im Bewusstsein der Gegenwart (selbst noch des toten) Gottes gewachsen ist.[5]

Der Name Gottes steht also für die Einheit des Ganzen der Welt mit dem Ganzen des auf sie setzenden, sie betrachtenden, sie bedenkenden und von ihr überzeugten Menschen. Das göttliche Ganze ist das Ganze der Welt – potenziert durch das Ganze, als das sich der Mensch versteht. In ihm kommen zwei Ganzheiten zu einer ganzheitlichen Verbindung, in welcher die Welt selbst eine personale Dimension erhält. Sie lässt es im Ganzen der Welt als möglich erscheinen, was im personalen Dasein des Individuums offenkundig realisiert ist: Wenn in der atomisierten Realität der physischen Welt Einheiten möglich sind, die sich als Personen begreifen, die einzigartig sind und darin ihre Würde haben: Wodurch sollte ausgeschlossen sein, dass sich im Ganzen der Welt eben das zeigt, was in der personalen Einheit eines jeden Individums soziale Realität und personaler Anspruch geworden ist? Gott ist die Einheit, in der sich Mensch und Welt gegenüberstehen.

Der so verstandene Gottesbegriff transzendiert die Welt in eben der gleichen Weise, in der das selbstbewusste Individuum über sich hinausgeht – allein, indem es sich als *Selbst* begreift und *verantwortlich handeln* kann. «Transzendenz» ist keine Region im Jenseits aller Regionen; der Begriff zeigt vielmehr nur die Bemühung an, eine Vorstellung von dem Ganzen zu gewinnen, zu dem man selbst gehört und mit dem man, weil man als Person selbst ein nicht gänzlich fassbares – und dennoch selbstbewusst zum Ausdruck gebrachtes – Ganzes ist, auf einem ursprünglich vertrauten Fuße steht.

Schon in der Bemühung um das Ganze kann sich der Mensch mit dem Göttlichen verbunden wissen. Denn die Schwierigkeit, sich einen Begriff vom Ganzen zu machen, ist dem Problem analog, im Ganzen nicht nur gegenwärtig, sondern auch wirksam zu sein. Nur der Mensch kann eine Ahnung davon haben, wie komplex die Aufgabe ist, einen Betrieb wie die Welt einzurichten und in Gang zu halten. Nur er wird sich einen Vorwurf daraus machen, wenn ihm klar wird, dass er diese Leistung offenbar beträchtlich unterschätzt. Und nur der Mensch kann eine Unterforderung seiner Fähigkeiten darin sehen, dieses Ganze einfach nur als «gegeben», gar noch als «selbstverständlich» hinzunehmen.

Es ist eine Frage der intellektuellen Redlichkeit, das Ganze nicht einfach auf sich beruhen zu lassen. Man gehört zu ihm, repräsentiert es in analoger Weise in sich selbst und setzt es in allem Handeln voraus. Also sollte man seine in der Erkenntnis der Welt, in der Erfahrung des Selbst und in der Annahme eines jeden denkbaren Handlungsziels offenkundige Wirksamkeit zumindest nicht verleugnen. Folglich liegt in jedem an Begründung interessierten Wissen eine Verpflichtung, zu dem überzugehen, was das Wissen trägt, ohne selbst schon Wissen zu sein.

Wenn also der Mensch sich mit Gott in besonderer Weise verbunden sieht, muss das nicht auf einer narzisstischen Maßlosigkeit beruhen. Der Anthropomorphismus im Gottesbegriff, der schon den antiken Denkern verdächtig war, ist nicht primär die Folge einer naiven Projektion menschlicher Eigenschaften auf das als verwandt usurpierte höchste Wesen, sondern Ausdruck der Reflexivität, die auch einem Gott im Verhältnis zur Welt unterstellt werden muss. Andernfalls könnte er nicht als Gott gedacht und angesprochen werden. Ein Gott, der nicht auch denkt und fühlt, ist undenkbar. Aber auch verehren oder lieben kann man ihn nur in seiner strukturellen Verwandtschaft mit den Menschen, die freilich den ihre Reflexivität zuallererst erzeugenden Vorteil haben, unter ihresgleichen aufgewachsen zu sein. Gott muss die für den Menschen konstitutive soziale Vielfalt in sich selber haben, und das kann er nur, wenn er nicht als etwas gedacht wird, das von der Welt getrennt ist. Nur dann kann ihm ein auf der Vielfalt der Weltrelationen beruhendes Selbstverhältnis zugeschrieben werden.

Alles das kann hier nicht mehr als eine erste Vermutung sein. Sie vermag immerhin kenntlich zu machen, dass die vermeintliche Naivität im menschlichen Zugang zum Göttlichen in Wahrheit die Folge der Einsicht in die Komplexität im Selbst- und Weltverhältnis ist. Der Glauben an Gott ist Ausdruck der unumgänglichen Selbstschätzung des

Menschen als Person, die er selbst entwerten würde, wenn er sich keinen Grund im Ganzen des Daseins einräumte.

Der Mensch setzt sich, wie es in jedem Anspruch auf ein Menschenrecht oder auf die menschliche Würde geschieht, absolut. Dem wäre der Boden entzogen, wenn er der Welt, die doch dieses Absolute möglich machen soll, eben diesen für sich selbst reklamierten Status absprechen würde. Geschähe es doch, wie der Atheismus es empfiehlt, wäre nicht etwa Gott geleugnet; sondern es würde nur der Fall eintreten, den der altgriechische Mythos perhorresziert: dass sich der Mensch an die Stelle Gottes setzt. Die Selbstschätzung des Menschen wäre einfach nur lächerlich, wollte er so tun, als käme sie bloß aus ihm selbst. Um seiner Selbstachtung einen Grund in der Welt zu geben, muss die Welt als etwas gedacht werden können, das die Wertschätzung in sich selbst möglich macht. Und das ist dann der Fall, wenn wir ihr eine Verfassung zugestehen, die unserem Selbstverhältnis zwar unendlich überlegen ist, ihr aber nicht entgegensteht. Von ihr können wir nichts wissen, doch wir haben gute Gründe, an sie zu glauben.

6. Der Primat des intellektuellen Weltbezugs. Alle Gott in der Regel zugeschriebenen Attribute spiegeln das Interesse des Menschen, mit den ihn auszeichnenden Fähigkeiten *nicht allein* zu sein. Sie nehmen das, was sie an sich selber schätzen, auf und schreiben es in übersteigerter Weise den Göttern zu. Damit zeichnen sie sich in ihrer Größe, mit der sie die anderen Lebewesen zu überragen glauben, deutlich aus. Zugleich stufen sie sich in zutreffender Einschätzung ihrer kosmischen Geringfügigkeit weit unterhalb der «Allmacht», der «Allwissenheit», der «Allgegenwart», der «Allgüte» und der «Ewigkeit» Gottes ein. Gott hat von allem, was den Menschen groß macht, in unendlicher Fülle mehr.

Dieser Unterschied ist von Bedeutung: Der Mensch macht kenntlich, worauf es nach seinem Urteil ankommt, zeichnet damit seine eigene für prinzipiell überlegen angesehene Einsicht aus, ordnet sich aber dem überlegenen «Willen» Gottes unter. Nur darf man nicht übersehen, dass in allen Gott zugeschriebenen Eigenschaften die Selbstauszeichnung des Menschen grundlegend ist: Was Gott hat, hat der Mensch auch, wenngleich in wesentlich geringerem Umfang. Es ist somit eine strukturelle Entsprechung zwischen Mensch und Welt, nach der unter dem Titel der Theologie gesucht wird. Trotz der unerhörten Differenz in den Dimensionen zeigen die Attribute Gottes an, dass der Mensch mit ihm verwandt ist.

Das stärkt das Selbstvertrauen des Menschen, der in sich Fähigkeiten entdeckt, die sich sonst in der Welt nicht finden. Es sind Fähigkeiten, von denen der Mensch schon in der Frühzeit der Zivilisation erfährt, dass sie die Welt verändern. Hinzu kommen die Unheil stiftenden Gewalttaten des Menschen, die Leiden mit sich bringen, für die der Mensch zunehmend empfindlich wird – nicht zuletzt, weil er sich zunehmend als dessen Urheber erkennt. Muss es verwundern, dass er sich unter solchen Bedingungen nicht nur des Erfolgs seiner Unternehmungen versichern möchte, sondern auch von deren Unbedenklichkeit überzeugt sein möchte? Besser ist, wenn er glauben darf, im Auftrag und unter dem Schutz eines Gottes handeln zu können. In allem ist der Wunsch erkennbar, mit dem Grund und Ziel des Weltgeschehens verbunden zu sein und zu bleiben.

Dass sich der Mensch unter der Annahme einer Strukturanalogie mit dem Ganzen der Welt auch als «schuldig» oder «sündig» begreifen kann, ist kein Einwand gegen die Vermutung einer Selbstbestätigung durch die göttliche Allmacht. Denn trotz der strukturellen Entsprechung zwischen Mensch und Gott wird in der Größenordnung der analogen Fähigkeiten ein unendlicher Abstand unterstellt. Er macht die Schwäche zu einer Art Konstituens des Menschen, der damit notwendig als kurzsichtig, wankelmütig und fehlerhaft erscheint. Aber solange die Fehler nur individuell zugerechnet werden, sind sie Ausdruck der Tatsache, dass sie auch vermieden werden können. Und damit rückt der Mensch (selbst unter den Bedingungen des denkbar größten Abstands) näher an das Göttliche heran.

Die Annahme einer Strukturanalogie drückt somit die Selbstgewissheit aus, dass Gott nicht unter dem Niveau des Menschen wirksam ist. Die Selbstwertschätzung des Menschen ist der Nullpunkt für jede denkbare Hochachtung des göttlichen Geschicks. Sie ist zugleich die Bedingung dafür, dass der Mensch glauben kann, in Gott die maximale Instanz seiner (die Welt nicht ausschließenden) Selbsterkenntnis finden zu können.

Wir mögen noch so sehr von Angst erfasst, von Schuld niedergedrückt oder vom Gefühl der Liebe zum Höchsten erhoben sein: Sobald wir an Gott glauben, ist darin der intellektuelle Selbst- und Weltbezug primär. Und dieser Intellektualität und Spiritualität unserer Annäherung an das Göttliche muss Gott entsprechen, wenn er Adressat unseres Glaubens sein soll. Der Glauben an Gott ist daher kein Ausdruck geistiger Dürftigkeit, sondern eine Leistung auf der höchsten Stufe unseres reflexiven Selbst- und Weltverhältnisses.

7. Der mundane Charakter des Glaubens. Eine größere Gunst als die der Selbsterkenntnis kann ein Gott dem Menschen nicht gewähren. Nur in ihr – und nicht im Versprechen eines ewigen Lebens oder in der Erlösung von Schuld – kommt Gott dem ihn suchenden Menschen entgegen. Und solange nicht alles vergessen ist, kann uns nur die *Erkenntnis* – und mit ihr: das Bewusstsein einer das Gefühl tangierenden Einheit – von der lastenden Enge des Daseins befreien. Wenn sie die Stellung des Selbst im Zusammenhang des Ganzen erhellt, kann uns einzig der *alles* – und damit auch *uns* umfassende Gott – die Schuld und das Gefühl unwiederbringlicher Versäumnisse nehmen. Nur ein Gott, der an allem Anteil hat, dem wir es abnehmen müssten, wenn er uns erklärte, dass auch die Schwäche und das Böse ihren Grund im Ganzen haben, hätte unser eigenes Versagen, bei dem wir uns selbst nicht beruhigen können, immer schon verstanden.

Es ist diese Differenz zwischen dem eigenen Wissen und dem überhaupt für möglich gehaltenen (göttlichen) Wissen, die uns zum Glauben nötigt. Dabei kann man sich wundern, warum diese Differenz überhaupt entstehen muss. Naiv gefragt: Warum lässt Gott den Gegensatz und die Abweichung der Teile zu? Welchen Vorteil soll es haben, dass die einzelnen Wesen so unwissend sind, dass sie sich hilflos oder schuldig fühlen können? Warum lässt er das Böse zu? Warum gibt er uns nicht mehr Evidenz?

Niemand weiß, was ein Gott auf diese Fragen antworten würde. Aber man kann immerhin sagen, dass dort, wo Wissen und Erkenntnis sind, auch Abweichung und Irrtum sein müssen. So gehört das Bewusstsein von Fehlern, die Einsicht in ein Versagen und das Gefühl von Schuld bereits zu den Leistungen, in denen sich der Begriff eines Ganzen und seiner Teile bilden kann. Zu den anspruchsvollen Fähigkeiten des Erkennens ist die Erfahrung des Misslingens zu rechnen. Das Wahre kann verkannt, das Richtige verfehlt und das Gute missachtet werden.

Legen wir dem Glauben die Leitfunktion der begrifflichen Einsicht zugrunde, haben wir ein uns selbst vertrautes Modell zum Verständnis von Gelingen und Versagen in dem Bemühen um ein adäquates Verhältnis zum Göttlichen. Hier lässt sich ohne prinzipielle Selbstverwerfung von der Schwäche der menschlichen Natur sprechen. Ja, dass wir dies – in Anerkennung der göttlichen Übermacht – zugestehen können, erscheint wie ein Ausweis der strukturellen Nähe zum Göttlichen.

In diesen Zusammenhang gehört, dass Gott nicht ohne Suche gefunden werden kann. Glauben setzt eine Aktivität voraus, mit der ein Defizit behoben werden soll, das der Mensch nicht aus eigener Kraft ausgleichen kann. Und dabei darf, trotz aller auf das Jenseits gerichteten Rhetorik, nicht übersehen werden, dass von Gott etwas *in der Welt* erwartet wird, so dass die Klage über den Mangel, den Schmerz oder die Trauer verstummen kann.

Wenn es zur Begegnung zwischen Gott und Mensch kommen können soll, muss sie dort stattfinden, wo der Mensch ist; das kann nur unter den jeweils vorgefundenen mundanen Bedingungen sein. Also ist auch der Glauben wesentlich auf die Konditionen des Lebens bezogen, die gewiss leichter ertragen werden können, wenn man sich für die Zeit nach dem Tod nicht auf die ewige Verdammnis einstellen muss. Wohl aber muss man annehmen können, dass es auch im Ganzen nicht ohne Bedeutung ist, wie und wofür man gelebt hat.

Um den *weltlichen Charakter* des Glaubens und die zugehörige Bedingung des eigenen Tuns kenntlich zu machen, wird im Gang der Untersuchung eine auf den ersten Blick zirkulär erscheinende Formel verwendet. Aber ich denke, sie trifft genau das, was Gott uns bedeutet: Wenn wir ihn sowohl in der Welt wie auch in unserem Verhältnis zu ihr – und damit auch in uns – erkennen, und wenn wir uns zugleich in ihm erkennen, ist der Bezug auf das Göttliche ein *Akt der gleichermaßen intellektuellen wie affektiven Konzentration auf das uns im Dasein Wesentliche.* Es ist ein Akt, in dem wir unsere besten Kräfte steigern. Und da wir als gleichermaßen selbst- und weltbewusste Wesen stets einen Sinn verfolgen, in dem sich unser Lebensimpuls mit den Konditionen der Welt verbindet, kann man die in der Suche nach dem Göttlichen

ermöglichte Steigerung im Selbst- und Weltverhältnis dadurch zum
Ausdruck bringen, dass wir das Göttliche als *Sinn des Sinns* verstehen.
Wie diese zirkulär oder redundant erscheinende Formel zu verstehen ist und was sie im Lebenskontext des Menschen bedeutet, soll in
der nachfolgenden Betrachtung ermittelt werden. Der Versuch dazu
verbleibt ganz und gar im Erfahrungsbereich des um sein Dasein bemühten Menschen und sollte gerade in seinem emphatischen Lebens-
bezug als ein Zugang zu einer *philosophischen Theorie*, genauer: zu einer
rationalen Theologie begriffen werden. Dabei könnte der zentrale Status
des Sinnbegriffs helfen, die ursprüngliche Immanenz des Gottesbegriffs
zu verstehen. Denn Gott wird *in* der Welt benötigt! Hier muss er im
Ganzen wie in jedem seiner Teile so wirksam sein, dass der Gläubige
sich mit seinem ganzen Selbst in der Welt geborgen fühlen kann.

8. Vertrauen ins Ganze. Die Unverzichtbarkeit eines philosophischen
Gottesbegriffs tritt an dem so einfachen wie unscheinbaren *Begriff des
Ganzen* hervor, der im alltäglichen wie im metaphysischen Denken gleichermaßen unverzichtbar ist: Das Ganze ist das, worin alles, was immer
wir uns vorstellen oder denken, seinen Platz haben muss. Alles ist entweder Teil eines Ganzen, oder es wird als Teil eines Ganzen gedacht, von
dem wir am Ende wohl zugestehen müssen, dass es auch als dieses Ganze
Teil eines umfassenderen Ganzen sein muss oder sein kann. So gesehen
lässt das Ganze sich nicht bestreiten. Zwar kann es aus dem Blick geraten; es ist gewiss auch so, dass man nicht immer daran denkt. Aber
wirklich vergessen lässt es sich nur von dem, der sich selbst vergisst.
Offenkundig ist auch, dass es nicht nur die Sprachtheoretiker und
Logiker sind, die das Ganze zum Thema machen. Es ist in jedem Denken
und Handeln unverzichtbar – spätestens dann, wenn etwas gemessen
oder bewertet werden soll. Die Alltagssprache hat auch den existenziellen Sinn des Begriffs bewahrt, wenn sie etwa jemanden sagen lässt, dass
es ihm «ums Ganze» gehe oder dass er «alles auf eine Karte» setze. In
solchen Fällen ist das «Ganze» nicht nur das, was «alles» umfasst, sondern auch das, was die Aufmerksamkeit des sich *ganz und gar* geforderten Individuums verlangt. Im Bewusstsein eines Ganzen ist man selbst
als Ganzes angesprochen, weil man selbst dazugehört.
Im Zeichen des Ganzen kommt es zur Fokussierung der existenziellen

Kräfte. *Alles* ist auf *eins* gerichtet – wobei «alles» sowohl auf die Totalität aller äußeren Bedingungen wie auch auf das Insgesamt der eigenen Kräfte bezogen sein kann. Genau genommen geht es stets um eine *Entsprechung des Ganzen des Ich mit dem Ganzen der Welt*: Alles *in* oder *an mir* wird durch alles *außer mir* evoziert, und die Universalität aller in der Welt erfahrenen Kräfte provoziert das Äußerste der persönlichen Anstrengung. Alles, was für mich wichtig ist, ist zwischen den Polen von Selbst und Welt ausgespannt. Notfalls muss ich alles geben, damit zumindest mir das Ganze des Daseins erhalten bleibt – und dann auch geschätzt werden kann: «Allen Prüfungen zum Trotz», so lässt Camus seinen Ödipus mit den Worten Dostojewskis sagen, «mein vorgerücktes Alter und die Größe meiner Seele sagen mir, dass alles gut ist.» (*Camus* 1959, 100)

In der alltäglichen Rede geht es in der Regel um das Ganze einer Leistung oder eines Vorhabens, das sich gewinnen oder verlieren lässt. Es kann auch um das Ganze eines Daseins gehen, das die individuelle Existenz überschreitet und auf die soziale, politische oder kulturelle Lebensform bezogen ist. Und wer auch nur gelegentlich die Zeitung liest, der dürfte damit vertraut sein, dass die Perspektive auf das Ganze, um das es dem Menschen zu tun ist (und erst recht: wo es ihm darum zu tun sein *sollte*), die *Menschheit*, das *Leben*, die *Natur* oder gar die «*Schöpfung*» umfasst.

Die Dimensionen des Ganzen können in Augenblicken der Ablenkung, in Zeiten der Ermüdung oder Zerstreuung, vielleicht auch des Ärgers oder der Verzweiflung in den Hintergrund treten. Aber wirklich vergessen lassen sie sich nur um den Preis der Selbstvergessenheit. Hier tritt auch die Parallele zwischen dem alltäglichen Leben und der anspruchsvollen philosophischen Reflexion hervor. In beiden Fällen ist das individuelle Selbstbewusstsein gefordert.

Im tagtäglichen Handeln muss jeder wissen, wer er ist, in welchen Zusammenhängen er steht und was er sich und anderen schuldig ist; er hat ein Bewusstsein von der Endlichkeit seines Daseins und wird – natürlich jeder auf seine Art – von der Gunst und Ungunst der Umstände wissen; er kann eine Ahnung davon haben, was ihm entgangen ist, welches Glück ihm gleichwohl widerfahren ist und dass alles anders hätte kommen können.

Im alltäglichen Leben muss jeder wissen, dass es ohne eigenen Beitrag nicht geht. Sobald er das aber weiß, weiß er auch, dass er sich nicht alles selbst verdankt. Und will einer unter diesen Bedingungen etwas erreichen, was er nach eigener Einsicht für richtig und für möglich hält, muss ihm klar sein, dass es dazu nur kommen kann, wenn die Umstände günstig sind. Damit ist er weit über das hinaus, was er wissen kann – erst recht über das, was er aus eigener Kraft vermag. Also vertraut er auf das *Ganze* seiner Welt, der er sich *ganz* zu überantworten hat, sofern er in ihr zum Ziel gelangen will. So verlässt er sich als Ganzer auf ein Ganzes, über das er nicht verfügt. Er *vertraut* auf etwas, auf dessen Gunst er nur *hoffen* kann.

Auf der Seite der philosophischen Theorie ist es zwar nicht anders, aber um vieles leichter. Denn die Theorie kann sich darauf beschränken, die in der Praxis komplex vermittelnden Kräfte *begrifflich* zu fassen und in ihrer Tragweite modelltheoretisch abzuschätzen. Damit vollzieht sie idealerweise nach, was im tätigen Dasein wirklich bewältigt werden muss. Wenn es ihr dabei gelingt, die beteiligten Faktoren zu benennen und in Abgrenzung zu anderen zu bestimmen, kann sie Hilfen bieten, indem sie das erforderliche Zusammenspiel von Welterkenntnis und Selbstbestimmung exponiert und in der Betonung des Wissens kenntlich macht, was einem gerade im Wissen von Selbst und Welt verborgen bleibt.

Die philosophische Theorie kommt am Ende nicht ohne die Akzentuierung des Vertrauens aus, das man sowohl im Welt- wie auch im Selbstverhältnis benötigt. Also muss auch die Theorie (ihrem ursprünglichen Anspruch auf bloßes Wissen entgegen) auf Überzeugung und hoffnungsvolle Erwartung setzen, ohne die das Wissen kraftlos bleibt. Hier liegt der in der Folge noch näher zu untersuchende Grund, warum gerade die Wissenschaft, die doch ganz auf die Kraft des Wissens setzt, auf den Glauben nicht verzichten kann.

Wer den Unterschied zwischen praktischer und theoretischer Reflexion auf den Glauben an ein Ganzes im Auge behält, wird auch nicht leugnen, dass die Reichweite, in der sich ein Mensch das Ganze seines Daseins oder gar das Ganze des Lebens oder des Seins vorstellt, enger oder weiter gefasst sein kann. Manchmal, etwa in Fällen schwerer Krankheit, schrumpft das Leben auf die Erhaltung der eigenen Präsenz zusammen. In anderen Lagen kann es um die Sicherung eines Erbes oder den Abschluss eines Werkes gehen. Programmatisch eingestellte

Politiker reden so, als gelte es jeden Tag, die Welt zu retten. Darin werden sie in der Regel nur von ihren Kritikern übertroffen.

Es wäre aber falsch, Unterschiede in der Reichweite der Erwartungen (und damit auch in der jeweiligen Konzeption des Ganzen) vom Stand des Wissens, vom Beruf oder vom Grad der Bildung abhängig zu machen. In die Veranschaulichung des Ganzen gehen verschiedene Vorstellungskräfte ein, die sich weder auf den Umfang von Kenntnissen noch auf spezifische Motivkonstellationen, noch auf kulturelle Eigenheiten reduzieren lassen. Welches Ganze der Welt jeweils welches Individuum zur Mobilisierung seiner besten Kräfte bewegt, lässt sich aus keinem allgemeinen Bewertungsschema ableiteten. Man kann nur sagen, dass die Vermeidung des Todes auf der einen und die Sicherung einer Lebensperspektive auf der anderen Seite die Generalauslöser für die praktische Offenheit für ein Ganzes sind, dem man sich selbst als ein Ganzes zu stellen versucht.

Die individuellen Unterschiede im Verständnis dessen, worauf es jemandem ankommt und was er bereit ist, dafür einzusetzen, sind groß. Es wäre verhängnisvoll, wollte man sie auf ein für alle gleiches Maß beschränken. Die Freiheit eines Menschen zeigt sich wesentlich darin, wie weit er den Horizont seines Lebens ausspannt und welche Grenzen er sich darin setzt. Jeder muss zu seiner eigenen Korrespondenz von Selbst und Welt, vom Ganzen *in ihm* und vom Ganzen *außer ihm* finden. Wenn wir hier keine Beliebigkeit befürchten, liegt das wesentlich darin, dass in die Entsprechung, die bei jedem auf anderen physischen, psychischen, sozialen und kulturellen Momenten beruht, immer auch epistemische, auf gemeinsames Wissen gegründete Faktoren eingehen. Dadurch ist die ohnehin auf Begriffen beruhende Korrelation zwischen dem individuellen und dem universellen Ganzen auf *Einsicht* angewiesen; sie kann mit *Gründen* verteidigt werden. Schon deshalb kann man Wissen und Glauben nicht zu Antipoden erklären. Sie bilden vielmehr eine das selbstbewusste Handeln eines Menschen tragende Einheit, die in allem wirksam ist, was er mit Gewissheit oder aus Überzeugung tut.

9. Glauben: Gefühl aus Einsicht. Es gehört zu den grundlegenden Einsichten der vor uns liegenden Untersuchung, dass man in der Vielfalt der menschlichen Existenzformen eigentlich nur zwei Konditionen des

Glaubens ausmachen kann, nämlich die Fähigkeit zu eigenem Erkennen und die zu individuellem Entscheiden. Beide Leistungen sind mit den affektiven Kräften eines Individuums verbunden. Und in beiden ist die Leitfunktion der jeweiligen Einsicht wesentlich. Da auch die begriffliche Konzeption von Einheit und Ganzheit nicht ohne intellektuelles Unterscheidungsvermögen zu haben ist, wird in jedem Fall die geistige Präsenz des Individuums gefordert, das sich als ganzes dem Ganzen einer Handlungslage stellt und darin zu einer Einheit zu finden sucht, die nicht schon im Selbst oder in der Welt vorgegeben ist.

So zeigt sich schon hier, dass die Überzeugung, in der man sich als Ganzes durch ein Ganzes herausfordern lässt, nicht ohne Begriffe auskommt. Zwar ist es richtig, dass der Glauben als ein *Gefühl* begriffen werden muss. Aber er ist, wie sich zeigen wird, an *Einsichten* gebunden. Und er ist auf Klarheit in der Anschauung, Bestätigung in der Sache und wohl auch auf die Gemeinsamkeit geteilter Überzeugungen aus. Insofern hat er nicht nur eine (weitgefasste) *mundane*, sondern auch eine (enger gezogene) auf Mitteilung und Zustimmung setzende *soziale Dimension*. Die aber kann der Glauben nur ausfüllen, wenn er sich zu den *intelligiblen Leistungen* des Menschen rechnen lässt.

Der Glauben an einen Gott setzt eine hohe Stufe intellektueller Weltverarbeitung voraus. Er ist von Anfang an ein bewusstes Moment der Wissensgesellschaft, wie es sie mit der Entwicklung technischer Kulturleistungen und arbeitsteiliger Lebensformen seit Jahrtausenden gibt. Ihre Einheit gewinnt diese Gesellschaft in den Funktionen sachhaltiger Erkenntnis, im Einsatz selbst geschaffener Geräte, im Aufbau eigener Institutionen und im Vertrauen auf planvolle Arbeit. Hinter dem Schild technischer Lebensmittel, die von Anfang an auch neue Gefahren mit sich bringen, kann sich die Vielfalt sozialer Lebensformen erhöhen. Dieser Zusammenhang von technischer Selbsterhaltung und existenzieller Selbstgefährung geht im Prozess zunehmender Zivilisierung nicht verloren. Im Gegenteil: Mit dem Umfang der Leistungen steigt auch das Ausmaß der Risiken.

Teil dieses Geschehens ist die wachsende Individualisierung der Gesellschaft, die ihrerseits verstärkte Anstrengungen zur Disziplinierung nötig macht. Das gelingt zunehmend durch Handlungsformen, in denen sich das Allgemeine bereits dem Einzelnen erschließt – also durch bewusste, das heißt geistige Prozesse, die durch rituelle Vollzüge, mediale Leistungen und ästhetische Reize unterstützt und in alledem zunehmend *von innen heraus* gefördert werden. Hier, so darf man das Wissen über die frühgeschichtliche Entstehung der Religionen deuten, erfüllt der Glauben seine kulturgeschichtliche Mission. Sie setzt Technik, Wissen, institutionelle Ordnung und individuelle Differenzierung voraus und ist somit von Anfang an das fördernde Element einer technisch-institutionellen, zunehmend zivilen und letztlich modernen gesellschaftlichen Organisation.[6]

Das die Zivilisation gleichermaßen tragende und vorantreibende, das sie festigende und immer wieder neu verunsichernde Wissen wirkt nicht aus sich heraus. Es ist nicht nur an die technischen Medien seiner Erzeugung, Sicherung und Übertragung gebunden, sondern es bedarf des Gebrauchs unter Bedingungen, die niemals vollständig durch Wissen arrondiert sind. Und je reicher die Wissensbestände werden, umso deutlicher treten deren Lücken hervor. Die aber lassen sich nur durch einen *verstärkten Aufwand an Überzeugung* füllen. Das sokratische Diktum ist nicht nur ein Monument individueller menschlicher Größe, sondern zugleich das Eingeständnis eines strukturellen Defizits des Wissens überhaupt. Wer immer etwas weiß, hat bewusst mit der erst damit offenbar werdenden Tatsache seines *Nichtwissens* umzugehen.

Je größer die Nötigung dazu wird, umso stärker sind die ohnehin durch das Wissen zur Selbstständigkeit geforderten Individuen auf ihre Einstellung zum Wissen verwiesen. Der Glauben ist eine solche Einstellung zum Wissen, ohne die komplexe Gesellschaften weder zu einer Einheit noch zur Wahrnehmung gemeinsamer Aufgaben finden können.

10. Der Grund im Glauben. Die vorgängige Bindung des Glaubens an das Wissen lässt am Ende auch verstehen, dass der Glauben nach *Gründen* verlangt und ohne *Erklärung* und *Begründung* nicht wirksam werden kann. Wir behandeln somit keinen historischen Restbestand, wenn wir den Glauben zum Thema machen. Auch das Göttliche ist nichts, dem sich der moderne Theoretiker allein mit dem nachsichtigen Interesse für die mythische Hinterlassenschaft älterer Epochen zuwenden könnte. Der Glauben an das Göttliche war nie stärker gegenwärtig als in einer Zeit, in der sich das Wissen zu verselbstständigen scheint. Nie zuvor hatte die Menschheit mehr Anlass zur Sorge, was aus dem von ihr gewonnenen und in immer größerem Umfang eingesetzten Wissen wird. Verstehen wir den Glauben als eine das Ganze von Mensch und Welt bedenkende *Einstellung zum Wissen*, wird augenblicklich deutlich, dass der Glauben eine große Zukunft vor sich hat. Das verlangt vor allem von jenen, die nach Wissen streben und die Wissen eine starke Stellung geben wollen, die größte intellektuelle Aufmerksamkeit.

Nichts ist dümmer als der Glauben, man könne den Glauben durch Wissen überwinden. Aber es wäre auch nicht klug, den Glauben nur jenen zu überlassen, die meinen, man könne allein aus seiner Perspektive über ihn sprechen. Ganz abgesehen davon, dass bereits ein Minimum des Wissens darin liegt, dass jemand wissen muss, worüber gesprochen wird, verfehlt man die Sache des Glaubens, wenn man seine externe und interne Angewiesenheit auf das Wissen nicht beachtet.

Äußerlich ist der Glauben entweder durch die Reichweite des Wissens oder durch eine als bedenklich empfundene Lücke im Wissen motiviert. Seine innere Bindung an das Wissen besteht in der thetischen Struktur seiner Gehalte, die in ihrer mitteilungsfähigen und lehrhaften Form nach Art eines Wissens zum Vortrag kommt. Eben das macht den Glauben anfällig für einen dogmatischen Umgang mit dem Wissen, erlaubt es zugleich aber auch, ihn durch Wissen kritisieren und korrigieren zu können. Die strukturelle Nähe von Glauben und Wissen schließt auch aus, im Glauben *nur* ein Gefühl zu sehen, in dem er sich seiner Inhalte versichert. Folglich liegt auch eine Verkennung des Glaubens zugrunde, wenn man ihn allein aus ihm selbst zu rechtfertigen sucht. Man ist bereits auf Kenntnisse, auf ihre semantische Ordnung und ihre logische Verknüpfung angewiesen, wenn man nur verstehen will, was Glauben heißt. Und wann immer einer selbst- und weltbewusst mit seinem Wissen umgeht, vertraut er auf Rahmenbedingungen seines Wissens, zu denen ein Glauben gehört.

Diesen Glauben wird man gewiss noch nicht als religiös oder fromm bezeichnen wollen. Doch um vom Weltvertrauen, das man in der Regel hat, zum ausdrücklichen Glauben an das Göttliche zu gelangen, bedarf es nur eines kleinen Schritts des Nachdenkens über die Bedingungen der eigenen Selbstgewissheit. Es ist nicht mehr als ein Akt vorbehaltloser

Aufklärung über das eigene Wissen, der uns erfahren lässt, wie weit der in allen Fällen notwendige Glauben reicht.

Man kann Wert darauf legen, dass der Glauben sich nur auf die Welt in ihrer sachlichen Präsenz und auf die im Gang der Evolution erworbene Einfügung des Lebens in seine Umwelt bezieht. Dann genügt es, auf die statistisch gegebenen Chancen für den Erfolg der erprobten Lebenstechniken und im Übrigen auf das Glück zu setzen. In diesem Fall muss weder von Gott noch vom Göttlichen die Rede sein. Doch der sich als Person verstehende Mensch hat sich einzugestehen, dass er als Ganzer eine Entsprechung im Ganzen der Welt benötigt, die er in der *Einheit* findet, in der Person und Welt immer schon stehen, wenn von einem der Erkenntnis und dem Verstehen offenstehenden Dasein die Rede sein kann. Jeder kann sich bewusst zu machen suchen, was es heißt, als *dieser* Mensch in *dieser* Welt auf einen *Sinn* zu rechnen, in dem er sein Leben führt. Er muss sich vor Augen führen, was von ihm in seinem Lebenszusammenhang bleibt, wenn er den von ihm praktisch beanspruchten Sinn ernsthaft bestreitet: Als verlässlicher Partner, als Familienmitglied, als Bürger oder Freund, als Lehrer oder Vorgesetzter kann er nach seinem eigenen Urteil nicht mehr infrage kommen.

Will er diese Konsequenz vermeiden, muss er an eine Korrespondenz zwischen Person und Welt *glauben*. Und sobald er Ernst damit macht, legt er eine Einheit von Selbst und Welt zugrunde, die gar nicht anders als *göttlich* begriffen werden kann. Denn sie lässt sich weder allein aus der Welt noch allein aus ihm selbst erklären. Also nimmt er die Welt, *die ihm etwas bedeutet* und in der er *auf seiner eigenen Bedeutung* besteht, als ein *Ganzes* an, in dem er selbst *als Ganzer* Geltung beansprucht. Und diese Entsprechung, die sich weder als bloß weltlich noch als rein subjektiv bezeichnen lässt, kann im Einklang mit einer großen Tradition als *göttlich* begriffen werden. Damit wird das Göttliche zur Bedingung eines jeden möglichen Sinns, den der Einzelne aus guten Gründen zu verfolgen sucht. Unter der Prämisse der Anerkennung des eigenen Sinns kann er das Göttliche als den *Sinn des Sinns* verstehen.

Um das Selbst und Welt umspannende Göttliche anzuerkennen, ist freilich die *existenzielle Bereitschaft* nötig, mich als das Ganze, das ich bin, mit dem in Anspruch genommenen Ganzen des Daseins in einer alles tragenden, in allem wirkenden und mir entsprechenden *Einheit* verbunden zu sehen. In dieser Anerkennung liegt die Wahrheit des religiösen Bewusstseins, das seine Stellung, seine Inhalte und seine Erwartungen natürlich an dem ausrichtet, was es *geschichtlich erfahren* hat, was es *kulturell benötigt* und was es *individuell als Anspruch und als Herausforderung* begreift. Zwar steht das Göttliche als das Ganze aus Selbst und Welt über der jeweiligen Relativität biographischer und sozialer Konditionen, doch es kann seine den Menschen ansprechende Gestalt nur unter den existenziell erfahrenen Bedingungen des jeweiligen Daseins gewinnen.

Jene aber, die sich nicht für gläubig halten, müssen sich vor Augen führen, in welchem Missverständnis über sich und ihre Welt sie leben, wenn sie sich nicht eingestehen, dass sie den Schritt, von dem sie meinen, dass die Religion ihn grundlos tut, selbst immer schon getan haben – sobald sie sich für berechtigt halten, die angebliche Grundlosigkeit des religiösen Glaubens zu kritisieren.

Wer mit Gläubigen über Gründe für den Glauben spricht, muss sich auf das Argument gefasst machen, dass es bereits ein Irrtum sei, den Glauben mit Gründen ausstatten zu wollen. In solchen Fällen kann die Rückfrage weiterhelfen, wie denn ein Gläubiger zu seinem Glauben kommt? Ob eine religiöse Unterweisung, vielleicht gar eine Erziehung zum Glauben nötig oder wenigstens hilfreich sei? Wie man mit einem Gläubigen umgeht, der von Zweifeln geplagt wird? Und was man jenen sagen kann, die vom gemeinsamen Glauben abgefallen sind?

Erhält man zur Antwort, hier komme alles nur auf die richtige Einstellung, auf wirksame Vorbilder und im Übrigen auf Disziplin und Kontrolle an, kann man getrost das Thema wechseln. Denn die hier in Anspruch genommenen Praktiken setzen allemal auch Argumente voraus. Gesetzt, man hat es mit Menschen zu tun, kann man ohne Gründe weder Einstellungen noch Vorbilder und erst recht keine Disziplin vermitteln. Kein religiöser Glaben ist von der *Lehre* abzulösen, über die er vermittelt wird. Nur in ihr vermag er *Einheit* zu erlangen. Lehren aber beruhen auf einem als *begründet* angesehenen Zusammenhang. Wer immer sich zutraut, einen Zweifel zu überwinden, ganz gleich, ob er bei ihm selbst oder bei anderen Unruhe stiftet, der muss für Gründe offen sein. Und dort, wo es die Hoffnung gibt, der eigene Glauben könne auch in seinen Inhalten von anderen als überzeugend und hilfreich angesehen werden, muss es eine *Offenheit für Argumente* geben. Sie wird insbesondere dann benötigt, wenn sich eine Religion auf «heilige Texte» beruft und deren Auslegung zulässt. Oder wenn es sich um eine Kirche handelt, zu deren Gottesdienst die Predigt gehört. Bei Kindern mag es möglich sein, ihnen durch mechanischen Drill Gewohnheiten anzuerziehen; kritische Individuen aber lassen sich nur durch Gründe für den Glauben gewinnen.

Alles das lässt erahnen, wie umfassend die rationale Struktur des Glaubens ist, und es lehrt zu verstehen, warum die sogenannte «profane, aber nicht defaitistische Vernunft» «Respekt vor dem Glutkern» des Glaubens hat. Dieser «Glutkern», so heißt es, entzünde sich immer wieder «an der Frage der Theodizee» (*Habermas* 2001, 28) – und das ist die Frage nach dem Sinn, den es nur aus dem Gesichtspunkt des Menschen gibt.

Kapitel 2

Das Ganze zeigt sich nur in seinen Teilen
Die Moderne kann nicht alles sein

«Die Stimme Gottes reicht über
Tausende von Jahren hinweg.»
(Heraklit, Frag. 25)

1. Weder Anfang noch Ende. Nimmt man den Arbeitshorizont der
Sozialwissenschaften und die geschichtliche Dimension ihrer Praxisfelder
in den Blick, gewinnt man den Eindruck, mit der Moderne habe alles
angefangen und mit ihr werde alsbald auch alles enden. Ob es um die
Herkunft des Politischen, um die Entstehung der Wissenschaften, die
Geltung kultureller Werte oder die produktive Kraft der Öffentlichkeit
geht: Irgendwie scheint alles erst unter neuzeitlichen Konditionen eine
uns betreffende Gestalt angenommen zu haben. Und da diese moderne
Gestalt neu und ohne erkennbaren Rückhalt in der kulturellen Evolution des Menschen zu sein scheint, wird sie so beurteilt, als sei sie jeder
Gefährdung hoffnungslos ausgeliefert.

Natürlich leugnet niemand, dass es in den Jahrhunderten zuvor ein
sogenanntes Mittelalter gegeben hat, dem vor langer Zeit eine Antike
vorausgegangen ist. Es wird auch nicht bestritten, dass der hohen Zeit
der Griechen und Römer ältere Kulturen vorausliegen, die den Auf-
schwung in Athen und Rom erst möglich gemacht haben (*Burkert* 2003;
Dihle 2009; *Meier* 2011). Und wer wollte in Abrede stellen, dass es davor
Jahrtausende gegeben hat, in denen der Mensch sich zum *homo sapiens*
entwickelt hat? Es gibt Kulturtheoretiker, die der Ansicht sind, auf dem

anthropologischen Niveau der Steinzeit habe der Mensch schon über alle Fähigkeiten verfügt, die ihn heute auszeichnen (*Ganten/Spahl/Deichmann* 2011).

Doch für die aktualistische Problemkonstellation der Gegenwart ist die geschichtliche Tiefendimension unserer Lebenslage offenbar nur von geringer Bedeutung. Das ohnehin schon stark ausgedünnte historische Lehrangebot in den Kultur- und Sozialwissenschaften reicht selten weiter als bis ins 17. oder 16. Jahrhundert zurück. Sogar die Theologie hat sich, im Verbund mit der Soziologie, eine Zeit lang mit einer solchen Emphase der Modernisierung überantwortet, dass sie mit dem im 20. Jahrhundert wiederholt beschworenen ideologischen, militärischen, ökonomischen oder ökologischen Bankrott der Moderne um den Verlust ihrer Inhalte zu fürchten schien.

Die Fixierung auf die Neuzeit ist Teil des Krisenfiebers, das Europa seit dem Übergang vom 18. ins 19. Jahrhundert in wiederholten Schüben erfasst und das die Auguren westlicher Provenienz der Weltzivilisation als ganzer einzureden suchen. Damit soll nicht gesagt sein, dass es die Übervölkerung, die Armut, die politische Gewalt, die atomare Hochrüstung (verbunden mit ihrer hochriskanten friedlichen Nutzung), den Klimawandel, die Ressourcenknappheit oder die Verschmutzung von Luft, Wasser und Erde nicht gäbe. Oder dass sie nicht so gefährlich seien, dass nicht jeder Risikofaktor bereits für sich gesehen einen Absturz der Geschichte bewirken könnte. Doch man kann mehr über die Gegenwart wissen als das, was den statistischen Jahrbüchern zu entnehmen ist.

Es soll auch nicht bestritten werden, dass Neuzeit und Moderne sinnvolle Bezeichnungen für die geschichtliche Konstellation der Gegenwart sind. Schon aus Gründen didaktischer Vermittlung kommen wir ohne Epocheneinteilungen nicht aus. Gleichwohl sollte man sich hüten, die Modernität zum alleinigen Gesichtspunkt einer Bewertung des menschlichen Daseins zu machen; dann nämlich ist man dauerhaft dem alles relativierenden Historismus ausgeliefert und hat dem panischen Endzeitbewusstsein einer aus dem Hoffnungsverzicht Kapital schlagenden Kulturkritik nichts mehr entgegenzusetzen.

Die Panik entsteht auch hier mit der Enge des angenommenen Handlungsraums. Und wenn man schon den Anfang der menschlichen

Kultur um Tausende von Jahren verkürzt, scheint die analog auf das schlimmstenfalls Absehbare zurechtgestutzte Zukunft kaum noch Handlungschancen zu bieten. Nur wenn man sich die großen Wechselfälle der menschlichen Zivilisation vergegenwärtigt, kann man der Gefahr begegnen, die Probleme der Gegenwart schon für die Beweisstücke einer definitiven Überforderung der Menschheit zu halten.

Dabei muss man nicht so weit gehen, wie es die Paläobiologen tun, wenn sie der menschlichen Spezies, wie allen Säugetiergattungen, eine durchschnittliche Lebenszeit von etwa einer Million Jahren zugestehen und damit nur noch klären müssen, wie viele Jahrtausende bereits abgelebt sind – in Relation zur fraglichen Fristverschiebung durch die kulturelle Evolution. Es reicht schon aus, wenn man die europäische Geistesgeschichte in den Zeiträumen beachtet, aus denen uns beredte Quellen – Werkzeuge, Waffen, Schmuck, kultische Gegenstände, Bilder, Bauten, Gebräuche und am Ende auch Texte – überliefert sind. Mindestens die Geschichte der Religionen wäre zu beachten, ehe man auf mehr als tausend Seiten das in der Moderne vollzogene Ende des Glaubens zu belegen sucht – wie das in Charles Taylors verspäteter Säkularisierungsdiagnose geschieht.

2. Die Moderne im Kontext ihrer Konditionen. Die Neigung zur Selbstisolation der Moderne ist Teil ihrer Geschichte. Schon im 17. Jahrhundert, in den Anfängen der *Querelle des Anciennes et des Modernes*, wurde die Auffassung vertreten, die Neuzeit sei ursprünglich neu und könne daher keine Vorläufer haben. Aber woher soll die Moderne denn kommen, wenn nicht aus der Geschichte? Mit Blick auf die Zukunft ist immerhin eine Alternative möglich: Entweder sie geht in eine andere Epoche über, oder sie führt zum Abbruch der Geschichte überhaupt.

Fassen wir den Begriff der Geschichte so, wie sie in ihrer notwendigen Verbindung mit der Natur gedacht werden muss (nämlich als *Fortsetzung* der Natur unter zunehmend kultureller Assistenz), ist die Rede vom Abbruch oder vom Ende der Geschichte eine logisch zwar nicht unmögliche, aber faktisch ausgeschlossene Denkfigur. Sie kann allenfalls eine appellative Bedeutung haben, um die Menschen zu einer erwünschten oder erforderlichen *Einsicht* zu bringen und sie, falls nötig, zu einer *Umkehr* anzuhalten.

Unabhängig davon muss jedem, der von der Neuzeit oder der Moderne spricht, deutlich sein, dass diese Epoche, selbst wenn man sie als einen sich steigernden Exzess erlebt, nicht aus dem Nichts gekommen sein kann. Sie ruht, wie alles, was zur Lebenswirklichkeit des Menschen gehört, auf *physischen Bedingungen* auf, muss (jedenfalls bis zum gegenwärtigen Augenblick) *physiologisch, technisch,* ja sogar *pragmatisch* möglich sein und kann selbst nur als *naturvermittelte Realität* von Bedeutung sein. Also gehört sie zum Ganzen der Wirklichkeit, in der sie einen langen geschichtlichen Vorlauf hat, den sie auf ihre Weise (und derzeit eben *als Moderne*) fortsetzt. Dazu gehört auch die Unmenge sachlicher Konditionen, auf denen sie in jedem ihrer Akte beruht. *Erklären, verstehen* und *deuten* kann man sie nur unter Einbezug dieser Faktoren, die bereits zum Sinn der Rede von der «Moderne» zu rechnen sind.

Man stelle sich vor, die Natur mache Sprünge. Dann stünde mit dem Begriff der Naturgesetzlichkeit auch der der Natur selbst in Zweifel. Mit der Rede von einem raum-zeitlichen Kontinuum würde zwangsläufig auch die von der historischen Kontinuität ihren Sinn verlieren, und man könnte noch nicht einmal sicher sein, ob die Neuzeit tatsächlich auf die ihr vorangehenden Epochen folgt. Fraglich wäre ferner der innige sachliche, logische, soziale und kulturelle Zusammenhang, in dem alle technischen Leistungen der Menschen stehen. Und gesetzt, es gäbe keine Verlässlichkeit im Gebrauch des bewährten, gar des erwiesenen Wissens, wäre alles hinfällig, was mit der Schrift im wörtlichen wie im übertragenen Sinn verbunden ist. Wie viel technischer und kultureller – und damit auch historischer – Konnex ist nicht bereits in Anspruch genommen, wenn sich ein moderner Autor, heiße er nun Luther, Hamann oder Derrida, auf «die Schrift» beruft!

Je erfolgreicher unsere Lebenswelt darin ist, sich ein geschichtliches Fundament zu verschaffen, je mehr es ihr gelingt, das Dunkel der Vergangenheit durch Historie zu erhellen und ihr durch Einteilung in Epochen eine logisch erscheinende Ordnung zu geben, umso stärker rückt sie die Gegenwart an das Verflossene heran. Das «Übermaass» an Historie, das Nietzsche beklagt, lässt die Präsenz der Ereignisse verblassen und macht das Geschehen zur bloßen Konsequenz ihres zeitlichen Vorlaufs. Doch es ist keineswegs so, wie es der bis heute nachwirkende Historismus denkt: dass die geschichtlichen Epochen sich von- und gegen-

einander isolieren. Ihr Zusammenhang ist nicht nur dadurch gegeben,
dass jede Zeit für sich selbst als «unmittelbar zu Gott» begriffen werden
kann. Im Gegenteil: Die Geschichtsschreibung stiftet Verbindungen im
Raum der gelebten Zeit. Sie stellt Beziehungen her – gelegentlich auch
dort, wo im tatsächlichen Geschehen gar keine waren. Sie stellt jene
Zusammenhänge her, in denen sie die einzelnen Ereignisse in ihrem
möglichen Konnex untereinander und zugleich mit sich selbst begreift.
Im Ganzen arbeitet sie an dem *einen* Zusammenhang der Geschichte,
zu dem selbst noch die Gegenwart, sobald sie nur geschieht, gehört.

Damit ist die Lage längst nicht so aussichtslos, wie sie vom Historismus geschildert wird; und die Hermeneutik steht vor einer Aufgabe, auf
die sie durch das Alltagsverständnis von Menschen und Dingen, von
Älterem, Jüngerem und Kommendem bestens vorbereitet ist. Man kann
es daher im Rückblick nur bedauern, vor welche Verlegenheit das Problem des historischen Erkennens die Sozial- und Geisteswissenschaften
des 19. und des frühen 20. Jahrhunderts gestellt hat. Ranke, Dilthey
oder Ernst Troeltsch, um nur drei einflussreiche Vertreter aus drei
Generationen zu nennen, glaubten sich durch den zeitlichen Abstand
prinzipiell von einer zureichenden Erkenntnis früherer Zeitalter abge-
schnitten; sie stilisierten ihre eigene Zeit zum epistemischen Käfig, in
den nur Botschaften gelangen, die prinzipiell so ungesichert sind, dass
man ihnen grundsätzlich zu misstrauen hat.[1]

Tatsächlich aber bewegen wir uns alle auch in unserer historischen
Erkenntnis auf dem durchgängigen Fundament eines Zeitraums, zu dem
wir mitsamt unserer Gegenwart gehören. Folglich liegt eine bedenkliche
Selbstschwächung der Erkennenden darin, sich durch fixierte Epochen-
grenzen vom Ganzen des geschichtlichen Daseins abzuschließen. Gesetzt, das wäre überhaupt möglich, lösten sie sich nicht nur vom überlieferten Zusammenhang, sondern auch von Natur und Gesellschaft, von
Technik und Kultur sowie vom Leben, ja sogar von der Vernunft.

Im Bewusstsein durchgängiger Verbindungen lässt sich auch ein
umfassender Zusammenhang philosophischer Gotteserkenntnis rekonstruieren, der im Folgenden nur in seinem Anfang bei Heraklit
und Parmenides sowie in seinen beiden Hauptstationen im Denken
Platons und Kants skizziert werden soll. Ich bin mir bewusst, dass

damit die herrschenden Vorstellungen von historischen Brüchen und systematischen Unvereinbarkeiten gröblich missachtet sind. Im Einzelnen wären zahllose Differenzierungen vorzunehmen. Die aber ändern nichts daran, dass es eine selbst größte Unterschiede überspannende Kontinuität des Nachdenkens über das Göttliche gibt, die uns heute helfen kann, unser Verständnis des Gottesbegriffs so zu fassen, dass er sowohl der Überlieferung wie auch unserem Selbst- und Weltverständnis entspricht.

3. Vorbemerkung zur nachfolgenden historischen Skizze. Das Interesse der Philosophie war von Anfang an auf das Göttliche gerichtet. Kenner der Frühgeschichte des Denkens sehen in der Frage nach Gott sogar den Anfang des Philosophierens. Allerdings sollte man das nicht als Ausdruck eines dezidiert religiösen Interesses begreifen. Denn *erstens* war die unser heutiges Verständnis leitende Abgrenzung zwischen Religion und Wissenschaft noch nicht ausgebildet, und *zweitens* gibt es ein genuin philosophisches Interesse am Ganzen des Daseins, das bereits bei Thales, Anaximander und Anaximenes mit dem Begriff eines Gottes verbunden ist. Von diesem Verständnis geht die vorliegende Untersuchung aus – auch in der Hoffnung, damit etwas zur Kernfrage des religiösen Glaubens beizusteuern.

Der nachfolgende Rückblick auf die philosophische Beschäftigung mit dem Gottesproblem beschränkt sich im *ersten Schritt* zum einen auf *Heraklit*, der erstmals vom «Philosophieren» (*philosophein*) spricht, und zum anderen auf seinen vermeintlichen Antipoden *Parmenides*, um deutlich zu machen, wie nahe sich beide – zumindest in der Gottesfrage – sind.

Davon wusste *Platon*, dem wir, im *zweiten Schritt*, die größte Aufmerksamkeit schenken, weil er der Rede von Gott nicht nur eine begriffliche Schärfe, sondern auch eine semantische und systematische Reichweite gegeben hat, die für die Geschichte der Philosophie und für die mit ihr verbundenen Religionen von größter Bedeutung sind.

Dann folgt nach wenigen Andeutungen über Platons einzigartige Wirksamkeit[2] im *dritten Schritt* eine kurz gefasste Darstellung der kritischen Gotteskonzeption Kants, der mit zwingenden logischen Mitteln dartut, dass es sinnlos ist, von Gottes raum-zeitlicher Existenz zu sprechen. Gleichwohl erneuert Kant den Glauben an Gott in einer vielleicht bis heute noch nicht wirklich verstandenen Form.

Das gilt insbesondere für Nietzsche, der mit seiner Gotteskritik Kant näher steht, als er es ahnt. Ihm gelingt es nicht, den von ihm selbst mit größter Intensität gesuchten Glauben auf ein «Gott» genanntes Wesen zu beziehen. Er vermutet darin eine Ablenkung von dem, was Kant mit der Berufung auf Gott gerade zu verstärken sucht: nämlich eine im Kontext des Ganzen erfolgende Auszeichnung des Menschen. Nietzsche verlangt daher einen Verzicht auf den Glauben an ein göttliches Wesen. Doch indem er aufzuzeigen sucht, was an dessen Stelle treten könnte, hebt er schärfer als mancher religiöse Denker vor oder nach ihm heraus, welche Bedeutung der Glauben für den Menschen hat. Nietzsche ist es, der den Glauben ausdrücklich mit der *Sinnfrage* verbindet (*Z*, I, 75 f., 100; *N* 1885, 39 [15]: 11, 626). Deshalb kann er als derjenige gelten, der uns direkt vor das Thema der systematischen Analyse stellt. Doch da er, wie bereits in der Einleitung gezeigt, den Verzicht auf den *Glauben an Gott* mit dem auf die *Wissenschaft* und die *Wahrheit* verknüpft, stellt er sich selbst ins Abseits einer systematischen Erörterung. Deshalb versagen wir uns den Aufweis der Tragik, für die Nietzsche exemplarisch ist: Er weiß wie kaum ein anderer von der Notwendigkeit des Glaubens, doch er verbietet ihn sich, weil er die Voraussetzungen verwirft, auf denen sowohl dieser Glaube wie auch die Kritik an ihm beruht.

Es ist bekannt, dass die ionischen Naturphilosophen das Göttliche als die Quelle, den Grund und das alles umfassende Ganze des von ihnen spekulativ erdachten Seins zu fassen suchen. Thales sieht den Grund im alles hervorbringenden und tragenden *Wasser*, sein Schüler Anaximenes setzt die *Luft* an dessen Stelle, und für ihren Schüler Anaximander ist es das Unbegrenzte (*apeiron*), das in die Position des göttlichen Grundes einrückt. Schon eine Generation später konzipiert Anaxagoras den mit *Geist* oder *Vernunft* zu übersetzenden *nous*, der uns bis heute in der Funktion einer göttlichen Substanz begegnet.

Weniger bekannt ist, wie zwei andere vorsokratische Denker über das Göttliche denken. Bei beiden wird gern der Gegensatz ihrer Lehren betont, die jedoch, wie sich zeigen lässt, auf der gleichen, sie verbindenden Einsicht beruhen. Diese Einsicht betrifft in erheblichem

Maß die Stellung des Göttlichen. Die Rede ist von *Heraklit* und *Parmenides*.

4. Das Göttliche im Allgemeinen.

Nimmt man das übliche Bild von Heraklit, muss es überraschen, dass jemand, der mit größter Anschaulichkeit die *Einmaligkeit* eines jeden Vorgangs vor Augen führt, zugleich die *Allgemeinheit* begrifflicher Leistungen betont. Doch das eine bedingt das andere: Wie soll man denn die zutreffende Ansicht formulieren, dass niemand *zweimal* in *denselben* Fluss steigen kann, wenn nicht wenigstens der *Begriff des Flusses* in seiner Bedeutung *gleich* bleibt? Jede Veränderung zeigt sich nur am Maß einer in jedem unterschiedlichen Gebrauch einer sich selbst *gleich* bleibenden Bedeutung der Begriffe. Und darin liegt für Heraklit die Leistung des *logos*, von dem er gesagt haben soll, dass er «das All verwaltet» (*Frag. 4*).

Die Allgemeinheit des *logos* teilt sich dem All aber nicht allein durch die Gleichheit schaffende Leistung der Begriffe mit, sondern auch durch das Bewusstsein der Individuen. Für Heraklit ist das Bewusstsein eine die Menschen in ihrer sozialen Verfassung umfassende Einheit, die sich erst mit dem eingeschränkten Verständnis des individuellen Selbstbezugs in eine Vielfalt von Perspektiven auflöst. Gleichwohl bleibt es dort, wo *ein* Individuum «alles fließt» sagen kann, mit jedem Bewusstsein eines *jeden anderen* Individuums, das den Satz versteht, *identisch*. Diese Identität aber besteht nicht nur im Begriff der erkannten oder benannten Sache, sondern auch in dem «Gemeinschaftlichen» (*to koino*) des diesen Begriff gebrauchenden Bewusstseins. Der *logos* hat nicht nur *logische*, sondern auch *soziale* Allgemeinheit. Deshalb ist die von Heraklit mehrfach überlieferte Kritik an der Dummheit der Menge darauf gerichtet, dass die Einzelnen so urteilen, «als ob sie über eine private Einsicht (*idían phrónesin*) verfügten» (*Frag. 3*). Doch «Einsicht zu haben», so ist es im Fragment 32 festgehalten, «ist etwas Allgemeines (*xynon*)». Die *Allgemeinheit der Sache* entspricht der *Gemeinschaftlichkeit der sozialen Teilhabe*.

Was Heraklit am Unverstand seiner Zeitgenossen kritisiert, ist also, dass sie nicht wissen, dass die *Gedanken, Kenntnisse* und *Einsichten*, die jeder *für sich* haben kann, noch im Für-sich-Haben etwas *allen Gemeinsames* sind! Alle haben gleichermaßen an den Gedanken teil. Sie leben nicht nur mit ihren Körpern in einer gemeinsamen Welt, sondern sie tun dies in umso stärkerer, nämlich *bewusster Weise* mit ihrem *logos*, der in jedem einzelnen Menschen *derselbe* ist. Denn es gibt *nur einen logos*! Vom, so könnten wir heute sagen, neuzeitlichen Irrtum reiner Selbstbezüglichkeit des Bewusstseins kann sich der Mensch nach Heraklit nur durch *Selbsterkenntnis* befreien. Das klingt so paradox wie modern, denn es wird zugestanden, dass der Mensch *Eigenes* und *Individuelles* und somit auch «Privates» haben kann. Und ausgerechnet durch den Bezug auf das Eigene des Selbst soll die Allgemeinheit der Erkenntnis kenntlich werden! Doch an der Fähigkeit, mit sich selbst zu Rate zu gehen, ist nicht zu zweifeln: «Ich beriet mich bei mir selbst» (*Frag.* 40) kann als Heraklits Verfahrensvorschlag zur Wissensprüfung verstanden werden. Diese Prüfung, wenn sie denn vorbehaltlos durchgeführt wird, muss zu dem Ergebnis führen, dass die erweisbaren und allgemein verständlichen Aussagen über die sich unablässig wandelnden Dinge nicht nur etwas Festes, sondern zugleich etwas sind, das zum *logos* gehört, der *allen gemeinsam* ist.

Was das mit Gott zu tun hat, sagt ein einziger Satz: «Das meiste vom Göttlichen entwischt der Erkenntnis, weil wir [die Menschen] zu wenig Zutrauen [in den *logos*] haben.» (*Frag.* 30) Zum Göttlichen gelangt man nur, wenn man dem *logos* vertraut! *Das Göttliche ist das, worauf wir setzen, wenn wir unserer Erkenntnis wahrhaft Vertrauen schenken.*

Im wörtlichen Verständnis lautet das Resümee: Das Göttliche findet sich in dem Allgemeinen, das uns als Erkennende durchdringt und uns erlaubt, überhaupt etwas *als etwas* festzustellen. Es ist allein die «fehlende Zuversicht» (*apistia*), die uns das Göttliche verbirgt, das nirgendwo anders sein kann als in dem, was sich – angesichts einer sich unablässig verändernden Welt – im alles verbindenden *logos* als *überall anwesend* und immer als *dasselbe* erweist. Denn die (aus dem Mund der Sibylle zu vernehmende) Stimme Gottes, so berichtet Plutarch von Heraklit, reiche «mit ihrem Wort über Tausende von Jahren hinweg» (*Frag.* 25).

Das bestätigt sich heute in der weit über die Moderne hinausreichenden Kontinuität, die es uns erlaubt, auch von Heraklit zu lernen. Er weiß, dass im Wechsel aller Dinge etwas *gleich* bleiben muss. Man muss Gleiches im Gleichen erkennen und Gleiches von Gleichen vernehmen können, um zu erfahren, welche Gemeinsamkeiten und Unterschiede zwischen verschiedenen Lebenslagen bestehen. Und man muss Gleiches zu Gleichen sagen können, wenn man sich im Wechsel der Zeiten über das Gemeinsame und das Trennende verständigen will. Also wird das in allem und in allen wirkende *Gleiche* benötigt, um das jeweils Gegebene, auch wenn es sich immer anders darbietet, feststellen zu können. Und dieses Gleiche, das die innerweltliche Bedingung einer jeden sinnvollen Aussage ist, wird von Heraklit als das *Göttliche* bezeichnet. Mit dieser Erkenntnis könnte Heraklit ein Anhänger seines theoriegeschichtlichen Antipoden *Parmenides* sein. Denn in dessen These, dass alles nur «Sein» und somit *eins* und folglich vollkommen *unbeweglich* ist, soll kenntlich werden, dass der Begriff das Begriffene stillstellt. Genauso will es aber auch Heraklit verstanden wissen. Zum Unterschied kommt es erst, wenn Parmenides schließt, dass alles nur ein unbewegliches *Eines* (und vielleicht aus *Einziges*) sein kann, das in sich selber ruht, sofern alles «ist». Daran aber ist nicht zu zweifeln: Denn was ist, das «ist».

5. Die Göttlichkeit des Wissens. Parmenides muss seine philosophische Elementareinsicht als derart neu, großartig und unfassbar empfunden haben, dass er sich nicht traute, sie aus den lebensweltlichen Zusammenhängen seiner mitmenschlichen Erkenntnis zu entwickeln. Er präsentiert sie daher als *göttliches Wissen*, das ihm auf einer Himmelfahrt anvertraut worden ist. Er sei, so berichtet er in seinem großen Lehrgedicht, von engelsgleichen Jungfrauen und aufwärts stürmenden Stuten bis zum Tor des Himmels geleitet worden. Durch Fürsprache der Jungfrauen habe man ihn bis vor den Thron der obersten Göttin *Dike* (!) vorgelassen. Von ihr wird er bereitwillig über das belehrt, was man wirklich *wissen* – und eben nicht nur *meinen* – kann. Und dieses Wissen kann in der Tat als so *unerhört* wie *grundlegend* angesehen werden, dass es alles, was überhaupt Wissen sein kann, begründet (*Frag.* 6). Gleichwohl ist es ein Wissen, das der Mensch nicht nur haben, sondern nach eigener Einsicht beurteilen kann. Die Göttin empfiehlt ihrem Gast ausdrücklich, das Mitgeteilte mit seinem menschlichen Verstand zu prüfen (*logo krinein*; *Frag.* X). In seiner begrifflichen Verfassung ist das Denken der Götter dem Denken der Menschen gleich. Das bleibt, soweit ich zu sehen vermag, eine Grundvoraussetzung in aller philosophischen Theologie. Auch darin liegt ein Indiz für die – selbst das größte Nichtwissen überbrückende – Nähe zwischen Gott und Mensch.

Das schlechthin Fundamentale der göttlichen Einsicht macht es verständlich, warum Parmenides so großen Wert auf die Umstände der Übermittlung seiner den menschlichen Meinungen (*doxa*) widersprechenden Lehre legt: Er bringt sie als Botschaft aus einer privilegierten Unterweisung durch die Göttin zur Erde zurück. Darin liegt ein Fingerzeig, der uns verstehen hilft, was er unter dem Göttlichen versteht.

Dike, die Göttin der Gerechtigkeit, die, so können wir mit Platon sagen, jedem das Seine gibt, lehrt streng genommen nur einen unbedingt und uneingeschränkt gültigen Satz, nämlich den, dass es *nur Seiendes* geben kann – und nichts außerdem. In der ersten Formulierung aus dem fragmentarisch erhaltenen Lehrgedicht lautet diese Einsicht: «Dies jedoch ist, wie ich Dir zeige, ein völlig unerfahrbarer Pfad: denn es ist ausgeschlossen, dass Du etwas erkennst, was nicht ist …» (*Frag.* 6) Wenig später heißt es in positiver Wendung: «Man soll es aussagen und erkennen, dass es Seiendes ist; denn es ist [nun einmal der Fall], dass es ist, nicht aber, dass es Nichts [ist]; ich fordere dich auf, dies gelten zu lassen.» (*Frag.* 9)

Dieser Aufforderung kommt Parmenides mit seiner Lehre nach. Wer sich, nach der Art der Götter, auf das Denken einlässt, der muss so denken wie sie. Und ihr Denken enthält die Einsicht, dass die Erkenntnis auf einem «unerfahrbaren Pfad» (*atarpon*) gewonnen wird. Und so wie die Götter muss jeder denken, der wahrhaft denkt. So muss demnach auch der denkende Mensch das Seiende denken. Und da das Seiende nicht vom Nichts durchmischt und auch nicht durch Nichts unterbrochen sein kann, muss er das Sein notwendig als *Eines* denken. Und darin erkennt er, dass er nur *denken* kann, was *ist*. Was aber *ist*, muss nicht nur *sein*, sondern muss zugleich auch *eines* sein, weil es ja einheitlich *ist*.

Damit ist eine unabänderliche Strukturbedingung menschlicher Erkenntnis benannt. Sie ist «unerfahrbar», liegt also jeder Erfahrung voraus, ist somit *grundsätzlich* vorgegeben, *unabänderlich* und gilt *unter allen Umständen*. Sie legt fest, dass wir in *allen Fällen*, in denen wir erkennen, denken oder begreifen, *etwas* begreifen. Dieses Etwas ist unter allen Umständen ein elementar Bestimmtes, das als dieses Bestimmte *einheitlich, unteilbar* und *unabänderlich* ist. Was immer wir erkennen, denken oder begreifen, wird auf dieses Etwas bezogen, das Parmenides *einai*, also «Sein», nennt. Wenn dieses denknotwendig zum Denken gehörende *Etwas*, diese ursprüngliche *Gegenständlichkeit* «nicht» oder gar «Nichts» wäre, wäre auch das Denken *nicht* oder *Nichts*. Parmenides lernt durch die Göttin, in grundsätzlicher Weise über das Erkennen zu sprechen. Sofern es sich auf *etwas* bezieht, sofern es *etwas* bedeutet, hat es ein *Sein* zum Gegenstand, das sich weder mit dem Nichts vermischen noch in es übergehen kann. Also ist der denkend Erkennende stets auf *ein und dasselbe*: auf das unwandelbare *Sein* bezogen. Es ist dies ein Sein, das die Welt, so wie wir sie erkennen, *ausmacht*. Das Göttliche, das ihr zugrunde liegt, *gehört zur Welt*.

Gesetzt, die Einsicht des Parmenides legte tatsächlich den Grund alles Erkennens, Denkens und sachhaltigen Mitteilens frei: Müsste man sie nicht auch heute noch *göttlich* nennen? Wir haben etwas, das *vor* jeder Erfahrung festliegt, was sich *in* jeder Erfahrung zeigt und was auch *alle möglichen Erkenntnisse* überhaupt erst *als Erkenntnis* qualifiziert. Man kann es nicht als eine empirisch erfahrbare Naturtatsache bezeichnen; es gehört auch nicht zu den vom Menschen erfundenen Hilfsmitteln seines Daseins. Und was bliebe von der Erkenntnis, wollte man die Vorgängigkeit und Allgemeinheit ihrer Strukturbedingungen leugnen?

Man wird nicht bestreiten können, dass sich der *Name des Göttlichen* für die universelle Verfassung des Erkennens empfiehlt – auch deshalb, weil hier das *Göttliche* als *Ursprung* und *Urgrund*, ja mehr noch: als das *Hervorbringende* und *Schöpferische* erscheint. In nüchterner Beschreibung sprechen die antiken Denker von *nous* oder *logos*. Aber wenn man das Unerhörte, das mit *nous* und *logos* zum Ausdruck kommt, kenntlich machen will, dann muss man deren fundierende Leistung nicht nur *übernatürlich*, sondern auch *übermenschlich* nennen. Und wenn wir die Überschreitung des Menschlichen nicht nur im Sinn einer Negation, sondern mit Blick auf eine alles Menschliche konsequent überbietende – und gleichwohl tragende – Einsicht zum Ausdruck bringen wollen, bleibt aus antiker wie aus moderner Sicht nichts anderes übrig als der Begriff des *Göttlichen*.

Dieser Begriff des Göttlichen ist streng genommen nicht «transzendent», sondern «transzendental», denn er reguliert die Bedingungen des Denkens, Sprechens und Handelns. Wir werden an Platon und Kant sehen, dass der Begriff des «Transzendentalen», also des Grundlegenden, des alle Bedeutung vorab Festlegenden, völlig ausreicht, um vom Göttlichen zu sprechen. Wenn wir uns Gott über den allen Sinn tragenden *logos* nähern, reicht es tatsächlich aus, in ihm die *transzendentale Bedingung* des menschlichen Selbst- und Weltverständnisses zu suchen. Er muss dann nicht in ein Jenseits der Welt verlegt werden, sondern gehört in seiner fundierenden Stellung ganz und gar zur Welt, deren Sinn und Bedeutung stiftendes *Ganzes* er ist.

So haben es, nebenbei gesagt, auch Hegel und Wittgenstein verstanden, wenn sie von Gott gesprochen haben. Gewiss kann man, wie dies für die von Peirce in Umlauf gebrachte Rede von «semantischen» Bedingungen gilt, von allem theologischen Nebensinn absehen. Aber Peirce hat diese Empfehlung selbst nicht gegeben und sich in seiner Metaphysik um einen die größtmögliche Allgemeinheit in sich aufnehmenden Begriff des Göttlichen bemüht. Darin sind ihm auch einige Denker des 20. Jahrhunderts wie Josiah Royce und Alfred North Whitehead gefolgt. Doch es bedarf der historischen Belege nicht, um kenntlich zu machen, wie schwer es fiele, in einer umfassend angelegten Grundlegung unseres Selbst- und Weltverständnisses auf den Begriff eines der Welt zuallererst Bedeutung gebenden *Ganzen* zu verzichten. Der logisch und semantisch unerlässliche Begriff eines *Einheit* unterstellenden *Ganzen* ist, wie bereits Heraklit und Parmenides wissen, empirisch niemals zureichend zu ermitteln. Gleichwohl trägt er sowohl die Erkenntnis der Welt wie auch die des sich begreifenden Selbst. In dieser fundierenden Leistung kann es gar nicht anders als *göttlich* genannt werden, denn es ist insofern nicht *von* dieser Welt, als es nicht aus ihr durch Erfahrung hergeleitet werden kann. Wohl aber macht es die Welt, von der wir reden. – Was das für das epistemisch und ethisch ausgestaltete Selbst- und Weltverhältnis des Menschen bedeutet, hat erst Platon zur fortwirkenden philosophischen Darstellung gebracht.

6. Das Göttliche beim «göttlichen Plato». Die Lehren von Heraklit und Parmenides schließen sich nach herrschender Meinung wechselseitig aus. In ihrer Sicht auf die epistemische Stellung Gottes aber sind sie kaum zu unterscheiden. Das ist nicht untypisch für die Lage, in der sich

Gott angesichts der Nachfrage durch die Erkennenden befindet. Sosehr wir bemüht sind, ihn durch einen *in sich stimmigen Begriff* zu erfassen, so zeigt er sich stets auch als das *Gegenteil* von dem, was sich uns im ersten Zugang erschließt.

Der «göttliche Plato» (wie Nietzsche ihn noch in der *Geburt der Tragödie* nennt) hat von dieser Paradoxie gewusst. Er hat eine ganze Serie von Bestimmungen des Göttlichen angeboten, die so gut wie alles vorwegnehmen, was in der nachfolgenden Geschichte der Philosophie an Attributen Gottes in Vorschlag gebracht worden ist. Wer das weiß, hat eine gute Nachricht für die Zeitgenossen, die sich als Gefangene der Moderne begreifen: Sie müssen sich selbst mit den Widersprüchen, Paradoxien und Absurditäten, die ihnen das moderne Bewusstsein (angeblich erstmals) zumutet, nicht länger als die Verlorenen der Endzeit fühlen. Allerdings können sie mit ihrem geschichtsphilosophischen Weltschmerz auch nicht mehr als vollkommen einzigartig gelten. Sie sind vielmehr Teil eines größeren historischen Zusammenhangs, den schon die antiken Denker einem umfassenden Ganzen unterstellt haben. Und bereits die Alten waren so frei, diesem Ganzen den Titel des *Göttlichen* zu geben.

Um dies kenntlich zu machen, genügt eine kurz gefasste Aufzählung von *zehn Grundbestimmungen des Göttlichen*, die sich bei Platon finden. Auf Vollzähligkeit kommt es hier ebenso wenig an wie auf die philologisch-historische Ausdeutung des jeweiligen Zusammenhangs.[3] Es reicht aus, wenn der vielgestaltige Reichtum, die Nähe zum Menschlichen und die opulente Welthaltigkeit der platonischen Theologie kenntlich werden. Sie kann vorab durch den Hinweis illustriert werden, dass ein Denker, der das Wissen selbst «göttlich» nennt, dem Gottesverständnis einer Gesellschaft, die sich rühmt, eine «Wissensgesellschaft» zu sein, am nächsten steht. – Die zehn Punkte im Einzelnen:

Erstens: Eine der frühesten Bestimmungen findet sich im *Ion*, einem Dialog, der dem Selbstverständnis eines, wie wir heute sagen würden, Künstlers, eines Homer-Rhapsoden, nachgeht. Dabei ist eine der ersten philosophischen Erörterungen ästhetischer Fragen entstanden. Das Göttliche wird hier als das bestimmt, was uns selbst «leicht macht» (*Ion* 534b). Es entbindet uns von der Enge des alltäglichen Lebens, hebt uns im Augenblick seiner Gegenwart aus den beschränkten Verhältnissen des Daseins heraus, lässt uns den Raum des Möglichen erahnen und gibt uns sowohl die Kraft wie auch das Zutrauen, unsere besten Kräfte zu entfalten – auch über die Vernunft hinaus.[4] Es ist nicht zu übersehen, dass viele der von Sokrates vorgeschlagenen Bestimmungen der ästhetischen Erfahrungen *ironisch* sind. Aber darin liegt keine Abschwächung der ausgesprochenen Nähe zwischen der Erhebung durch die Gegenwart der Kunst und der darin erlebten Nähe zum Göttlichen. Die Entrückung, die den Zustand des Wahns, der *mania*, kennzeichnet, bleibt auch in späteren Dialogen ein höchst ernst gemeintes Kriterium der Verbindung mit einem Ganzen, das in der Ausrichtung auf spezielle Tätigkeiten nur zu leicht verloren geht.

Zweitens: Im großen *Alkibiades*, einem ebenfalls in die frühe Werkperiode gehörenden Dialog, wird die bis heute nicht überbotene funktionale Beschreibung des *Selbst* als desjenigen gegeben, was nach der jeweils gemeinten Beschreibungsabsicht als das den Menschen in seinen Handlungen *jeweils Bestimmende* anzusehen ist. Zu dieser durchgängigen Relativität der «Substanz» des Selbst gehört, dass sich jedes Selbst stets nur in der ausdrücklichen Beziehung auf ein anderes Selbst erkennen kann. Und das, was in dieser wechselseitigen Beziehung aufblitzt, um ihr Bestand und Tiefe zu geben, ist das *Göttliche* (*Alk* I 133b). *Göttlich ist somit das, in dessen Licht wir uns erkennen.* Es ist eine Selbsterkenntnis, in der sich uns die Möglichkeit eröffnet, uns *im* Ganzen *als* Ganze wahrzunehmen und einzuschätzen. In der individuell erfahrenen Gemeinschaft mit dem Nächsten, dessen Blick ich *ernst* (und ihm *zugeneigt*, also *liebend*) erwidere, stellt sich das Göttliche als das *individuell Gegenwärtige* ein. Es ist das Göttliche, das dem Augenblick eine Bedeutung verleiht, die uns ganz erfüllt und somit raum- und zeitlos ist.

Drittens: Die überzeitliche Bedeutung stiftende Leistung der erlebten Gegenwart des Göttlichen kann nicht auf die äußere Wahrnehmung beschränkt sein. Dem trägt Platon in einer in seinem letzten Werk, den *Nomoi*, zu findenden Überlegung Rechnung: Zu Beginn des 5. Buches versteht er das Göttliche als das, was der Seele «am nächsten» (*oikeiotatos*) ist (*Nom* 726a).

Dieser unerhörten Einsicht, die Gott auf das Engste, nämlich «innerlich» (!) mit dem Menschen verbindet, geht im 4. Buch die These voraus, die «Sorge (*chrē*) um die eigene Seele, um den Leib und den eigenen Besitz» (724a) stehe im Mittelpunkt aller Bemühungen des

Menschen. Um Seele, Leib und Besitz habe man sich «mit eifriger Anstrengung» und dennoch «entspannt» (724b) zu bemühen, wenn man der Bildung (*paidaia*) teilhaftig werden wolle. Wer Gott so nahe ist, wie es die Selbsterkenntnis der Seele in sich selbst erfährt, der kann die ihm wichtigen Aufgaben nur mit dem größten *Ernst* (*spoudē*) betreiben. Aber das schließt nicht aus, es gleichwohl: *gelassen* (*anéseōs*) zu tun. Solange jemand bewusst bei sich selber bleibt, solange er sich wahrhaft treu ist, kann ihm die Gewissheit der Nähe des Göttlichen nicht verloren gehen.

Die Erörterung der zentralen Güterlehre des menschlichen Daseins, dessen Natur und Kultur auf die Trias von *Seele, Leib* und *Besitz* gerichtet ist und die es dem Einzelnen wie der politischen Gemeinschaft erlaubt, eine Entwicklung zu nehmen, die als «Bildung» erfahren werden kann, ist eine der wichtigsten Passagen der alteuropäischen Philosophie. Sie klärt das Rangverhältnis von Seele, Leib, Welt und deren Beziehung zum Leben. Die Seele ist das Bestimmende; ihr kommt, wann immer bewusst gehandelt werden kann, die entscheidende Stellung zu. Gewiss, die Seele muss sich nach ihren *eigenen* Kriterien und ihren *eigenen* Gründen richten, die aber haben ihren Halt in der Leistung des Begreifens und Begründens und somit in dem, was Heraklit und Parmenides bereits als das Göttliche ausgezeichnet haben. Und für die modernen Verächter Platons sei hinzugefügt, dass er natürlich längst weiß, was für sie das *non plus ultra* ist: Vom ontologischen Vorrang der Seele kann auch er nur sprechen, weil er ihren funktionalen Primat *am eigenen Leib* erlebt. Somit ist es nicht erst Nietzsche, sondern bereits Platon, der am «Leitfaden des Leibes» philosophiert.

Viertens: Uns erscheint es heute als eine naheliegende Bestimmung des Göttlichen, in ihm das *Eine*, vielleicht auch das *Einzige*, in jedem Fall aber das *Ganze* namhaft zu machen. Bei Platon wird diese Einsicht so anschaulich wie anspruchsvoll über den Weg mathematischer Darlegungen erarbeitet, in denen aus dem jeweils Einen der Zahlen (*monas*) neue Einheiten (*monades*) ermittelt werden, die schließlich in einem vollkommenen Guten (*agathon*) als ursprünglich Ganzes (*tou pantos archē*) und somit als *Eins* (*hen*) zu begreifen sind. Diese mathematisch nicht eindeutig erscheinende Methode der Ermittlung des Einen ist seit Aristoteles umstritten und wird bis heute kontrovers diskutiert. Aber begrifflich ist sie eindeutig, weil teilbare und dennoch bestimmte Ein-

heiten wie die Zahlen zu immer neuen Einheiten werden können, die
ihre Einheit in der sie begreifenden Vernunft finden. So kann Platon
durch sein ganzes Werk hindurch Gott als umfassende Vernunft (*nous*)
ansehen, die selbst *Einheit* ist und dadurch das Zusammenhängende *im
Ganzen als Einheit* begreift.

Die immer wieder neu einsetzenden Überlegungen lassen erkennen,
dass Platon sich der Gefahr bewusst ist, zu den gleichen Konsequenzen
genötigt zu sein, die ihm die Lehre des Parmenides fragwürdig machen.
Wenn nämlich das Ganze zum unbeweglichen Einen wird, ist die Vielfalt verloren, die Leben möglich, das Begreifen nötig und die Verständigung sinnvoll macht. Deshalb hält Platon an der beweglichen Pluralität
der einzelnen Elemente fest, wertet sie aber gegenüber den die Erkenntnis tragenden Ideen grundsätzlich ab. Da mag es in manchen Teilen
seiner Werke den Anschein haben, als degradiere er alles Einzelne zu
bloßen «Schatten» der Ideen; aber es steht nie in Zweifel, dass die Seelen
selbstbezügliche Entitäten sind, die durch den *logos* verbunden, durch
ihre Nähe zum Göttlichen einander nahe und in ihrem Verhältnis zum
Sinnlichen bestimmend sind. Es gibt somit die *Vielfalt der Teile*, welche
die Konzeption eines Ganzen allererst nötig und sinnvoll macht.

Im Unterschied zu Parmenides stellt Platon somit die Vielfalt der zu
denkenden Fälle ebenso wenig in Frage wie die Vielzahl der Denkenden. Ohne sie gäbe es nichts zu denken. Das ist die Prämisse, die auch
die *Denk*notwendigkeit des Ganzen trägt. Während Parmenides den
Bericht der höchsten Göttin weitergibt, fordern Platons Dialoge jede
und jeden zu seiner *eigenen Einsicht* heraus. Gleichwohl ist auch bei ihm
die *Einsicht* nur unter dem logischen Anspruch eines *Ganzen* zu haben.
Da jedes Ganze, wie immer es in sich auch beschaffen sein mag, als
Eines gedacht wird, kann man alles, was über die göttliche Stellung des
Ganzen gesagt wird, auch unter dem Titel der *Einheit* fassen. Unter ihm
wirkt es, durch den Neuplatonismus verstärkt, philosophiehistorisch bis
in die jüngste Gegenwart.

Fünftens: Platon geht es, wie Parmenides, um ein *Ganzes*, zu dem
der das Ganze denkende *nous* oder *logos* selbst gehört. Dieses Ganze hat
somit den Denkenden wie den Handelnden mit zu erfassen. Was er im
Bewusstsein dieses Ganzen denkt und tut, kann – aus der Logik seiner
ursprünglichen Absicht – *nichts Schlechtes* sein! Das Denken zielt auf

schlüssige und fehlerlose Vollständigkeit, und das von Platon stets betonte Handeln des ernsthaften Menschen (*spoudaios*) geschieht in Erwartung des *Besten* (*aristos*). Für das eine steht das Paradigma der Mathematik und für das andere die Selbstverständlichkeit, mit der wir in der Ethik das *Gute* wollen. Ihren Grund haben beide im zugrunde gelegten *Einen*, das *gedacht* werden muss, wenn es denn ernsthaft gewollt werden soll.

In der Konzeption des Ganzen ist somit das schlechthin *Gute* anerkannt. Das Gute schafft den Anlass und den Anspruch der Tätigen. Und es gibt das Ziel des Handelns allein dadurch vor, dass es das uns verständliche *Maß für die Einheit* ist, die jeder mit sich selbst und mit dem Ganzen zu wahren hat. Das Gute ist hier nicht auf das ethisch Gerechtfertigte eingeschränkt, sondern ist auf das Beste in seiner optimalen Vollständigkeit bezogen. Es meint das *Vollkommene* überhaupt, das wiederum nur vom *nous* – und zwar in der Form der *Einheit* – begriffen werden kann. Alles dies macht das Göttliche aus, dem auch der Mensch als Teil des Ganzen zugehört.

Als denkendes und erkennendes Wesen aber muss sich der Mensch auch als ein dem Göttlichen gegenüberstehender Teil begreifen. Dann kann er in der Einheit seiner Seele das Göttliche in sich selbst wahrnehmen, das von ihm selbst die im Göttlichen gegebene *Einheit* und *Eigenständigkeit* fordert. Und damit wird das in Gott erkannte Gute zur Bedingung für die Tüchtigkeit, das heißt für die Tugend des Menschen. Hier also erhält das Gute die für uns heute im Vordergrund stehende moralische Qualität. Bei Platon ist sie auf alles Seiende bezogen und schließt damit das Technische wie auch das Kosmische ein.

Sechstens: Mit dem Ziel der Vollständigkeit und im Verlangen nach Einigkeit mit sich selbst gibt das Göttliche die Idee des *Schönen* – und mit ihm die des *sich produktiv bildenden Lebens* – vor. Im *Symposion* überlässt Platon es einer weisen Frau zu schildern, wie das Schöne alle Lebensvorgänge lenkt. Auf allen Ebenen des Lebens herrscht der Gegensatz der Geschlechter, der – auch hier jeweils im Augenblick – vom *eros* überwunden wird. *Eros* aber ist der selbst aus einem Gegensatz entstandene *daimon*, der in der Vereinigung mit einem anderen nach dem Schönen strebt. Damit regiert das Schöne den Gegensatz und vermag ihn fruchtbar zu machen. Nichts ist weniger harmonistisch als das antike Ideal der Harmonie.

Ohne aristokratischen Vorbehalt spricht Platon bereits den einfachsten Formen des Lebens eine Produktivität im Bann des Schönen zu. Die Götter steuern die generative Entfaltung des Lebens und lassen zugleich den individuellen Gang des Lebens in seinem Streben nach Entwicklung mit anderen und durch anderes als zweckmäßig und sinnvoll erscheinen.

Zur bewussten Geltung kommt das Schöne in der Erziehung des Menschen, in seiner Bemühung, sich seinen Vorstellungen entsprechend zu bilden und darin letztlich auch über sich hinauszugehen. So können schon bei Platon die Götter als die *Erzieher* des Menschengeschlechts gelten, die im Verein mit den lebendigen Kräften aus ihrer Gemeinschaft selbst ein Abbild – besser: ein *Exempel*, ein *Paradigma* – des Schönen machen, für das ihnen die Himmlischen im Umschwung der Gestirne ein Vorbild sind.

So lässt sich begründen, dass die Götter auch im politischen Leben gebührend Beachtung finden müssen. Das Gute, das die *polis* zu befördern hat, kann unter der Anleitung des Schönen besser gedeihen. Damit gibt das Göttliche Ziele vor, die dem gemeinschaftlichen Leben eine angemessene Form zu geben vermögen.

Siebtens: Dass Gott als das *Wahre* zu gelten hat, ist mit den Bestimmungen des *Ganzen*, des *Einen*, des *Guten* und des *Schönen* bereits mitgesetzt. Denn nur im Medium des Wahren hat es Sinn, vom Ganzen und von den Perspektiven zu sprechen, die es dem denkenden und handelnden Menschen bietet.[5]

Für Platon hat auch das *normative Moment* des Wahrheitsanspruchs im Ganzen und Einen Gewicht: Sowenig man sich dem Ganzen, dem man als Teil zugehört, entziehen kann, sosehr hat man ihm in seinen Handlungen – als tugendhaftes Ganzes – zu entsprechen. Die im Lebensvollzug offensichtlich werdende, in der Selbstsorge als Aufgabe erfahrene und in der Tugend mit dem Anspruch auf Selbstherrschaft verknüpfte Eigenständigkeit des beseelten Wesens ist in den Leistungen des Erkennens auf Wahrheit verpflichtet. Wahrhaftigkeit kann man daher als den Gottesdienst ansehen, den der Mensch unter allen Umständen zu erbringen hat. Sie schließt, wie Platon im Gespräch des Sokrates mit dem Tempelpriester Euthyphron deutlich werden lässt, die Grundbedingung der Frömmigkeit ein. Platons Kritik an den Priestern, die sich der Wahrhaftigkeit entziehen und nicht zu sagen vermögen, wie das Fromme und das Gottgefällige zusammengehören, ist vernichtend (*Euth* 15b–16a).

Wichtiger aber ist, dass die alle menschliche Meinung allererst zum *Wissen* befördernde *Wahrheit* das *Wissen selbst* in den Rang des Göttlichen erhebt. Die fundamentale, die geschilderten Einsichten des Heraklit und des Parmenides aufnehmende theologische Erkenntnis Platons besteht darin, die alle Weltlichkeit allererst erzeugende *Kraft des Wissens* als elementare Leistung des Göttlichen auszuzeichnen. Gesetzt, die Moderne meint ernsthaft, auf einer «Wissensgesellschaft» zu beruhen, steht Platon ihr näher, als sie in ihrer Verleugnung des Zusammenhangs von Wissen und Wahrheit sowie in ihrem voreiligen Abschied vom Göttlichen glaubt.

Achtens: Nach der im *Alten Testament* und in anderen frühorientalischen Religionen vorherrschenden Redeweise könnte man auch bei Platon ein Attribut wie das der *Allmacht* des Göttlichen erwarten. Im Polytheismus der griechischen Götterwelt ist es zwar ungebräuchlich, aber die ontologische Dominanz der höchsten Göttin, die Parmenides anerkennt, sowie Platons Rede vom Einen und Ganzen, die den philosophischen Übergang zum Monotheismus vollzieht, könnten das nahelegen. Auch Platons Offenheit für die politische und religiöse Überlieferung Ägyptens machte das verständlich.

Doch wer eine begrifflich-philosophische Inthronisation des Allmächtigen durch Platon erwartet, wird enttäuscht. Gott regiert allein durch die Erkenntnis, die er ermöglicht. Von ihm hat man einen Begriff durch das Wissen, das man im Streben nach wahrer Einsicht gewinnt. Die Erkenntnis ist es wiederum, die den Menschen bei der Anlage und Verwaltung seiner *polis* leiten sollte. Dabei gewinnt der Mensch sowohl von der *polis* wie auch von seiner Erkenntnis nur eine *Idee*, um die er sich mit seinesgleichen zu bemühen hat. Deren Umsetzung ist selbst schon eine öffentliche Aufgabe, an der in kritischer Prüfung und in anleitender Erziehung viele mitzuwirken haben.

Das kann auch in der politischen Leitung nicht anders sein. Platon sagt nicht, dass ein Philosoph König werden sollte, sondern die Regierung soll aus einer größeren Zahl sich wechselseitig prüfender und stützender Individuen bestehen. Deren praktisch tätige Teilnahme am gemeinsamen

Ganzen kann nur nach langer Erziehung (also nicht durch Geburt!) durch gemeinsame Teilhabe an den Ideen erfolgen, die ihre Einheit in der Idee des Einen und Guten finden. So ist auch Gott eine *Idee*, die sich nur dem erschließt, der in der Selbst- und Welterkenntnis von seiner eigenen Einbindung in den Zusammenhang des Ganzen weiß, was, wie gesagt, selbst nur im Zeichen von Ideen möglich ist.

So ist die Frage, ob Gott existiert, so unangemessen wie die Frage, ob denn das Ganze wirklich gegenwärtig ist. Gott ist in seinem Wirken – und nirgendwo sonst. Das vermag jeder zu erfahren, der seine eigene Wirklichkeit in seiner durch Einsichten angeleiteten eigenen Tätigkeit hat. Er weiß von sich in der Wirksamkeit seines eigenen Tuns (*Alk* 129a–131a); so weiß er auch von der Wirklichkeit und Wirksamkeit der Welt bloß, sofern er *in ihr tätig* ist; und so kann er nur *in* und *aus* der erfahrenen Wirklichkeit der Welt auf die in ihr wirksame Einheit, also auf das Göttliche, schließen. Aus der Stimmigkeit zwischen der Bewegung des Kosmos und der eigenen Sebstbewegung kann er dann ermitteln, wie nahe er ihm in seiner eigenen Verfassung ist.

Folglich hat er auch mit Blick auf die Gegenwart Gottes von nicht mehr und nicht weniger als von seiner *Nähe* zu seinem tätigen Selbst auszugehen. Das wiederum schließt nicht aus, dass sich jede Seele die ihr gemäße Vorstellung vom Göttlichen und seiner Wirksamkeit macht – was seinerseits nicht ausschließt, dass sich gemeinsame Vorstellungen vom göttlichen Ganzen bilden. Unter der Voraussetzung des individuellen Glaubens kann es somit Glaubensgemeinschaften geben, die ihre höchste Bedeutung darin haben, den Glauben der ihnen anhängenden Einzelnen zu fördern.

Weil das so ist, kann es auch gemeinsame Vorstellungen vom Göttlichen geben. Deshalb muss Platon kein Bilderverbot über das Göttliche verhängen. Im *Phaidros* lässt er die olympischen Heerscharen in einem phantastischen Aufzug am Himmel paradieren, um deutlich zu machen, wie *festlich* das Dasein ist und wie viel Grund die Menschen haben, mit den Göttern die pure Gegenwart des Ganzen, die in ihm erfahrene Größe und die jedem gewährte Teilnahme am Großen und Ganzen zu feiern. Ist es denn kein Anlass, die eigene Identität und die Chance des eigenen Daseins in einer Welt zu genießen, die Dasein möglich macht und damit die Möglichkeit von allem anderen ist? Versteht nicht jeder, der seinen

Geburtstag feiert, auch den Grund, das möglichst mit allen zu tun, die sein Dasein fördern? Also gilt seine Freude auch der Welt, die ihm den Grund und die zahlreichen Einzelgründe gibt. Und wenn Gott der Begriff für das sich ihm erschließende Ganze ist, dann sind der Dank und die Freude auf ihn gerichtet.

So verbleibt die Erfahrung des Göttlichen in der Dimension, in der mitteilbare Erfahrungen gemacht werden können, ohne sie auf das Noetische und Logische zu beschränken. Im Bewusstsein der göttlichen Gegenwart wird der Mensch somit selbst als ganzer erhoben. Folglich kann Platon die Gegenwart des Göttlichen auch in ästhetischen und politisch-rhetorischen Kategorien beschreiben. Sie erlauben es, *metaphorisch* und *paradigmatisch* von «Gott» zu sprechen und hochgestimmt, also *enthusiastisch* mit dem Göttlichen umzugehen.

Jedes Volk, jede *polis* und, wenn wir Sokrates' Bemerkung am Anfang des *Phaidros* richtig verstehen, jeder Mensch hat die Freiheit, sich das Göttliche so zu denken, wie es seiner Seele entgegenkommt. Das schließt nicht aus, dass die philosophische Rede sich um begriffliche Strenge bemühen muss. In ihr hat man sich auf das Göttliche zu beschränken, das sich *im Ganzen* als *das Eine* zeigt, in dem *alles seine Bedeutung* erlangt. Gleichwohl tritt bereits in diesem *Einen* die Vielfalt der Bedeutungen hervor, die das Göttliche für uns hat.

Neuntens: Gott ist *Idee*, und in dieser Stellung hat er die *beste Praxis* anzuleiten. Das gilt für das Wahre, Schöne und Gute. Folglich kommt das Gute auch in der kosmischen Ordnung der Welt zum Ausdruck. Die nämlich wird vom göttlichen Weltbaumeister, dem *Demiurgen*, hervorgebracht. Der *gute, wahre, eine* und somit alles umfassende *theos* und der *demiourgos* als der Baumeister des Kosmos sind nicht identisch: Der *Demiurg*, den Platon in der Schöpfungslehre des *Timaios* einführt, schafft die physische Welt nach dem vom guten, wahren und einen Gott im Ganzen gegebenen Muster der Ideen. Nur die Urbilder aller Dinge werden von dem einen Gott gegeben, genauer: Sie stellen sich in ihm als seiend dar und werden vom Demiurgen als Bauprinzip der kosmischen Natur genutzt (*Tim* 27d ff.).

Es ist somit keine Allmacht, die in einem originären Schöpfungsakt die Welt aus dem Nichts gebiert. Bevor die Welt der Gegenstände mitsamt den die Welt ausmachenden Ereignissen im Werden hervortritt, herrscht die Logik der Ideen. Es gibt die einsichtige Ordnung überhaupt und mit ihr die Logik der Einheit und des Unterschieds, eine «intelligible Welt», ehe die Schaffung konkreter Formen und Dinge möglich ist. Man verrät kein Geheimnis, wenn man hinzufügt, dass die intelligible Struktur des Seins stillschweigend auch in anderen Schöpfungsmythen – gleichsam als «Gedanke» Gottes – vorausgesetzt wird. Es gehört zur philosophischen Pünktlichkeit Platons, dass er den Schöpfungsvorgang (handwerklich korrekt) nach (begrifflicher) Vorlage und (technischer) Ausführung trennt. Man kann vermuten, dass er auch darin etwas von der Einsicht des Parmenides bewahrt.

Die Trennung ändert freilich nichts daran, dass die Leistung des ausführenden Demiurgen «göttlich» genannt werden muss. Seine Tätigkeit besteht in einer Art technischer Übersetzung von Ideen in Dinge. Diese theologische Auszeichnung der Technik ist singulär in der Geistesgeschichte Europas; sie allein zeigt an, dass Platon selbst noch der Moderne voraus ist.[6] Denn gerade die modernen Denker haben bis heute keinen Begriff davon, wie tief die Technik bereits in die Natur und nicht erst in die Kultur eingelassen ist.

Mit Blick auf den Demiurgen wäre es unsinnig, nach seinem *Ort* und seiner *Arbeitszeit* zu fragen. Er ist *überall* und *jederzeit* beschäftigt, und sein Verhältnis zum wahrhaft Göttlichen des Einen ist auf das der *Erkenntnis* beschränkt. Der Demiurg ist die in allem wirksame Produktivität des mundanen Geschehens. Er setzt die Dynamik der Natur in Gang, die sich nach der ihr eingeschriebenen Ordnung entwickelt. Die atomare Struktur der Materie sowie der genetische Code der lebendigen Organisation geben uns in der in ihnen wirksamen Gesetzmäßigkeit vielleicht erst heute eine den Naturprozess selbst erfassende Vorstellung von der weltimmanenten Leistung des Demiurgen, der in aller Produktivität eine sich selbst entfaltende, eine werdende Ordnung schafft.

Diese Leistung ist aber nicht mit der des guten, wahren und einen Gottes gleichzusetzen. Platon vermeidet den Pantheismus, der uns nötigen könnte, Gott in jedem Staubkorn anzubeten. Die uns erhebende göttliche Kraft liegt vielmehr in der einsichtigen Ordnung des Ganzen, an der wir teilhaben, wenn wir uns selbst als Ganze verstehen und im Sinn des Ganzen tätig sind.

Es ist daher nicht falsch zu sagen, Gott lasse den Kosmos durch einen Baumeister erschaffen, der die ihm vor Augen stehenden göttlichen Gedanken in die Sichtbarkeit der Ding- und Ereigniswelt überführt. Dieser *ingeniöse Techniker* ist der *beste Praktiker*, der uns zugleich das Vorbild geben kann, wie wir mit dem umgehen, was wir der Sache nach erkennen und poietisch behandeln können. Die göttliche Einsicht ist mit jedem Detail verknüpft, um das wir uns selbst zu bemühen haben, wenn uns in der Welt etwas gelingen soll. Wer (nach dem Sprichwort) das Detail dem Teufel überlässt, der verliert die Welt und sich selbst.

Die Trennung zwischen der ideengebenden und der produktschaffenden Gegenwart Gottes zeigt zugleich, dass wir ihn, wenn auch nicht mit jedem Detail, so doch mit der Welt als ganzer gleichsetzen dürfen. Gott muss als das ordnende (und dadurch herrschende) Prinzip gedacht werden, das als das in unserer eigenen Einsicht wirkende Ganze gedacht werden kann. Das Göttliche wirkt so überlegen, so umfassend und mit so hoher begrifflicher Präzision, dass man auf seine ordnende Einsicht auch in verschiedenen Welten stoßen könnte. Es *ist* und *wirkt* in der *Erkenntnis*, die es zuallererst ermöglicht. Ihn *gibt* es – aber eben als das allemal Lenkende, Zusammenhang und Einheit stiftende Moment in den Prozessen der Natur und den aus ihr erwachsenden Aktivitäten der beseelten Wesen.

Am reinsten kommt das Göttliche in der *Erkenntnis* zum Tragen, die den Demiurgen anleitet, wenn er mit der Klarheit eines Mathematikers das in Gott Erkannte in die Realität der kosmischen Ordnung übersetzt. Der omnipotente Schöpfergott, der die Welt aus dem Nichts erschafft und sie dann nach herrschaftlicher Manier regiert, hat in Platons Theologie keinen Platz. Er müsste, wenn es anders wäre, in der Welt, wie wir sie in uns und außer uns erfahren, wie ein Fremdkörper wirken, der nur Störungen verursachen könnte.

Wie seine Vorgänger in der ionischen Naturphilosophie lässt Platon keinen Zweifel daran, dass Gott kein von der Welt getrenntes Wesen ist. Zwar ist das Göttliche größer als alles, was wir in den Erscheinungen fassen und was wir mit unseren Begriffen denken können. Folglich ist Gott mit dem Kosmos nicht identisch. Aber da er als das Muster und Vorbild alles Geschehens *in der Welt* begriffen werden kann, sind wir ihm nicht nur in unserer Seele, nicht nur im Betrachten der Dinge und in der Ausübung unserer Taten, sondern schon in unserem bloßen Dasein nahe. Gott ist das, was uns einen uns entsprechenden Begriff des Weltganzen ermöglicht.

Damit ist Gott bereits bei Platon das Ganze, in dem sich das Ganze der Welt mit dem Ganzen des Selbst vereint, ohne das Ganze des Selbst mit dem der Welt zusammenfallen zu lassen. Das hat den Vorteil der Abwehr des alles gleich machenden Pantheismus, ohne darauf verzichten zu müssen, die eminenten Erscheinungen in der Welt als göttlich verehren zu können.

Was das bedeutet, zeigt die himmlische Parade der Götter im *Phaidros*, die alle Möglichkeiten der ästhetischen und ethischen Verehrung des Schönen und Großen vor Augen führt. Im *Timaios* wird es durch die kosmologische Vielfalt der Götter anschaulich gemacht: Alles, was über der Erde wirksam ist, aber zur Welt gehört: der Mond, die Sonne, die Sterne und vieles andere, wird als «Gott» bezeichnet. Es gibt zahlreiche Abstufungen zwischen dem höchsten, ganz und gar unsichtbaren Gott, und der Vielzahl der Götter, die der Mensch als Vermittler zwischen der sichtbaren und der rein begrifflichen Sphäre begreifen kann. Wie nahe diese Vermittlung dem Menschen gehen kann, zeigt die Tätigkeit des sokratischen *Daimonions*, das im *Symposion* als «Halbgott» vorgestellt und in Platons Schule zu den Göttern gerechnet wird (*Apuleius* II, 2).

Der *zehnte Punkt* fällt aus dem Rahmen der bisher behandelten Merkmale des Göttlichen heraus. Er verweist auf ein Grundproblem des religiösen Glaubens, dass der Moderne vielleicht mehr zu denken gibt als den Alten. Deshalb behandeln wir es im nächstfolgenden Abschnitt.

7. Die Unsterblichkeit des Sokrates.   Das letzte vom sterbenden Sokrates überlieferte Wort ist die an einen treuen Freund gerichtete Bitte: «O Kriton, wir sind dem Asklepios einen Hahn schuldig, entrichtet ihm den und versäumt es ja nicht.» (*Phaidon* 118 a)

Der Tod befreit von allen Verbindlichkeiten. Aber Sokrates ist es wichtig, dass ein von ihm gegebenes Versprechen noch nach seinem Tod erfüllt wird: ein Dankopfer an Asklepios, den Gott der – Gesundheit! Wir hören also einen Sterbenden, dessen letzte Sorge dem leiblichen

Wohl gewidmet ist. Ist Sokrates dem Tod schon so nahe, dass er nicht mehr weiß, was er sagt? Geht sein Denken am «Leitfaden des Leibes» über den Tod hinaus? Gesetzt, er hat seine Sinne noch beisammen und äußert seinen Wunsch bei vollem Bewusstsein: Was sagt uns die dringliche Bitte über sein Verhältnis zum Göttlichen? Die Antwort lässt sich in fünf Stufen entwickeln:

Erstens: Die Verbindlichkeit gegenüber Gott kann mit dem Tod nicht enden. Man muss Sorge dafür tragen, dass ihm auch weiterhin die Aufmerksamkeit geschenkt wird, die ihm versprochen worden ist. Und die geht, wie die Erkenntnis selbst, über das individuelle Dasein hinaus.

Zweitens: Die Zuständigkeit der Götter wird durch den Tod des Einzelnen nicht berührt. Sie sichern den Bestand der Welt, auch wenn man selbst nicht mehr als Lebender dazugehört. Man kann das Ganze der Welt nicht an die ephemere Anwesenheit des Individuums knüpfen; vielmehr gibt es das individuelle Leben immer nur im Ganzen des Seins.

Drittens: Das, was die Weiterlebenden brauchen, um in ihr eigenes Verhältnis zum Göttlichen zu finden, ist eine unbeschädigte physische Existenz, die ihnen den Raum und die Zeit zur Erkenntnis – und damit zur Teilnahme am Göttlichen – lässt. Deshalb ist es nicht unerheblich, dass Sokrates die Einhaltung des Versprechens gegenüber dem Gott der *Gesundheit* anmahnt, weil die ihn Überlebenden ebenfalls auf sie angewiesen sind. Die Erinnerung an Sokrates kann nur überdauern, solange andere weiterleben, die der Erinnerung nicht nur fähig, sondern ihrer auch würdig sind. Sie müssen vom Wert der Erinnerung wissen.

Viertens: Mit der Mahnung wird deutlich, dass dem Sterbenden am Fortbestand der Gemeinschaft gelegen ist, aus der er stammt, in der er erzogen worden ist und die ihn zum eigenständigen Mitglied hat werden lassen. Es mag Zufall sein, dass der den Tod überbrückende dringliche Wunsch an eben jenen Kriton gerichtet ist, dem Sokrates wenige Tage zuvor im Gefängnis erklärt hat, warum er das Angebot zur Flucht aus Athen nicht annimmt. Als Bürger, so argumentiert er dort, habe er sich der Gesetzgebung Athens zu stellen, obgleich er von der Ungerechtigkeit des Todesurteils gegen ihn überzeugt ist.

Um das mögliche Motiv des Sokrates mit einem derzeit aktuellen Begriff zu verbinden, kann man sagen, dass es ihm nicht nur um die eigene *Konsequenz*, sondern auch um *Nachhaltigkeit* geht: Als Mensch muss er den Fortbestand der Lebensformen wollen, in denen er sich selbst bewegt. Doch das Gelingen hat er nicht in seiner Hand. Deshalb ist die Sorge für den Fortgang des Lebens nicht nur auf die Belehrung und Bildung der Jüngeren, sondern auch auf den Beistand der Götter für die nachfolgenden Generationen gerichtet.

Und es gibt noch einen *fünften* Punkt, der die Unsterblichkeit des Menschen betrifft: Was nach dem Tod aus dem Menschen, genauer: was aus seiner Seele wird, kann der Mensch nicht wissen. Platon hat in einem Mythos einen für tot gehaltenen Menschen ins Leben zurückkehren lassen, um mehr über die Zeit nach dem Tod sowie über eine mögliche Wiedergeburt zum Ausdruck bringen zu können (*RP* 614b ff.). Was er auf diese Weise schildert, ist überaus phantastisch und mit Sicherheit kein Gegenstand des Wissens. Auch die «Beweise» für die Unsterblichkeit, die Sokrates im *Phaidon* vorträgt, bevor er den Schierlingsbecher trinkt, haben keine Beweiskraft im strikten Sinn des Wortes (*Frede* 1999). Sie sollen aber den versammelten Anhängern, von denen manche noch der substanzialistischen Seelenlehre des Pythagoras anhängen, anschaulich machen, wie alles im Leben auf dem sich wiederholenden Kreisen der Elemente beruht. Danach weiß die einzelne Seele immer schon mehr, als sie aus ihrer eigenen Lebenserfahrung wissen kann.

Das ist gewiss eine wichtige Einsicht, die dazu beiträgt, auch in epistemischen Bezügen plausibel zu machen, dass das Leben des Einzelnen nicht alles ist. Aber eine Erkenntnis, die strengen Ansprüchen an ein Wissen genügt, ist es nicht. Wohl aber kann man wissen, dass es einen *Nachruhm im Bewusstsein der Lebenden* gibt. In der antiken Welt war das Verlangen nach diesem Ruhm ein das öffentliche Leben beherrschendes Thema, und es dürfte als persönliches Motiv weit verbreitet gewesen sein.

Auch wenn es nicht als explizites Movens seines Handelns zum Ausdruck kommt, ist das Motiv des Nachruhms Sokrates gewiss nicht fremd. Wenn er etwa die Flucht aus dem Gefängnis auch deshalb ablehnt, weil er nicht als jemand angesehen werden möchte, der seinen Lebensabend «schmausend in Thessalien» verbringt – also fernab von Athen, der Stadt, in der er überhaupt erst zu dem Sokrates geworden ist, den alle kennen –, dann können wir darauf schließen, dass es ihm nicht gleichgültig ist, was sich in der Erinnerung der Nachgeborenen von einem Leben erhält. Also bleibt er seinen Einsichten treu, obgleich die Bürger seiner Stadt ihnen nicht gewachsen sind. Damit hält er auch am Lebensende daran fest, ein *Beispiel für die Tugend* zu geben. Das geschieht im Erweis seiner *Tapferkeit im Sterben*. «Ruhm» bedeutet hier zunächst nur die Konsequenz im öffentlichen Raum; auf mehr kann man angesichts der Kürze des eigenen Lebens ohnehin nicht setzen.

Im Ruhm des Sokrates geht es nicht primär um das kulturelle Gedächtnis, um den Fortbestand eines Wissens (und der daraus erwachsenen Haltung) über Tausende von Jahren hinweg: Die Unsterblichkeit des Sokrates hat mit seinem *aktuell errungenen Sieg über das Sterben* zu tun. Er hat den Tod gering geachtet und seinem Glauben an die Überlegenheit des Wissens, an den Rang der Bildung, den Wert der Tugenden sowie an den Vorrang der Selbsterkenntnis zu einem Triumph über die Vergänglichkeit überhaupt verholfen. Er hat die Endlichkeit des einzelnen Lebens zu einem bloßen Moment in der Geltung des Geistes gemacht. Zwar vermag die weit ausgreifende Einsicht des Einzelnen den Tod nicht zu verhindern, aber sie kann ihn relativieren und zu einem Exempel machen, das den Tod im Bewusstsein der Nachfolgenden immer wieder in seine Schranken zu verweisen vermag. Zwar wird dieser Beweis durch die Sprache, das Wissen, die Kultur und die Kunst in jedem Moment ihrer Wirksamkeit erbracht. Aber seine existenzielle Bedeutung tritt erst hervor, wenn ein Individuum daraus tatsächlich die Gelassenheit gegenüber dem Sterben gewinnt.

Die Standhaftigkeit des Sokrates nimmt dem Tod seinen Stachel. Durch sie ist er auf eine *existenzielle Weise unsterblich* geworden – vorausgesetzt, wir halten an den Ideen fest, nach denen er zu leben suchte. Auf die Möglichkeit, einen solchen Bestand zu wahren, ist die Erinnerung an Asklepios gerichtet.

8. Die Spur der platonischen Einsicht. Platon ist die dominierende Figur im Denken der auf ihn folgenden zweieinhalb Jahrtausende. Das kann und muss man sagen, auch wenn man nicht der Ansicht ist, seine Nachfolger hätten zu seinem Werk nur «Fußnoten» beigetragen. Seine literarische Kunst gibt seinem Lehrer Sokrates eine Präsenz, die alle anderen Deutungen verblassen lässt. In Aristoteles hat Platon überdies das

Glück, einen eigenständigen Schüler zu haben, dessen von anderen redigierter Nachlass sich bis heute in produktiver Konkurrenz zu den kunstvollen Darlegungen des Lehrers verstehen lässt – so gering die sachlichen Unterschiede auch sein mögen.

Durch die Gründung der Akademie setzt Platon überdies ein institutionelles Zeichen, das über die Jahrtausende hinweg Nachahmung findet; sie gibt ein Beispiel für Schulbildung in der Philosophie, dem sich selbst seine epikureischen, skeptischen und stoischen Kritiker nicht entziehen können. Dafür steht das synoptische Werk des in seiner künstlerischen, philosophischen und politischen Begabung Platon so nahestehenden Marcus Tullius Cicero, der im Geist der Athenischen Akademie vielen älteren Strömungen einen neuen Ausdruck gibt und bis ins 18. Jahrhundert der wichtigste Vermittler antiker Einsichten bleibt. Sein Dialog über die *Natur der Götter* (*De natura Deorum*) ist nicht nur die umfassendste Bestandsaufnahme der philosophischen Theologie seiner Zeit, sondern liest sich wie eine in die Vielfalt gegensätzlicher Meinungen überführte Bestätigung der begrifflichen Pluralität der platonischen Gotteslehre.

So steht das antike Denken insgesamt unter dem Eindruck der von Sokrates angestoßenen und von Platon in eine fortgesetzte Anregung übersetzten Selbsterkenntnis des sich seiner ethischen und politischen Verantwortung bewusst gewordenen Menschen. Man braucht daher nur zu wissen, wie sehr sich das neuzeitliche Philosophieren an der Antike orientiert, um zu verstehen, warum Platons einzigartiger Vorrang auch in der Moderne erhalten geblieben ist.

Es ist freilich ein Unterschied, ob man auf Einsichten stößt, die sich bereits in Platons Dialogen finden, oder ob man einen manifesten Einfluss auf spätere Denker nachweisen kann. Der Unterschied bleibt, auch wenn wir Platons alles beherrschende Präsenz in Rechnung stellen. Gleichwohl lassen wir die historische Nachforschung auf sich beruhen und stellen nur fest, dass sich Platons weit gefasstes Verständnis des Göttlichen sowohl im theologischen Denken der antiken Philosophen wie auch in den religiösen Umwälzungen der nachfolgenden Jahrhunderte niederschlägt. Es ist insbesondere die Selbstverständlichkeit, mit der Platon das Göttliche als das *Höchste, Einzige, Umfassende* und *alles in allem Tragende* und *Vernünftige* auszuzeichnen versteht und es zugleich in unmittelbare *Nähe zum Menschlichen* bringt, die befreiend und befruchtend wirkt.

Durch Platon erfolgt der philosophische Abschied von der alten griechischen Götterwelt; durch ihn wird Gott ins Unendliche des Einen überhöht. Doch eben diese *begriffliche Universalisierung* hat ihren Ausgangs- und Endpunkt in genuin *menschlichen Leistungen*, in denen sich der Einzelne im Medium seiner ihn selbst verpflichtenden Begriffe selbst erkennt. So entsteht die Doppelbewegung von Welt- und Selbsterkenntnis. In sich selbst ist der Mensch dem Ganzen am nächsten. In seiner Tugend hat er ein Beispiel dafür zu geben.

Diese stets metaphysische, aber gleichermaßen kosmologische wie anthropologische Fassung des Gottesbegriffs findet sich außerhalb der griechisch-römischen Philosophie erstmals in den theologischen Diskussionen weltoffener Juden, die durch ihr Leben in Alexandria mit den «westlichen» Ideen in Berührung kommen. Texte wie der unter dem Titel Jesus Sirach[7] oder die Schriften Philons lassen erkennen, dass und wie nach einer geistigen Nähe zu einem in größerer geistiger Entfernung angenommenen Gott gesucht wird. Es ist schwer vorstellbar, dass Platon hier keine Spuren hinterlassen hat.

Nimmt man die begriffliche und kosmologische Reichweite der antiken Gotteskonzeption und die alles Menschliche aufnehmende und gewaltig überbietende Leistung des alttestamentlichen Gottesbegriffs, kann es nur wundern, dass ein damit vertrauter und darauf setzender Jude wie Saulus auch nur einen Gedanken auf das in seinen Ohren vermutlich zunächst nur naiv klingende Reden der Anhänger des hingerichteten, angeblich wieder auferstandenen und gen Himmel gefahrenen Jesus von Nazareth verschwendet.

Doch der jüdisch und griechisch hoch gebildete Saulus wandelt sich als Paulus zum Apostel des sich unmittelbar aus Gott verstehenden Menschensohns und wird in dieser aus eigenem Entschluss übernommenen Rolle zu einem wirkungsmächtigen Verkünder der christlichen Botschaft. Ohne die von Platon gedachte und von ihm exemplarisch illustrierte Vorstellung eines die kosmologische und anthropologische Dimension umspannenden Gottes wäre das, so meine ich, nicht denkbar. Ganz gleich, wie der Hebräer Jesus und seine ersten Anhänger zu ihrer Auffassung des Evangeliums gekommen sind: In Verbindung mit der im Johannes-Evangelium exponierten, auf *Erkenntnis, Wahrheit, Licht, Öffentlichkeit, Verständigung, Frieden, Fruchtbarkeit* und *Liebe* gegründeten *Frohen Botschaft* wird in der präzisierten und pointierten Darstellung durch Paulus der Grundstein für eine christliche Lehre gelegt, die auch als Ertrag der philosophischen Vorarbeit Platons angesehen werden kann.

Wenn Paulus im ersten Brief an die Korinther das Hohelied der *Liebe* anstimmt (13, 1 ff.), glaubt man, obgleich er nicht von *eros*, sondern von *agapé* spricht, einen Leser des *Symposion* vor sich zu haben. Und wenn er im selben Zusammenhang (13, 12) von der Unerlässlichkeit der *Selbsterkenntnis* handelt, die nur gewinnt, wer in das Auge des geliebten Anderen sieht, scheint er zu wissen, was man nach Platon zur Selbsterkenntnis benötigt, und dass sie es ist, in der das Göttliche gegenwärtig ist. Schließlich kann man auch in der von Paulus hervorgehobenen Rolle der *Erkenntnis* ein philosophisches Erbe der Antike sehen.

Die religionswissenschaftliche Historiographie der Zeitenwende belegt den Einfluss, den das durch Platon und Aristoteles inaugurierte hellenistische Denken auf Juden und Christen ausübt. Dadurch verstärkt sich der Eindruck einer durch das Evangelium herbeigeführten Wende, die den gebildeten Kirchenvätern umso stärker erscheint, je mehr sie mit dem antiken Denken vertraut sind. Als dann, zunächst vermittelt über gelehrte arabische Denker, die Schriften des Aristoteles bekannt werden und, gut zweihundert Jahre später, die aus Athen vertriebene Platonische Schule in Florenz Aufnahme findet, schafft die unter christlichen Prämissen angeeignete antike Überlieferung die Voraussetzungen für die Entfaltung des neuzeitlichen Denkens. Der europäische Geist ist gerade auch in seiner Vielfalt und inneren Gegensätzlichkeit ein Produkt der wiederholten Aneignung antiker und jüdisch-christlicher Elemente.

In alledem spielt der Platonismus eine besondere Rolle, denn der christlichen Botschaft wächst erst unter dem Einfluss älterer und neuerer Platonismen die Kraft zu, sich im Rückgang auf ihre jüdisch-hellenistischen Ursprünge immer wieder zu erneuern. Sie war für gnostische, spätstoische und aristotelische Anregungen offen, konnte sich mystische, dualistische und individualistische Impulse einverleiben und nach dem Schub durch das Denken der Renaissance auch für reformatorische, humanistische, pietistische, aufklärerische und romantische Einflüsse offen sein. Schließlich konnte sie sogar die radikale Kritik an der Existenz Gottes als eine Bemühung um ihre Wahrheit verstehen. Der Synkretismus der erst im Gang von fünf Jahrhunderten ihre Gestalt gewinnenden christlichen Lehre macht sie in den nachfolgenden Epochen so überaus aufnahme- und wandlungsfähig. Wenn man sieht, wie viele auch heterogene Einflüsse das Christentum im Lauf seiner Entwicklung in sich aufgenommen hat, kann es nur erstaunen, wie es sich in seinen zahlreichen Konfessionen immer wieder so dogmatisch gebärden konnte. Angesichts der theologischen Offenheit des Evangeliums lassen sich zur Erklärung wohl nur die Machtinteressen der jeweiligen Kirchen heranziehen.

9. Die produktive Zerstörung der Gegenständlichkeit Gottes. Theologen und Philosophen wussten von Anfang an, dass Gott sich nur als ein Wesen von Ewigkeit zu Ewigkeit begreifen lässt. Es an raum-zeitliche Existenzkriterien zu binden konnte daher schon für sich als Ausdruck eines Missverständnisses gelten. Den Gott, der «Himmel und Erde gemacht hat», auf Konditionen zu verpflichten, denen die Erde und die auf ihr lebenden Wesen unterworfen sind, hätte seit Jahrhunderten, wenn nicht seit Jahrtausenden als *Kategorienfehler* erkannt, benannt und verworfen werden können. Und wenn wir nachvollziehen, mit welcher Behutsamkeit bereits Aristoteles die metaphysische Denkfigur des «ersten Bewegers» einführt (*Beere* 2010), mit welcher Sicherheit Cicero die Vielfalt der Reden vom Göttlichen nebeneinander bestehen lässt, mit welcher Kühnheit Augustinus die Welt in zwei getrennte Teile zerlegt, von denen dem Menschen aber nur eine zugänglich ist, und wenn wir hinzunehmen, mit welcher Selbstverständlichkeit Thomas von Aquin Gott selbst noch von Raum und Zeit freisetzt, mit welchem Reichtum an methodischer Phantasie Nikolaus von Kues, Montaigne und Leibniz das göttliche Wesen in eine Unendlichkeit von Perspektiven überführen – dann ist die Einsicht in die kategoriale Unmöglichkeit einer kosmologischen Verortung Gottes schon immer die Prämisse aller ernsthaften philosophischen Gotteserkenntnis gewesen. Man kann sich daher nur wundern, dass Kants negativer Beweisgang eine so einschneidende Wirkung erzielen konnte.

Tatsächlich hat das nicht nur mit dem Gehalt des Beweises, sondern auch mit den äußeren Umständen zu tun: Die unerhörten Erfolge der

neuzeitlichen Wissenschaft und die beschämende Abwehr ihrer Erkenntnisse durch die christlichen Kirchen haben einen sich rasch aus-
breitenden Überdruss an der kirchlichen Herrschaft entstehen lassen.
Nicht die Wissenschaft, sondern der Wissensvorbehalt der Kirchen hat
den Glauben diskreditiert. Deshalb verlangt das an Aufklärung interes-
sierte Publikum nach wissenschaftlichen Belegen für die Grund- und
Haltlosigkeit des religiösen Machtgebarens. Diesem Verlangen kommt
Kant nicht allein durch die gedankliche Schärfe seiner Argumente,
sondern eben auch durch die buchtechnische Anschaulichkeit seiner
Demonstration der Unmöglichkeit aller denkbaren Beweise für die
Existenz Gottes entgegen. Seine kritische Destruktion aller durch eine
Existenzbehauptung Gottes fundierten theologischen Dogmatik ver-
dankt ihre durchschlagende Wirkung nicht zuletzt einer literarischen
Innovation.

Dass Kants so scharfsinnig wie anschaulich angelegter Beweisgang
das Ziel verfolgt, *das Wissen aufzuheben*, um *dem Glauben Platz zu
machen* (*KrV, Vorr.*, 3, 19), gerät bei vielen Kant-Lesern jedoch rasch in
Vergessenheit. Und so steht bis heute die Popularität von Kants Kritik
der Gottesbeweise in krassem Gegensatz zur Aufmerksamkeit für seinen
Versuch, der existenziell gehaltvollen Rede von Gott ein neues Fundament zu geben. Diesem Ziel dient unsere (durchaus auch «transzendental» zu verstehende) existenziell zugespitzte Rede vom Göttlichen als
«Sinn des Sinns». Kant arbeitet ihr vor, indem er den Begriffen des
«Wertes» und des «Sinns» eine die moralische Eigenständigkeit der Person exponierende Bedeutung gibt (*KU* § 84, Anm.; 5, 434). Unter dem
Eindruck Kants definiert Friedrich Schleiermacher dann das alles tragende Gefühl des Glaubens als «Sinn für das Unendliche» (*Schleiermacher* 1977, 2). Wir sind so frei, diese Formel als den *Sinn für das Ganze*
zu verstehen, das dem Sinn einer jeden Rede seine gleichermaßen *universelle* und *individuelle* sowie seine – allererst in der Verbindung von
beidem liegende – *existenzielle* Bedeutung gibt.

Wie sehr Kant mit der Thematisierung der Gottesfrage dem *Sinn-
problem* verbunden ist, soll vorab durch den Hinweis auf eine Konsequenz kenntlich werden, die durch den definitiven Wegfall Gottes für
die empirische Sinnperspektive des Menschen gegeben ist. In der Erörterung der Probleme eines *physikotheologischen Beweises* für das Dasein

Gottes – eines Beweises, der auf den *Zweck* natürlicher Gegebenheiten und damit auch auf den *Sinn* von Handlungen gegründet ist – sagt Kant (*KrV* B 650):

> Das «ganze All [müßte] im Abgrunde des Nichts versinken, nähme man nicht etwas an, das außerhalb diesem unendlichen Zufälligen, für sich selbst ursprünglich und unabhängig bestehend, dasselbe hielte und als die Ursache dieses Ursprungs ihm zugleich seine Fortdauer sicherte. Diese höchste Ursache (in Ansehung aller Dinge der Welt) – wie groß soll man sie sich denken? Die Welt kennen wir nicht ihrem ganzen Inhalte nach, noch weniger wissen wir ihre Größe durch die Vergleichung mit allem, was möglich ist, zu schätzen.»

Gerade diese Annahme, ohne die alles «im Abgrunde des Nichts» versinkt, wird von Kant als haltlos erwiesen. Danach scheint es so, als sei die von ihm benannte Konsequenz unausweichlich: Alles, was immer es ist: Dinge, Ereignisse, Handlungen, selbst beste Absichten, geht in der unendlichen Menge des Zufälligen unter. Mit dem Scheitern der Gottesbeweise droht der Sinnverlust für alles, was ist, einschließlich dessen, was Menschen denken und tun. Nicht zufällig kommt der Begriff des *Nihilismus* erstmals im Anschluss an die erste *Vernunftkritik* auf.

Kant macht klar, dass wir im Denken an Gott nichts haben als den «zarten Umriß eines abstracten Begriffs». Es ist der Schatten eines Begriffs, der nicht darauf angelegt ist, etwas zu begreifen, das in der Form eines Gegenstands gegeben ist. Der Begriff Gottes ist somit auch nicht mit irgendeinem anderen Begriff für ein Abstraktum zu vergleichen. Schon mit der These, dass Gott «Vernunft», «Wort», «Kraft» oder «Liebe» ist, würden wir seine nicht fassbare Eigenart verfehlen. Beim Begriff Gottes können wir noch nicht einmal die Anfangsbedingungen eines Begreifens benennen, keine Beispiele, keine Regeln, keine Ausnahmen. Man verwendet ein Wort – und wenn man es als Begriff zu verstehen sucht, läuft man Gefahr, dass er nichts bedeutet. Der Nihilismus scheint in der Tat die notwendige Konsequenz des jede Erkenntnis Gottes verstellenden Ergebnisses der vierten Antinomie (*Müller-Lauter* 1975).

Die Widerlegung der Gottesbeweise erfolgt in der *Dialektik* der *Kritik der reinen Vernunft*. Nachdem Kant gezeigt hat, dass es *erstens* keinen Sinn ergibt, von raum-zeitlichen Grenzen der Welt zu sprechen, dass *zweitens* nicht bewiesen werden kann, ob sie aus einfachen oder aus

zusammengesetzten Teilen besteht, und dass *drittens* auch das Vorkom-
men der Freiheit weder bewiesen noch eindeutig bestritten werden
kann, kommt er in der *vierten* Variante der Antinomie der Vernunft auf
die «Existenz» eines «schlechthin notwendigen Wesens» zu sprechen:
Auf einander spiegelbildlich gegenüberliegenden Seiten seines Buchs
behauptet Kant *links*, dass es ein solches «schlechthin notwendiges
Wesen» *gibt*, und *rechts*, dass es dies *nicht* gibt. Und in dem jeweils darun-
ter stehenden «Beweis» führt er in paralleler Argumentation zwingend
vor, dass sowohl die These der Existenz Gottes wie auch die Antithese
seiner Nichtexistenz falsch ist (*KrV* B 479 ff./A 451 ff.).

Das ist logisch einwandfrei und in seiner typographischen Rhetorik
von derart überzeugender Anschaulichkeit, dass es bis heute selbst unter
den Kantianern nicht wenige gibt, die der festen Überzeugung sind,
dass sich damit das Thema Gott philosophisch ein für alle Mal erledigt
habe. Sie geben sich die größte Mühe darzulegen, dass es trotz der dem
Gottesproblem analogen Freiheitsaporie unerlässlich ist, dem Menschen
Freiheit zuzusprechen; aber auf den Gedanken, dass sie auch die Antinomie der Existenz Gottes von ihnen fordert, von Gott nicht nur auf
eine neue Weise zu sprechen, sondern in einer ihnen Glück (zumindest
Frieden, Ruhe oder Zuversicht) gewährenden Weise an ihn zu glauben,
kommen sie nicht.

Tatsächlich aber gilt bereits für Kant, was die Gründer der Frank-
furter Schule für sich zu reklamieren suchten: Ihre «kritische Theorie»
«wisse, dass es keinen Gott gibt, und doch glaubt sie an sie».[8] Nur muss
man bei Kant das «gibt» apostrophieren: Es «gibt» Gott nicht im Sinn
eines empirischen Sachverhalts, wohl aber im Sinn einer moralischen
Größe, an die man bereits glaubt, wenn man davon ausgeht, dass ein
unter ethischen Prinzipien geführtes Leben auch im Ganzen des Daseins nicht sinnlos ist.

Gewiss: Es lohnt nach Kant nicht, über Gott zu sprechen, wenn
man dem Menschen keine Freiheit zugesteht. Es ist andererseits richtig,
dass man nach Kant den Glauben an Gott nicht braucht, um moralische Ansprüche zu begründen; es reicht aus, dass man Handlungs-
absichten hat, sich als Mensch begreift und ein Bewusstsein dafür hat,
der Frage: «Was soll ich tun?» nicht ausweichen zu können. Die Begründung der Ethik ist nicht an die Prämisse des religiösen Glaubens gebun-

den, wohl aber an die Gewissheit, dass man ein Mensch ist, der sich als Teil der Menschheit begreift. Mindestens von ihrer normativen Kraft muss man so überzeugt sein wie von der regulativen Kompetenz der Vernunft. Kant befreit die Ethik von jeder Begründung durch die Religion. Er kann als Protagonist eines Menschheitsethos gelten, das unabhängig von den Prämissen eines religiösen Glaubens ist. Er legt den Grund für das moralische und rechtliche Verhalten im globalen Zusammenhang und schafft eine Ethik im Namen der Menschheit, die bereits in der Person eines jeden Einzelnen exemplarisch werden soll. Damit scheint *Gott* theoretisch wie praktisch verzichtbar zu werden.

Doch für den kritischen Kant kommt damit überhaupt erst ein philosophisch ernst zu nehmendes Gottesproblem auf. Seine programmatischen Erklärungen in der *Kritik der reinen Vernunft* sowie die in den späteren Schriften folgenden Ausführungen zum *Postulat vom Dasein Gottes*, zur *Ethikotheologie* sowie zur *Religion in den Grenzen bloßer Vernunft* lassen daran keinen Zweifel. Sollte es gelingen, kenntlich zu machen, warum es für Kant auch nach seiner Destruktion der gegenständlichen Rede von Gott nicht sinnlos ist, weiterhin von Gott zu sprechen, haben wir die beste Voraussetzung für ein Verständnis der nachfolgenden Erörterung über das Göttliche als «Sinn des Sinns».[9]

10. Gott als Postulat der praktischen Vernunft. Am Beispiel der *Freiheit*, die aus der Sicht der theoretischen Vernunft weder bewiesen noch bestritten werden kann, zeigt Kant, dass sie für die praktische Vernunft den Rang einer *Tatsache* hat. Mit dem Sittengesetz, das jeder bereits in der Frage: «Was soll ich tun?» voraussetzt, ist die Freiheit ein «Factum der Vernunft» (*KpV* 3, 47; *Willaschek* 1992). Obgleich in der dritten Antinomie offenkundig geworden ist, dass die Freiheit in der nach Kausalgesetzen verfahrenden empirischen Natur keinen Platz haben kann, sie andererseits aber gegeben sein muss, weil man ohne sie noch nicht einmal wissen kann, was spontane Bewegungen und absichtliche Handlungen sind, geht Kant im Geltungsbereich der praktischen Vernunft davon aus, dass die Freiheit ein jederzeit zugrunde liegendes Erfordernis ist, sobald einer aus eigener Einsicht und mit eigenen Gründen handelt.

Die Rede vom «Factum» sagt, dass wir die Freiheit allen unseren bewussten Lebensvollzügen zugrunde legen. Wer immer davon ausgeht, dass er – oder ein anderer – *verantwortlich* ist, wer sich – oder anderen – auch nur die geringste *Schuld* oder das kleinste *Verdienst* zuschreibt, und wer behauptet, er habe etwas *aus eigenem Antrieb getan* (ganz gleich, ob es zu seinen bürgerlichen, beruflichen oder familiären Pflichten oder zu seinen Vergnügungen gehört), der geht in seinem Handeln (wie auch in der Darstellung seiner selbst) von der *Wirklichkeit der Freiheit* aus. Stets ist die Freiheit als praktische Notwendigkeit unterstellt, der sich niemand, der aus freien Stücken handelt, entziehen kann.

Das ist der Ausgangspunkt für Kants Rede von der Freiheit als einem «Postulat» der praktischen Vernunft. Auf sie kommt er in jenem Teil seiner praktischen Philosophie zu sprechen, in der er sich mit der auch hier nicht zu vermeidenden «Dialektik» befasst. Die entsteht, wie schon in der Lehre von den Leistungen der theoretischen Vernunft, durch die Übertragung der im Alltag geltenden Einsichten auf das *Ganze des Daseins*. Und wenn es so ist, dass wir im von uns selbst bestimmten alltäglichen Leben vernünftigerweise aus Freiheit handeln, können wir mit Blick auf das Ganze des Daseins schwerlich annehmen, dass sie im Ganzen ausgeschlossen ist. Was in den Teilen enthalten ist, muss auch im Ganzen sein. Und wer den absurden (von Kant klugerweise gar nicht erst erwogenen) Schluss vermeiden will, das Ganze könne unvernünftig oder gar widervernünftig sein, für den muss es auch einen Sinn haben, im Ganzen von der Freiheit zu sprechen, wenn es sie im Bewusstsein menschlicher Handlungen gibt. Die Frage ist allerdings, wie sie im Ganzen gedacht werden kann.

Um Kants nicht gerade einfache Antwort zu verstehen, müssen wir ernst nehmen, dass wir uns auf dem Terrain der praktischen Vernunft bewegen, die ihre Wirklichkeit im Handeln der Menschen hat. Hier können wir nicht nur unterstellen, dass wir das durch die Vernunft gedachte Ganze auch als vernünftig zu denken haben, sondern wir können voraussetzen, dass in diesem Ganzen, in welchem die Freiheit eine Vernunfttatsache ist, auch Freiheit und Vernunft einen Ort haben müssen. Im Rahmen der praktischen Vernunft kann der freilich nur in praktisch wirksamen Handlungen zu finden sein.

Unter dieser Prämisse gelangt Kant zu seinem Begriff des «höchsten Guts», der – unter dem praktischen Gesichtspunkt der Handlung – in zweifacher Weise gedacht werden kann: *Einmal* als «oberstes», das heißt als vorrangiges Gut einer Handlung, die auch nach anderen Gütern streben kann. Deren *supremum* ist das höchste Ziel einer menschlichen Handlung, die sich zwar als unbedingt und einzigartig (*originarium*) begreifen, aber eben nur dadurch erfahren lässt, dass sie zwischen anderen Zielen zu wählen hat. Folglich kann sie das «höchste Gut» auch verfehlen. Hier also denkt der Mensch an das Gut, das ihm *im eigenen Tun* zum Maßstab dienen sollte.

Zum anderen aber lässt sich das «höchste Gut» als das «Vollendete» (*consummatum*) verstehen, das gar nicht anders als «vollkommen» (*perfectissimum*) gedacht werden kann. Eine menschliche Tat lässt sich so unter keinen Umständen verstehen. Also ist das in jeder Hinsicht *höchste*, weil *vollendete* und *vollkommene Gut* das von Kant nun mehrfach apostrophierte «Ganze», dem die vollkommene Handlung zugeschrieben werden muss. In dieser Rolle ist das Ganze selbst als ein «vernünftiges Wesen» anzusehen, welches «alle Gewalt» hat, das zu tun, was es vernünftigerweise will (*KpV* 5, 110). Unter dem Anspruch der Vollkommenheit des von ihm ermöglichten Geschehens wird das Ganze nach Art eines tätigen Individuums gefasst.

Die Parallele zur Argumentationsfigur der Theodizee fällt ins Auge. Aber wichtiger ist, wie selbstverständlich Kant in der gestuften Anwendung des Begriffs des «höchsten Gutes» einen Übergang von dem im menschlichen Handeln angestrebten *supremum* zu einem dem Ganzen zugeschriebenen *ens perfectissimum* bewältigt. In der in beiden Fällen beibehaltenen Handlungsperspektive wechselt er das «Subjekt» aus: Im *ersten Fall* spricht er vom *Ganzen des Menschen* als Akteur, und im *zweiten* geht es ihm nicht einfach um das zur Totale gesteigerte *Ganze der Welt*, sondern um das Ganze eines nach Art eines Handelnden gedachten Daseins, das er *als Gott* versteht. Allein unter dem Anspruch einer Optimierung des menschlichen Handelns, das aus eigener Logik nach dem Höchsten (*supremum*) strebt, muss im Nachdenken über die Möglichkeit der Erfüllung des Anspruchs eine Einheit aus Selbst *und* Welt gedacht werden, die das Höchste – im Sinne eines alles umfassenden Optimums von Mensch *und* Welt begriffen werden kann.

Das kann nur ein Ganzes sein, das «vollkommen» (*perfectissimum*) ist und das unter der Prämisse der praktischen Vernunft selbst nur als ein *Akt* verstanden werden kann, der in Gott seinen Ursprung und sein Zentrum hat.

Genauer: Was Kant «Gott» nennt, ist die – analog zum menschlichen Subjekt – gedachte Urheberschaft einer Tat, die als Einheit von Selbst und Welt gedacht werden kann, so dass es dem Menschen möglich ist, mit der Aussicht auf ein vernünftiges Ziel zu leben. Gott liegt in der Wirkung, die wir zur Perfektionierung unseres besten Tuns benötigen.

Über den ontologischen Status, den Gott hat, lässt sich unter den Konditionen der praktischen Vernunft nicht das Geringste sagen. Aber es ist deutlich, dass wir von ihm sprechen müssen, sofern wir das Streben nach unserem *supremum* ernst nehmen. Denn wir haben nicht die geringste Aussicht, es allein aus eigener Kraft zu erreichen. Eine Hoffnung, dem von uns angestrebten «höchsten Gut» näher zu kommen, gibt es nur, sofern wir das Ganze des Daseins nach Art eines Geschehens denken, in dem ein «vernünftiges Wesen» das höchste Gut in wahrhaft vollkommener Weise zum Ausdruck bringt. Mensch und Gott wollen somit das Gleiche – nämlich das «höchste Gut». Der Mensch erreicht es aber nur, wenn Gott dafür im Ganzen die Bedingungen schafft.

In der auf diese Weise neu eröffneten praktischen Perspektive nicht auf das *Dasein*, sondern auf das *Wirken* Gottes ist die Freiheit eine Option, die ebenfalls im Ganzen zur Geltung kommen muss. Es geht, kurz gesagt, um die *Freiheit Gottes*, die auch für die unter seiner Wirksamkeit gedachte Welt gelten muss. Darauf bezieht sich das *Postulat der Freiheit*, das seinen Ausgangspunkt im «Factum» der Freiheit und seinen Grund in der Vernunft des Menschen hat. Es gilt somit für jedes vernünftige Wesen. Da auch Gott als vernünftiges Wesen gedacht werden muss, gehört auch ihm die Freiheit zu. Überdies muss für Gott als den Garanten des möglichen Handlungserfolgs des Menschen angenommen werden, dass seine Garantie unter den Bedingungen der Freiheit erfolgt. Da aber über sein Dasein nicht mit Notwendigkeit befunden werden kann, entfällt die Sicherheit im Urteil über die durch ihn ins Ganze einziehende Freiheit. Deshalb kann mit Blick auf das Ganze der Welt nur von einem «Postulat» der Freiheit die Rede sein.

Unter diesem – praktisch begründeten – Vorbehalt stehen auch die Aussagen zur *Unsterblichkeit der Seele* und zur *Existenz Gottes*, die Kant ebenfalls unter den Titel eines *Postulats der praktischen Vernunft* stellt. Beide haben die Sicherung der Handlungsaussichten des vernünftig handelnden Menschen zum Ziel. Gelingt es, dies wenigstens im Ansatz plausibel zu machen, ist das Verständnis von allem, was in der Folge zur epistemischen Leistung des Glaubens und zur moralisch benötigten Existenz Gottes zu sagen ist, ein Kinderspiel.

Gesetzt, wir wissen uns verpflichtet, das Dasein und die Würde des Menschen zu achten, so dass wir schon die Ausübung eines Zwangs (selbst wenn es dazu im Strafrecht gar keine abwehrenden Bestimmungen geben sollte) als etwas Unzulässiges ansehen, das wir uns selbst verbieten; ferner gesetzt, eben diese moralische Selbstverpflichtung würde von anderen gebrochen und es gelänge ihnen, sich dadurch im Leben zahllose Vorteile zu verschaffen, so dass sie angenehm leben, während ich mein moralisch durchgestandenes Dasein eher kümmerlich friste, könnten mir Zweifel kommen, ob es sich *lohnt*, moralisch zu sein.

Angesichts eines solchen Zweifels greift das Postulat der Unsterblichkeit der Seele: Es tröstet über den konkret erfahrenen unvollkommenen Lauf der Welt hinweg und lässt hoffen, dass am Ende doch das Gute siegt. Denn es besagt, dass alles, was in einer wohl begründeten und in bester Absicht geschehenen Tat gewollt wird, im Gang der Welt nicht verloren geht. Dazu ist es nötig, die Person des Handelnden weiterhin als anwesend zu denken, genauer: Sie darf nicht in Vergessenheit geraten. Und für diese Dauer im Gedächtnis der Welt steht die *Unsterblichkeit*.

Kant schweigt darüber, wie das zu denken ist. Er sagt nur etwas über die Aussicht auf die im Postulat angenommene Verbindung von moralischer Würdigkeit und individuellem Glücksverlangen im höchsten Gut der consummatorischen Glückseligkeit. Wie die Verbindung möglich ist, können wir nicht wissen; also ist das Schweigen gut begründet. Gesagt wird nur, dass die im moralischen Handeln nicht zur Begründung taugende Sinnlichkeit mit Blick auf eine unter der Wirksamkeit eines *ens perfectissimum* stehende Welt von dem, was man als höchstes Gut erstrebt, nicht ausgeschlossen sein darf. Die Vernunft, die in der Selbstbestimmung unvermeidlich allein zuständig ist, muss sich mit den Sinnen versöhnen, so dass am Ende der ganze Mensch, mit seinen sinnlichen *und* vernünftigen Neigungen, zum Ziel seiner weit über sein Leben hinausreichenden Wünsche gelangt.

So verständlich das Verlangen ist, als ganzer Mensch in seiner sinnlich-vernünftigen Einheit befriedigt zu sein, so abwegig erscheint die Erfüllung, wenn schon mit dem Tod und der Verwesung des Leichnams das physische Substrat der Sinnlichkeit des Einzelnen verloren ist. Inwieweit damit nicht auch die Bedingung für die Vernunft des Individuums zerstört ist, mag offenbleiben; denn die Zweifel, ob auch nur die individuelle Sinnlichkeit Bestand haben kann, reichen aus, um das Postulat der Unsterblichkeit der Seele als illusorisch anzusehen. Da sich Kant dazu nicht äußert, wage ich, aus den Bestandteilen von Kants Moral-, Geschichts- und Kulturtheorie eine mögliche Antwort zu konstruieren:

Angesichts der Endlichkeit des individuellen Daseins und der Unzulänglichkeit der jeweils handelnden Akteure ist es nur zu verständlich, dass nicht alles gelingt. Ja, die Imperfektibilität der einzelnen Individuen, die bekanntlich niemals ohne Schwächen sind, macht es zu einer Selbstverständlichkeit, dass in *einem* Leben, in *einer* Generation und in *einer* Epoche das Gute, das man bewirken will, nicht erreicht werden kann. Ist damit aber das Ziel des freien, vernunftgeleiteten Handelns widerlegt? Muss das, woran ich selbst scheitere, als *insgesamt gescheitert* angesehen werden?

Nach Kant wäre es verheerend, diesen Schluss zu ziehen. Es wäre ruinös für die Vernunft, wollte sie alles, was sie für richtig hält, bereits im kurzen Lauf eines einzigen Lebens für erreichbar halten. Gleichwohl muss sie davon ausgehen, dass die Absichten der Vernunft *realisierbar* sind. Denn die Vernunft unterstellt allein dadurch, dass sie vielen (älteren wie jüngeren, gelehrten wie ungebildeten Menschen, Weißen und Schwarzen, Frauen und Männern) verständlich ist, die Möglichkeit, neue und bessere Mittel einzusetzen und somit dem Ziel eines menschenwürdigen Daseins näher zu kommen.

Eben das ist die Arbeitshypothese der praktischen Vernunft: Sie muss den in ihren Zielen und Gründen immer schon vorausgesetzten idealen Zustand für erreichbar halten. Also muss auch jedes vernunftgeleitete Individuum annehmen, dass sein Bestes, mit dem es selbst nicht erfolgreich ist, am Ende aller Dinge nicht verloren ist.

Nach dieser Deutung geht Kants Postulat der Unsterblichkeit der Seele davon aus, dass die Ziele, die ein Individuum in seinen besten Absichten verfolgt, sich in seinem kurzen Leben nicht verwirklichen lassen. Umso näher liegt es, sie als *Menschheitsziele* zu verstehen, die im Ganzen der Geschichte als leitend angesehen werden. Jeder Einzelne hat, wie wir aus der schönsten Formulierung des kategorischen Imperativs wissen, die «Menschheit in seiner Person» als Maß seines Handelns anzunehmen. Sie hat damit auch als die Urteilsbedingung für die Wertschätzung seines eigenen Lebens zu gelten. Wenn das aber so ist, muss sie auch für das gelten, was einer für sich selbst in der Zeit nach seinem Tod erhofft. Sobald einer bedenkt, was nach seinem Tod von seinem Leben bleibt, kann er seine Erwartungen unmöglich auf den sich schnell verändernden und rasch verfallenden Leichnam gründen. Schon in seinem Leben war der Körper zahllosen Veränderungen unterworfen. Die hatte ein jeder mit Blick auf sein Alter und seine Fähigkeiten zu bedenken; und was jeder davon an konkreten Kenntnissen aufzunehmen hat, muss Eingang in seine «Maximen finden».

Der moralische Imperativ aber hat sich auf die in allen Unterschieden als gleichbleibend unterstellte *Person* zu beziehen. Also hat man sie auch bei dem nach dem Tod, der zunächst nur eine körperliche Veränderung ist, der dann freilich die Auflösung folgt, als das Subjekt des ethischen Urteils anzunehmen. Der Ausdruck der «Unsterblichkeit der Seele» zeigt diese Fortgeltung der Urteilsbasis an. Tatsächlich verlängert jeder, wenn er die Zeit nach seinem Tod zu bedenken sucht, seine personale Existenz in die künftige Zeit hinein – sofern es ihm nicht darum geht, sich vorzustellen, wie er sich als verwesender Leichnam oder als ein Häufchen Asche fühlt.

In der gedanklichen Verlängerung seiner personalen Existenz wird dem Leben eine Kontinuität zugestanden, über deren physische Dauer wir zwar nichts wissen können. Aber in praktischer Perspektive, in der das Postulat der Unsterblichkeit einen Sinn ergibt, wirkt die Erwartung der überzeitlichen Dauer auf den Handelnden zurück und gibt ihm die Kraft, auch ohne einen sinnlichen Lohn innerhalb der Lebensfrist, allein auf die moralischen Gründe zu setzen. Dazu muss er nicht, wie es in einer theoretischen Einstellung nötig wäre, von einem realen Fortgang der Geschichte und einer tatsächlichen bleibenden Erinnerung an seine Leistungen und Absichten wissen. Ihm genügt die Aussicht, dass seine Hoffnung nicht als illusionär angesehen werden muss.

Also kann der einzelne Mensch, so wenig er im eigenen Dasein auch erreichen mag und obgleich er von der Zukunft nicht das Geringste weiß, die Erwartung hegen, im Fortgang der Geschichte der Menschheit der Realisierung der Ziele der Vernunft näher zu kommen. Und wenn der Ernst der Vernunft zu Recht besteht, dann muss es jeder für möglich halten, dass am Ende aller Dinge von einem *glücklich erreichten Zustand* gesprochen werden kann, in dem Vernunft und Sinnlichkeit zur Deckung kommen. Das kann zwar kein empirischer, kein geschichtlicher, auch kein (wie immer auch beschaffener) «himmlischer» Zustand sein, kein Ort im Raum zu keiner – noch so fernen – Zeit. Teil dieser Hoffnung ist lediglich die Erwartung, durch eigenes Handeln einen Beitrag zur Annäherung an das Gute beisteuern zu können. Es mag auch Teil dieser Hoffnung sein, dass die auf kurzfristige Erfolge berechneten Taten und Untaten der erfolgreicher erscheinenden Zeitgenossen dann längst überwunden sind. Das hingegen, was die eigene Person in ihrem vernunftbestimmten Handeln gewollt hat, ist rehabilitiert und gleichsam auf Dauer erreicht.

Darin liegt die «Unsterblichkeit», die sich Sokrates durch Tapferkeit im Angesicht des Sterbens zumindest für die kurze Spanne von nicht ganz zweieinhalbtausend Jahren erworben hat. Er hat die im Leben geforderte Tugend höher geachtet als den Tod. Kants Unsterblichkeitstheorem ist weniger heroisch als welthistorisch aussichtsreich. Es ist ausdrücklich auf den gesellschaftlichen Zusammenhang bezogen und geschichtsphilosophisch angelegt. Gleichwohl darf es nicht empirisch verstanden werden; die geschichtliche Dauer ist nur ein Analogon zur alle Grenzen überschreitenden Unendlichkeit der Vernunft. Man darf annehmen, dass Kant die Unsterblichkeit der Person nicht anders versteht als der sterbende Sokrates: als eine von allen Zeitbedingungen unabhängige, exemplarische Konstanz begründeter Einsicht.

Kant fragt, wie der geschichtliche Sinn einer stets vom Scheitern bedrohten moralischen Handlung gesichert werden kann. Wie kann ein Mensch, der allein aus vernünftiger Einsicht das Gute tun soll und dabei keine Rücksicht auf seinen persönlichen Vorteil nehmen darf, im Ganzen des Daseins, doch auch in seinem sinnlich naheliegenden Verlangen nach Erfolg befriedigt werden? Unsere Vernunft stützt den Impuls, der rationalen Einsicht zu folgen; dabei müssen wir aber nicht vergessen, dass wir auch *glücklich* oder zumindest *zufrieden* sein wollen. Und wenn wir das in unserem Leben nicht erreichen, neigen wir umso stärker der Hoffnung zu, dass alles, was wir unseren Kindern und unseren Mitmenschen, vielleicht auch dem Staat oder der Kirche, der Wissenschaft oder der Kunst gegeben haben, auf etwas Gutes hinausläuft, für das es zumindest heute gute Gründe gibt.

Das Postulat der Unsterblichkeit der Seele ist die Formel, die aus der den Einzelnen überschreitenden geschichtlichen Wirksamkeit eine bleibende Konsequenz zu ziehen versucht: Das, was den vernünftigen Sinn einer Handlung ausmacht, soll nicht verloren gehen. Und in diesem Wunsch wird auch das danach verlangende Ich, die Seele, gestärkt. Wenn also die Seele das ist, was in den Taten der Menschen hervortritt, dann bleibt sie mit dem Sinn, genauer: *im* Sinn der im Ganzen auf Erfolg gerichteten Handlungen gewahrt.

Das gilt im Prinzip natürlich auch von «bösen» oder schlechten Taten. Auch sie werden von den Seelen schuldhaft mitgeschleppt, belasten das Gewissen und schränken die Mitteilbarkeit ebenso ein wie die öffentliche Wirksamkeit. Denn man kann nicht offen über das Böse sprechen, das man sich hat zuschulden kommen lassen. Folglich ist auch ihre Wiederholbarkeit begrenzt. Die Furcht vor Entdeckung und vor Strafe schränkt die innere wie die äußere Freiheit ein. Das Tun des Guten hingegen kommt der Freiheit des Menschen entgegen und bestätigt ihn in seiner – durch Sprechen und Denken begründeten – öffentlichen Existenz. Die Präferenz des Guten zeigt sich in dem Verlangen nach exemplarischer Wiederholung.[10] Es beansprucht somit strukturell eine nicht verborgene, eine öffentliche Dauer.

In Kants Text wird an keiner Stelle eine «Wiederauferstehung» eben *des* Ich in Aussicht gestellt, als das ich mich selbst (womöglich noch in Verbindung mit dem durch das Ich bezeichneten Körper) verstehe und das danach ein ewiges Leben in himmlischen Regionen vor sich hat. Kant geht es nicht um eine imaginäre Wiedergeburt der irdischen Menschen in überirdischen Sphären, sondern allein um die erforderliche Sicherung des Handlungssinns unter den Konditionen eines im Ganzen gedachten menschheitlichen Daseins. Nur so kann von einem Postulat der praktischen Vernunft gesprochen werden. «Seele» ist dabei eben das, was eine bleibende geschichtliche Leistung an das Selbstbewusstsein eines Individuums bindet.

Und die Konzeption dieser Unsterblichkeit ist nicht, wie Heine meinte, der Trost für den armen Diener Lampe, der nicht glauben soll, die saure Erfüllung der Pflicht sei schon alles gewesen. Das Postulat von der Unsterblichkeit gilt gerade auch für jene großen Seelen, die sich von der Hoffnung beflügeln lassen, durch ihr Dasein und ihr Werk der Menschheit einen Dienst zu erweisen – zumindest dadurch, dass sie ihr ein Zeichen setzen.

Angenommen, diese Deutung trifft den Sinn der Rede von der Unsterblichkeit, erschließt sich auch die Bedeutung des dritten *Postulats vom Dasein Gottes.* Man braucht dann nämlich nur zu fragen, wie denn die Koinzidenz von moralischer Erwartung und realer Konsequenz im Gang der Geschichte gedacht werden kann, um *eines* sofort zu sehen: Sosehr es in der Moralität um Ansprüche der allgemeinen Menschenvernunft und in der Hoffnung auf einen guten Ausgang der historischen Entwicklung auch um das menschliche Glücksverlangen geht, so wenig steht es in der Macht des Menschen, dieses vermutlich weniger nah als fern liegende Ziel der Geschichte aus eigener Machtvollkommenheit herbeizuführen.

Ohne den Menschen von seiner sittlichen Verantwortung für seine eigene Lebensführung und für das Gelingen seines politischen Handelns zu entlasten, steht es für Kant außer Frage, dass der Mensch in seiner jeweils sehr beschränkten persönlichen, institutionellen und generativen Zuständigkeit nicht in der Lage ist, der Geschichte als ganzer eine Richtung und ein Ende zu geben. Mag er sich, um mit dem Zeitgeist zu sprechen, noch so sehr um «Nachhaltigkeit» bemühen: Der Erfolg seines auf die Zukunft bezogenen Handelns hängt von viel zu vielen nicht beherrschbaren Faktoren ab, um wirklich berechenbar zu sein. Wenn der Einzelne dennoch auf eine Zukunft hoffen können möchte, die seinem Handeln einen befriedigenden Ausgang bietet, so hat er auf eine Instanz zu setzen, der, wie ihm selbst, an einem guten Ende liegt – ohne dass je ein Mensch im Vorhinein wissen könnte, wie dieses Ende beschaffen ist. Diese Instanz ist Gott.

Mit dem Glauben an Gott flieht der Mensch keineswegs vor seiner eigenen Verantwortung. Mit Hilfe seiner Vernunft hat er vielmehr alles zu tun, was ihm seine Einsicht gebietet und was in seinen Kräften steht.

Aber angesichts der stets bestehenden Probleme, der schier unendlich
großen Zahl an nicht zu kalkulierenden Faktoren sowie mit Blick auf
den unübersehbar großen Zeitraum der Zukunft ist es dem Menschen
gänzlich unmöglich, einen geschichtlichen Erfolg seines Handelns vor-
auszusehen. Und wenn es ihm trotzdem ernst mit seinen Zielen ist, hat
er auf einen Beistand zu setzen, der ihm die Hoffnung auf einen guten
Ausgang seiner Bemühungen lässt. Wenn jemand sagen kann, woher
dieser Beistand im Einzelnen kommt, hat sich eine mundane Instanz
gefunden. Bleibt hier aber alles offen, kann die Hilfe nur aus dem
Ganzen kommen, dem wir in allem zu vertrauen haben – auch weil wir
selbst zu ihm gehören. Diese Quelle des Guten kann nicht anders als
göttlich genannt werden.

Auch die religiöse Hoffnung setzt die Eigentätigkeit des Menschen
voraus. Sie darf als die Grundstimmung des autonomen Menschen gelten, der gern erreicht, was ihm zu tun möglich ist, aber ohne Hoffnung
nicht weit kommt. Seine Autonomie schließt das Wissen von seiner Bedingtheit und von seinen Grenzen ein. Deshalb hat der Glauben das zu
ergreifen, was die «schönen Dinge» lediglich «anzeigen», nämlich «daß
der Mensch in die Welt passe» (*R* 1820a; 16, 127). Er vergibt sich daher
nichts, wenn er auf die Gunst glücklicher Umstände setzt, für die im
Ganzen des Weltzusammenhangs der Name Gottes steht. Wie weit Kant
dabei zu gehen bereit ist, hat er in seiner *Religionsschrift* mit einer zwar
«bedenklichen», aber «keineswegs verwerflichen» Deutlichkeit ausgesprochen, die wir später nur noch bei Nietzsche finden – mit dem Unterschied, dass Nietzsche die darin liegende Größe nur noch dem Menschen zugesteht und sie Gott nicht gönnt, weil er meint, durch Gott
werde der Mensch verkleinert. Nach Kant ist das Gegenteil der Fall:

> «[W]ir machen uns einen Gott. […] Es klingt zwar bedenklich, ist aber keines-
> wegs verwerflich, zu sagen: daß jeder Mensch sich einen Gott mache, ja nach
> moralischen Begriffen […] sich einen solchen, selbst machen müsse, um an
> ihm den, der ihn gemacht hat, zu verehren.» (REL 6, 168 f.)

Aus kritischer Perspektive soll damit gesagt sein, dass der in seiner Vernunft sich selbst bestimmende Mensch Gott als sein Gegenüber braucht.
Seine Größe gewinnt er in der selbstbewussten Anerkennung seiner

Grenzen. – Welche Wendung wir dem Wörtchen «machen» geben, das hier (wie auch in der transzendentalen Analytik) ein «communicabel» machen meint (Bf. v. 1. 7. 1794; 13, 545), wird im Übergang vom fünften ins sechste Kapitel zu zeigen versucht.

Kapitel 3

Der leibhaftige Zugang zum Ganzen

Vom sinnlichen Reiz zur Bedeutung der Welt

«Mein Leib und meine Seele
sind mehr in Gott, als dass
sie an sich selber seien.»
(Meister Eckhart, Dt. Pred. 11)

1. Prospekt der systematischen Analyse. In den ersten beiden Kapiteln wurde auf grundlegende Missverständnisse in der Einschätzung des Verhältnisses von Wissen und Glauben, auf die unverzichtbare Stellung des Ganzen in allem Erkennen und Handeln sowie auf die Gefahr einer geschichtsphilosophischen Selbstisolierung des zeitgenössischen Denkens aufmerksam gemacht. Um vorzuführen, was den modernen Autoren in ihrer historistischen Selbstbeschränkung entgeht, wurde am Beispiel Platons und Kants gezeigt, wie sich der einleitend exponierte Bezug auf das Ganze in den wegweisenden Philosophien der Antike und der Moderne zu einer Theologie differenziert, die das Göttliche in das Handeln der Menschen einbindet, ohne ihm eine separate Existenz zuzumuten.

Auf die ursprünglich geplante Kritik des Säkularisierungstheorems wurde verzichtet [2011c]. Auch die Auseinandersetzung mit der primär politisch motivierten Reaktualisierung religionswissenschaftlicher Probleme wurde gestrichen; sie hätte zu dem Missverständnis führen können, die psychologischen, soziologischen und politiktheoretischen Erwägungen könnten für überflüssig gehalten werden. Das sind sie mit Sicherheit nicht. Nur darf man nicht meinen, durch sie sei die religiöse

Frage bereits rehabilitiert. Liest man zwischen den Zeilen der Texte, die uns vor Augen führen, welche Verdienste der Religion in der Absorption von Gewalt, in der Subtilisierung durch mythische Erzählungen, in der Zivilisierung durch die Ritualisierung der Opfer und die Gegenseitigkeit der Gaben, in der Sakralisierung des Menschenrechts, in der Vertiefung ästhetischen Erlebens oder in der kompensatorischen Ergänzung der Moral durch supererogatorische Normen zukommen, kann man nur zu leicht das geschichtsphilosophische Noch entdecken: *Noch* sind die Menschen nicht so emanzipiert, um ohne Religion mit sich und der Welt umzugehen. Aber bald, so sollen wir nach Ansicht mancher Soziologen und Psychologen glauben, wird es so weit sein: Dann können wir auf die kulturgeschichtliche Nachhilfe durch Religion verzichten. Doch eben darin liegt das Missverständnis der neuzeitlichen Religionskritik. Gott veraltet nicht, und er wird auch nicht sterben, solange es Menschen gibt, die, auf ihr stets unzureichendes Wissen gestützt, mit Gewissheit und Zuversicht handeln müssen. Gewiss haben sich die Formen gewandelt, in denen das Göttliche zur Vorstellung kommt. Es ist auch sehr zu hoffen, dass sich die Bedingungen ändern, unter denen die Menschen sich ihm nahe wähnen, ihn zu verstehen und zu verehren suchen. Am Ende, so möchte man meinen, muss sich die Einsicht durchsetzen, dass aller *Dogmatismus*, jeder *Autoritarismus*, jede *Anwendung von Gewalt* im Namen eines Glaubens, auch jeder Anspruch auf *Vertretung eines Menschen durch einen anderen vor Gott*, ausgeschlossen ist, wann immer Menschen sich im Namen ihres Glaubens äußern.

Über solche und andere Konsequenzen kann man jedoch erst sprechen, wenn der Versuch unternommen ist, zu sagen, was uns das Göttliche bedeutet. Also kommen wir erst gegen Ende des Buches auf einige gesellschaftliche Folgen der nun bevorstehenden Analyse zu sprechen.

Die vor uns liegenden systematisch angelegten drei *zentralen Kapitel* des Buches handeln an *erster* Stelle vom *Sinn* und suchen zu zeigen, dass er es ist, der uns in Empfindung und Wahrnehmung, in sozialer Verständigung und psychischer Befindlichkeit sowie in Erkenntnis und Verstehen die innere Einheit mit der Welt vermittelt. Der Sinn eröffnet die Möglichkeit, uns als eigenständige Wesen so auf die Welt zu beziehen, als seien wir ein ganz und gar zu ihr gehörender, aber gleichwohl selbstständiger Teil; alles in und an mir korrespondiert mit Vorgängen in meiner Umgebung. Und der Glauben kann als die gleichermaßen affektive wie intelligible Einstellung zur *Sinneinheit von Mensch und Welt* verstanden werden, in der jeder Einzelne versucht, ihr bewusst zu entsprechen, ihr gerecht zu werden und ihrer würdig zu sein.

Der nächste Schritt der systematischen Untersuchung, der sich im *vierten Kapitel* anschließt, hat mit dem *Verhältnis von Wissen und Glauben* zu tun. Hier wird sich zeigen, dass beide, Wissen wie Glauben, *intellektuelle Leistungen* sind, die sich wechselseitig bedingen, aber in ihrer gegenseitigen Abhängigkeit den Anteil der Affekte stärker hervortreten lassen. Wissen wie Glauben sind auf Bedürfnisse bezogen und werden von Erwartungen getragen, die einen Mangel beheben, einem Überschwang Luft machen, einem Vertrauen Ausdruck geben, eine Vorliebe erkennen lassen können und in alledem ein Indiz für die grenzüberschreitende Selbstorganisation eines Organismus sind, der auf die Welt wie auf einen Sachverhalt ausgreift, der sich eindeutig bestimmen und gemeinsam behandeln lässt.

So gehört der Glauben zum Komplex der kulturellen Bemühung des Menschen, sich einen zur Zukunft offenen Lebensraum zu schaffen, in welchem Voraussicht, Absprache und auf Kommendes vorgreifendes Handeln – unter Wahrung seines Selbstverständnisses – möglich sind. Darin ist er auf Wissen ebenso angewiesen wie das Wissen auf ihn. Wissen und Glauben stehen in einer symbiotischen Beziehung, in deren Auflösung beide verloren gehen.

Im *fünften Kapitel* wird gefragt, was die wechselseitige Herausforderung von Wissen und Glauben für die Sinnfrage bedeutet, die sich gleichermaßen mit beiden Leistungen stellt. Es kann nicht bestritten werden, dass in der Vielfalt menschlicher Kulturen und mit der Pluralität individueller Perspektiven zahllose, nicht nur unterschiedliche, sondern auch gegensätzliche Sinnerwartungen wirksam sind. Zudem hat die vorangehende Analyse deutlich gemacht, dass der Mensch in vielen – physischen, physiologischen, sozialen, psychischen, epistemischen und intellektuellen – Sinndimensionen lebt, die er situativ, personell und existenziell in seinen Handlungen zu vereinheitlichen sucht, ohne dass dies immer gelingt. Oft wird auch gar kein Anlass gesehen, sich an einer dominierenden Erwartung auszurichten. Die Rollendifferenzierung in pluralen Gesellschaften erfordert es überdies, sich unterschiedlichen Anforderungen zu stellen, die nicht eben selten mit disparaten Sinnerwartungen verbunden sind.

Das wird mit der Formel vom *Sinn des Sinns* anerkannt und dennoch nicht als letzte Auskunft hingenommen. Zwar ist jedem Menschen die Freiheit nicht nur zuzugestehen, sondern zu eröffnen, sein Leben in der Vielfalt zu führen, die er bewältigen kann, wobei zwischen den Extremen der abdankenden Überlastung und der erwartungsvollen Lebenssteigerung vieles möglich ist. Aber es gibt vornehmlich in den uns nahegehenden persönlichen Beziehungen, in Liebe und Freundschaft, in der Erziehung, im Umgang mit Kranken und Sterbenden, ja in allen als individuelle Herausforderung erlebten sozialen, politischen, wissenschaftlichen und künstlerischen Aufgaben den *Ernst*, der uns nötigt, von einem *bestimmten Sinn* unseres Tuns auszugehen. Zwar kann der Sinn mit den Umständen wechseln, er kann je nach Lebenslage und Lebensalter ein anderer sein. Aber wenn es der Sinn ist, der eine definitive Entscheidung leitet, ohne die vielleicht gar keine weitere möglich ist, erhält er einen Anspruch, der alle anderen dominiert.

Das ist dann der *Sinn des Sinns*, der eine existenzielle Entscheidung dirigiert. Er kann bei jedem Menschen ein anderer sein und steht doch in der Regel nicht nur unter der Erwartung der Mitteilbarkeit, sondern auch unter einer, wenn auch meist unausgesprochenen und unausdenkbaren, Solidarität mit seinesgleichen. Daraus werden im *sechsten Kapitel* einige theologische Schlussfolgerungen gezogen. Wir suchen zwischen dem allgemeinen Begriff des *Göttlichen*, der alles umfasst, was größer, gütiger, machtvoller und gleichwohl schöner ist als wir, und dem personalen Begriff *Gottes* zu unterscheiden. Schließlich sehen wir den Vorzug der urchristlichen Lehre darin, dieser Unterscheidung einen den Menschen existenziell betreffenden Rang zu geben. Das führt zu der gewiss umstrittenen Ansicht, dass diese Leistung des Evangeliums trotz der bekannten Schwächen der sich darauf berufenden Kirchen unverändert gültig ist.

2. Die semantische Vielfalt des Sinnbegriffs. In der deutschen Sprache steigt der Begriff des Sinns erst spät in die Region der umfassenden Vernunftbegriffe mit metaphysischer Reichweite auf. Lange Zeit bleibt er an das gewiss nicht unerhebliche und zum Glück auch nie verlassene

Bedeutungsfeld leibhaftiger Funktionen und elementarer seelischer Leistungen gebunden. «Sinn» meint das *Sinnesorgan* und *das, was es leistet.* Auge und Ohr, Nase, Zunge, Gaumen und Haut sind Sinne im organischen Zusammenhang. Sie haben eine spezifische Empfindlichkeit für Vorgänge in der Umgebung des Körpers, die sie reizen und dem Körper *als ganzem* etwas für ihn Belangvolles übermitteln, so dass er, wenn bestimmte Schwellenwerte überschritten sind, *von sich aus* (und damit: *als ganzer*) reagieren kann. So können auch die Rezeptoren für die Lage im Raum oder für eine körperinterne Störung als «Sinne» bezeichnet werden, die Schwindel, Schmerz oder Unwohlsein vermitteln.

Die Plastizität unserer Sprache zeigt sich darin, dass die Verwendung des Ausdrucks «Sinn» nicht auf die physiologischen Organe beschränkt bleibt, sondern auch das bezeichnen kann, was sie im Gesamtzusammenhang eines Organismus nach Art einer Information vermelden. Wer ein feines Gehör, ein scharfes Auge oder eine empfindliche Zunge hat, verfügt damit auch über einen «ausgeprägten» Sinn, womit nur noch zum Teil das Organ und zum anderen Teil bereits die von ihm übermittelte Sinnesleistung gemeint ist.

Doch darauf bleibt die Bedeutung nicht beschränkt: Auch das, was der Organismus in seiner zentralnervösen Verarbeitung der übermittelten Sinnesdaten daraus für sich im Ganzen macht: also sowohl die alarmierende Empfindung wie auch die ihn im Ganzen wieder beruhigende Wahrnehmung – einschließlich des damit zurückkehrenden versicherten subjektiven Gefühls –, alles das kann als *Sinn* bezeichnet werden.

Allein damit erfährt der Begriff eine geradezu schwindelerregende Bedeutungserweiterung: Er bezeichnet das Organ eines Körpers, ist Ausdruck für seine Empfindlichkeit im Ganzen, wird zum Terminus für die Reizbarkeit überhaupt sowie zum Wort für das, was der Körper daraus als den ihn im Ganzen betreffenden sinnlichen Eindruck macht, und bringt schließlich auch noch die mentale Befindlichkeit zum Ausdruck, in der sich der Körper mit oder nach der Reizverarbeitung befindet. Kennt man diese Vieldeutigkeit, könnte man geneigt sein, sich den weiteren Gebrauch des Wortes «Sinn» im psychischen wie im organischen Kontext zu verbieten.

Doch damit nicht genug: Im Zusammenhang der körpernahen Verwendung des Wortes steht auch die Ausweitung auf das, was der

Körper aus der sinnlichen Befindlichkeit seines mehr oder weniger bewussten Gesamtzustandes an äußeren Konsequenzen zieht. Der «Sinn» ist das, wonach es jemanden gelüstet; und so tut er, wonach ihm «der Sinn steht». Auf diese Weise gibt der Sinn auch die Richtung vor, in der sich jemand bewegt. Und was dem Menschen recht ist, muss allen anderen sich bewegenden Dingen billig sein: So bewegt sich alles, was sich dreht, entweder im Uhrzeigersinn – oder ihm entgegen. *Senso unico* ist in Italien der Ausdruck für die Einbahnstraße; in ihr haben sich alle Fahrzeuge in eine Richtung zu bewegen. Der Sprung von innen nach außen könnte größer nicht sein.

Doch der Begriff des Sinns macht einen noch viel größeren Sprung mit seiner Übertragung auf die dominierenden Richtungen, in die Menschen sich unter jeweils gegebenen Bedingungen bewegen. Diese Erweiterung vollzieht sich mit der partiellen Ersetzung des mit der Ökonomie groß gewordenen *Wertbegriffs* durch den Sinn. So wird im Übergang vom 18. zum 19. Jahrhundert nicht nur nach dem «Wert», sondern auch nach dem «Sinn des Lebens» gefragt [1994 u. 1995].

Der größte semantische Sprung findet aber dort statt, wo der Wechsel von innen nach außen vollzogen wird, so dass der Sinn gar nichts mehr mit der Empfindung, dem Gefühl oder dem Wertbewusstsein zu tun haben soll, sondern einfach *Bedeutung* meint – so als sei sie eine vom Menschen unabhängige Eigenschaft der Dinge und Ereignisse. Sinn ist dann nicht mehr (nur) das, was wir spüren, sondern ebendas, worauf sich die objektive Verarbeitung erlebter Sinnbezüge in einer vom Menschen vollkommen unabhängig scheinenden Abstraktheit bezieht – auf das, was etwas als «Gegenstand» des Erkennens, Denkens und Sprechens «ist».

Der Begriff des Sinns ist somit alles andere als eindeutig. Seine Vieldeutigkeit entfaltet sich in einem Zusammenhang, der sich etymologisch nachvollziehen und sachlich rekonstruieren lässt. Dabei ist es ein glücklicher Umstand, dass in der sich über mehrere Jahrhunderte hinziehenden und in verschiedenen europäischen Sprachen zu verfolgenden Geschichte des Begriffs dessen Herkunft nicht vergessen wird. Im Gegenteil: Er bleibt mit offensichtlicher Lebendigkeit erhalten und trägt den sich weit ausspannenden Bedeutungsfächer mit solcher Prägnanz, dass die systematische Interpretation sich fast von selbst ergibt.

3. Leibhaftiger Sinn. Die übliche Auslegung der unterschiedlichen Funktionen des Sinns bewegt sich im historischen Raum, in dem der Begriff seine Bedeutung gewinnt und sich in verschiedenen semantischen Feldern entfaltet. Diese Entwicklung ist inzwischen gut untersucht (*Thies* 2008). Für uns ist dabei von besonderem Belang, wie tief der Sinn des Sinns in den mundanen Verhältnissen verankert ist. Denn erst, wenn wir uns die bis in die organische Natur des Menschen hineinreichende Leistung des Sinns vergegenwärtigen, verstehen wir das *Einheitsmoment*, das in den mit dem Sinn verbundenen Lebensfunktionen zum Ausdruck kommt und auf das wir in jeder Sinnerwartung setzen. Auf allen Ebenen seiner Wirksamkeit vermittelt der Sinn *Ganzheiten*, in denen sich das Ganze eines Organismus, das Ganze einer Person oder das Ganze einer sozialen Institution in einer sinnlich, sinnhaft oder sinnvoll vorgestellten Einheit selbst *einheitlich* verhalten kann. Wenn das in der nachfolgenden Skizze kenntlich werden sollte, ergibt sich die theologische Verwendung des Begriffs von selbst.

Nach dem Modell einer mechanistischen Sinnesphysiologie haben die Sinne die Doppelfunktion von «Empfängern» und «Sendern»: Sie nehmen Druck oder Stoß, chemische Veränderung sowie Licht- oder Schallwellen aus der Umgebung des Organismus auf und formen sie in Nervenreize um, die von den Nervenbahnen zu einem Zentrum weitergeleitet und in Empfindungen umgesetzt werden. Empfindung ist eine zentralnervöse Regung, die den Körper *als ganzen* zu Reaktionen disponiert.

Beim *Reiz* kann es sich um eine partielle Einwirkung etwa durch einen Nadelstich, um einen viele Sinne in Aufruhr versetzenden Sprung ins kalte Wasser oder auch um ein das ganze Befinden eintrübendes Gefühl der Übelkeit, des Hungers oder der Trauer handeln. Ein Reiz kann uns in aufmerksame Erregung, freudige Erwartung oder gleichgültige Gelassenheit versetzen. In allen Fällen versetzt ein Reiz – oder eine Kaskade von Reizen – einen ganzen Organismus in den Zustand der Wachheit, der bis zur Alarmiertheit gehen und zu Reaktionen führen kann, die höchst ungewöhnlich erscheinen, sosehr sie auch im Verhaltensspektrum des Organismus angelegt sind.

Nach Entfernung der Nadel, nachdem das Nass verlassen und abgetrocknet, der Schreck, die Trauer oder die Freude verflogen und der

Hunger befriedigt sind, kann sich ein Gefühl der Zufriedenheit oder der Behaglichkeit einstellen, dem ebenfalls eine ganzheitliche Empfindung des ganzen Leibes entspricht. Auch an ihr sind die Sinne beteiligt, die nun keinen schmerzhaften Stich, kein andrängendes, eindringendes, bedrohliches oder erfrischendes Wasser vermelden; der Hunger ist in das Behagen der Sättigung umgeschlagen. Wieder stellt sich eine zentral registrierte Befindlichkeit ein, die den Leib als ganzen betrifft und insofern eine Disposition für eine Reaktion der Person sein kann. Eine Reaktion der ganzen Person liegt auch darin, dass sie sich behaglich in sich zurückzieht.

In diesem durch die ganze Person zum Ausdruck kommenden Verhalten kommt die wesentliche Leistung der organisch vermittelten, zentralnervös übersetzten und ganzheitlich wirksamen Sinnesreize zum Ausdruck. Sie können schon deshalb nicht rein mechanisch verstanden werden, weil sie sowohl in ihrer inneren Wirkungsweise wie auch in der durch sie erfolgenden Aktivierung (oder Deaktivierung) des Körpers eine funktionale Leistung für das Ganze seiner Lage, seiner Verfassung und seiner Bewegungen implizieren. Das wird auch durch das mit seinem (vermutlich erdgeschichtlich erstmaligen) organischen Auftritt verbundene Moment des *Bewusstseins* offenkundig.

Der empfundene Sinn hat seinen Ort im *Erleben*. Im Zusammenspiel der zu ihm gehörenden sensiblen, afferent und efferent wirksamen Momente hat er einen stets mitgespürten und somit bereits mitbewussten Bezug auf das Ganze des Leibes, der sich in seiner Umgebung unter der ständigen Bedingung der Reizbarkeit befindet. Aber das Bewusstsein eines Reizes im empfundenen Sinn hat nur dann eine Funktion, wenn er mit der Möglichkeit einer Reaktion des ganzen Organismus verbunden ist, die selbst wiederum zum Gegenstand eines sinnlichen Erlebens möglicher Wirkungen im Zusammenhang mit seinesgleichen werden kann. *Bewusstsein ist das Kontrollorgan für die Wirkungsweise eigener Reaktionen im sozialen Zusammenhang.*

Als bewusst registrierte Einheit gibt der Sinn dem Organismus, in dem er die empfangenen Empfindungen ebenso wie die durch eigenes Tun hervorgerufenen Sensationen zu einer erlebten Einheit bringt, die Form einer ganzheitlichen Wirkungsweise, die selbst zum Gegenstand einer Korrektur werden kann. Das muss man auch für jene zahllosen

Fälle zugestehen, die mit der Selbstverständlichkeit einer Automatik ablaufen. Essen und Trinken, Gehen und Stehen bedürfen nur in Ausnahmefällen einer ausdrücklichen Steuerung durch die Zwecke und Mittel setzende Vernunft; gleichwohl vollziehen sie sich bewusst und können so in ihrem Sinn gegenwärtig sein.

Dieser Sinn ist es, der dem organischen Selbstvollzug der Bewegungen auch im Bewusstsein des jeweils Tätigen eine Einheit gibt, auf die er sowohl im Erleben seiner selbst wie auch in der Verständigung mit seinesgleichen vertrauen kann. Der organische Sinn ist ganz in leibliche Vollzüge eingebettet. Doch er öffnet den Organismus in einer hochspezialisierten Weise für seine natürliche und soziale Umgebung. Er macht Lernen und Anpassung möglich und schafft die Voraussetzungen für eine Selbstkontrolle des Verhaltens, das über den Sinn selbst Gegenstand einer Korrektur unter sozialen Bedingungen werden kann.

4. Die soziale Dimension des Sinns. Mit Blick auf die zahlreichen mit vertrauter Selbstverständlichkeit ablaufenden organischen Selbstvollzüge kann man mit guten Gründen bezweifeln, ob sie bewusst gesteuert sind. Beim Menschen aber sind sie in manchen Fällen durch Bewusstsein begleitet. Wie das bei Tieren ist, denen wir zwar auch Bewusstsein zuschreiben, die es aber nicht durch Berufung auf einen erlebten oder bezweckten Sinn – also: selbstbewusst – zum Ausdruck bringen, mag offen bleiben (*Perler/Wild* 2005). Das ist zulässig, solange wir nicht vergessen, wie nahe wir in unserem vegetativen und animalischen Lebensvollzug den Pflanzen und Tieren stehen. Uns kommt es wesentlich auf die Einsicht an, dass es die Form des *sozialen Umgangs* des Menschen mit dem Menschen ist, die das Bewusstsein zum Organ der Mitteilung vergegenwärtigter Sinneserfahrungen werden lässt. Der qualitative Sprung zur Entwicklung des Bewusstseins erfolgt mit dem Übergang von der organischen Selbstbezüglichkeit zur ausdrücklichen – und das heißt immer auch: zur kommunikativen – Orientierung im sozialen Raum.

Alles Leben vollzieht sich (wie man früher sagte) im «Gattungszusammenhang». Jedes individuelle Leben verdankt sich dem Werden im Schoß seiner Spezies; es bleibt durch Anlage und Ausstattung, in Organisation und Orientierung sowohl material wie auch formal an die

Konditionen des Lebens seiner Artgenossen gebunden. Folglich ist alles, was es tut, ein exemplarischer Ausdruck der Gemeinschaft, die es in Aussehen und Verhalten repräsentiert. Deshalb dürfte nur in extremen Ausnahmefällen die Lebensrichtung eines Individuums der seiner Spezies entgegenstehen. Führt die Abweichung zu einem Lebenserfolg und kann sie genetisch abgesichert werden, erweitert sie das Verhaltensspektrum der Art oder führt im Gang der Evolution zu einer neuen Art. Also bleibt auch hier das Verhalten jedes Individuums eng an das seiner Artgenossen angelehnt.

Wenn dies aber so ist, hat auch der unter diesen Konditionen erlebte Sinn eine *soziale Dimension*. Zwar wird er jeweils mit den Organen des empfindenden Individuums aufgenommen und leibhaftig von ihnen weitergegeben. Es ist aber immer weniger nötig, dass eine individuelle Abweichung im Verhaltenskontext der Art verloren geht. Wenn sich die sinnliche Offenheit für den sozialen Zusammenhang, die gewiss zu den frühesten Dispositionen eines Lebewesens gehört, selbst sozial ausprägt, kann aus dem Sinn ein Träger von Mitteilung werden. Er entwickelt sich zum Medium von Eindruck und Ausdruck, der der sozialen Verständigung dient. Sinn ist dann das, was im Miteinander des gesellschaftlichen Verbands wechselseitig verstanden werden kann. Hier eingeübt, kann er zu einem der Selbstkontrolle unterworfenen Ausdrucksverhalten gegenüber anderen Arten von Lebewesen führen, die angelockt oder abgewehrt werden müssen.

Der soziale Sinn von Sinn dürfte das Handlungspotenzial einer Spezies nicht unbeträchtlich erhöhen. Er erlaubt, die Wahrnehmung in der Gruppe zu diversifizieren, Einheit im Unterschied herzustellen, Unterschiede gelten zu lassen, und disponiert zur Ausrichtung auf Vorgänge, die als solche hingenommen werden können. Damit steigert der soziale Sinn vermutlich das für die Nutzung von Lebenschancen so wichtige Prinzip der Individualität. Es kommt zwar in jedem einzelnen Organismus und in jedem Akt seines Verhaltens zum Ausdruck, kann sich unter Bedingungen der Mitteilung aber nicht nur verfeinern, sondern auch anerkannt und zu spezifischen Leistungen eingesetzt werden. Auch damit dürfte eine Erhöhung der Lebenschancen einer Art oder Gruppe verknüpft sein. Das ändert aber nichts daran, dass der Sinn eines Verhaltens, einer Gebärde oder eines sprachlichen Ausdrucks nur *sub specie generis* verständlich ist. Im allgemein verbreiteten Sinn dominiert die Auffassungsweise des Kollektivs.

Die Speisen, die man nach den Üblichkeiten verabreicht bekommt, wird man alsbald auch nach den vorherrschenden Gewohnheiten bewerten. Wärme und Kälte, Licht und Dunkel, der Schnee oder der Wüstensand, der Wald oder die Steppe, das Meer oder das Gebirge: Was immer die Umwelt einer Gesellschaft bestimmt, findet einen Niederschlag in den Wahrnehmungs- und Verhaltensweisen der zu ihr gehörenden Individuen und ist durchschnittlich mit dem Sinn verknüpft, der das Handeln in der umgebenden Gemeinschaft zu organisieren vermag. Insofern nimmt man das, was Umwelt, gesellschaftliches und individuelles Handeln bieten, immer auch mit den Augen und Ohren der anderen auf. Was immer man ihnen mitteilt, kann nur unter der Bedingung kollektiver Gemeinsamkeiten verstanden werden. Das gilt für den Sinn der Gesten und Worte; es gilt für den größten Teil der geäußerten Beobachtungen und Bewertungen, und es kann für alles gelten, was das gesellschaftliche Handeln ausmacht.

Die in einer Kultur mit ihresgleichen zusammenlebenden Individuen sind in ihrer Wahrnehmung von Chancen und Risiken ursprünglich miteinander verbunden. Aller Unterschied liegt darin, *wer* eine Erfahrung macht und *wo*, *wann* und *wie* sie sich ereignet. Doch was sie jeweils der Sache nach bedeutet, muss Gemeingut sein, in dem die Mitglieder der Gemeinschaft affektiv, technisch-praktisch und intellektuell verbunden sind. Damit partizipieren sie in ihrer Verständigung wie auch in ihrem Handeln an einem Sinn, der allen derart gemeinsam ist, dass mit seiner Hilfe die jeweils situativ auftretenden Differenzen individuell erfasst und in differenziertes Handeln umgesetzt werden können. Bedingung der Differenzierung ist die alle umfassende gesellschaftliche Dimension des Sinns.[1]

5. Die Potenzierung des Sinns im subjektiven Erleben. Das soziale Leben in einer Population ist, wie man weiß, nicht ohne Konflikte. Schon früh gibt es Rivalitäten um die Gunst der älteren Generation, Streit um die Verteilung der Nahrung und Kämpfe um alles, was immer für begehrenswert gehalten (oder auch nur als knapp erfahren) wird. Dann kommen die Gegensätze zwischen den Erwachsenen hinzu, unter denen die Jüngeren leiden, längst bevor sie selbst hineingezogen werden. Es folgen die Spannungen, die mit den Rangkämpfen zwischen den Gleichaltrigen und der Werbung um einen Geschlechtspartner verbunden sind. Es gibt die Auseinandersetzungen um die gesellschaftliche Stellung, den Neid der Konkurrenten und die Belastungen durch Feindschaften, die im inneren wie äußeren Verhältnis einer Gesellschaft ohnehin bestehen. Kurz: Das Ausmaß der ein Leben begleitenden Hostilitäten ist groß, und sie sind schwer zu ertragen, wenn es keine Liebe, Freundschaft und Verlässlichkeit, kein Glück, keinen Erfolg und keine Hoffnung auf Ausgleich und Frieden gibt.

Unter diesen Bedingungen ist es ein großer kulturgeschichtlicher Gewinn des Menschen, dass er vieles von dem, was er durchzustehen hat, *mit sich selbst* ausmachen kann. Er kann mit sich selbst zu Rate gehen, kann sich Enttäuschungen erklären, Fehler eingestehen, Mut zusprechen, Vorsätze fassen und Pläne für eine bessere Zukunft ausdenken. Die kann er in seiner Phantasie vorwegnehmen, kann Vorfreude auskosten und in ihr bereits mit anderen verbunden sein. Der Vorlauf seiner Vorstellungen kann aber alles noch schlimmer erscheinen lassen. Doch auch dies kann ihm zusätzliche Energien geben – nicht zuletzt dadurch, dass er die durch das Überhandnehmen von Vorstellungen drohende Schwächung abzuwehren versteht.

So gewinnt der Mensch die Beweglichkeit seines Bewusstseins erst durch den ihm stets offenstehenden Rückgang in sich selbst. *Die Subjektivität seines Erlebens ist die Präsenzbedingung der Objektivität seines Wissens.* Das Doppelleben in seiner inneren und der allen gemeinsamen Welt ist eine ständige Herausforderung seiner Aufmerksamkeit und verschafft seinem *Sinn* die denkbar größte Reichweite. Auch wenn sich das menschliche Bewusstsein selbst nur als Organ der Mitteilung in einer mit seinesgleichen erfahrenen Welt verstehen lässt und dadurch einen ursprünglich öffentlichen Charakter hat, erhält es seinen Umfang und seine Kraft erst im jederzeit möglichen *Rückzug in sich selbst.* Erst der erlaubt es ihm, das Handeln im gemeinsam vollzogenen Leben zu schätzen. Es ist dies eine Relation, die sich auch im Verhältnis des (von innen her bestimmten) Glaubens (zum allgemein versicherten) Wissen wiederfindet.

Natürlich wissen wir, dass die Fähigkeit des Menschen, auf Distanz zu sich und seinesgleichen zu gehen, eine Quelle zusätzlicher Verletzung sein kann. Dass er etwas für sich behalten kann, macht ihn schwer durchschaubar und kaum berechenbar. Davon ist er selbst – mit und vor sich selbst – nicht ausgenommen. Enttäuschung und Ärger können sich aufstauen, um lebenslang als Illusion oder Ressentiment fortzuleben. Wünsche können zu gebieterischen Erwartungen werden, die der zuletzt erkennt, der von ihnen beherrscht wird. Sigmund Freud hat den religiösen Glauben insgesamt als eine ins Überirdische gewendete Projektion individuell nicht erfüllter Wünsche gedeutet, die einen Mangel an Realitätsbewusstsein anzeigen und neurotischen Störungen nahestehen (1913; 1927). Das ist gewiss nicht ohne Plausibilität und kann vornehmlich zum Verständnis persönlicher Erwartungen dienen, die der Mensch auf Gott richtet. Und wer darauf eine Abwertung gründet, sollte nicht vergessen, dass die Projektion es erleichtert, sich Gott nach Art eines fürsorglichen, gnädigen oder gerecht ausgleichenden Vaters vorzustellen.

Im Ganzen darf man den im Gang seiner kulturellen Entwicklung erfolgenden Ausbau der individuellen Innenwelt als eine Errungenschaft in der Evolution des Menschen ansehen: In einer durch Aufgaben- und Rollenvielfalt reicher werdenden sozialen Welt gewinnt das Individuum auch im Binnenverhältnis an Wahrnehmungschancen und Reaktionsdispositionen dazu. Es wächst gleichsam im eigenen Inneren nach und verfügt über zusätzliche Handlungsoptionen, ohne sie immer gleich ausleben zu müssen. Es lernt, Konflikte in sich selbst auszutragen, vermag, in Distanz zum eigenen Erleben zu gehen, hält sich zurück oder geht entschlossen aus sich heraus, fügt allein damit seiner Erinnerung eine neue Dimension hinzu und kann in der gesteigerten Selbsterfahrung sensibler, flexibler und produktiver werden. Dass es sich damit auch behindern, hemmen und von seinesgleichen entfernen kann, darf nicht übersehen werden. Selbst die Entfaltung der besten menschlichen Fähigkeiten hat ihre Schattenseiten.

Dass auch sie wiederum ihr Gutes haben können, zeigt sich daran, dass die Ausbildung eines subjektiven Binnenraums des individuellen Erlebens den unschätzbaren *Eigensinn* des Menschen befördert, der (auch das muss man sehen) das Leben nicht in jedem Fall leichter macht. Da der Eigensinn dem Individuum aber überhaupt erst zur selbstbewussten Wahrnehmung, zur eigenen Erfahrung und zur Verfolgung eigener Ziele verhilft, ist er der größte Gewinn auf dem Weg zur Kultivierung der menschlichen Gattung. So lässt sich auch über den Glauben urteilen. Er *kultiviert* die Individualität selbst noch in den Fragen, in denen jeder ganz auf sich zurückgeworfen ist. Das Unbedingte einer Lebenserfahrung wird *mitteilbar* und lässt sich unter Konditionen gemeinsamen Handelns *kuratieren*.

Zwar fehlen uns gesicherte sozial- und kulturgeschichtliche Erkenntnisse, die belegen, dass die vom Menschen hervorgebrachte äußere Vielfalt seiner Kultur in der wachsenden inneren Vielfalt des Erlebens seine Entsprechung findet. Aber der Rückschluss von ontogenetischen Einsichten auf einen phylogenetischen Vorlauf legt die Annahme nahe, dass der Mensch innerlich mit seinen äußeren Aufgaben wächst. In der Entwicklungsgeschichte der Kulturen deutet die mit der Zunahme an technischer Kompetenz stets verbundene Fähigkeit, Gerätschaften zu verzieren, Schmuck für Haar und Körper herzustellen und kunstvolle Gegenstände, vermutlich zu rituellen Zwecken, in Gebrauch zu nehmen, die Parallelität in der Entfaltung äußerer Geschicklichkeit und innerer Empfindlichkeit an.

Der arbeitsteilige Umgang mit Lebensproblemen nötigt den Menschen nicht nur zur Diversifikation seiner Fähigkeiten; sie fördert auch die Ausbildung unterschiedlicher Einstellungen, erhöht die Auswahl möglicher Optionen und führt zur Erweiterung des Spektrums bewussten Erlebens. Die Vervielfältigung der Handlungsmöglichkeiten, die nicht allein in einer quantitativen Erhöhung, sondern auch zu einer qualitativen Verfeinerung des Verhaltens unter Verdacht, Vertrag und Vorbehalt führt, bringt eine korrespondierende Vielfalt in den Antrieben und Erwartungen mit sich, die zu einer merklichen Bereicherung des Seelenlebens führt. Dabei mag sich die Stärke einzelner Leistungen verringern; der Lebensmut mag zuweilen schwächer sein, die Furchtsamkeit kann sich steigern; zu den stärker empfundenen körperlichen Schmerzen kommen die Leiden der Seele hinzu. Doch das Potenzial der Seele, zu dem auch die Fähigkeit zu hoffen und zu glauben gehört, wächst.

Das geschieht, indem sie sich für den Reichtum erfahrener Antriebe, Anlässe und Absichten öffnet, das weite Spektrum an Möglichkeiten der Aufmerksamkeit, der Erinnerung und der Aktivierung in sich selbst entdeckt und sich dabei in den kulturell geschaffenen Ausdrucksmöglichkeiten des Sprechens und Schreibens auch neue Dimensionen des Empfindens und Fühlens eröffnet. So erziehen die Künste, die eine hochkomplexe Sensibilität bei den Künstlern und ihren Auftraggebern voraussetzen, mit ihrer Anerkennung auch ihr Publikum zu einem gesteigerten Erleben.

Auf diese Weise führt sich der Mensch in den Etappen der technisch, szientifisch und ästhetisch gesteigerten Lebensformen über sich selbst hinaus – und damit auch immer tiefer in sich hinein. Die Psychologisierung der Urteile über menschliches Verhalten mag absurde Blüten treiben – bis hin zum «Terror der Intimität».[2] Voraussetzung ist die kulturell stimulierte Ausweitung der inneren Räume des individuellen Erlebens. Das führt im Ganzen zu einer ungeahnten Bereicherung des seelischen Haushalts der Menschen. Zum *organischen* und *sozialen* Sinn kommt der emotional gefärbte, affektiv gesteigerte und durch Phantasie aufgeladene *subjektive* Sinn hinzu.

Damit gehört der Sinn auch in die Welt der Leidenschaften und Gefühle. Sie ist so groß und üppig ausgebaut, dass sie für sich zu bestehen scheint. Aber sie ruht auf einem breiten kulturellen Sockel auf, setzt vielfältige kulturelle Leistungen voraus und verdankt ihre Vielfalt dem bereits ausgebildeten Sinn für Sachverhalte und objektive Leistungen. Alles, was wir an Gefühlen artikulieren: die Liebe, die Hoffnung, das Zutrauen oder der Glauben, auch die Furcht, der Hass oder die Verachtung, hat ein propositionales Grundgerüst: Gefühle sind auf etwas gerichtet, das sich benennen lässt. Ich liebe einen Menschen oder eine Landschaft, ich hoffe auf eine wie immer auch beschaffene Befreiung von Schmerz und Leid, oder ich verachte eine Schwäche, der sich jemand einfach überlässt.

Sogar die Angst, die im 20. Jahrhundert eine zweifelhafte Karriere als namenlose Furcht vor dem Ungewissen gemacht hat, kommt nicht ohne die logisch vorgeprägte Struktur von Ich und Welt zu Bewusstsein. Gleichwohl gibt es gute Gründe, den von Affekten und Emotionen getragenen subjektiven Sinn von den anderen Formen des organischen, sozialen, semantischen und rationalen Sinns zu unterscheiden. Um seine Bedeutung gebührend auszuzeichnen, spreche ich von der *psychischen Dimension des Sinns,* der die *dritte Stufe* seiner natur- und sozialgeschichtlichen Entfaltung ausmacht.

6. Semantische Dimension und rationaler Kontext. Eine der meist-
zitierten Unterscheidungen in der Philosophie des 20. Jahrhunderts ist
die zwischen «Sinn» und «Bedeutung». Gottlob Frege hat sie 1897 am
einprägsamen Beispiel des Unterschieds zwischen «Morgenstern» und
«Abendstern» vorgeführt: Die beiden (auch als Namen verwendeten)
Begriffe zielen auf zwei sinnlich wohl unterschiedene Situationen der
Beobachtung; aber in jedem Fall bedeuten sie *denselben* (von der Sonne
nur zu verschiedenen Zeiten und in unterschiedlichen Positionen) be-
leuchteten Stern: nämlich den Planeten Venus. Die Illustration hat,
ähnlich wie Kants buchtechnische Anlage der Widerlegung aller üblichen Gottesbeweise, eine weit über die Logik hinausreichende Anschaulichkeit.

Nach Freges Vorschlag ist Sinn der Ausdruck für das im sprachlichen Kontext Gemeinte, das nach Art eines Gegenstandes auch im
Einzelnen konkret aufgewiesen werden kann; man kann sich somit
merken, dass der «Sinn» der Sinnlichkeit näher steht. Bedeutung hingegen soll durch den rein begrifflich gefassten, logisch für eindeutig
angesehenen Bezug auf einen Sachverhalt gegeben sein, der unter allen
Variationen der Auffassung als *derselbe* identifiziert werden kann
(*Frege* 1892).

Dass Sinn und Bedeutung gleichwohl selbst von den Frege anhängenden Logikern nicht immer eindeutig unterschieden werden
können, muss uns hier nicht interessieren. Für unsere Analyse reicht es
aus, dass Sinn überhaupt einen Stellenwert im semantischen Spektrum
sachhaltiger Gegenständlichkeit haben kann und als Äquivalent von
«Bedeutung» verwendet wird.

Nach allem, was wir aus der Verhaltensbeobachtung von Primaten
und anderen komplex organisierten Säugern wissen, ist außer dem Menschen kein anderes Tier in der Lage, seinen aus der Sinnlichkeit erwachsenden sozialen Sinn von den jeweils gegebenen gesellschaftlichen Konstellationen derart abzulösen, dass er primär oder gar ausschließlich
einen bloßen *Sachverhalt* bezeichnet. Damit benennen wir nicht mehr
und nicht weniger als die Leistung der begrifflichen Abstraktion.

Ganz gleich, ob wir den Begriff des Sinns nur für sinnlich eingebet-
tete Objekte wie «Morgenstern» oder «Abendstern» reservieren oder ob

wir auch die logisch purifizierte Bedeutung dessen, was uns einmal als das *eine* und ein anderes Mal als etwas *anderes* erscheint, als den «Sinn» der auf den Planeten Venus bezogenen Aussage auffassen: In jedem Fall hat «Sinn» in diesen Varianten der Verwendung des Wortes einen *semantisch eindeutigen* Stellenwert. Denn «Sinn» bezeichnet etwas, das wir insofern als unabhängig von uns begreifen, als es von jedem anderen als *das Gleiche* oder *dasselbe* begriffen werden kann.

Sinn hat somit einen semantischen Gehalt, der etwas bezeichnet, auf das sich verschiedene Menschen – unabhängig von ihrer jeweiligen organischen Verfassung und auch ohne Rücksicht auf ihre gerade eingenommene räumliche, zeitliche und gesellschaftliche Position – *in gleicher Weise* als den *Gegenstand* ihrer Anschauung und als den *Sachverhalt* ihrer Mitteilung beziehen können. Damit kann dem Sinn der Status eines *Begriffs* zugeschrieben werden, und er kann als Medium der *Erkenntnis* gelten.

Fragen wir nun, wie es zur Emanzipation des Sinns zunächst aus seiner organischen Anlage und daraufhin zur Relativierung der gesellschaftlichen Funktion durch den Bezug auf *als solche* bestehende Sachverhalte kommen kann, ist an erster Stelle zu betonen, dass damit weder die organische noch die soziale Dimension der Leistung des Sinns überflüssig wird. Beide werden vielmehr in den neu erschlossenen Bedeutungsraum des begrifflich gefassten Sinns mitgenommen und in einen erweiterten Handlungskontext überführt. Ihn eröffnet sich der Mensch wesentlich durch seine Fähigkeit, unabhängig von ihm existierende Gegenstände hervorzubringen, die seine Kräfte steigern und zunehmend auch unabhängig von seiner Gegenwart wirksam werden können. Es ist also der vom Menschen selbst hervorgebrachte Gegenstandsbereich der *Technik*, der es ihm ermöglicht, sich und seine Fähigkeiten selbst nach Art einer Technik einzusetzen und dadurch eine von seiner akuten Anwesenheit unabhängige Sphäre aus nichts als Sinn und Bedeutung zu schaffen [2012a, 369 ff.].

Diese Verselbstständigung der Bedeutung dürfte der Ertrag einer der wichtigsten Etappen in der kulturellen Entwicklung des Menschen gewesen sein: Die mehr oder weniger ausdrücklich für die Verständigung mit seinesgleichen hervorgebrachten Zeichen, die von ihm gestalteten Symbole und Bilder, vor allem aber die mit Hilfe von Lauten und

Gesten zum Ausdruck gebrachte Sprache sowie die unter Verwendung von stereotypen Markierungen oder flächigen Abbreviaturen entwickelte Schrift dürften es gewesen sein, durch die sich die Eigenständigkeit der Bedeutung von Sinn entfalten konnte. Mit ihr aber etabliert sich die Sphäre eines scheinbar nur für sich bestehenden Sinns. Das ist die *Welt der Dinge* und im Grenzfall des Ganzen nicht mehr und nicht weniger als die *Welt*. Erst mit ihr kann der Eindruck aufkommen, es gebe den Sinn nach Art einer sich selbst genügenden Sphäre.

Am Beispiel des Heraklit haben wir gesehen, wie sie erkannt und gleich wieder verstellt sein kann; Parmenides lehrt uns, welche Folgen es haben kann, diese Sphäre unter Berufung auf eine göttliche Autorität als die des eigentlichen Seins zu fixieren. An Platon wurde zu zeigen versucht, wie beides, der flüchtige Sinn der Sinnlichkeit und der beständige Sinn der Ideen, verbunden werden kann. Der Schlüsselbegriff ist die *Partizipation (methexis)* des einen am anderen, die nicht nur eine im ständigen Wechsel der sinnlichen Eindrücke *bleibende Erkenntnis* ermöglicht, sondern – unter Annahme einer technischen Vermittlung durch den Demiurgen – auch die aus elementaren Einsichten erfolgende Erschaffung der Welt denken lässt. Kant schließlich verlegt die Produktion des jeweils eine bestimmte Bedeutung tragenden Sinns in den partizipativen Akt der *Mitteilung (communicatio)*, durch den tätige Einheiten, nämlich verständige Individuen, *auf eine Dauer von Bedeutung* hoffen können.

Wer immer heute vom «Geist» einer Kultur, einer Kunst oder einer Lebensform spricht, legt eine Verselbstständigung des semantischen Sinns in Ausrichtung auf bedeutungsvolle Vorkommnisse und Gegenstände zugrunde. Man muss sie aber keineswegs substanzialistisch auslegen, sondern kann sie auch funktionalistisch deuten und damit in den Zusammenhängen belassen, die sie möglich und wirksam machen. Das geschieht bereits dadurch, dass wir ihre durchaus eigenständige Stellung als *Funktion zwischenmenschlicher Verständigung* begreifen: Die sachhaltige Mitteilung zwischen Menschen ist daran gebunden, dass sie sich auf eine ursprünglich aus sich heraus bestehende Welt bezieht, in der sich Menschen etwas mitzuteilen haben, damit ihnen etwas – wie auch immer – *Bestimmtes* gelingen kann.

Allein um das Problem einer sachhaltigen Verständigung zwischen Menschen zu bewältigen, bedarf es *begrifflich organisierter* und insofern nicht nur *formal generalisierter*, sondern auch *universell gültiger Sinngehalte.* Ohne begriffliche (insofern immer auch logische oder transzendentale) Sinnkonstitution ließe sich keine Technik aufbieten, kein Handeln mit Gütern bewerkstelligen, kein Wissen vermitteln, kein Recht sprechen und schon gar keine Wissenschaft betreiben. Auch Kunst und Religion gibt es nur unter der Voraussetzung allgemeingültiger Urteile.

Die Aufzählung der großen Arbeitsfelder der menschlichen Kultur erfolgt nicht ohne Grund: Die universelle Geltung und mit ihr den Anspruch auf Wahrheit, Notwendigkeit und Konsequenz brauchen wir nicht allein, um Mathematik, Logik oder Natur- und Geisteswissenschaften möglich zu machen, sondern bereits deshalb, weil wir ohne sie die sich im gesellschaftlichen Handeln stellenden Probleme weder pragmatisch anzugehen noch kommunikativ zu regeln wüssten. Um sie sachlich stellen, erst recht um sie in der Hoffnung auf Einvernehmen lösen zu können, benötigen wir die Abstraktion, die in der sachlichen Dimension des Sinns zur Verfügung steht.

Spätestens mit dieser Bewertung dürfte deutlich werden, dass wir in den Erläuterungen zur *vierten Stufe* des Sinns nicht nur vom *semantischen*, sondern auch von dessen *logischem Gebrauch* gesprochen haben. Denn die Beziehung auf einen Sachverhalt ist an *begriffliche Leistungen* gebunden, die wir üblicherweise als *rational* bezeichnen und dem *Verstand* zuschreiben. Das kann insbesondere in den zur Erläuterung herangezogenen *technischen Funktionen* deutlich werden, gilt aber bereits für jede Beschreibung und für alle Formen sachlicher Erläuterung oder Erklärung. Also ist es angemessen, die hier geschilderte Sinndimension nicht bloß als *semantisch* und *logisch* zu bezeichnen; sie hat letztlich einen *rationalen Charakter*, dessen Besonderheit darin liegt, dass der Sinn seine Bedeutung stets erst in einem – alles mit allem kohärent verbindenden – begrifflichen Kontext gewinnt. Auf dieser Stufe fällt der Sinn mit einer *semantisch gehaltvollen, logisch gesicherten* und *rational ausgewiesenen Bedeutung* zusammen.

7. Der umfassende Sinn des Verstehens. Bleibt noch der «Sinn» auf einer *fünften und letzten Stufe.* Er wird von Philosophen, Psychologen und Soziologen gewöhnlich gern als der eigentliche Sinn angeführt. Gerechtfertigt ist das dadurch, dass in ihm alle vorangehenden Sinn-

dimensionen zur Entfaltung und zu einer Selbst und Welt im Ganzen
verbindenden Einheit kommen: Gemeint ist der Sinn, den Hermeneutik
und Phänomenologie populär gemacht haben und für dessen Erleben
und Begreifen letztlich nichts anderes als die vernehmende und verstehende, Zusammenhänge erschließende und Schlussfolgerungen
ziehende *Vernunft* zur Verfügung steht. Mit Blick auf die Einheitsleis-
tung der alles rational erschließenden und intuitiv zu einem Ganzen
abrundenden Vernunft spreche ich von einem *intelligiblen Sinn*. Es ist
der Sinn, der uns *Einsichten* ermöglicht, in denen wir *die Welt in Verbindung mit uns selbst* verstehen. Während der *logisch-rationale Sinn* der
vierten Stufe auf den Kontext bloßer Sachverhalte beschränkt werden
kann, bezieht der *intelligible Sinn* der fünften Stufe *uns selbst* in das
rational Begriffene ein. Darin liegt immer auch ein Moment der *Intuition*. Welt- und Selbstverständnis vollziehen sich hier in *einem* Akt.

Der auf Einsicht zielende Sinn ist auf das *Ganze von Personen*, auf
die *Einheit ihrer Handlungen*, auf die *Bedeutung von Situationen* und
Konstellationen sowie auf das *Ganze eines Horizonts* und der ihn um-
schließenden *Welt* gerichtet. Im Sinn dieser fünften Stufe tritt die
Einheit von Sachverhalten und Vorgängen in ihren denkbar komplexen Kontexten hervor; er macht es möglich, von *Natur, Geschichte,
Technik, Kultur, Welt* oder *System* zu sprechen; er ist es, der uns alles
so *verstehen* lässt, dass wir zu *wissen glauben*, was gemeint oder beabsich-
tigt ist. Seinen elementaren Ausdruck findet dieser Sinn in dem, was
wir *Einsicht* nennen. Das korporative Insgesamt von Einsichten aber
ist der *Geist*.

In der quasi-institutionellen Einheit vernünftiger Einsichten als
Geist haben wir die Spitze des Eisbergs, der von einer umfänglichen
Organisation unterschiedlicher Sinnprozesse in einem Meer von Reizen
getragen wird. Damit ist klar, dass Sinn nicht auf das beschränkt werden
darf, was das vernünftige Sinnverstehen als das letztlich Bedeutungsvolle entschlüsselt. Er umfasst vielmehr den ganzen Komplex des im
physischen Gegeneinander und im stofflichen Austausch entstehenden
psychophysischen Sinngeschehens, das alles trägt, was der Mensch als
organisch, sozial, subjektiv, rational und schließlich ebenso intellektuell
wie intuitiv als *sinnvoll erleben, bedeutungsvoll erfahren* und als *existenziell entscheidend erfassen* kann.

Dabei sollte man keinen Gegensatz zwischen dem *Rationalen* und dem *Intellektuellen* aufkommen lassen. Das Rationale ist auf allen Stufen der Sinnpyramide wirksam; es zeigt sich überall, wo es Grenzen gibt, die ein Entweder-oder der Durchlässigkeit oder der Abweisung festlegen. Es ist beim Gegensatz zwischen Lust und Unlust, in der Abgrenzung zwischen Freund und Feind, im Ja oder Nein einer semantischen Verweisung oder im emotionalen Wechselbad von Attraktion und Repulsion zu finden, kommt aber erst auf der Ebene des begrifflichen Verstehens als rationale Unterscheidung zum Tragen. Hier ermöglichen die Prinzipien von Identität und Widerspruch die Erschließung von Ganzheiten der totalisierenden Vernunft und erlauben zugleich die Konsequenz auslegender Interpretation.

Überdies ist darauf zu bestehen, dass eine ausgebildete Rationalität stets von einem sich seiner selbst bewussten Individuum getragen sein muss. Die ausdrücklich gemachte *Objektivität* von Beschreibungen und Behauptungen setzt die sich darin bewusst einschränkende *Subjektivität* voraus. Also steht die *Rationalität des Verstandes* nicht in Opposition zur *Intellektualität des Verstehens*; im Übergang zur Vernunft wird lediglich eine Beschränkung aufgehoben, die der Verstand in seiner produktiven Konzentration auf Sachverhalte benötigt. Das muss man betonen, weil es in Deutschland noch immer zum guten Ton gehört, den angeblich nur auf das rationale Begreifen gestützten Positivismus zu verachten. In Wahrheit gehört die Positivität des Begreifens zur hohen Kunst – nicht nur der Einzelwissenschaften, sondern auch der Philosophie.

Erst wenn das zugestanden und anerkannt ist, kann man den Mehrwert schätzen, den die verstehende Vernunft bieten kann: Er liegt in der Bindung des Erkannten an die Erkennenden. Als Antwort kann nur gelten, was das Interesse des Fragestellers in sich aufnimmt und sich im Horizont seines eigenen, immer auch praktisch fundierten Selbstverständnisses bewegt. Erst hier gehen Selbst- und Weltverständnis, so wie es die Philosophie spätestens seit Sokrates verlangt, ineinander über.

Das hat eine den *Glauben* direkt berührende Konsequenz: Während auf allen Sinnstufen eine elementare Selbstgewissheit des Organismus, des sozialen Wesens, der psychischen Einheit und des denkenden Ich gleichsam unbewusst vorausgesetzt werden muss, wird im Akt des einsichtigen Verstehens das Selbstvertrauen des sich in der Welt selbst-

bewusst bewegenden Individuums ausdrücklich: Es muss sich nicht nur
sein Verlangen nach Aufklärung und Einblick, sondern auch das Vertrauen in seine eigenen Kräfte eingestehen; denn es bemüht sich auch
deshalb um ein Verständnis des Ganzen, weil es sich orientieren will. Es
will im einsichtigen Ganzen das tun, was ihm angemessen ist. Mit
einem Wort: Die Überzeugung, die alle Prozesse der Sinnfindung anleitet, wird auf der Ebene des einsichtigen Sinns zum *Glauben* an die
Einheit von Selbst und Welt. *Während der Glauben allgemein als Bedingung wie auch als Folge des Wissens gelten kann, ist er im Sinnverstehen
selbst ein treibendes Moment der Vernunft.* Das Individuum muss sich
sein Selbst- und Weltvertrauen eingestehen, um überhaupt zu einem
Verständnis zu gelangen, das ihm etwas bedeuten kann.

«Verstehen» kann sich auf ein Wort oder eine Bemerkung, auf ein
Ereignis, eine Geschichte oder eine ganze Sprache beziehen. Dann vermag man das zunächst nicht Bekannte, vielleicht auch Unverständliche
oder Fremde ins eigene Verständnis einzubeziehen und mit eigenen
Worten zu fassen. Geht es um das Verstehen größerer Zusammenhänge,
etwa um ein Kunstwerk, einen Lebenslauf oder eine fremde Kultur,
kann sich das Verstehen nach Art einer Einverleibung vollziehen: Man
kann sich das Andere so aneignen, dass man selbst davon berührt, betroffen und vielleicht sogar verändert wird. Dann lässt sich erfahren,
dass Sinnverstehen keineswegs allein der Vernunft gutgeschrieben werden kann; es geht immer auch um etwas, das mit den sensiblen und
emotionalen Kräften des Individuums zusammenhängt.

Eingestanden und bewusst verfolgt wird das Einleuchtende gleichwohl erst unter dem Anspruch auf Einsicht durch die integrative Leistung der Vernunft. Die im Gang der Untersuchung wiederholt betonte
Beziehung eines *Teils* auf ein zugehöriges *Ganzes* ist im Sinnverstehen
auf der höchsten Stufe nicht nur konstitutiv, sondern in der Regel auch
bewusst. Und das gilt nicht allein für den erschlossenen und verstandenen Sachverhalt, sondern auch für das um ein Verständnis bemühte
Individuum: Es versteht zunächst vielleicht nur ein *Detail*, eine *Stimmung*
oder eine *Tendenz* und kann erst danach auf den Sinn eines *Ganzen*
schließen. Dieser Schluss kann einem auch nach Art einer Eingebung
plötzlich vor Augen stehen. Aber als einsichtig angenommen wird sie
erst unter Bedingungen der Vernunft, der es freilich nicht allein um die

Korrektheit ihrer Schlussfolgerungen geht. Es kommt vielmehr auch auf die *Zustimmung des Individuums* an, die eine theoretische und eine praktische Bedeutung hat: Das, was der intelligible Sinn als vernünftig erschließt, muss unserer Erwartung an uns selbst und an die Welt entsprechen! Also ist das vernünftige Erkennen mit einem Glauben an seine Verlässlichkeit verknüpft. In der höchsten Leistung der Vernunft gehen Wissen und Glauben Hand in Hand. Zur Vernunft, die den alle existenzielle Einsicht tragenden Sinn erfasst, gehört immer auch der Glauben in ihre Kraft und ihre Leistung. Es ist ein *Glauben an die Vernunft*, ohne die ein *Glauben aus Vernunft* nicht möglich wäre.

Die einsichtig verstehende Vernunft kann, auch wenn sie keineswegs alles durchdringt und kaum etwas zureichend begründet, als *Exponent unserer besten Kräfte* verstanden werden, die sich entsprechende personale und mundane Einheiten erstellt und in deren Korrespondenz den Sinn ermittelt, in dem ein Mensch sich und seine Welt versteht. Die Vernunft ist der Repräsentant unserer Bildung und damit des bis in die leibliche Sphäre hineinreichenden, mit unserer Person auf das Engste verknüpften Vermögens einer bewussten Aneignung der Welt. Und eben das ist der «Sinn», den wir auf allen Stufen unserer physiologischen, sozialen, semantischen, psychischen und intellektuellen Selbstbeziehung als unser sich entfaltendes *Generalorgan für die Welt* erkennen. Sein Zugang ist stets *individuell*, aber was *mit* und *in* ihm verstanden werden kann, hat den Status einer Einsicht und ist insofern *universell*.

In dieser Leistung darf der auf *Vernehmen, Erschließen* und *Verstehen* gegründete *intelligible Sinn* auch als das letztlich unverzichtbare Sensorium für das Göttliche angesehen werden. Wir müssen jetzt nicht mehr eigens betonen, dass alle anderen Sinndimensionen ebenfalls angesprochen sind, wenn es um das Erleben und Erfahren Gottes geht. Nicht nur der volkstümliche Glauben, sondern auch die tiefe religiöse Versenkung ins Göttliche, der sich die alle Weltreligionen inspirierende Mystik überlässt, führt uns vor, dass Gott *mit allen Sinnen* gesucht werden kann. Gleichwohl bleibt «Gott» ein *Vernunftbegriff*. Nur wo es der alles andere umfassenden, alles durchgängig deutenden und den Menschen im Ganzen einbeziehenden Vernunft gelingt, eine Größe auszumachen, die dem Menschen im Ganzen selbst wiederum als *einsichtig* gegenübersteht, kann vom Göttlichen die Rede sein.

Gott tritt dem Menschen somit erst auf der höchsten Ebene sinnlich-verständiger Welterfahrung entgegen. In seinem ursprünglichen Bezug auf das Selbstverständnis des Menschen ist er auf Vernunft angewiesen und – mit ihr – auch auf die menschliche Kultur und das verständige Miteinander der Einzelnen. Andererseits ist zu betonen, dass der intelligible Sinn des Verstehens zwar von höchster Rationalität getragen ist, aber nicht allein auf der Ebene des bloßen Wissens vollzogen werden kann. Ohne den Glauben an die Vernunft wird man keine ihrer Ideen ernst nehmen können. Und wer diesen Ernst so weit treibt, dass er ihren Ideen auch folgen möchte, ja wer die Erwartung hegt, dass man sich einer Vernunftidee durch eigenes Handeln nähern kann, kommt ohne einen Glauben nicht aus. Es ist dies ein Glauben, den man zwar dem Inhalt nach von einem Glauben an Gott unterscheiden kann, der aber in seiner sachlichen Fundierung und in der Intensität seiner individuellen Überzeugung nicht vom religiösen Glauben zu unterscheiden ist.

8. Im Spannungsbogen von Leib und Welt. Der weit gesteckte Bedeutungsraum des Sinnbegriffs hat seine späte Karriere in der Wissenschaftsgeschichte des 19. und 20. Jahrhunderts begünstigt. Obgleich seine Nähe zu *telos, finis, destinatio,* Wert, Zweck und Ziel offensichtlich ist, hat er sich von den metaphysischen Komponenten dieser Begriffe gelöst, sich mit den ökonomischen, physiologischen und psychologischen Momenten seiner wortgeschichtlichen Herkunft aufgeladen und ist zu einem ganz der Lebenswelt des Menschen verhafteten Terminus geworden.

Das zeigt sich *zum einen* in dem Gebrauch, den Soziologen wie Max Weber und Alfred Schütz von ihm machen, wenn sie ihn als in allen Fällen wirksamen subjektiven Filter der Weltwahrnehmung ansehen und anerkennen (*Weber* 1921/22; *Schütz* 1932). Der Begriff eignet sich *zum anderen* für eine auf Lebenshilfe angelegte Verwendung, mit der sich etwa der Psychologe Viktor Frankl einen Namen gemacht hat. Durch den diagnostischen und therapeutischen Einsatz der Formel vom «Sinn des Lebens» hat er den Philosophen vorgeführt, wie unangemessen es ist, die Leistungen des Sinnverstehens lediglich als Akte im theoretischen Weltverhältnis anzusehen (*Frankl* 1979). Ihre Bedeutung kann immer auch in ihren praktischen Effekten zum Ausdruck kommen.

Das Sinnverstehen ordnet Selbst- und Weltverhältnisse einander zu und ermöglicht die Koordination zwischen Selbst und Welt. Dass es im Fall eines Missverstehens auch Handlungen blockieren und Leben erschweren kann, darf natürlich nicht verschwiegen werden. Ein Versehen, ein Irrtum, ein Verkennen der Lage können mit anspruchsvollen Sinnerwartungen verbunden sein und gerade deshalb höchst nachteilige Folgen haben. Die im menschlichen Dasein nicht zu suspendierende Wahrheitsfrage bleibt auch hier virulent. Sie verstärkt den Nachdruck, der auf sachliche Klärung, rationalen Diskurs und auf persönliche Aussprache zu legen ist. Insbesondere nach Lebenskrisen kann es ratsam sein, sich um die therapeutische Annäherung an einen individuellen Lebenssinn zu bemühen.

Das muss keine triviale Aussage sein, wie uns die nur zu oft zitierte Abwertung der Frage nach dem Lebenssinn vor Augen führt: Wenn Ludwig Wittgenstein und Theodor W. Adorno in seltener Übereinstimmung die Ansicht vertreten, die Frage nach dem Sinn des Lebens sei beantwortet, sobald man sie vergesse,³ ist dem Sinnbegriff jede philosophische Relevanz genommen. Wäre Wittgenstein Ingenieur geblieben, könnte man ihm seine Aussage als *déformation professionelle* zugute halten; da er sie aber als Philosoph von sich gegeben und mehrfach ausgebreitet hat, muss man sich fragen, warum er nicht auch seine anderen philosophischen Fragen durch Vergessen erledigt hat.

Bei Adorno wird die dialektische Überbietung von Wittgensteins positivistischer Abwehr des Lebenssinns zum Ressentiment gegen jene, die so töricht sind, etwas Positives über das Leben ausmachen zu wollen. Für den Anwalt «negativer Dialektik» ist es schwer erträglich, wenn jemand glaubt, seinem Leben ein erstrebenswertes Ziel geben zu können. Tatsächlich hat der Sinn eine vorherrschend positive Konnotation; selbst wer sich ein Lebensziel setzt, das wie bei einem Kritiker oder Revolutionär zunächst destruktive Leistungen erfordert, dürfte vor sich selbst nur durch einen konstruktiven Beitrag zum Leben gerechtfertigt sein. Dem «Ja» ist schwerlich zu entgehen, sobald man nach dem Sinn des eigenen Daseins fragt.

Angesichts seiner sowohl positivistischen wie auch negativistischen Abwertung ist festzuhalten, dass der Sinnbegriff ein altes theoriegeschichtliches Erbe antritt, dem er eine neue Gewichtung gibt. Durch ihn rücken die metaphysischen Fragen wieder erkennbar nahe an das Bedürfnis des Fragestellers heran. Mit dem Einsatz des Sinnbegriffs verliert sich der Objektivismus der Metaphysik, dem zwar nicht die großen Denker, wohl aber deren moderne Kritiker zum Opfer gefallen sind.

Dass der Gebrauch des Sinnbegriffs nicht zu einem transzendenten Verständnis von Metaphysik zurückführen muss, zeigt seine Verankerung in Leiblichkeit und sozialer Kooperation. Der Sinn, das hat der Übergang von der physiologischen zur sozialen, psychischen, rationalen und schließlich zu seiner intelligiblen Bedeutung aufgedeckt, ist gleichursprünglich an den Leib und seine bereits zu seiner Konstitution gehörende Gesellschaftlichkeit gebunden. Wir dürfen nicht vergessen, dass jeder neue Leib aus der vorgängigen Verbindung anderer Leiber entsteht, die ihrerseits aus einer langen Kette immer auch sozialer Beziehungen hervorgehen. Selbst in jenen Fällen, in denen die Eltern ihren Nachkommen nur ihre genetische Mitgift hinterlassen und sonst gar nichts, ist der *Leib* des durch sie gezeugten neuen Lebewesens stets auch ein Produkt einer sozialen Verbindung.

Das wäre der Erwähnung nicht wert, wenn nicht jeder Leib in seinem Lebensvollzug ursprünglich auf seinesgleichen bezogen bliebe. Der originäre soziale Konnex ist in den Begriff des Sinns eingeschrieben. Das ist offenkundig, sobald der Sinn das Substrat der Mitteilung zwischen Individuen der gleichen Spezies ist, und es wird immer deutlicher, je mehr der Sinn zum Ausdruck von Gefühlen, zum Zwischenträger von Sachverhalten oder zum zentrierenden Gehalt eines gemeinsamen Weltverhältnisses wird. Wo er dem *Sinnverstehen* dient, da steht er in einer soziomorphen Beziehung zur umgebenden Natur, zur Kultur und zur Welt, in der er sich selbst noch das Fremde – im Medium des ihm ursprünglich Vertrauten – anzueignen sucht. Diese Aneignung ist, wie schon der Begriff erkennen lässt, ein gleichermaßen sozialer wie auch psychophysischer Vorgang, und es kann kein Zweifel bestehen, dass er die größten emotionalen und intelligiblen Erwartungen trägt. Seine gleichermaßen intellektuelle wie intuitive Leistung angemessen zu verstehen, dürfte zu den großen theoretischen Herausforderungen der Philosophie der Gegenwart gehören.

Bekanntlich kann man den Leib mit Nietzsche selbst schon als einen «Gesellschaftsbau vieler Seelen» (*J* 19 u. 53) begreifen oder mit Wilhelm Roux als eine Zwangsgemeinschaft vieler Organe, die zwar gegeneinander «kämpfen», aber unablässig zum Ausgleich genötigt sind.[4] Nach Auffassung der heutigen Paläobiologie ist bereits die erste mit einem Zellkern versehene und auf Arbeitsteilung beruhende Körperzelle das Produkt der Unterwerfung eines urzeitlichen Zelltyps durch einen anderen, der es verstanden hat, dem Eindringling Aufgaben im komplexen Stoffwechselgeschäft der zum «Wirt» avancierten Zelle zu übertragen. Die seit Jahrmillionen in jeder Körperzelle eines höher entwickelten Lebewesens verdienstvoll tätigen Mitochondrien können so als die organisch disziplinierten Widersacher der Wirtszelle angesehen werden. Danach geht das Leben, ehe es komplexe Sozialsysteme schafft, aus einer internalisierten Bewältigung eines sozialen Gegensatzes hervor (*Martin/Russell* 2003). Die Sozialität erschöpft sich damit nicht nur in Außenbeziehungen, sondern reicht bis in das Selbstverhältnis der Lebewesen und ihrer Bestandteile hinein – ein Gedanke, an den wir uns mit Blick auf das «Ich» und das «Selbst» einer menschlichen Person längst gewöhnt haben und den es festzuhalten gilt, wenn in Gott das personale Gegenüber einer Person mit der Erwartung gesucht wird, dieses personale Andere womöglich in sich selbst zu finden.

Die Innendimension des sozialen Verhältnisses hat die Folge, dass man jede Gesellschaft auch nach dem Modell eines körperlichen Zusammenhangs begreifen kann. Das gilt selbst noch für die so naturfern erscheinenden menschlichen Gemeinschaften. Nicht umsonst drängt sich die Rede von Korporationen, von «Körperschaften» auf, wenn es um die Erklärung sozialer Leistungen durch ein geordnetes Zusammenwirken einer nur zu leicht auseinanderstrebenden Menge von Menschen geht. Alle die menschliche Gesellschaft fundierenden Techniken, selbst noch die über Fähigkeiten der Artikulation, der Bildproduktion oder der Schrift ermöglichte intelligente Verständigung zwischen den Individuen, bleibt an den Leib gebunden, der bis in seine semantischen, emotionalen und intellektuellen Leistungen hinein auf die leibhaftige Gemeinschaft der Menschen angewiesen ist.

Damit ist der lebendige Sockel der sinnlich-sinnhaften Leistungen angesprochen, die auf ihrer logisch-semantischen Ebene nach der Dichotomie von «sinnvoll» und «sinnlos» bewertet werden können. An ihrer Spitze aber finden wir etwas, das wir spätestens im Akt des Verstehens als ein *Ganzes* auffassen müssen und das uns darin nach Art einer organischen Einheit entsprechen können muss – einer *Einheit, als die wir uns stets auch selbst verstehen.*

9. Der Sinn geht in die Öffentlichkeit. Am Leibfundament des Sinns kann man zwar zweifeln, aber man kann mit dem Zweifel nicht leben. Und wenn es so ist, dass der Sinn seinen höchsten Ausdruck in der erschließenden und verstehenden Kraft der Vernunft findet, darf er auch als Exponent der von Nietzsche apostrophierten «grossen Vernunft des Leibes» angesehen werden. Schließlich ist es der Sinn, der die spezifischen Leistungen des «freien Geistes» mit den psychophysischen Innervationen des einzelnen Körpers zu einer empfundenen, erlebten, erfahrenen und erschlossenen Einheit verknüpft.

Die Grenze von Nietzsches ingeniöser Begrifflichkeit zeigt sich freilich, wenn er die Vernunft *nur* dem Leib zurechnet, oder wenn er den Fehler macht, im «Geist» *nur* das Produkt des jeweiligen Leibes zu sehen: «Der schaffende Leib schuf sich den Geist als eine Hand seines Willens.» Und das ist nicht nur auf den Akt seines Entstehens beschränkt; der einzelne Leib soll es auch sein, der dem Geist die Begriffe «einbläst» und ihm das Denken vorschreibt. Folglich gehen nicht nur das «Selbst» und das «Ich» am «Gängelband» des Leibes, sondern auch das Denken bleibt an die physiologischen Imperative des Leibes gebunden (*Z* I, *Verächter*; 4, 39).

Doch wie kann das sein, wenn es vernünftige (oder wenigstens für vernünftig gehaltene) Einsichten gibt, die den Leib steuern? Wie kann es Machtsprüche des Geistes geben, die den Leib sogar gegen seinen alarmierten Einspruch im Schmerz, in Furcht und Zittern oder im rasenden Puls nötigen, sich tödlichen Gefahren auszusetzen, in der ersten Reihe zu marschieren oder sich einer Operation zu unterziehen? Jeder Träger eines Tattoos dürfte wissen, wie viel Zwang dem Körper bei seiner angeblichen Verschönerung angetan werden muss – von der sich über Monate oder Jahre hinziehenden Gewalt ganz zu schweigen, die dem Körper erneut zuzufügen ist, wenn der Schmuck zum Makel oder zum Gesundheitsrisiko geworden ist. Kurz: Wenn Nietzsche recht hätte, könnte es das von ihm bekämpfte «asketische Ideal» gar nicht geben.

Tatsächlich hat die Vernunft ihre Größe darin, sich Einsichten zu stellen, die sie aus Argumenten, durch bloße Schlüsse, aus tradierten Überzeugungen, vielleicht auch nur durch wohlmeinende oder täuschende Überredung gewonnen hat. Und in diesen Leistungen – die zum Scheitern führen können – beweist sich die stets auf die körperliche Verfassung ihres jeweiligen Trägers angewiesene Vernunft als ein Vermögen, das für Einflüsse offen ist, die primär über das Bewusstsein vermittelt werden.

Hinzu kommt, dass die Vernunft in der sozialen Dimension ihrer Wirksamkeit nicht nur für Gegensätze und Spannungen offen ist; sie hat den großen Vorzug, mit Widersprüchen umgehen zu können, ohne sie als solche auflösen zu müssen. Sie kann Verbindungen zwischen Gegensätzen herstellen und sich die fortbestehende Spannung aus der Opposition der Kräfte zunutze machen. Die Trivialisierung der Vernunft zu einer harmonistischen Hüterin der Einheit von Systemen verkennt ihre (sich in Widersprüchen bewegende) Kraft, mit der sie selbst noch aus dem Unvereinbaren und tragisch Scheiternden einen Sinn ermittelt.

Das ist gewiss eine Potenz, die der Vernunft bereits aus ihrer natürlichen Herkunft zuwächst, aber ihre dialektische Leistung steigert sich im Antagonismus der sozialen Kräfte. Diese ihre Fähigkeit kommt auch im Verbinden, in der Sinnstiftung und im Sinnverstehen zum Ausdruck. Wir brauchen den Sinn nirgendwo dringlicher als dort, wo wir mit Konflikten umzugehen haben, die unsere personale Identität oder die Einheit unserer Welterfahrung gefährden. Also muss der Sinn sich auf Ganzheiten richten können, in denen selbst Heterogenes zusammen bestehen kann.

Die sinnstiftende Leistung der Vernunft wird uns noch im Umgang mit dem Göttlichen beschäftigen: Etwas in der Differenz nicht nur zu anderem, sondern auch zu mir gelten zu lassen und es zu den nicht nur erträglichen, sondern vielleicht auch stimulierenden Momenten des Lebens rechnen zu können, ist eine *Toleranz gegenüber Abweichungen in der Achtung des Ganzen*. Es ist dies eine Fähigkeit, die uns, so hoffe ich, besser verstehen lässt, was es mit dem Göttlichen auf sich hat.

Doch trotz ihrer interindividuellen Anlage, trotz ihrer soziopolitischen Kompetenz und ihrer möglichen theologischen Reichweite bleibt die Vernunft ein *Organ des Leibes*. Und die ist es in der *Form einer sozialen Instanz*, in der sie ihren Leib *nach Art einer Institution* mit dem Leib aller anderen vernunftbegabten Wesen verbindet. Dabei ist sie nicht nur der physischen Präsenz der in ihrer unmittelbaren Umgebung anwesenden Menschen ausgesetzt, sondern es können durchaus auch *alle* sein, die zur umgebenden Gesellschaft gehören. Der Bezug auf alle, die ja in den seltensten Fällen sämtlich gegenwärtig sein können, wird durch die *Vorstellung* der sozialen Einheit vermittelt. Das Ganze, ob *personal, sozial* oder *mundan* (das heißt: mit Bezug auf das Ganze der Welt) ist ohnehin nur in *Repräsentationen* gegenwärtig.

Deren Wirkungsweise darf man nicht aktualistisch verkürzen: Die Tatsache, dass ein Mensch sich durch das Andenken eines Verstorbenen veranlasst sehen kann, selbst über den Horizont des eigenen Daseins hinauszugehen, belegt, dass sein Horizont kein bloß leiblicher, sondern ein gesellschaftlicher, ja ein menschheitlicher und letztlich universeller ist. In diesen wechselnden Horizonten bewegt sich seine in Sinnbezügen kreisende Vernunft. Sie ist eine niemals bloß organische Instanz; vielmehr kann durch sie *alles* repräsentiert werden, was menschlicher Ausdruck und humane Einsicht zu bedenken geben können. Damit ist es die Vernunft, die den Leib nicht nur mit der Öffentlichkeit verknüpft, sondern die *im* einzelnen Leib und *für ihn* Öffentlichkeit herstellt.

Damit kommt eine Entwicklung zum Abschluss, die bereits mit den physiologischen, sozialen, psychischen und rationalen Leistungen des Sinns einsetzt: Von den körpereigenen Empfindungen abgesehen, geht der Sinn in allen seinen Leistungen über den durch die Haut umschlossenen Bereich des Körpers hinaus. Doch selbst wenn sich der Hunger meldet, das Gleichgewicht gestört ist, ein Zahnschmerz rumort, der Tinnitus pfeift oder eine Traumsequenz uns schreckt, verbleiben wir nicht einfach im Binnenraum unseres Selbst, sondern machen Erfahrungen, die mit unserer äußeren Lage verknüpft sind. Schon dadurch verlassen wir den unter der Haut liegenden Bereich unseres Körpers, disponieren ihn für abwehrende oder aufnehmende Aktivitäten und richten uns in unserer Umgebung auf das zu Erwartende ein.

Im Sinn, so können wir zusammenfassen, geht der Leib ursprünglich über sich hinaus: Er vermittelt dem Körper seine empfundene Einheit, indem er ihm Eindrücke von außen verschafft. Der Sinn ermöglicht die einheitliche Orientierung in der «Umwelt»; über ihn wird die zunehmend bewusste soziale Kooperation der Menschen miteinander reguliert; im Sinn der Sinne präsentieren sich die als solche begriffenen Objekte seiner Umgebung, mit deren Hilfe er sich eigenständig mitteilen kann. Spätestens das stimuliert den Rückzug in die Subjektivität, die den affektiven, emotionalen und reflexiven Kräften freien Lauf lassen kann, sich in der Regel aber genötigt sieht, sich durch den Bezug auf den sozialen Kontext und in der Kalkulation ihres personalen Interesses zu disziplinieren. Dabei hilft ihr die semantische Verselbstständigung rein sachhaltiger Bedeutungen im logisch-rationalen Sinn. Erst in dieser Disziplinierung kann sich der Mensch seiner eigenen Besonderheit vergewissern und sich in ein *intelligibles*, das heißt: für ihn und andere möglichst *einsichtiges Verhältnis* zu sich selbst und zur Welt als ganzer setzen.

So veranlasst bereits die interne Körperempfindung eine stets auch über den Außenraum vermittelte Überprüfung; man schaut sich nach Essbarem um, sucht im Schwanken äußeren Halt, fährt mit der Zunge über den schmerzenden Zahn, greift unwillkürlich an das den schrillen Laut gebende Ohr oder müht sich, das bedrückende Traumgesicht abzuschütteln. Wenn die Gelegenheit günstig ist, kann man auch gleich in die Mensa, zum Arzt oder Therapeuten gehen.

Insofern steigert der «innere Sinn», wie Kant die mit einer Zeitvorstellung einhergehende innere Wahrnehmung nennt, die Aufmerksamkeit auch für die *Situation*, in der sich das empfindende Individuum erlebt. Der Sinn ist das mit Bewusstsein verbundene Movens zur aktiven Überschreitung der raum-zeitlichen Körpergrenze. Er gibt den Schub für die Selbstbewegung in einer sozialen Sphäre, in der sich zumindest die zur gleichen Spezies gehörenden anderen Wesen befinden, deren eigener Sinn durch die Bewegung der anderen affiziert wird.

Damit ist ein Übergang vollzogen, der eine Öffnung nicht nur für die natürliche, sondern auch für die soziale Umwelt bedeutet. Und wer sich bewusst in ihr bewegt, wer sich hier verständlich macht, eine Rolle spielt oder eine arbeitsteilig erbrachte Leistung beisteuert, der ist mit seinem diese Aktivitäten tragenden Sinn zu einem *homo publicus* geworden, zu einem Menschen also, der sich seiner öffentlichen Verfassung bewusst ist. Je mehr er sich in dieser Funktion als Individuum mit seinen besonderen Fähigkeiten präsentiert, sich durch Sachlichkeit qualifiziert, den Ausdruck seiner Gefühle dosiert und schließlich durch Einsicht, Anteilnahme und Rücksicht am gemeinsamen Ganzen partizipiert, umso deutlicher tritt die Vermittlungsleistung öffentlicher Verständigung hervor, die es schließlich ermöglicht, dass selbst große Formationen menschlicher Gesellschaft einen mehrheitlichen Willen ausbilden und gemeinsam handeln können, ohne damit die Eigenständigkeit des gleichermaßen im gemeinsamen wie im eigenen Sinn handelnden Individuums zu lädieren. So können wir uns auch die Präsenz eines Gottes denken, der alles umfasst und dabei nicht nur jeden Einzelnen einbezieht, sondern ihn als Individuum gelten lässt.

In jedem Fall ist es der Sinn, der das öffentliche Leben trägt. Er greift in seiner Begrifflichkeit auf große und größte Einheiten des Verstehens und des Handelns aus und ermöglicht es jedem Einzelnen, seinen jeweiligen, durch eigene Einsicht ausgefüllten Platz im gesellschaftlichen Ganzen zu finden. Der Sinn leitet die Orientierung im gemeinschaftlichen Leben an. Sein Vorteil ist, dass er trotz seiner öffentlichen Vermittlung stets die *Perspektive des Individuums* zur Bedingung hat. Die «Sinnfrage» lässt sich zwar auch für andere stellen: für die Kinder, für die Alten oder für die Ärmsten der Armen; man kann, wie wir wissen, auch nach dem Lebenssinn der im Zoo zur Schau gestellten, in Ställen gemästeten, zur Schlachtbank geführten oder notgedrungen mitrauchenden Tiere fragen: Stets ist diesen Fragen ein – mehr oder weniger ausdrücklich gemachter – *Bezug auf das eigene Dasein* beigemischt, der den Sinn gegen seine Verobjektivierung sperrt – so als gehe es um einen für sich bestehenden metaphysischen Sinn, der mit dem Sinn des fragenden Individuums nichts zu tun hat.

Das entscheidende Moment im Hinweis auf die Leistung der Öffentlichkeit ist, dass wir von ihr sprechen, als gäbe es sie «über» oder «zwischen» den Individuen, deren Verständigung sie nicht nur in ihrem äußeren Verkehr untereinander, sondern auch in deren Selbstbewusstsein dient. Zwar kann man auf die ausliegenden Zeitungen, das laufende Fernsehprogramm oder auf den Pressesprecher der Regierung verweisen;

aber das sind nur Beispiele für das, woran sich Öffentlichkeit zeigt. Es gibt sie tatsächlich nur *in den Funktionen*, die in der gelingenden oder misslingenden Verständigung der Menschen wirksam werden. In diesem Sinn können wir sagen, dass es auch die *Welt*, die *Vernunft* oder den *Sinn* nicht «gibt». Auch der Sinn tritt nur in dem hervor, was er leistet. Das kann, wie augenblicklich einleuchten dürfte, auch beim *Sinn des Sinns* nicht anders sein, denn es ist der Sinn, der jedem *bestimmten Sinn* allererst seinen *existenziellen Sinn* verleiht. Folglich wäre es ein grobes Missverständnis, nach seiner physischen Realität zu fragen, um es von einer positiven Antwort abhängig zu machen, ob man an ihn glauben kann. Hat man dies eingeräumt, ist es kein abwegiger Gedanke mehr, Gott als die äußerste Instanz der Öffentlichkeit der Welt anzusehen. Sie verlangt die Wahrhaftigkeit eines jeden Einzelnen und verpflichtet zur Wahrheit gegenüber allen. Das dürfte nicht nur für das Verhältnis der Religionen zueinander von Bedeutung sein.

10. Der vernunftgeleitete Sinn des Glaubens. Im Verstehen der Welt, zu der man selbst gehört, spielen Subjektivität und Objektivität ebenso zusammen wie Intellekt und Intuition. In ihm ist die Vernunft auf einen Glauben angewiesen, den sie durch ihre eigenen Leistungen nicht nur fördert; vielmehr fordert sie ihn aus dem Vertrauen heraus, das man ihr selbst schuldig ist. Die Leistungen der Vernunft erlauben dem Individuum einen innerlich beteiligten und äußerlich zugehörigen Bezug zum Ganzen des Daseins, das man sich, sosehr man sich auch ihm vertrauensvoll überlassen muss, *nur durch Vernunftbegriffe* vergegenwärtigen kann. In ihnen geht der Leib in vollem Bewusstsein über sich hinaus und ist im Verstehen des Sinns nicht nur bei den äußeren Reizen, die ihm Schmerz oder Lust vermitteln, nicht nur bei den anderen, die ihn nähren, lieben und gefährden, auch nicht nur bei der in ihrer Eigenständigkeit begriffenen Welt der Gegenstände, sondern in einer ihm – in ihrer unfassbaren Größe und Fremdheit – gleichwohl vertrauten Welt, zu der er selbst gehört. Ihr Ganzes kann ihm nur der *Sinn* vermitteln, das einzige Medium, in dem ein Ganzes gegenwärtig sein kann. Über diesen Sinn hinaus lässt sich nichts verstehen; und in ihm (das halten wir als Ergebnis unserer Analyse fest) sind Leibliches, Sinnliches und Verständiges zu einer in sich vielfältigen Einheit verbunden.

Jeder Sinn, den wir für überzeugend halten, wird als *leitend* angenommen. Spätestens darin geht die Leistung der Vernunft in die des praktizierten (Vernunft-)Glaubens über. Er wird von einer praktischen Gewissheit getragen, die immer auch irritierbar bleibt. Also kann sie von Zweifeln befallen werden. Das geht dem religiösen Glauben nicht anders. Seine Gewissheiten sind gegen Kritik nicht immun – ganz gleich, ob die Bedenken von Gläubigen oder Ungläubigen erhoben werden. Dass Kritik nicht immer willkommen ist, kennen wir aus der Wissenschaft, der Politik und dem häuslichen Leben. Man versteht daher gut, dass ein Glaube, der alles zu umfassen sucht und sich darin möglichst unangreifbar machen möchte, am liebsten allen kritischen Einwänden den Boden entzieht. Doch die Sinnstruktur des religiösen Glaubens, mit seinem das ganze Leben umfassenden Anspruch, seinem Verlangen nach einer weitreichenden Regelung des sozialen Verhaltens und mit seiner Inanspruchnahme großer Traditionen mag ihn zwar als Gravitationszentrum eines möglichen Lebenssinns erscheinen lassen, macht ihn gerade dadurch aber zur Attraktion jeder denkbaren Kritik – an ihm und an allem, was er für glaubwürdig hält. Je mehr der religiöse Glauben verspricht, umso größer ist der Reiz, ihm zu widersprechen.

Das freilich gilt für alle Leistungen der Vernunft. Sie rechnen auf Zustimmung und ziehen nicht selten gerade deshalb Widerspruch auf sich. Bloße Vernunftbegriffe wie *Menschheit, Freiheit, Gleichheit, Gerechtigkeit* oder *Nächstenliebe* machen das offensichtlich. Auch *Gott* und das *Göttliche* sind Vernunftbegriffe, und sie bleiben es selbst dann, wenn jemand sein mangelndes Verständnis dadurch zu erkennen gibt, dass er die «Existenz» von etwas in Abrede stellt, das gar keine Existenz benötigt. Wenn Gott existierte wie ein überdimensionierter Mensch, wie ein Riesentier oder ein Supercomputer, wäre er eben das *nicht*, was den Namen eines Gottes verdient und der sich immer auch begrifflich fassen lassen muss.

Dem Ansturm der Kritik wäre die Spitze genommen, wenn man den *intellektuellen Gehalt* des immer auch *intuitiv erfassten* Begriffs des Göttlichen sicherstellen könnte. Es wird später noch die Rede davon sein, dass es im Begriff des Göttlichen nicht um eine Sache geht, die man wie einen physischen Gegenstand beschreiben und von dem man

schließlich glauben soll, er lasse sich als der beschriebene Sachverhalt
«irgendwo» – vielleicht gar erst «im Jenseits» – antreffen.
Gott kann schon deshalb nicht als gegenständlich anwesend angesehen werden,
weil er dann ein Teil der Welt sein müsste, die er im Ganzen «tragen»
oder «bedeuten» soll. Gleichwohl muss er etwas sein, das im Denken
und Handeln der Menschen auf ähnlich grundlegende Weise wirksam
ist, wie man es von der *Logik*, der *Grammatik* oder der *Öffentlichkeit*
sagen kann. Wenn wir den Ideen der *Freiheit*, der *Gerechtigkeit*, des
Rechts, der *Toleranz* oder der *Menschlichkeit* eine Wirkung zutrauen,
warum sollte das bei der Idee eines *Gottes* anders sein? Sprechen wir
nicht von der *Zukunft*, die es noch gar nicht gibt? Setzen wir nicht auf
die *Humanität*, für die es in der bisherigen Weltgeschichte bestenfalls
Beispiele gibt? Lassen wir davon ab, über das *Leben*, das *All*, manchmal
sogar über die *Ewigkeit* zu urteilen, obgleich uns das, was wir da bewerten, stets nur in verschwindend kleinen Bruchstücken vor Augen steht?
Warum sollte das beim *Göttlichen* anders sein?

Gewiss: Wir brauchen einen *Anspruch* auf das, wovon die Rede ist.
Und wir setzen unsere eigene Leistung voraus. Mehr noch: Es ist das
eigene Tun, das als entscheidende Bedingung für das Verständnis wie
auch für die Bedeutung der Vernunftbegriffe zu gelten hat. Das kann
man sich am besten am Beispiel des Vernunftbegriffs der *Freiheit* vor
Augen führen: Kenne ich sie nicht aus der Erfahrung des eigenen Handelns, kann ich nicht wissen, wovon die Rede ist. Die Spontaneität des
eigenen Erlebens ist der Ursprungsakt, an dem offenkundig wird, was
Freiheit meint. Und so liegt auch im Begriff eines Gottes ein Moment,
das niemand ohne bewusste Einstellung zum Ganzen seines Daseins fassen kann. Der Mensch muss sich selbst als bedürftiges und nach Sinn
verlangendes Lebewesen erfahren, um Gott als die Antwort auf jene Fragen zu verstehen, die er sich selbst nach dem Sinn seines Daseins stellt.

Rein begrifflich gehört alles, was wir mit dem Göttlichen verbinden, zu den Gegenständen der menschlichen Vernunft. Was immer wir
glauben, müssen wir begriffen haben, zumindest so, wie wir uns selbst,
unser Dasein, das Leben oder die Welt begriffen haben, sobald wir von
diesen niemals gegenständlich gegebenen Größen sprechen. Ein bloß
auf ein Gefühl gegründeter Glauben wäre zwar als Stimmung denkbar.
Sie kann sich bei feierlichen Gelegenheiten, angesichts eines überwälti-

genden Erlebens oder im Augenblick einer existenziellen Erschütterung einstellen. Dazu genügen manchmal schon ein paar erwartungsvolle Kinderaugen, ein Gabentisch und ein Tannenbaum.

Aber sobald jemand von der Stimmung *Mitteilung* macht und sie nicht nur als Beispiel für eine persönliche Disposition anführt, sondern damit eine auch andere einbeziehende Erwartung ausdrückt, hat er mehr zum Ausdruck gebracht. Er kann zwar, wie die Weihnachtsstimmung, die Stoßgebete oder die Ergriffenheit in der Trauer zeigen, gelegentlich von religiösen Gefühlen erfüllt sein, aber er kann schlecht sagen, dass er nur *ab und zu* ein Gläubiger ist. Damit würde er sich selbst den Ernst absprechen, der zum Glauben gehört. Der Glauben muss die ganze Person in ihrem ganzen Dasein erfassen, also für ein ganzes Leben gültig sein, für das man selbst einsteht und für das man in der Lage ist, Rechenschaft zu geben. Auch darin zeigt sich die innere Verwandtschaft von Vernunft und Glauben, und die beruht auf der *begrifflichen* Grundstruktur des Glaubens.

Damit ist nicht gesagt, dass ein prägnanter, durch und durch verstandener Begriff des geglaubten Gottes gegeben sein muss. Ich kann den Begriff Gottes nennen – und im gleichen Atemzug hinzufügen, dass ich nicht im Geringsten verstehe, wie er beschaffen ist, was er tatsächlich zu bewirken vermag und wie ich mich ihm gegenüber zu verhalten habe. Gleichwohl lassen die Bezeichnungen, die es allein in unserem Kulturkreis für ihn gibt, erkennen, wie viel Vernunft in sie investiert ist: Man kann ihn den «Schöpfer aller Dinge», den «Urgrund alles Daseins», die «höchste Ursache», den «Herrn der Welt», den «Allesbeweger», «Allmächtigen», «Allwissenden» und «Allgütigen» nennen oder als den «Allgenugsamen», als «Totalität» des Seins, als «Maß» und «Ziel» alles Handelns sowie als die ausgleichende «Gerechtigkeit» am Ende aller Dinge ansehen. Man kann ihn als etwas von der Welt Getrenntes, als mit ihr nach Art eines Grundes oder eines immanenten Ziels Verbundenes, ja man kann ihn als das mit dem Ganzen der Welt Übereinstimmende oder es zum Ausdruck Bringende bezeichnen, ohne ihn mit der Welt in eins zu setzen. Aber selbst das kann man, wenn man sich als «Pantheist» versteht und Gott einfach mit allem identifiziert.

Niemand muss exakt verstehen, was diese Ausdrücke bedeuten; aber wenn er *glaubt*, geben sie ihm einen hinreichenden Begriff vom

Göttlichen – *hinreichend*, um zu sagen, dass man an eine solche «Instanz», an die alles umfassende «Kraft», «Energie» oder «Substanz», vielleicht auch an ein derartiges «Wesen» *glauben* kann. Und wenn da jemand ist, der ernsthaft versichert, dass er an einen solchen Gott *nicht* glaubt, kann der Gläubige den Versuch machen, für seine abweichende Einstellung zu argumentieren. Vermutlich stellt sich das von anderen Einstellungen, Erwartungen und Überzeugungen abgehobene Verständnis des *eigenen Glaubens* erst in der Auseinandersetzung mit dem fremden oder dem eigenen Zweifel ein.

Offenbarung, Verkündigung, Predigt, Mission und gelehrte Unterweisung gehören allesamt zu den bewusst erlebten Formen des religiösen Glaubens. Sie sind ein Indiz für die *Rationalität*, die Glaubensgemeinschaften in ihren Lehren allemal enthalten sehen. Und sie lassen nie vergessen, wie viel Weltkenntnis in die Rede von Gott eingeht. Am Ende ist es nicht nur Ausdruck einer weitreichenden Welt-, sondern auch einer beachtlichen Selbstkenntnis des Menschen, Gott einen so weit über alles hinausreichenden und dennoch einen uns derart persönlich betreffenden Status zu geben.

Von diesem weltkundig und selbstkritisch auf das menschliche Dasein bezogenen Begriff eines Gottes gehe ich aus, wenn ich das Göttliche als den «Sinn des Sinns» eines jeden menschlichen Handelns darzustellen suche. Ehe dies geschehen kann, ist dem in der Stufenleiter des Sinns offenkundig gewordenen inneren Bezug zwischen Glauben und Wissen nachzugehen.

Kapitel 4

Glauben als Einstellung zum Wissen
Die tragende Rolle des Gefühls

«Die Andacht folgt dem
Gebrauch der Vernunft.»
(F. Patrizi, Nova de Universis
Philosophia, 1591)

1. Der verschämte Stolz auf das Wissen. Die Moderne, die sich möglichst prinzipiell von allen vorausgehenden Epochen abgrenzen möchte, hat sich mit einem Titel ausgezeichnet, mit dem sie eine besondere Erwartung verbindet: Sie nennt sich «Wissensgesellschaft» und unterstellt somit, dass ältere Gesellschaftsformationen dem in diese Kennzeichnung eingeschriebenen Leistungsprofil nicht zu genügen vermochten. Aber worauf sollten sie sich denn gegründet haben, wenn es nicht das *Wissen* war, das sie über die Herstellung von Werkzeugen und Waffen, über Ackerbau und Viehzucht, über die Verhüttung der Erze und die Behandlung von Krankheiten, über den Haus-, Festungs- und Wegebau oder über die Seefahrt hatten? Sollten es reine Gefühls- oder Triebgesellschaften gewesen sein, die auf Affekten beruhten, die heute von geringerem Einfluss sind?

Es ist inzwischen so gut wie erwiesen, dass sich menschliche Gesellschaften von Anfang an mit dem in ihnen instrumentell erworbenen und kommunikativ verbreiteten Wissen entwickelt haben. Überdies ist offensichtlich, dass es auch in der modernen Gesellschaft noch einen hohen Anteil an Emotionen und Affekten gibt. Schließlich sollte man sich klarmachen können, dass es niemanden geben dürfte, der sich ohne Furcht und ohne Hoffnung für das Wissen interessiert. Ohne Triebfundament könnte weder vom Geist noch vom Bewusstsein, noch vom Wissen die Rede sein.

Gleichwohl ahnen wir, was jene Zeitdiagnostiker meinen, die sich als Repräsentanten einer «Wissensgesellschaft» empfehlen: Das Wissen hat sich in den letzten zweihundert Jahren nicht nur quantitativ auf schier unfassbare Weise vermehrt; es fordert nicht nur einen ständig steigenden methodischen, apparativen und institutionellen Aufwand für seinen individuellen Erwerb, seine gesellschaftliche Sicherung, seine nunmehr weltweit betriebene und unerhört beschleunigte Erweiterung; es hat sich auch gegenüber seinem individuellen Träger, dem Bewusstsein des einzelnen Menschen, dramatisch verselbstständigt. Waren es über Jahrtausende hinweg die bewährten Regeln des Verhaltens, die handwerkliche und die rituelle Praxis, das Bild und die Erzählung, die Inschrift und die institutionelle Maßgabe sowie schließlich das Buch und die Bibliothek, so ist das seiner Natur nach schon immer auf Öffentlichkeit angelegte Wissen heute jederzeit und überall verfügbar, kann nahezu unbegrenzt verknüpft, überprüft, neu geordnet und exponentiell erweitert werden. Der rechnerische Umgang mit immer größer werdenden Datenmengen erlaubt Kalkulationen des Wissens, die noch vor wenigen Jahrzehnten undenkbar gewesen sind.

Die Innovation im Umgang mit dem Wissen tritt dort am deutlichsten hervor, wo es selbst die Prozesse simuliert, aus denen es früher allererst gewonnen werden musste. Die vor wenigen Jahrzehnten gebauten Teststrecken der Automobilkonzerne veröden, weil gar keine Testfahrten mit «Erlkönigen» mehr nötig sind. Das Wissen über die Eignung des Materials, der Motoren, der Steuerungs- und Sicherheitssysteme wird selbst aus bloßem Wissen generiert. Man simuliert die Belastungen von System und Material in Großcomputern und hat mit den Digitalisaten zugleich die Daten gewonnen, die man zur Behebung der Mängel in der ebenfalls elektronisch gesteuerten Produktion benötigt.

Es steht außer Zweifel, dass wir in eine neue geschichtliche Phase des Umgangs mit dem Wissen eingetreten sind. Das Verhalten des Menschen zu seiner Welt wird tatsächlich in einer zuvor nie dagewesenen Weise durch Systeme des Wissens gelenkt, die selbst noch die damit gewachsenen Risiken beherrschbar machen sollen. Das Wissen ist in mehrfach potenzierter Form *auf sich selbst*, das heißt: auf beinahe nichts anderes als auf das Wissen bezogen.

Nur darf man nicht vergessen, dass es trotz dieser Ausweitung der Leistungen des Wissens immer noch die (wie immer auch beschaffene) *Wirklichkeit* gibt, die mit Hilfe des Wissens mehr oder weniger gut bewältigt wird. So apart es auch immer wirkt, die Existenz der Welt oder der Wirklichkeit zu bestreiten: Sie wird selbst noch in den sophistischen Kunststückchen vorausgesetzt, die das beweisen sollen. Wissen bleibt auch unter den Konditionen seines exponentiellen Wachstums immer noch eine Funktion des Lebens, das ihm die Dynamik seiner Erhaltung und Entfaltung vorgibt. Über die Rolle eines Mittels kommt das Wissen auch hier nicht hinaus. Es muss sich erst mit den kultivierten Formen des Lebens einer *Person* oder einer *Institution* verbinden, es muss *technisch* werden und in der *Bildung* oder der *Kunst* seinen Ausdruck finden, um schließlich als Selbstzweck gelten zu können. Wo dies im Ganzen einer Gesellschaft gelänge, könnte der Begriff der «Wissensgesellschaft» tatsächlich etwas Neues sein.

Aber müsste eine Gesellschaft, die sich «Wissensgesellschaft» nennt, dem Wissen nicht mit größerer Aufmerksamkeit begegnen? Wie kann sie sich in wachsende Abhängigkeit vom Wissen begeben und dabei die notwendig zum Wissen gehörende Wahrheit verleugnen? Wie kann ihr entgehen, dass die in immer kürzeren Schüben erfolgende Erweiterung und Erneuerung des Wissens kein Einwand gegen ihre Bindung an die Wahrheit von Aussagen und Schlüssen ist? Wie kann sich unter diesen Bedingungen die weit verbreitete Meinung halten, die Wahrheit des Wissens sei ein metaphysisches Relikt, das seine Bedeutung verloren hat?

Wohl nur deshalb, weil ihr die Natur des Wissens und die Einsicht in ihre durchaus begrenzte Funktion weitgehend fremd geblieben sind. Dass nicht erst das Irren, sondern bereits das Wissen *menschlich* ist, darin von vielen physischen, physiologischen und psychischen Bedingungen abhängig und keineswegs, wie noch Scheler meinte, «rein geistig» ist, wird bis heute von vielen übersehen. Die ihm zuweilen bis heute unterstellte Affinität zum «reinen Geist» ist es dann auch, die es manchen verdächtig macht. Sie fürchten eine apriorische Bindung des Wissens an die Wahrheit und an das Göttliche. Streichen wir das Apriori, ist beides nicht falsch; nur liegt darin weder eine Entfremdung von den realen Prozessen des Lebens noch eine Schwächung seiner lebensdienlichen Leistung. Wer gleichwohl solche Konsequenzen befürchtet, weiß zu wenig über das Wissen und folglich auch zu wenig über dessen Bindung an die Wahrheit, die, wie Heraklit und Parmenides richtig gesehen haben, an das Göttliche reicht.

Doch es wäre falsch, aus dem vornehmlich in den Sozial-, Kultur- und Geisteswissenschaften gepflegten Irrtum über die Wahrheit den Schluss zu ziehen, das Wissen sei wissenschaftlich unbeachtet geblieben. Die Philosophie hat im 20. Jahrhundert sogar eine neue Disziplin, die *Wissenschaftstheorie*, generiert, die sich um Aufschluss über die Prozesse der Gewinnung, der Überprüfung und der Sicherung von Wissen bemüht. Das wiederum hat zu einem verstärkten Interesse an der *Wissenschaftsgeschichte* geführt, aus der ebenfalls eine neue Disziplin geworden ist.

Der Wissenschaftsgeschichte verdanken wir erhellende Einsichten in die Prozesse der Organisation von Wissenschaft, in den Wandel der an sie gestellten Ansprüche sowie in die Stellung der Kriterien, nach denen Wissen gewonnen, geprüft und beurteilt wird. Sie bietet überdies Einblicke in die Eigenart der Moderne, über die auf diesem Weg mehr zu erfahren ist als über die spekulativen Vermutungen, mit denen Postmarxisten, Poststrukturalisten und Postmoderne bis heute Eindruck zu machen versuchen. Vollkommen ins Abseits geraten jene, die in immer neuen Anläufen nach dem «subversiven Wissen» suchen, um schließlich doch noch als «Revolutionäre» wirksam werden zu können. Ihre Tragik liegt darin, dass sie verkennen, wie sehr ihr in immer neuen Volten gesuchtes Wissen nur *öffentlich* wirksam werden kann. «Subversives» Wissen kann es zwar in situativen Konstellationen geben; philosophisch gesehen aber wird in ihm der Charakter des Wissens verkannt.

In jüngster Zeit ist die wesentlich von Biologen, Psychologen und Anthropologen vorangetriebene Exploration der affektiven und emotionalen Grundlagen der Wissensbildung hinzugekommen. Die neuen Forschungszweige tragen der gesteigerten Bedeutung des Wissens Rechnung und zeigen jeweils mit ihren Mitteln, wie weit das Wissen davon entfernt ist, eine absolute Größe zu sein. Angesichts ihrer Ergebnisse erregt jeder Verdacht, der sich *nur* auf das Wissen zu berufen sucht.

Ein Ertrag der wissenschaftlichen Bemühungen um das Wissen liegt in der Einsicht, dass es auf zahlreichen Bedingungen aufruht. Auch wenn Wissen in der Regel auf der Basis von Wissen entsteht, obgleich neues Wissen wesentlich aus der Revision älteren Wissens hervorgeht und zumeist selbst wieder auf anderes Wissen angewendet wird, in verbreitetes, sich dabei anreicherndes und wandelndes Wissen übergeht, um sich nach eigenen, eben den logischen Gesetzen zu steuern, bildet es dennoch *keine autonome Region*, die man rein *für sich* bewerten könnte.

Zu den Voraussetzungen des Wissens gehören aber nicht nur der technische Stand der produktiven Kräfte, nicht allein die zahlreichen Konditionen gesellschaftlicher Kooperation, anthropologischer Organisation oder affektiver Disposition, sondern immer auch eine dem Wissen bereits verbundene, psycho-physisch fundierte und sozial dimensionierte *Einstellung* zu ihm. Ahnung und Meinung, Überzeugung und Vertrauen, aber auch Furcht und Hoffnung sind verwandte Einstellungen gegenüber dem Wissen. Wo sie weder von Wissen ausgehen noch auf genauere Kenntnis rechnen, bleiben sie bedeutungslos. Fehlte das Wissen ganz, könnte es noch nicht einmal zu Zweifeln kommen, die ohne ein zugrunde liegendes Wissen gar nicht möglich sind, und, sofern sie nicht gespielt sind, nicht zu der Sicherheit im Umgang mit dem Wissen führen, die wiederum niemals bloß auf Wissen, sondern immer auch auf *Überzeugung*, *Vertrauen* und *Glauben* beruht.

2. Wissen als Medium sachhaltiger Mitteilung.   Das Wissen gehört zu den konstitutiven Bedingungen des menschlichen Daseins. Zwar kann man in bestimmten Lebenslagen darüber klagen, dass es einem fehlt oder lückenhaft ist. Doch dann geht es stets um begrenzte Wissensbestände, mit denen man zu wenig oder gar nicht vertraut ist, und die Klage macht uns bewusst, wie sehr man auf das Wissen angewiesen ist.

Die Angewiesenheit auf das Wissen darf natürlich nicht dazu führen, es zum Ausschlusskriterium für die Bestimmung menschlichen Lebens zu erheben. Wer weiß schon, was er im Schlaf tatsächlich noch weiß? Überdies gibt es Fälle von Erschöpfung und Verwirrtheit, von Ohnmacht, Narkose oder Trunkenheit, in denen man zuweilen über gar kein Wissen verfügt, aber seinen Status als Mensch nicht verliert. Das Gleiche gilt für jene, die durch ihr Lebensalter, durch gravierende

Mängel in der Erziehung oder durch einen psycho-physischen Defekt nicht in der Lage sind, ihr Wissen einzubringen. Sie sind und bleiben Menschen.

Gleichwohl ist die stets auf eine durchschnittliche Funktion bezogene und zur Norm erhobene Lebensleistung des Menschen an die *Fähigkeit zu wissen* gebunden. Über sie muss jedes normal entwickelte Individuum verfügen können. Folglich ist es das vorrangige Ziel menschlicher Erziehung, dass möglichst jeder Wissen erwirbt und es individuell unter Beweis stellen kann, obgleich der größte Teil des Wissens menschheitsgeschichtlich vererbt, kulturell versichert und kooperativ verfügbar ist. Dennoch kann jeder *sein eigenes Wissen* haben, mit dem er – meist innerhalb der logischen, grammatischen und pragmatischen Regeln – persönlich umzugehen hat.

Es ist wichtig, auf diesen an das *Leben des Einzelnen* gebundenen Umstand aufmerksam zu machen. Denn obgleich das Wissen in seinen erkannten und anerkannten Beständen allgemein und öffentlich ist, ist der Zugang zum Wissen stets an individuelle Voraussetzungen der Aufmerksamkeit, der Erinnerung, des Erlebens und des Verlangens gebunden. Damit spielen Erwartungen und Überzeugungen der jeweiligen Personen eine Rolle, die uns am Ende erkennen lassen, warum der letztlich auch nur individuell wirksame Glauben so eng mit dem Wissen verwoben sein kann.

Die sokratische Anfangsfrage des Philosophierens macht uns klar, dass es (solange man bewusst als Mensch unter Menschen lebt) unmöglich ist, dem Wissen zu entkommen. Denn streng genommen ist die Behauptung: «Ich weiß, dass ich nichts weiß» ein Widerspruch in sich. Mindestens dies muss ich ja *wissen*, wenn ich mein *Wissen* in Abrede stelle. Es ist unmöglich, dass man gar nichts von der Welt und nichts von sich selbst weiß – solange man von sich selber spricht oder auch nur das Geringste denkt. Also darf man sagen, dass der Mensch konstitutionell auf das Wissen angewiesen ist.

Menschliches Leben entfaltet sich auch in der Gemeinschaft unter den Bedingungen des Wissens, das im arbeitsteiligen Gebrauch von *Techniken* unabdingbar geworden ist. Es wird durch Techniken gefördert und kann durch Techniken der Kooperation und der Kommunikation gesichert und gesteigert werden. An den Grenzen des menschlichen

Lebens, in den ersten Jahren nach der Geburt, in Fällen schwerer Erkrankung oder bei abnehmenden Kräften vor dem Tod ist das Wissen entweder noch nicht entwickelt oder wieder eingeschränkt. Doch in allen normalen Fällen des Daseins nimmt der Mensch durch Wissen am Leben teil. Zwar geschieht unendlich viel, ohne dass er davon nähere Kenntnis hat. Die meisten seiner ihn tragenden leiblichen Funktionen sind seinem aktuellen Wissen entzogen. Gleichwohl gilt, dass er, so wie er sich versteht und wie er sich mit seinesgleichen verständigt, im Medium des Wissens lebt.

Vermutlich ist es eine von kulturellen Differenzen unabhängige Aussage, die Daseinsform des Menschen als wissensbasiert zu bezeichnen. Auch indigene Gesellschaften auf einem vergleichsweise gering ausgebildeten technisch-institutionellen Niveau sind an ein Wissen gebunden, das als Grundvoraussetzung des gemeinschaftlichen Lebens angesehen werden muss. Das Niveau ist zumeist durch die sprachliche Verständigung vorgegeben, die eine symbolische Ebene der Vermittlung benötigt. Und spätestens bei der Korrektur durch neue Erfahrungen muss auffallen, dass es ein Lernen gibt, das nicht auf die Motorik oder die emotionale Expression beschränkt sein kann, sondern sich auf kommunizierte Sachverhalte bezieht. Damit sind wir beim ersten für die Überlegungen dieses Kapitels entscheidenden Punkt: *Wissen ist das Medium sachhaltiger Mitteilung.*

Das Wissen besteht in einem Sachbezug unter den Konditionen intersubjektiver Verständigung. Sogar das Wissen von sich selbst lässt sich als Sonderfall einer über sachbezogene Einsichten vermittelten Orientierung *über sich* begreifen. Schon von Heraklit wird das Nachdenken als «Sprechen mit sich selbst» bezeichnet. Also kann man das Wissen im engeren Sinn als Bewusstseinsinhalt in der Form sachhaltiger Mitteilung ansehen; es besteht, mit anderen Worten, in einem *kommunikablen Sachgehalt.*

Dieser Sachgehalt, der in der Sprache der Philosophie auch «Gegenstand» oder «Objekt» genannt wird, ist auf Dinge oder Vorkommnisse der Welt bezogen, die im Ganzen ebenfalls zum Objekt einer Mitteilung werden kann. So kommt im Wissen die bewusste Teilhabe an der Welt zum Ausdruck, über die man mit Leichtigkeit sprechen kann, ohne sie im Ganzen zu kennen. Wir haben schon hervorgehoben, dass dies mit Blick auf Gott und das Göttliche nicht anders ist [3.10].

Für die einsichtige Teilhabe im Wissen, die Platon *methexis* nennt, kam mit Proklos in der neuplatonischen Tradition der Terminus *participatio* auf. Wenn der Begriff der Partizipation heute wesentlich auf den Bereich der politischen Teilnahme beschränkt ist, zeigt das die epistemische Isolierung der Politik vom Ganzen des Daseins. Das mindert den Wert der neuzeitlichen Theorien des Politischen und erschwert ihre praktische Einbindung in das Leben. Es verstellt die Parallele von Person und Institution, schattet die soziale Dimension des Wissens ab, lässt unbeachtet, dass bereits der Einzelne ein politisches Verhältnis zu sich selbst haben kann, und läuft am Ende auf eine äußerliche, allein auf Kirche und Staat gestützte Beziehung zwischen dem Menschen und dem Göttlichen zu. Auch hier lehrt der aus religiösen Motiven erfolgte Widerstand gegen den Totalitarismus, wie unzureichend ein solches Verständnis ist [s. u. *Beschluss* 3].

Die Tatsache, dass die Welt und ihre Teile erst im Wissen eine begriffliche Fassung erhalten, lässt verstehen, warum in verschiedenen Spielarten des Idealismus der Eindruck entstehen konnte, die Welt entstehe erst mit dem Denken: Begreifen und Sprechen erfassen Momente von dem, was sich nach Art eines Gegenstandes kennzeichnen und nach Art des Wissens sichern lässt. Unter den kommunikativen Konditionen des Wissens gewinnt die Welt eine Bedeutung, mit der sich verständig umgehen lässt – obgleich wir sie weder im Ganzen kennen noch im Einzelnen verstehen. Die partielle Unkenntnis ändert nichts daran, dass wir wirklich in ihr leben und dass es sie, so wie wir das Wirkliche verstehen, auch wirklich gibt.

Das menschliche Wissen beruht auf Bedingungen, von denen vermutlich nur die wenigsten selbst zum Gegenstand des Wissens werden. Zu ihnen gehört eine ursprünglich menschliche Leistung, die lange Zeit zu den niederen Tätigkeiten gerechnet worden ist, nämlich die *Technik*. Ihre Besonderheit liegt darin, dass sie zu den selbst geschaffenen Konditionen gehört, die den Menschen zur Verständigung mit Hilfe eines wachsenden Bestands von Sachverhalten nötigt, selbst aber nicht unabhängig vom Wissen ist. In der Fähigkeit zu wissen potenziert sich die Möglichkeit, überhaupt etwas zu können, was über

den Augenblick hinaus Bestand hat. Und dafür kann nur die Technik
sorgen. Wie viele andere Lebewesen kann der Mensch etwas schaffen, das er
selbst als Mittel einsetzt. Dabei fällt auf, dass er den Stein, mit dem er
sich den Zugang zu einem Nahrungsmittel verschafft, nicht erst suchen
muss, wenn er ihn benötigt. Auf einem bestimmten Niveau seiner Entwicklung hat er den Stein schon dabei, hat ihn zuvor bereits bearbeitet,
hebt ihn für weitere Gelegenheiten auf, bis er ihn zur weiteren Verwendung an andere weitergeben kann. Im Gang seiner kulturellen Evolution gelangt er zu kooperativ erworbenen Leistungen, in denen er sich
jedem anderen Tier als lebenstechnisch überlegen erweist. Dazu gehört,
dass er die im Umgang mit der Natur gewonnenen Kenntnisse im
Wechsel der Generationen vererben kann. Somit können von Einzelnen
erfundene und erarbeitete Techniken im Lauf der Geschichte nicht nur
bewahrt, sondern auch verbessert werden. Auf einen Begriff gebracht,
ist es das *Wissen*, dass diese die menschliche Kultur schon in ihrer Frühzeit tragende Leistung möglich macht.

Um die kulturstiftende technische Leistung des Menschen zu pointieren, ließe sich mutmaßen, dass im Wissen zunächst die Fähigkeiten
zur Bearbeitung der Dinge kommuniziert und tradiert worden sind.
Doch diese Spekulation ist müßig, weil sich die Technik nicht von der
gegebenen Natur, aus der sie gewonnen und auf die sie angewandt
wird, isolieren lässt. Sie ist ihr entnommen, steigert die in ihr bereits
enthaltenen Möglichkeiten und verbleibt in ihrem kausalen Wirkungs-
zusammenhang. Der Werkzeuggebrauch entfremdet den Menschen
nicht von der Natur, sondern er nötigt ihn, sich zunehmend auch
bewusst auf sie einzulassen. Und nur dadurch wird die Technik zum
basalen Bestandteil der Kultur, die sie ermöglicht und deren Entwick-
lungsstand sie späteren Zeitaltern besser anzeigt als irgendeine andere
Hinterlassenschaft des Menschen.

Wenn schon der *homo habilis* lernt, welche Materialien sich zum
Umgang mit dem Feuer eignen, und wenn bereits der altsteinzeitliche
homo sapiens ausgedehnten Handel treibt, um die besten Steine für die
Herstellung von Pfeilspitzen zu erwerben, darf man dem vorgeschichtlichen Menschen Kenntnisse seiner natürlichen und sozialen Umwelt
unterstellen, die er selbst technisch vermitteln kann. Man sollte auch

den Anteil der Selbstkenntnis nicht unterschätzen, der nötig ist, um sich in zunehmend bewusster Angewiesenheit auf seinesgleichen zu behaupten. Also kann das technische Wissen nicht unter Missachtung von Selbst und Welt erworben werden.

Doch wie immer die kulturgeschichtliche Genese auch gewesen sein mag: Alles Wissen hat eine *propositionale Form*. Es ist ein *Wissen von* oder *über etwas*. Wenn ein Mensch *etwas* weiß, dann ist das nicht nur auf das gerichtet, was er damit zum Ausdruck bringt, sondern es hat einen *Gegenstand*, der nicht mit dem Wissen identisch ist. Mehr noch: Er scheint sich gleichsam außerhalb des Wissens zu befinden. Es ist der *Sachverhalt*, in welchem das Wissen seine Wahrheit und zugleich seine Bedeutung hat. Denn im Wissen, das man als Bereicherung oder Erweiterung seiner selbst, aber auch als Last oder Verpflichtung erfahren kann, geht der Mensch aus sich heraus auf andere und anderes seiner selbst.

Gelingt die Äußerung, versteht jeder andere ihren Sachgehalt als eben *denselben*. Es ist dies eine Identität, die es außer im Wissen nirgendwo anders gibt! So kommen verschiedene Personen nur im Wissen völlig überein. Das bedeutet umgekehrt, dass nirgendwo anders als im Wissen die Differenz der Personen so klar erkannt werden kann, obgleich sie sich wiederum in der Fähigkeit zu wissen *gleich* sind.

«Außen» steht der Gegenstand des Wissens nur insofern, als ihn auch andere als Gegenstand ihres Wissens realisieren. Einem Arzt kann ich meinen Kopfschmerz so schildern, dass er die Symptome fachgerecht deuten und ein wirksames Mittel verordnen kann. Auch die Liebe, die jemand einem anderen Menschen gesteht, kann wie ein Fall gemeinsamen Wissens behandelt werden, der ausreicht, um eine Heirat zu beschließen, zu deren Feier viele Gäste kommen. Damit ist das, was nach den Kriterien der Physik als unerkennbar subjektiv gilt, durchaus in der Lage, einen objektiven Effekt in der gemeinsamen Welt nach sich zu ziehen.

3. Die Soziomorphie des Wissens. Das «propositionale» Wissen, selbst wenn es nur die Feststellung eines Sachverhalts intendieren sollte, ist spätestens durch diese Intention auf jemanden gerichtet, dem das Wissen mitgeteilt werden soll. Im Grenzfall kann dies das wissende Ich selbst sein, das sich in der Feststellung etwas bestätigt oder sich darin korrigiert. Dann spricht es *zu sich selbst*.

Der ursprüngliche Fall des feststellenden Wissens aber dürfte auf
andere seiner selbst bezogen sein, denen damit eine Auskunft gegeben
oder eine Beschreibung geliefert wird. Somit bezieht sich das Wissen auf
etwas, das nicht nur dem jeweils Wissenden, sondern *auch anderen* bewusst werden kann. Diese anderen müssen ebenfalls (wenn natürlich
auch auf jeweils *ihre* Weise) über die Fähigkeit verfügen, *etwas* zu wissen.
Jedes Wissen drückt eine Beziehung zu etwas Gewusstem aus, das darin
als ein *Sachverhalt* erscheint, der als solcher auch *anderen* bewusst
werden kann. Damit ist jedes Wissen nicht nur auf seinen *Gegenstand*,
sondern zugleich, ja *ursprünglich auf das Bewusstsein anderer gerichtet*,
von denen jeder Wissende erwartet, dass sie den fraglichen Sachverhalt
als einen Gegenstand *ihres eigenen Wissens* aufnehmen können. Wo dies
geschieht, ist eine Mitteilung erfolgt und ein Lernprozess eingeleitet.
Das ist weit mehr, als jemals in der Rede vom «Informationsaustausch»
enthalten sein kann.

Die soziale Dimension des Wissens wird nur zu leicht übersehen:
Wissen ist niemals bloß durch die *deiktische*, gleichsam *zeigende* Ausrichtung auf den gewussten Gegenstand charakterisiert; es ist vielmehr
das tragendes Element einer kommunikativen Leistung, die in der
Erwartung erfolgt, *andere* möchten den Sachverhalt *genauso* erkennen
wie der Mitteilende selbst. Diesen ursprünglich sozialen Charakter des
Wissens hat Kant, wie gesagt, als die transzendentale Grundform der
Verstandeserkenntnis erkannt. Durch den Verstand werde alles Denken
«communicabel» gemacht (Bf. v. 1. 7. 1794; 13, 545). Auch Nietzsche hat
das Bewusstsein als eine Form der Mitteilung angesehen. Von daher ist
es nur ein kleiner Schritt, die ursprüngliche Mitteilbarkeit des Wissens
mit der Verantwortung des kommunizierenden Individuums zu verknüpfen, wie das bei Hans Jonas geschieht (1979).

Die mögliche ethische Konsequenz verstärkt den Eindruck von der
gesellschaftlichen Einbindung sowohl des *Bewusstseins* wie auch des
Wissens. Beide sind «soziomorph» verfasst, das heißt sie entsprechen bereits in ihrer Struktur der sozialen Leistung, die sie erbringen: Sie vermitteln die Vorstellung, die ein Ich von einem Sachverhalt hat, dem
Verstand aller möglichen anderen Wesen, die ebenfalls Vorstellungen
von etwas haben, mit deren Hilfe sie wiederum anderen etwas mitteilen
können. Die sich durch wechselseitigen Sachbezug verständig stärken-

den und sich untereinander durch den Ich-sagenden Selbstbezug voneinander abgrenzenden Individuen bilden das Grundgerüst aller welt-
haltigen Kommunikation.

In dieser Sozialität und Kommunikabilität, die dem radikalen
Skeptiker noch nicht einmal die Chance lässt, seinen Zweifel an der
Außenwelt ohne Selbstwiderspruch vorzutragen, *vertraut* der Wissende
nicht nur darauf, dass *er selbst* ein Wissen hat, das *von anderen* verstanden werden kann, sondern vor allem darauf, dass er tatsächlich *etwas*
weiß. Jeder Eckpunkt des epistemischen Dreiecks aus *Ich* und *Du* und
Sachverhalt benötigt einen besonderen *Vertrauensschutz*, um funktions-
fähig zu sein. Mehr noch: In der strukturellen Referenz auf *etwas vor
anderen*, die mit einem als *gleichbleibend angesehenen Sachverhalt* selbst
als gleiche angesprochen sind, liegt ein unvordenkliches Vertrauen in ein
Gemeinsames, das man nicht nur einfach *meint*. Es verbindet die Wissenden in einer sozial durchaus tragfähigen Weise. Wem Moral oder
Kultur als Beispiele nicht genügen, der sei auf die mitunter höchst ver-
bindlichen Leistungen der Technik verwiesen. In ihr materialisiert sich
das Wissen, das die Welt, zu der alles gehört, erschließt und uns zumindest in allen begrifflichen Akten des Bewusstseins an sie bindet.

Der notwendige Weltbezug könnte wie eine Disposition zur *Entfremdung* erscheinen, weil er die Unmittelbarkeit der Verständigung
zwischen Individuen erschwert: Jede Mitteilung muss von einem *Ich*
ausgehen, das etwas zu wissen meint; darin ist sie an ein *Du* gerichtet,
das den mitgeteilten *Sachverhalt* so verstehen können soll, wie er gemeint ist. Dazu darf er sich im Akt der Kommunikation nicht verändern. Also haben wir drei voneinander getrennte Momente eines
Dreiecks, das die *Grundstruktur gesellschaftlicher Verständigung* ausmacht. Sie setzt *Distanz* sowohl zwischen den Individuen wie auch zu
den Sachverhalten voraus. In ihr hat man in der Tat ein Strukturmerk-
mal einer auf Wissen gegründeten Weltbeziehung zu sehen.

Die damit immer auch gegebene Erfahrung der Differenz und der
Nicht-Identität hat in der Zeit- und Sozialkritik des 20. Jahrhunderts zu
grundsätzlichen Klagen Anlass gegeben. Doch was die Kritiker, namentlich Heidegger und Adorno, übersehen, ist die Mobilisierung der individuellen Antriebe zur Überwindung der durch die Sachlichkeit aufge-
rissenen Differenz. Dass diese Trennung mit dem Wissen entsteht und

als schmerzlich erfahren werden kann, ist nicht zu bestreiten. Doch in ihr liegt der Gewinn für das individuelle Bewusstsein, *selbst* für den Anschluss an das Allgemeine des Wissens zuständig zu sein. Die sich im Wissen auftuende Kluft zur Welt der Dinge wird durch das Aufgebot des *Vertrauens in die eigenen Kräfte* kompensiert. Die Abstraktionen des Wissens können nur in der Überzeugung ihrer Brauchbarkeit ertragen werden. Dazu gehört *zum einen* die Annahme einer verlässlichen Übermittlung alles dessen, was man nicht aus eigener Erfahrung weiß, und *zum anderen* die metaphysische Überzeugung von einer tatsächlich gegebenen Übereinstimmung des Wissens mit der Welt, auf die es sich bezieht. Alles Wissen beruht auf Voraussetzungen, die selbst nicht durch Wissen abgesichert sind; jedes Wissen ist mit der Einsicht in seine situative Unzulänglichkeit verbunden. Strenggenommen weiß man nie, woher das Wissen kommt, und in allen Fällen kann man nur darauf hoffen, dass es mit weiteren Erfahrungen wächst. Wer etwas weiß und darauf baut, setzt auf ein Fragment, das ihm als Ersatz für das Ganze dient.

Die Soziomorphie des Bewusstseins erleichtert es dem Menschen, das Vertrauen in das Wissen aufzubringen. In seinem Bewusstsein wird ihm ein Verständigungsraum eröffnet, in dem die Welt nicht nur Hülle und Fülle, sondern immer auch Mittel der Mitteilung ist. Tatsächlich wächst mit dem Wissen der Mut, mit dem zugleich offenbar werdenden Unwissen umzugehen. Unter dem mit dem Wissen sich einstellenden Bewusstsein des Risikos steigt die Bereitschaft, sich ihm zu stellen – solange kein verlässlicheres Wissen zur Verfügung steht. Also erzieht das Wissen zu einer wachsenden Bereitschaft des Glaubens an das, was das Wissen nicht oder noch nicht erschließt. Es ist dies ein Glauben, der nicht vom Wissen ablenkt, sondern der es in seinen Voraussetzungen wie in seinen Folgen stärkt.

In alledem ist das Wissen nicht mehr als eine Lebensleistung unter anderen, und es ist nur natürlich, dass sie nicht einfach *neben* den anderen besteht, sondern *mit ihnen verbunden* ist. Wissen steht in funktionalen Bezügen zu dem, worauf es basiert. Dabei ist zu beachten, dass es sowohl um *intra*individuelle wie auch um *inter*individuelle Prozesse geht. Denn obgleich das Wissen im Volksmund zwar das ist, was einer «im Kopf» oder «auf dem Kasten» hat, reicht es sowohl in seiner Disposition wie auch in seiner Organisation immer schon über das jeweils

wissende Individuum hinaus. Mag einer auch glauben, er habe ein bestimmtes Wissen nur für sich: *Als Wissen* ist es etwas, das *allen* gehört.
Nur deshalb kann einer beschließen, es nur für sich behalten zu wollen.
Darin liegt die prinzipielle Öffentlichkeit des Wissens, das – als Wissen – jedem zugänglich ist.

Damit schließt Wissen die Erwartung ein, dass es von jedermann
verstanden werden kann. Zwar braucht jeder, der es verstehen will, die
Kenntnis der Sprache, in der es formuliert ist. Er benötigt selbstredend
auch die sachlichen Voraussetzungen, um es in seiner Bedeutung zu erkennen. Doch diese Prämissen sind bio- und sozio-technischer Natur
und können im Prinzip von jedem erfüllt werden – sofern er das nötige
Alter, die erforderliche Erziehung genossen und ausreichend Zeit hat.
Die Prämissen unterstellen, dass alle Wissenden als grundsätzlich *gleich*
angesehen werden. Denn Wissen mag so speziell sein, wie immer es
will: Es muss sich *jedermann* mitteilen lassen. Auf dieser Eigentümlich-
keit des Wissens beruht der seit Jahrtausenden behauptete, wenn auch
in jüngerer Zeit wiederholt in Zweifel gezogene *universelle Status allgemeiner Erkenntnis.* Ihre logisch-semantischen Grundregeln haben
somit eine grundlegend *transzendentale* Funktion, geben der Vernunft
oder dem Geist aber keineswegs eine *transzendente* Position. Das wird
für die ontologische Bestimmung des Göttlichen von Bedeutung sein.

Der Glauben, so viel lässt sich im Vorgriff auf die weitere Untersuchung sagen, bindet das kommunikative Geschehen des Wissens in
verbindlicher Weise sowohl an die *Person des Wissenden* wie auch an das
Ganze des möglichen Wissens, um es für die *Gesamtheit der des Wissens
bedürfenden Personen* zu verbürgen. *Der Glauben bekräftigt das in jedes
Wissen dreifach investierte Vertrauen in den Geist.* Darin ist er der Ausdruck des Verlangens, den Geist an das Leben zu binden. Im Geist ist
die Fähigkeit der Distanzierung so dominant, dass die Illusion entstehen
kann, er nehme alles aus der Position einer prinzipiellen Entfernung
vom alltäglichen Dasein wahr. Tatsächlich aber kommt im Geist nur die
überindividuelle, quasi institutionelle, allein von Sachverhalten getragene Beziehung zum Ausdruck, in der sich Mensch und Welt verbinden.

Selbst bedeutende Denker, die durch ihre eindringende Kenntnis
der Lebensprozesse ausgewiesen sind, legen Wert darauf, den Geist in
einer von aller Natur kategorial abgetrennten Sphäre anzusiedeln. Da

liegt es dann nahe, auch das Göttliche unter die Quarantäne der Transzendenz zu stellen. Doch eben das ist, wie sich zeigen wird, eine Verkennung des Göttlichen, das uns in seiner von uns notwendig angenommenen Geistigkeit gerade unter den mundanen Bedingungen unseres Daseins *nahe,* ja *von innen her* vertraut sein muss.

4. Die Öffentlichkeit des Wissens.

Bevor vom Gefühl des Glaubens die Rede sein kann, ist ein weiteres Moment der Bindung des Wissens an das Leben bewusst zu machen, das in den Blick gerät, sobald von der *Allgemeinheit des Wissens* die Rede ist. Es ist die *Öffentlichkeit des Wissens.* Es ist am Ende auch für die Stellung Gottes nicht nur zum Ganzen der Welt, sondern zu jedem wissenden (und im Wissen glaubenden) Menschen von Bedeutung.

Die Befremdlichkeit der geradezu als widernatürlich erscheinenden These von der öffentlichen Verfassung des Wissens muss man nicht erst illustrieren. Jedes Kind lernt schon von sich aus, dass es nicht alles sagen muss, was es weiß, und es bekommt dann auch bald zu hören, dass es nicht alles sagen soll, was es denkt. Das Sprichwort: «Reden ist Silber, Schweigen ist Gold» wäre sinnlos, wenn jedes Wissen mit seiner Äußerung zusammenfiele. Es ist doch gerade das Wissen, das einen dazu bringen kann, «wissentlich» den Mund zu halten.

Doch die These von der öffentlichen Verfassung des Wissens besagt nicht, dass sich mit jedem Akt des Wissens das universelle Wissensniveau augenblicklich hebt. Sie behauptet nicht, das Wissen des einen sei automatisch das Wissen aller anderen. Natürlich enthält sie auch nicht die Forderung, es müsse jederzeit über alles gesprochen werden. Sie soll nur die Einsicht zum Ausdruck bringen, dass Wissen unter allen Bedingungen die *Form einer Mitteilung* hat, die im Prinzip jedem verständlich ist. Alles, was einer weiß, steht unter den Konditionen wechselseitiger Verständigung, und das zugehörige Bewusstsein kann als das *Organ der Mitteilung überhaupt* gelten. Es vermittelt unablässig zwischen den unterschiedlichen Eindrücken des Organismus – womit es in den Status einer *Instanz allseitiger Kommunikation* gelangt. Bewusstsein ist der Inbegriff des sachhaltigen Verstehens. Dabei ist es gerade in seiner Selbstbezüglichkeit ursprünglich auf die Kommunikation mit seinesgleichen eingestellt.

Also hat das, was einer weiß, sogar im Fall eines geheim gehaltenen oder nur im kleinsten Kreis weitergegebenen Wissens, eine *gesellschaftliche Dimension*. Es hat, wie gesagt, eine *soziomorphe Verfassung*, die es seiner Natur nach, wie schon Heraklit sagte, «allgemein» und somit «öffentlich» macht. Das kann man allein daran sehen, dass etwas nur deshalb für sich behalten wird, weil andere es auch verstehen können. Geheimnisse werden gehütet, weil eine vorzeitige Bekanntmachung die Realisierung einer Absicht, mit der einer andere überraschen möchte, verhindern würde – allein durch die implizite Öffentlichkeit eines (notwendig in Begriffen ausgeführten) Plans. Eben deshalb erhofft man sich nicht nur gelegentlich, sondern immer wieder einen stets auch sozial dimensionierten Vorteil davon, etwas für sich zu behalten.

Dass dieser Vorteil für die Wissenden nicht zwangsläufig auf einen Schaden für die ausgeschlossenen anderen hinauslaufen muss, zeigt die *Institution des Privaten*, die es weder zu geben brauchte noch überhaupt geben könnte, sollte das Wissen selbst bloß subjektiv sein. Dann wäre alles privat, und die Herstellung von Öffentlichkeit bedürfte schon im Nahbereich aufwändiger Vorkehrungen. Doch angesichts der impliziten Öffentlichkeit des Wissens bietet die Wahrung einer Sphäre des Privaten den Schutz der Person vor der Vereinnahmung durch ein nur zu leicht durch Macht besetztes gesellschaftliches Allgemeines.

So wie das allgemeingültige, von jedermann bestätigte Wissen einen Vorteil davon hat, nicht augenblicklich geäußert werden zu müssen, sondern subjektiv erlebt und von jedem Einzelnen geprüft werden kann, so ist es auch für die jedem kulturell und insbesondere politisch zugängliche Öffentlichkeit günstig, wenn es eine Sphäre der Klärung von Voraussetzungen und Konsequenzen gibt, die unter den Bedingungen des Rückzugs aus der Aufmerksamkeit durch die Öffentlichkeit zustande kommt.

Aus dem Blickwinkel des Wissens sichert die Subjektivität die Beweglichkeit und den Wandel, die Vielfalt und die Breite des Wissens und ist der Garant seiner jederzeit möglichen Korrektur. Denn die perspektivische Aufmerksamkeit ist offen für Abweichung und Widersprüche, die, einmal geäußert, in der Öffentlichkeit eine vielfache Resonanz finden können. Dadurch kann der Konsens einer Auffassung schnell erodieren; Zweifel verstärken sich und abweichende Meinungen werden begünstigt. Es kann zu Revisionen kommen, gelegentlich sogar zu einem Paradigmenwechsel, der aber nie das Medium des Wissens verlässt. Der Schutz der persönlichen Sphäre dient der Lebendigkeit und Beweglichkeit des Wissens überhaupt. Das ist ein Vorzug, der auch dem Glauben gutgeschrieben werden kann: Er steigert die Pluralität der Auffassungen und Einstellungen und kann (Toleranz vorausgesetzt) dennoch die Einheit einer Kultur bewahren.

Im Wandel der Erkenntnis wird offenbar, wie ungesichert die Grenze zwischen Wissen und Glauben ist. Was einmal sicher gewusst wurde, kann im Rückblick als bloßer Glauben erscheinen; das, was jetzt als Wissen gilt, kann künftig den Status eines früheren Glaubens erhalten; und was immer als gut begründet gilt, wird auch geglaubt. In der Überzeugung des sicheren Wissens ist die Subjektivität nicht eliminiert; sie verbürgt vielmehr den individuellen Ernst des Wissens. Der schließt aber nicht aus, dass man die Vielfalt und Gegensätzlichkeit des Wissens gesellschaftlich sehr wohl ertragen kann, solange sie nicht die jedermann offensichtlichen Tatbestände wie Uhrzeit, Entfernungen, Preise oder den Inhalt gesetzlicher Bestimmungen betreffen. Unter dem Schirm der Öffentlichkeit, sosehr er das Wissen als Ganzes verbürgt, haben viele Ansichten Platz und erlauben dennoch die Verständigung über das, was mehrheitlich zu tun ist, solange niemandem die Freiheit seines Urteils genommen wird. Einheit unter den Konditionen der Vielheit zu schaffen ist der «Sinn der Öffentlichkeit» [2012a; 3.18 ff.].

Aus der Sicht der Öffentlichkeit schützt das Private die Individuen in ihrer persönlichen Entfaltung, weil es den Einzelnen überfordern würde, sich jederzeit vor allen anderen zu exponieren. Außerdem wüssten wir den Status der Objektivität des Wissens nicht zu schätzen, wenn es da keine Ebene gäbe, die ihre allgemeine Geltung jederzeit in Zweifel ziehen, prüfen und ihr auch widersprechen kann. Zugleich wüssten wir mit dem Zweifel nicht produktiv umzugehen, wenn er nicht aus unserem eigenen Erleben käme und keinen Bezug zu unseren persönlichen Interessen hätte.

Aus der Logik der Entfaltung des ursprünglich auf die Empfindungsfähigkeit des Leibes gegründeten Sinns wahrt die Subjektivität eben diesen Ausgangspunkt aller Erfahrung. Der Leib hat und braucht die Schutzhülle der Haut zur Sicherung seiner physiologischen Funktionen (*Plessner* 1928). Und die Haut wahrt ihre Rolle auch gegenüber den Eindrücken, die es zu verarbeiten gilt, ehe eine bewusste, sozial relevante Äußerung darauf erfolgt. Unter Umständen gar nichts sagen zu müssen oder nichts sagen zu können, ist ein wesentliches Regulativ der Öffentlichkeit des Wissens.

Nicht alles sagen zu müssen, was man weiß oder denkt, wahrt aber auch die individuelle Eigenständigkeit des einzelnen Menschen. Es bietet einen sozialen Schutz, der zugleich der Differenzierung der Gesellschaft zugutekommt: Bei wachsender Zahl der Mitglieder, die es unmöglich macht, dass sich jeder mit jedem persönlich verständigt, ist es günstig sowohl für die Individuen wie auch für die Vielfalt in der Gesellschaft als ganzer, wenn es Kommunikation in kleinen und kleinsten Gruppen gibt, in denen jeder die Chance hat, nach seiner Eigenart geschätzt zu werden. Das Private ist das gesellschaftliche Analogon der Subjektivität. Beide dienen der Wahrung der Individualität, die sich durch ihr Wissen im Ganzen exponiert und darin in Gefahr gerät, ihr Eigenes zu verlieren. Je mehr ein Mensch durch Urteile zum Ausdruck bringen kann, umso verletzlicher wird er durch das Urteil der anderen. Dem kann er zwar nicht grundsätzlich entgehen; das Wissen kann ihn auch unverhofft ereilen. Aber die Schutzräume der Scham und der Intimität, der Subjektivität und der Privatheit binden den Zugriff an Kriterien, über deren Aufhebung man durch eigenes Verhalten mitentscheiden kann.

Was damit über die Dimension des Wissens gesagt ist, dass es seiner Struktur nach *sozial* und *öffentlich* ist, in seinen individuellen Ausgangspunkten aber des *Rückzugs in sich selbst* bedarf (und somit *existenziell* verankert ist), hat weitreichende Konsequenzen für die Stellung des Glaubens gegenüber dem Wissen. Zwar stellt sich das Wissen in den meisten Fällen wie von selber ein, indem jemand Wahrnehmungen hat und Erfahrungen macht. Doch man geht zuweilen auch bewusst mit dem Wissen um, nimmt es mehr oder weniger ernst, bemüht sich gelegentlich mit allem Nachdruck darum und sucht manchmal, es einfach zu vergessen. Sosehr uns das Wissen bereits in anspruchslosen Alltagsverrichtungen umfängt, so entschieden kann die Haltung sein, mit der man es zu erwerben, zu prüfen oder durchzusetzen sucht.

So zeigt sich schnell, dass es vielfältige Einstellungen gibt, die man zum Wissen einnehmen kann. Die aber setzen nicht nur ein mehr oder weniger klares Bewusstsein von seiner möglichen Bedeutung voraus, sondern können auch ein mehr oder weniger großes Interesse mit sich führen und mit mehr oder weniger großer Distanz verbunden sein. Dabei ist es nicht ausgeschlossen, dass man ein Wissen gelegentlich auch verwirft, weil es einem keine Aufklärung verspricht oder aber nur Unruhe und Verunsicherung mit sich bringt.

Man kann aber auch mit aller Leidenschaft auf das Wissen setzen, wenn man einem Verbrechen, einer vielversprechenden Erfindung oder einer wissenschaftlichen Entdeckung auf der Spur ist. Im Verhältnis zum Wissen kann es Abwehr und Verlangen geben. An beiden Enden der Einstellung zum Wissen aber steht der Glauben, dass man auf das Wissen nicht verzichten kann und – dass es einem letztlich nicht genügt. Auch damit verbietet sich, von einem Gegensatz zwischen Glauben und Wissen zu sprechen. *Im Bewusstsein der existenziellen Bedeutung einer Entscheidung ist das Wissen auf den Glauben nicht weniger angewiesen als der Glauben auf das Wissen.*

Dem kommt die im Glauben wie im Wissen angelegte Entsprechung von Einzelnem und Allgemeinem entgegen. In beidem spielen Individuelles und Universelles so ineinander, wie es in der strukturellen Anlage eines jeden (notwendig allgemeinen) Bejahens und Begreifens der Fall ist: Beide haben einen individuellen Anlass, einen individuellen Träger und in der Regel auch einen individuellen Gehalt, zielen aber auf eine generelle Bedeutung. *Alles Wissen ist eine Organisation von Individuellem zum Zwecke seiner Verbindung mit anderem seiner selbst.* Nur dadurch wird es *allgemein* [2012a]. Erkennen, Begreifen, Verstehen und Wissen sind Formen dieser Organisation, die das Institutionelle und Universelle des Geistes ausmacht. Zu dieser Organisation gehört auch der Glauben, weil er in seiner propositionalen, seiner sachhaltigen Struktur jederzeit so auftritt, als könne er das Wissen ersetzen. Tatsächlich aber kann er nur an dessen Stelle treten, wo das Wissen an seine Grenzen stößt [2014b].

5. Meinen, Wissen, Glauben. Die «Erfindung» von Erkennen und Wissen muss nicht die «hochmüthigste und verlogenste Minute der Weltgeschichte» (*PW* 1760) gewesen sein. Die Nachfrage bei Nietzsche hat uns darin versichert, dass auch für ihn das Wissen eine Funktion des Lebendigen ist, von dem nicht befürchtet werden muss, es lenke uns zwangsläufig vom Leben ab. Wenn der Mensch sein Leben aus eigenem Anspruch und nach eigener Einsicht führen will, gehört das Wissen notwendig hinzu. Damit ist weder gesagt, dass es im Einzelnen oder im Ganzen auch so *ist*, wie der Mensch es wissentlich begreift; noch ist behauptet, dass der geschichtliche Gang der Dinge das vom Menschen gewünschte Ende nimmt. Wer hier auf ein glückliches Gelingen setzt, muss schon daran *glauben*! Da nur Scharlatane oder Romantiker Anlass haben können, diesen Glauben in einen Gegensatz zum Wissen zu bringen, müssen wir uns fragen, in welchem Verhältnis der Glauben zum Wissen steht.

Gegen Ende von Kants *Kritik der reinen Vernunft* findet sich ein kleines Lehrstück, in dem der Autor auf eben diese Frage eine Antwort gibt. Sie lässt uns verstehen, warum er der Ansicht ist, er habe das Wissen «aufheben» müssen, um dem Glauben «Platz zu machen» (*KrV, Vorr*; B XXX; 3, 19). Und sie klärt uns beiläufig darüber auf, warum sowohl das Wissen wie auch der Glauben auf *Wahrheit* angewiesen sind. Das gilt sogar für die von Kant an den Anfang gestellte Vorform von Glauben und Wissen, nämlich für das *Meinen*. Man braucht nur zu bedenken, dass auch die *Meinung* mit der Prätention auf Wahrheit geäußert wird, und lässt augenblicklich davon ab, Meinung und Wissen in Gegensatz zu bringen oder die Wahrheit ins Jenseits der wirklichen Welt zu verbannen, wie es in manchen Schulen bis heute geschieht.

Die *erste* von Kant charakterisierte Form des intellektuellen Weltverhältnisses ist das *Meinen*. Er definiert es als bloß «subjektives Fürwahrhalten», von dem der Meinende weiß, dass es *weder objektiv noch subjektiv* hinreichend begründet ist. Den Mangel an Gründen hält Kant für derart gravierend, dass er die Ansicht vertritt, die mangelhaft begründete Meinung ließe sich noch nicht einmal «mittheilen» (*KrV* B 848 f.; 3, 532). Sie bezieht sich auf die «bloße Privatgültigkeit des Urteils» und soll ein «sowohl subjectiv, als objectiv unzureichendes Fürwahrhalten» sein.

Diese Auffassung illustriert, wie hoch Kants Anspruch an die *Mitteilung* ist. In ihr tritt, wie bereits gesagt, die transzendentale Leistung des Verstandes zutage; also geht sie mit dem Anspruch einher, dass es um etwas Allgemeingültiges, um etwas «Objektives» geht, auf das sich ein gemeinsames Handeln gründen lässt. Eine solche Mitteilung von etwas, das zur gemeinsamen Welt der Sprechenden und Handelnden gehört, kann aber niemals im Modus des bloßen Meinens erfolgen; es muss zumindest mit dem Anspruch des Wissens verbunden sein. Damit sind wir bei der das Meinen subjektiv wie objektiv versichernden Leistung des *Wissens*. Doch mit Blick auf den *Glauben* lohnt es sich, noch einen Augenblick beim *Meinen* zu verharren: Es kann im Ernst nicht in Zweifel stehen, dass Gespräche auch auf der Basis von Meinungen möglich sind. Wäre es anders, müsste am Wirtshaustisch oder in Talkshows hauptsächlich geschwiegen werden. Selbst wenn wir Kants rigorose Einschränkung des Meinens auf die «bloße Privatgültigkeit des Urtheils» (*KrV* B 849; 3, 532) übernähmen, müsste es möglich sein zu sagen, wie ich mich fühle, welche Befürchtung mich gerade beschleicht oder welchen Eindruck ein Mensch auf mich macht. Wenn nur der Vorbehalt der ersten Empfindung, der bloßen Annahme oder des weiter gar nicht begründeten Verdachts erkennbar ist, kann natürlich eine Meinung auch in Form eines Urteils geäußert werden. Wo sollte ein Arzt mit seiner Diagnose ansetzen, wenn dem Kranken ein solches Urteil versagt wäre?

Dass die «Privatgültigkeit» des Meinens auch nach Kant nicht nur auf Äußerungen über den höchst persönlichen, den ganz und gar «privaten» Zustand eines Menschen bezogen ist, geht aus seinem Hinweis auf das «Überreden» hervor. Denn das Überreden (*mit* und *zu* bloßen Meinungen) ist aus den Anfängen der Rhetorik bekannt und macht kenntlich, dass es im gesellschaftlichen Verkehr – und keineswegs nur in der Politik – eine Rolle spielt. Die gesellschaftliche Wirksamkeit aber kann der Überredung nicht zuletzt nur deshalb zugesprochen werden, weil auch sie mit dem Anspruch des «Fürwahrhaltens» zum Einsatz kommt.

Umso wichtiger ist Kant, das Unzureichende des bloßen Meinens zu exponieren. Er spricht vom «trüglichen» Fürwahrhalten, bei dem es sich lediglich um eine «Begebenheit in unserem Gemüthe» handelt, in der wir dem «Schein» verfallen und auf nichts bauen können, was Menschen untereinander gemeinsam ist.

Das ist beim *Wissen* anders. Diese Form des «Fürwahrhaltens» hält Kant für subjektiv *und* objektiv zureichend. Sie führt dazu, von etwas «überzeugt» zu sein, geht mit «Gewißheit» einher und erlaubt es, etwas mit Belegen und auf Gründe gestützt zu «behaupten». Denn Wissen ist bei Kant nicht, wie moderne Kritiker meinen, «monologisch» konzipiert, sondern es ist ursprünglich «für jedermann» (*KrV* B 850; 3, 533). Es ist schlechterdings auf Mitteilung unter den Bedingungen einer Welt angelegt, in der wir uns durch gemeinsames Handeln zu erhalten, zu bewähren und zu bewahren haben. Das wiederum ist dem Menschen nicht ohne das alles Wissen tragende Erkennen möglich.

Zum Verständnis dieser gleichermaßen *kommunikativen wie praktischen Auszeichnung des Wissens* ist heute dreierlei anzumerken: *Erstens* schließt die *objektive* Leistung des Wissens den *persönlichen* Umgang mit dem Wissen nicht aus. Im Gegenteil, es ist auf die «subjektive Zulänglichkeit» angewiesen und muss somit auch persönlich für verlässlich gehalten werden. Der Wissende braucht nicht mehr *nur zu meinen*, braucht keine *Vermutungen* oder *Hypothesen* zu äußern, sondern kann sagen, *dass er es weiß*.

Zweitens muss man bei Kants rigoroser Subjektivierung und Privatisierung des Meinens, das der Hochschätzung der Meinung in den politischen Wissenschaften des 20. Jahrhunderts zu widersprechen scheint,[1] beachten, dass Meinen immer schon ein Wissen erfordert: «Ich darf mich», so heißt es, «niemals unterwinden, zu *meinen*, ohne wenigstens etwas zu *wissen* [...]» (*KrV* B 850; 3, 533). Durch das im Meinen beanspruchte «Fürwahrhalten» darf das Wissen als zwingende Voraussetzung für jeden gelten, der eine Meinung äußert. Sie gilt, wie sich noch zeigen wird, in vollem Umfang auch für den *Glauben*.

Und *drittens* unterstellt das Wissen nicht, dass es unveränderlich ist. So wie es auf Mitteilung angelegt ist, so bleibt es auf die gemeinsame Erfahrung angewiesen. Es gehört zu den die Wissenschaften in Gang setzenden und sie fortwährend in Bewegung haltenden Einsichten, *dass sich das Wissen ändert*. Zwar muss das nicht für alle Momente des Wissens gelten,[2] trifft aber für den weitaus größten Teil des Bestandes an menschlichem Wissen zu – unbeschadet der Tatsache, dass es an die Kriterien zwischenmenschlicher Wahrheit gebunden bleibt. Allein das macht es so abwegig zu meinen, Wissen und Wahrheit stünden der Bewegung des Lebens im Wege.

Und wenn wir uns trotz der absehbaren Änderbarkeit so sehr auf das Wissen stützen, zeigt sich augenblicklich, wie wichtig der von Kant betonte *subjektive* Anteil auch im *wissenden Fürwahrhalten* ist: Wir verlassen uns auf die (zum größten Teil von anderen bestätigten) Aussagen; wir vertrauen auf die Verlässlichkeit einer längst erfolgten (oft selbst gar nicht mehr zu kontrollierenden) Prüfung, sind von der korrekten Übermittlung überzeugt und gestehen so den kommunikativen Anteil ein, der nicht nur im *Meinen*, sondern auch im *Wissen* zum Ausdruck kommt.

In allen diesen Leistungen des *Vertrauens*, des *Sich-auf-etwas-Verlassens*, des *Eingeständnisses* und des *Überzeugtseins* liegen Momente des *subjektiven Fürwahrhaltens*, die Kant im selben Zusammenhang mit dem *Begriff des Glaubens* belegt.

Damit sind wir bei der *dritten Form des Fürwahrhaltens*, die Kant lediglich für *subjektiv zureichend, objektiv* jedoch für *ungenügend* ansieht: beim *Glauben*. Kriterium des Glaubens ist nicht die erwiesene (oder erweisbare) Übereinstimmung mit einem *allen gegenwärtigen Objekt des Wissens*; es liegt vielmehr in der *Übereinstimmung des Subjekts mit sich selbst!* Und wo die Subjekte miteinander übereinstimmen, können sie auch ihren Glauben gemeinsam haben.

So wie Kant hier den Glauben beschreibt, wird heute durchschnittlich die Meinung verstanden: Als eine unter Umständen persönlich mehr oder weniger ernst genommene Auffassung, für die sich Menschen in Parteien organisieren, für die sie in folgenreichen Wahlentscheidungen votieren und für die sie unter Umständen höchst beachtliche Opfer bringen. Gesetzt, wir haben einen Zeitgenossen, dem es nicht reicht, einfach nur eine private *Meinung* über ein in seinen Augen vorrangiges gesellschaftliches Problem zu haben; er möchte vielmehr, dass es zu einer gesellschaftlichen Wahrnehmung und zu einer viele betreffenden politischen Lösung kommt. Seine eigenen Erfahrungen lassen ihn befürchten, dass – wenn man nicht eingreift – ein Schaden entsteht, der nicht nur ihn, sondern auch seine Mitmenschen betrifft. Er meint *nicht nur rein für sich*, es könnte so sein, wie er es aufgrund seines eigenen Eindrucks beurteilt, sondern er ist *ernsthaft davon überzeugt*, beachtenswerte Gründe für seine Auffassung zu haben. Selbst wenn er zugeben müsste, dass es keine zwingenden wissenschaftlichen Beweise für seine Ansicht gibt, ist er aufgrund zahlreicher Indizien davon überzeugt, dass es nicht nur *für ihn* das Beste wäre, wenn sich das Problem (sagen wir das der Luftverschmutzung) lösen ließe. Angesichts der Tatsache, dass die Atemwegserkrankungen bei Kindern zunehmen und das Krebsrisiko in der Gesamtbevölkerung nachweislich steigt, kann auch ein Einzelner mit seiner alarmierten Meinung darauf dringen, dass endlich allgemein gehandelt wird, um das Ausmaß der Schäden zu begrenzen.

Im Bewusstsein einer Gefährdung des eigenen Daseins und der sich damit einstellenden Sorge um das Wohlergehen aller wird aus der *Meinung* eine *Haltung*, die das Handeln der derart überzeugten Menschen prägen kann. Sosehr der Einzelne von einem höchst persönlichen Eindruck ausgeht, so sicher ist er sich in seiner Furcht, dass allen Menschen Schaden droht. Damit ist er allein durch die Tatsache des Mitdenkens in einem Zusammenhang (zu dem er selbst gehört) in eine *exemplarische Position* gebracht, die ihn fordern lässt, dass *stellvertretend für alle* gehandelt werden muss.

So kann eine *Meinung* zu einer politischen oder gesellschaftlichen *Überzeugung* werden, die ein so hohes Maß des von Kant zum Kriterium des Glaubens erhobenen subjektiven Fürwahrhaltens enthält, dass wir allen Grund haben, von einem *Glauben* zu sprechen. Es ist dies ein Glauben, der zu *eigenen Handlungen* motiviert, der die *Aktivierung anderer Menschen* einschließen und der in seinen praktischen Konsequenzen *vielen*, womöglich sogar *allen* zugutekommen kann.

Das ist die Dimension des «pragmatischen Glaubens», den Kant am Beispiel des Arztes illustriert, der, im guten Glauben an den Erfolg seiner Behandlung, ein bewährtes Mittel zur Heilung der Krankheit verabreicht. Zwar verfügt er über keine objektiv zureichende Diagnose der Erkrankung; er kann auch nicht sicher sagen, ob und auf welche Weise die Medizin wirkt; aber er handelt in der von seiner Kunst und seiner Lebenserfahrung getragenen Überzeugung, dass der «wirkliche Gebrauch der Mittel» die beabsichtigten Folgen hat. Im Unterschied zum «zufälligen Glauben», der auch mal das Richtige treffen und mit dem man beim Spiel oder beim Wetten auf sein Glück setzen kann, wird hier der Ausdruck «pragmatischer Glauben» eingeführt.

Es ist von einiger Wichtigkeit zu erkennen, dass wir ohne einen solchen Glauben, der sich auf die Erfahrung von Generationen stützen kann und nicht selten eine kollektive Einübung benötigt, gar nicht leben könnten. Wer einen solchen Glauben zu eliminieren und durch «Denken» oder «Wissen» zu ersetzen sucht, der macht die Lebensunfähigkeit zum Lebensprinzip. Doch für Kant ist der «pragmatische Glauben» nicht schon das, worum es im religiösen Weltverhältnis geht; hier unterscheidet er sich von Pascal, dem notfalls eine «Wette» genügt, oder von jenen, die uns den Glauben als «Option» schmackhaft zu machen versuchen (*Joas* 2012). Für Kant ist der «pragmatische Glauben» nur die Brücke im Übergang zum «moralischen Glauben», der sich, zur Sicherung des ganzen Menschen im Ganzen seiner Welt, *auf Gott* bezieht. In dieser von jedem vernünftigen Wesen im Gebrauch seiner Freiheit bereits angelegten Einstellung glaubt ein Mensch «festiglich» an einen Gott (*KrV* B 854; 3, 535). Das geschieht nicht mit der trügerischen Sicherheit eines «doktrinalen Glaubens» kirchlich-theologischer Provenienz. Denn der lässt nicht ab von den unerweislichen spekulativen Annahmen über das Dasein Gottes; der «doktrinale» Kirchenglauben gibt sich zwar einen in den realen Weltverhältnissen verankerten Standpunkt; er tritt mit dem Anspruch auf, sagen zu können, dass Gott *ist*. Doch in eben dieser dem Göttlichen absolut fremden Existenzbehauptung steht er jederzeit in Gefahr, durch die Fortschritte des Wissens verunsichert oder widerlegt zu werden.

Von einer solchen Gefahr ist der «moralische Glauben» frei. Er bezieht sich lediglich auf die «Leitung, die mir eine Idee giebt» (*KrV* B 855; 3, 536). Der Glauben hat somit das Ziel, die Fähigkeit zu fördern, nach dieser leitenden Idee zu handeln, ganz unabhängig davon, ob es Beweisgründe für deren Gegenstück in der Realität gibt oder nicht. Denn auf solche Beweise können wir nicht rechnen, wenn eine in die Zukunft vorgreifende Handlung (wie die eines Arztes, eines Erziehers oder eines Politikers) auf dem Spiel steht. Die Bewältigung des Kommenden, die Bewährung auch im Ungewissen sowie das künftige Heil sind es, um die es im Vertrauen auf die Einheit der Zwecke geht. Kant überträgt somit die Leistung des «pragmatischen Glaubens» auf die Tragfähigkeit des praktisch-moralischen Glaubens, der uns leitet, wann immer wir mit der Überzeugung, das von uns Geforderte zu tun, *moralisch* handeln.

Nun brauchen wir nur hinzuzufügen, dass die «Idee», unter deren «Leitung» wir im moralischen Handeln stehen, nicht mehr und nicht weniger als die «Einheit der Zwecke» ist, die ich in moralischer Absicht notwendig verfolge, wann immer ich mich selbst als frei begreife. Das aber geschieht nach Kant allein schon dadurch, dass ich nach eigener Einsicht selbstbestimmt handle. Und gesetzt, ich bin mir dieser meiner Freiheit und der mit ihr gesetzten Zwecke bewusst, «weiß» (!) ich «ganz gewiß, daß niemand andere Bedingungen kenne, die auf dieselbe Einheit der Zwecke unter dem moralischen Gesetze führen». Kants Schlussfolgerung lautet demnach: «So werde ich unausbleiblich ein Dasein Gottes» glauben, und «ich bin sicher, daß diesen Glauben nichts wankend machen könne» (*KrV* B 856; 3, 536). Das «Festigliche», also die Festigkeit des moralisch begründeten Glaubens, liegt in der Gewissheit des Entschiedenen, der *weiß*, dass er im Grundsatz das Richtige tut und sich von dieser Überzeugung auch durch die letztlich alle Fälle betreffende Unkenntnis über die Folgen eines Tuns nicht ablenken lässt.

Schlüssiger, so denke ich, hat niemand je zuvor für die Unverzichtbarkeit des Glaubens an *Gott als den Einheitsgrund des selbstbewussten menschlichen Handelns* argumentiert. Und man kann es nur als einen Beweis der tiefsitzenden doktrinalen Gesinnung der (von Schleiermacher in Glaubenszweifeln mit Recht adressierten) «Gebildeten» ansehen, dass sie meinen, der Entdecker dieses durch nichts «wankend» zu machenden Glaubens an die göttliche Einheit der vom Menschen in seinem vernünftigen Selbstverständnis «sicher» angenommenen Welt habe dem Glauben an Gott den Boden entzogen. Das Gegenteil ist der Fall: Auf dem Höhepunkt der Vergewisserung des wissenschaftlichen Wissens hat Kant dem Glauben an Gott einen neuen Grund gegeben. Seine Rede von der «Einheit der Zwecke» gibt das vor, was wir heute als «Sinn des Sinns» begreifen können.

6. Glauben als Einstellung zum Wissen.

Meinen, Wissen und Glauben sind auf Verständigung und Mitteilung gerichtete Einstellungen zur Welt. Sie gehören zum intellektuellen Weltverhältnis des Menschen, dessen zentrales Moment im *Wissen* besteht. Das Wissen vermag einen Sachverhalt so zu erfassen, dass er *jedem anderen* in der *gleichen Weise* als *der gleiche* mitgeteilt werden kann. Dadurch wird keineswegs erst die Wissenschaft möglich; denn hier liegt bereits der Grund für die technischen Leistungen des Menschen, durch die er seine Umwelt stärker verändert hat, als es jedes andere Lebewesen bislang vermochte.

Mag sein, dass jene Mikroorganismen, die es vor etwas mehr als einer Milliarde Jahren schafften, mit dem damals größten Umweltproblem, dem von Mikroben produzierten Sauerstoff, dadurch fertig zu werden, dass sie aus dem Gift ihr Lebensmittel machten – mag sein, dass diese Lebewesen wirksamer und im Ganzen vielleicht sogar «lebensdienlicher» waren als der Mensch. Dessen aktive Gestaltungsleistung ist gleichwohl einzigartig. Sie beruht wesentlich auf seiner im kooperativen Umgang mit seinesgleichen entfalteten sozio-technischen Kultur. Und in ihr ist das *Wissen* zentral.

Von *Meinungen* zu sprechen hat somit nur Sinn, wenn sie sich vom Wissen abgrenzen lassen. Wenn Hunde bellen, äußern sie keine Meinung; man kann auch nicht sagen, dass sie ihr Wissen über Briefträger und andere Personen, die auf dem Grundstück nichts zu suchen haben, kundtun. Zwar kommunizieren auch sie, aber eben noch nicht über sachlogisch als für sich bestehend angenommene Tatbestände; sie bringen eine Erregung oder ein Verlangen zum Ausdruck.

Der Mensch aber kann *Wissen* haben und es in dem Bemühen um korrekte Benennung aussprechen oder anzeigen. Fehlt ihm das Wissen in einem speziellen Sachverhalt, oder hat er, wie das in vielen Fragen der Lebensführung, der Zukunftsplanung oder der Politik der Fall ist, keine verlässliche Basis für ein exaktes Wissen, muss er sich mit *Meinungen* behelfen, die aber stets unter dem Mangel an Wissen leiden. So wird es in der Regel auch empfunden. Dass es gelegentlich auch eine Lust sein kann, in bloßen Meinungen zu schwelgen, steht dazu nicht in Widerspruch. Der Mensch kann sogar aus dem Mangel etwas machen, das er genießt. Aber er glaubt bereits in allem, was er weiß und denkt, dass es der Wahrheit entspricht.

Auch die Fähigkeit zu *glauben* setzt die Fähigkeit zu *wissen* voraus. Man sagt gewiss nicht zu viel, wenn man die Ansicht vertritt, dass jeder Glauben zunächst einen Mangel an Wissen zu kompensieren sucht. Und, gesetzt es wäre möglich zu wissen, wo man bislang nur glauben konnte, brauchte vom Glauben keine Rede mehr zu sein. Freilich wissen wir nur zu genau, dass wir nicht alles wissen können, vor allem nicht von dem, was wir nur zu gern wissen möchten. Die Klügeren haben sich auf die Notwendigkeit des Glaubens so sehr eingestellt, dass ihnen das Angebot, alles wissen zu können, erst gar nicht seriös erscheint. Es wäre

eine kaum zu überbietende Form des Unwissens, anzunehmen, man
könne sich alle Gegenstände des Glaubens in der Münze des Wissens
auszahlen lassen.

Aber man kann dem Gläubigen immerhin die Frage stellen, ob er
denn meint, auch unter den Bedingungen des ewigen Lebens, gleichsam
«im Himmel», noch glauben zu müssen, oder ob er annimmt, dass im
Angesicht Gottes alles in das klare Licht des Wissens getaucht sein wird
(vgl. *1. Kor* 13,12). So gefragt, dürfte auch der mit dem größten Ernst in
seinem Glauben verwurzelte Mensch das Zugeständnis machen, dass
dem *Wissen ein Primat* eingeräumt werden muss. Was sollte ein Gott,
dem man Allwissenheit zuschreibt, noch glauben können oder gar
glauben müssen?

Also gilt: Nur sofern wir Wissen haben, haben wir auch Glauben,
der sich mit dem Vertrauen auf eine sachliche Bedeutung, einen persönlichen Wert und in der Hoffnung auf praktische Wirksamkeit verbindet. Und da es, zumindest unter den Kritikern des Glaubens, niemanden gibt, der nicht überzeugt ist, etwas zu wissen, kann auch niemand
bestreiten, dass er selbst den Glauben nötig hat. Wissen, so sagt Nietzsche sinngemäß, ist auf Glauben gegründet (*GM* 3, 25).

Also *glaubt* jeder Mensch, der etwas weiß, und er glaubt ausnahmslos, dass ihm dieses Wissen etwas bedeutet. In diesem Glauben verlässt
er sich auf sein Wissen und vertraut darin zugleich sich selbst – zumindest sofern er sein Wissen (suchend, fragend, behauptend) zur Geltung
bringen kann. Das aber kann er nur, solange er glaubt, auch von anderen verstanden werden zu können. Damit setzt er auf ein Minimum an
sozialer Verbindlichkeit: Er hat die Hoffnung, dass sein Wissen auch
anderen etwas bedeutet – zunächst und vor allem als Wissen von Sachverhalten, die auch von anderen erkannt werden können. Darüber hinaus kann das geäußerte Wissen als Selbstaussage begriffen werden, in
denen ein Individuum über sich selber Auskunft gibt – selbst dann,
wenn es nur über belanglose Dinge oder über abstrakte wissenschaftliche Theorien spricht.

Diese auf Sachverhalte gestützte Möglichkeit zur Verständigung
mit sich und seinesgleichen bietet das Wissen unter allen vorkommenden Fällen. Die Dreiheit aus Selbst, Gemeinschaft und Welt gehört zur
Struktur des Wissens, die sich bei allen Menschen findet. Nur die Art,

in der sie ihre *Zuversicht* in das Wissen zum Ausdruck bringen, differiert nach den Kulturen und den Individuen, die sich durch ihr Wissen zu verbinden, aber auch zu unterscheiden suchen. Das basale Element eines jeden Wissens, nämlich das *Vertrauen* in die zum Gegenstand gemachte Welt, in die Verständlichkeit innerhalb der menschlichen Gemeinschaft sowie in den Wissenden selbst, ist in allen Fällen gegeben. In diesen drei sich zuallererst im Wissen eröffnenden Dimensionen kommt das Wissen zur Geltung. Es stammt aus einer *Anteilnahme* an den Dingen, aus dem *Bedürfnis nach Mitteilung* sowie aus dem Verlangen nach *Selbstbestätigung des Wissens*. Das *Interesse* an der Welt, die einem bewusst erst in der Erkenntnis gegenübersteht, an der Gemeinschaft, zu der man selbst gehört, und am Selbst, das man erhalten und entfalten möchte, ist die Triebkraft, aus der die stets gesuchte objektive Sicht der Dinge hervorgeht. Und in allen drei Motivkomplexen wirkt ein *Glauben an die Verbindlichkeit im Wissen selbst*.

Durch die bloße Tatsache des Wissens wird die gleichermaßen kindliche wie vernünftige Erwartung, dass sich im Leben alles zusammenfügt, gestärkt. Wenn sich, wie es im Wissen der Fall ist, alles mit allem in einen begrifflichen Kontext bringen lässt, hat der Wunsch nach Einheit in der Vielfalt einen logischen Anhaltspunkt. So gewinnt das Selbst- und Weltvertrauen einen rationalen Charakter, der durch Einwände aus dem Arsenal des Wissens nicht erschüttert werden kann. Denn wie sollte es gehen, dass man das Wissen *grundsätzlich* durch Wissen entkräftet?

In der unvermeidlichen Vielfalt des Wissens, das unablässig seine eigenen Grenzen sprengt, gibt es drei Garanten seines inneren Zusammenhalts, die das Vertrauen in das Wissen stärken: *erstens* die Einheit des Wissenden mit sich selbst, *zweitens* seine sachhaltige Verbindung mit seinesgleichen und *drittens* die begriffliche Verknüpfung mit seiner Welt. Das sind die tragenden Elemente unserer *Gewissheit im Wissen*. Sie begründen die durch kein Argument abzuschwächende Überzeugung von der Tragfähigkeit des Wissens. Denn, wie gesagt, jeder Einwand gegen ein Wissen muss sich auf ein Wissen stützen.

Damit sehen wir genauer, worin der Glauben an das Wissen, der stets ein Glauben *im* Wissen ist, besteht: nämlich in dem *Vertrauen* auf die jedes Wissen tragende Verbindung von Ich, Wir und Welt, die uns in der Form eines begrifflich zugänglichen Sachverhalts gegenübersteht. Alles, was wir erkennen (oder auch nur zu erkennen meinen), wird als *Einheit* nach Art eines Ganzen gefasst. Sie wird im Wissen gewahrt. Da sie sich uns aber nur unter der Bedingung von Mitteilung erschließt, hat sie eine Bedeutung für die Gemeinschaft, in der wir uns über sie verständigen. Auch darauf ist der Glauben *im* Wissen gegründet. Schließlich hat er darin ein besonderes Gewicht, dass jeder Einzelne in der kommunikativen Anteilnahme überhaupt erst seine eigene Bedeutung erfährt.

Im Wissen verlassen wir uns sowohl auf die innere Stimmigkeit wie auf die äußere Fasslichkeit der Welt, in der wir allein dadurch, dass wir sie zu erfassen glauben, eine für unser Selbstverständnis erhebliche Rolle spielen. Hinzu kommt, dass wir dieser Welt als eine sich über sie verständigende Gemeinschaft von Menschen gegenüberstehen.

Als eine durch keine Leistung des Wissens zu schwächende Überzeugung vertraut der Glauben im Wissen somit auf die *Einheit*, die sich im Wissen immer wieder von Neuem herstellt. Im Vertrauen auf die nachvollziehbare Verknüpfung von Ich, Wir und Welt setzt er auf die Beziehung der Teile zum Ganzen des Wissens. Darin ist er *rational*, und er ist in dieser Rationalität von der Erwartung getragen, im Wissen die Elemente einer Welt aufzufinden, in der das Selbst, die Gemeinschaft und die erkannten Dinge selbst Teile eines Ganzen sind, zu dem alles gehört.

Diesen das Wissen zwangsläufig begleitenden Glauben kann man eine *epistemische Überzeugung* nennen. Der Ausdruck nimmt den griechischen Terminus für Wissen (*episteme*) auf, das schon Platon nicht von der auf eine starke Überzeugung gegründeten Meinung (*doxa*) trennen konnte. Eine *epistemische Überzeugung* ist die sich im Medium des Wissens ausbildende *affektive Anteilnahme am Wissen*, genauer: ein intellektuell grundiertes, zugleich aber emotional fundiertes Interesse an der Leistung des Wissens. In der erhofften Klarheit und Sicherheit des Umgangs mit Dingen und Ereignissen wollen wir uns in ein Verhältnis zu unseresgleichen setzen, in welchem wir selbst zur bestmöglichen Wirkung finden.

Dieses Streben bleibt an das Wissen gebunden, kommt aber aus den *organischen, sozialen, emotionalen, logischen* und *intellektuellen* Tiefen unseres Selbst und kann daher als *Gefühl* erlebt werden. Es ist ein *rationales* Gefühl, das Einheit in der Unterscheidung sucht, die in jeder Leistung des Wissens (und des Handelns) liegt und dennoch in jeder Leistung des Wissens (und des Handelns) überwunden werden soll. Man greift heraus, trennt und grenzt ab, wenn man etwas weiß, sucht sich aber eben darin mit seinesgleichen zu verbinden, indem man sich (im Vorgriff auf ihr Verständnis) auf *etwas* bezieht, das den Wissenden gemeinsam vor Augen steht.

7. Der Glauben als Gefühl. Trotz der engen Bindung des Glaubens an das Wissen muss alles Gewicht darauf liegen, den Glauben als *Gefühl* zu begreifen. Denn sosehr er sich auf etwas bezieht, das in der Form eines Sachverhalts auf Distanz gebracht werden kann, ist der Glauben vorrangig das *Verlangen, sich dieses Sachverhalts sicher zu sein.* Der Gläubige lebt in der Gewissheit, dass etwas so ist, wie er glaubt, dass es sei, und nicht selten bleibt er dabei, auch wenn seine Auffassung von anderen in Zweifel gezogen wird. Der Glauben kann als ein das Leben tragendes Gefühl tiefer Überzeugung erlebt werden und mit dem Bestreben verbunden sein, dem Geglaubten *nahe* zu sein. Vornehmlich soziale Einstellungen des Menschen wie Liebe und Treue, Loyalität und Solidarität, Verantwortung und das Bewusstsein der Verpflichtung sind durch das Gefühl des Glaubens grundiert. Man muss an seine eigenen Versprechen glauben, wenn man sie ernsthaft halten will. Und es kann so erhebend wie erschütternd sein, jemanden zu erleben, der vorrangig an seine Aufgabe oder unbeirrbar an sich selbst glaubt.

Schon diese wenigen Hinweise zeigen, dass man ohne Glauben weder als Mensch unter Menschen leben noch als Mensch vor sich selbst bestehen kann. Der Glauben ist eine propositionale Einstellung zu dem, was als eminenter Sachverhalt angesehen wird, ohne für jeden in nachprüfbarer Weise offenkundig zu sein. In ihm geht es darum, dass etwas *wirklich so ist*, obgleich man es nicht mit Gewissheit für jeden nachweisen kann. Der Glauben geht nicht in der eher unverbindlichen Weise über das Wissen hinaus, wie es in Meinungen und Überzeugungen tagtäglich geschieht – und geschehen muss. Er überschreitet die Grenze des Wissens in den *existenziellen Fragen des Daseins.* Er hat seine Stärke darin, in elementaren Daseinsfragen eine *Verbindlichkeit* zu erzeugen, die zwar nicht aus der Eindeutigkeit eines erkannten Sachverhalts, wohl aber aus der Sicherheit des eigenen Selbst- und Welterlebens entspringt.

Der Glauben vermag uns auch dort entschieden und entschlossen – sagen wir ruhig: charakterfest und widerstandsfähig zu machen –, wo andere nur auf die Überraschung warten können, die sie sich selbst bereiten. Das Humane des Glaubens liegt eben darin, dass der Mensch dem Schicksal nicht einfach ausgeliefert sein will, sondern auch im Ungewissen bei dem bleiben möchte, das ihm wichtig ist. Früher hätte man sagen können, der Gläubige habe den Anspruch, sich selbst «treu» zu bleiben. Heute wäre es angebracht, von der Wahrung seiner Autonomie auch im Jenseits aller Berechenbarkeit zu sprechen. Dabei wird die Bindung an das Wissen nicht aufgekündigt. Der Glauben macht das Wissen nicht vergessen, sondern er setzt da ein, wo das Wissen noch nicht oder nicht mehr trägt. Er stützt sich selbst auf Gründe und bleibt der Kritik nicht nur einfach ausgesetzt: Aus seinem eigenen epistemischen Anspruch hat er für sie offen zu sein. Die basale Leistung des Glaubens besteht somit darin, die allemal bestehenden und benötigten Wünsche, Ansprüche, Erwartungen und Hoffnungen so weit wie möglich mit dem Wissen zu verknüpfen. Folglich kann er mit Recht eine epistemische Einstellung genannt werden. Ihm steht, wie nun schon mehrfach betont, das Wissen auch deshalb nahe, weil es selbst nicht ohne ein Vertrauen auskommt, das man als Glauben an das Wissen klassifizieren kann.

Aber im Gefühl des Glaubens geht es um mehr als um bloße Bestätigung von etwas, das man nicht sicher weiß. Es geht um ein *Doppeltes* mit starker innerer Verschränkung: *Zum einen* versichert sich der Gläubige selbst in dem, was er für richtig hält. Im Glauben liegt eine Selbstbestätigung der Individualität des einzelnen Menschen, der auch dann bei sich und seiner Auffassung bleibt, wenn sie von anderen nicht geteilt oder gar in Zweifel gezogen wird. Der Glauben individualisiert noch stärker als das Wissen, weil er – in letzter Konsequenz – den Rückhalt für seine Meinung nur in sich selbst findet.

Darin liegt ein zusätzliches Argument für die zivilisatorische Modernität des Glaubens, der weniger mit den viel geschmähten hinterwäldlerischen «Köhlern» als mit den eigenständigen Individuen in den erst sechs- oder achttausend Jahre alten Hochkulturen der Menschheit zu

tun hat. Wo die Organisation des menschlichen Wissens den Charakter
einer Zivilisation annimmt, verstärkt der Glauben die Individualisierung – unbeschadet der Tatsache, dass dafür einst Organisationen unter
priesterlicher Anleitung nötig waren. Der Priester kann stets nur ein
Gehilfe des individualisierenden Glaubens sein, den er zerstört, wenn er
sich zu seinem Herrn aufschwingt. Das – und nicht die «Säkularisierung» – wird durch die neuzeitliche Religionsgeschichte belegt.

Zum anderen aber möchte das sich im eigenen Glauben auf die
Eigenständigkeit seiner Auffassung besinnende Individuum in diesem
Glauben mit dem Geglaubten verbunden sein. Der Glauben stärkt das
Selbst in seiner epistemischen Einstellung, verstärkt aber das Verlangen,
mit dem, wovon sich der Einzelne in seiner epistemischen Distanz
absetzt, innerlich verbunden zu sein. So kompensiert der Glauben die
zum Wissen gehörende Abgrenzung zu den Sachverhalten und sucht
nach einer ihn und alles andere umfassenden Einheit, in der das Insgesamt aller Verhältnisse allen und allem zu seiner Bestimmung verhilft. Der Gläubige ist anspruchsvoll: Er möchte selbst in bester Verfassung sein und verlangt nach einer Welt, die, wenn sie schon ein
solches Verlangen möglich macht, dann auch dafür sorgen kann, dass es
sich für jeden erfüllt.

In diesem Verlangen liegt der Wunsch, mit dem Ganzen einig zu
sein. Darin wird der Glauben, der das Wissen in vielen Schattierungen,
vornehmlich als Überzeugung und Vertrauen, umspielt, ergänzt und
trägt, die *Grundform einer religiösen Einstellung.* Er schließt das Bedürfnis ein, dem Geglaubten *zuzugehören,* von ihm *beachtet* und *angenommen* zu werden. Am Ende möchte der Gläubige *mit, durch* und *in* seinem
Glauben mit dem *eins* sein, was ihm sein Glauben als das Erste, Wichtigste und Umfassende eröffnet.

Der Anspruch auf ein *Optimum des Selbst* und der *Welt* mag vermessen oder einfach illusorisch klingen. Uns genügt er als ein weiteres
Indiz für seine strukturelle Bindung an das Wissen, das es dem Menschen allererst ermöglicht, in Kategorien der Steigerung zu denken.
Überbietung setzt den Vergleich voraus, der zwar anschaulich erfahren
und im Gefühl erlebt werden kann, aber die begriffliche Relation von
Mehr und Weniger sowie die definitorische Bestimmung eines nicht
mehr zu überschreitenden Endes voraussetzt. Aber es gibt auch einen

beachtenswerten Unterschied: Während man das *Wissen*, sosehr es seine Bestätigung in der Anwendung oder in der Weitergabe finden mag, als eine eher *theoretische Beziehung* auf das Gewusste begreifen kann, nähme man dem *Glauben* seinen Kern und seine Kraft, wenn er nicht das *Streben hin zum Geglaubten* einschlösse. Darin ist er der *Hoffnung* und der *Liebe* gleich.

Glauben ist somit niemals bloße Theorie, sondern immer auch Praxis. Der junge Nietzsche hat es in einem Schulaufsatz, zwei Jahre vor dem Beginn seines später abgebrochenen Theologiestudiums, auf den Punkt gebracht: Der Glauben ist eine «Herzensangelegenheit» (*WF* 63) und hat somit als *Gefühl* zu gelten. Doch es wäre voreilig, daraus den Schluss zu ziehen, der Glauben habe mit dem Wissen nichts zu tun, sei von ihm abgetrennt oder stehe ihm sogar entgegen.

Das Gegenteil ist der Fall: Der Glauben steht in einer besonderen Beziehung zum Wissen, die so eng und unverzichtbar ist, dass man von einer *notwendigen Verbindung* sprechen muss. *Wissen gibt es nur in Verbindung mit dem Glauben, und ein Glauben verliert seinen Sinn, wenn er keinen Bezug zum Wissen hat.* Dabei ist das Gefühl, dem der Glauben trotz – oder vielleicht auch gerade wegen – der ihm eingeschriebenen *epistemischen Präferenz* am ehesten entspricht, das Gefühl der *Liebe*. Doch ehe darüber zu sprechen ist, muss die Eigenart der Gefühle näher betrachtet werden. Das soll möglichst knapp in fünf Punkten geschehen:

Erstens: Gefühle gehören zur sinnlichen Selbsterfahrung des Leibes. Während der einzelne sinnliche Eindruck, den die ausgebildeten Rezeptoren vermitteln, zumeist auf eine irgendwie bestimmbare Quelle außerhalb des Körpers oder auf eine lokalisierbare Ursache in ihm bezogen ist, wird im Gefühl *der Leib als ganzer* in Erregung versetzt. Im empfundenen *Schmerz* mag die Ursache eine Schnittwunde oder eine gerissene Sehne sein; auch ein schriller Ton, der ins Trommelfell sticht, erfüllt noch die Bedingung der Lokalisierbarkeit. Aber als Gefühl durchläuft der Schmerz den Körper *ganz*, und er kann das Bewusstsein beherrschen. Das *Gefühl des Hungers* scheint seinen Ausgangspunkt, örtlich bestimmt, im Magen zu haben. Aber unabhängig davon, wo die Sensoren für ihn lokalisiert sind, ist unbestreitbar, dass er alle anderen Empfindungen überlagern und das ganze bewusste Erleben beherrschen kann.

Wie *Hass*, *Eifersucht*, *Neid* oder *Ehrgeiz* die Wahrnehmungsperspektive einschränken und das Handeln zwanghaft machen können, kann jeder an sich selbst erfahren; sollte er es nicht können, sei ihm ein Blick in beliebige Strafprozessakten empfohlen. Über die *Scham* hingegen wird man in Prozessakten wenig erfahren; mit ihr ist man jedoch seit der Kindheit vertraut. Ihr Auslöser mag in einer bestimmten körperlichen Blöße oder einer sozialen Schwäche zu finden sein; in ihrer Wirkung ergreift sie den *ganzen Menschen*, der sich als Person bloßgestellt sieht. Auch die *Furcht* braucht man niemandem zu erklären; wenn sie panisch wird, ist nicht selten bereits von außen zu sehen, dass sie den Menschen *ganz* ergreift.

Um zu wissen, dass die durchschnittlich positiv bewerteten Gefühle der *Lust* Weltbilder aufhellen und ein ganzes Leben umstimmen können, muss ebenfalls niemand erst Akten studieren. Die Lust ist ein Erregungszustand, in dem sich der *ganze Organismus* versetzt. Er macht ihn zu vielem fähig, ganz gleich, ob es um große Abenteuer oder kleine Risiken, lebenslange Leidenschaften oder um den behaglichen Rückzug hinter eine Pralinenschachtel geht.

Wo Gefühle, wie im Fall einer Verstimmung oder Trauer, nicht als Dauerzustand erfahren werden, ist seine *situative Bedingtheit* in der Regel offenkundig. Man weiß damit von ihrer begrenzten Reichweite und ihrer Flüchtigkeit; im Fall einer Ablenkung kann sie rasch vergehen. Deshalb gelten die Gefühle als unberechenbar und unbeständig. Dennoch wohnt ihnen eine *Dynamik* inne, die darauf dringt, augenblicklich alles ihrem Diktat zu unterstellen.

Zweitens. Die überbordende Dynamik der Gefühle wird nur deshalb nicht als fortgesetzt bedrohlich empfunden, weil sich der Leib im Gefühl ein ihn insgesamt repräsentierendes Sensorium zulegt, das wir *Selbst* oder *Seele* nennen. Es ist das zumindest sprachlich unvermeidbare Selbst, das gleichsam für den Körper fühlt und für ihn über Tun und Lassen zu entscheiden scheint. Außer in Fällen eines psychotischen Zwangs zur Selbstverleugnung können wir gar nicht anders, als das *Selbst* (oder das es begrifflich repräsentierende *Ich*) als die Instanz anzusehen, die unser bewusst beeinflussbares Verhalten lenkt.

Dadurch, dass der Mensch auch noch im Fühlen ein Bewusstsein der Differenz zwischen Körper und Seele haben kann, vermag er auf eine gewisse Distanz zu seinen Gefühlen zu gehen und aus den Verhaltensdispositionen, die sie auf der Ebene des Leibes sind, Optionen für seine Einstellung zu sich selbst – und damit auch für sein bewusstes Handeln – zu machen.

Zusammen mit der Vielfalt, dem Wandel und der Gegensätzlichkeit der Gefühle kann das *Selbst* tatsächlich Optionen haben und (natürlich nicht unabhängig von Anlass und möglichen Folgen) Direktiven für die Auswahl geben. Das gilt insbesondere in dem nur zu oft erfahrenen *Widerstreit verschiedener Gefühle*. Der wird nur begrenzt als angenehm oder aufschlussreich erfahren und drängt von sich aus auf eine Entscheidung durch das Selbst, das sich dadurch profilieren, aber auch in seiner Schwäche verlieren kann. In jedem Fall bieten Gefühle Gelegenheit zur Entscheidung, die sich selbst wiederum nicht ohne ein Gefühl, sei es der Entschlossenheit, der Erleichterung oder der Verzweiflung – oder der dominierenden Liebe –, durchsetzen und durchhalten lässt.

Widerstreitende Gefühle, das ist eine zentrale Einsicht, vermögen Entscheidungen zu forcieren; im Vorfeld können sie das Einschätzen und Abwägen fördern und im Ergebnis zur Stärkung (oder zur Schwächung) des Selbst beitragen. Charles Darwin hat das am Beispiel der Furcht illustriert:

> «Wer die äußeren Anzeichen der Furcht nicht kontrolliert, wird intensivere Furcht empfinden; und wer in Passivität verharrt, wenn er von Kummer überwältigt wird, verliert die beste Chance, die Elastizität des Geistes wiederzuerlangen.» (*Expression*, 365)

Darwin hat eine Gefühlstheorie entworfen, die in einer dem heutigen Naturwissenschaftler vermutlich sträflich erscheinenden Weise die *Rolle des Selbst* und damit auch der *Seele* und des *Geistes* zur Geltung bringt, ohne die evolutionäre Verbindung zwischen Tier und Mensch in Zweifel zu ziehen. Gefühle kommen nach Darwins Ansicht nur unter Bedingungen der *Aufmerksamkeit für sich selbst* zur Geltung. *Self-attention* wird nicht erst für die Beschreibung von Gefühlen benötigt. Sie gehört bereits zur lebendigen Wirksamkeit der Gefühle, die durch die Aufmerksamkeit gegen sich selbst modifiziert werden können. Besonders deutlich wird das durch Darwins Hinweis auf die Wechselwirkung zwischen Gefühl, Ausdruck und entschiedener Tätigkeit.

Aber die Distanzierung mithilfe des Selbst (und wie Darwin ganz unbefangen sagen kann) durch den *Geist* (*mind*) geht nie so weit, dass einer gänzlich ohne Gefühle handeln kann. Vielmehr bleiben die Gefühle die *erlebten Antriebe* unseres Lebens, ohne die wir uns nicht *von selbst* bewegen könnten.[3] Die Eigenständigkeit des menschlichen Handelns ist immer auch durch Gefühle motiviert, und die Abhängigkeit von äußeren Kräften und Mächten wird von stärksten Gefühlen begleitet. So oder so: Gefühlen lässt sich nicht entkommen.

Drittens: Gefühle sind das psychische Medium, in dem Tiere und Menschen ihr eigenes Verhalten erleben. Sie sind die innere Atmosphäre, ohne die es kein bewusstes Handeln gibt. Den wechselnden Stimmungen entgeht man noch nicht einmal im Traum. Sie sind, so könnte man sagen, die unerlässlichen *Modifikationen des Erlebens* und darin die unverzichtbaren *Moderatoren allen Tuns.* Ohne Gefühl kann schlechterdings gar nichts getan, zugelassen oder verhindert werden. Sie geben die Triebfedern zu erkennen, die zu einem Verhalten führen. Abwehr oder Zustimmung beruhen auf Gefühlen; Misserfolge wirken sich in *Stimmungen* aus, werden durch neue *Erwartungen* abgefedert, durch Entschuldigungen, Erklärungen, oft auch nur durch den Faktor der Zeit in neue *Hoffnungen* verwandelt und können allmählich in die *Befriedigung* übergehen, *viel, ausreichend* oder *wenigstens etwas* erfahren zu haben.

Die entscheidende Leistung der Gefühle tritt im Verhältnis zur *Zukunft* hervor. Wir *wissen,* dass sie kommt, zugleich aber ist es das Wissen, das die von ihr eröffnete Aussicht problematisch macht: Das Wissen könnte uns, wenn wir es wirklich ernst nehmen wollten und nur für den Fall etwas zu tun gedächten, in dem wir über sicheres Wissen verfügen, in augenblickliche Erstarrung verfallen lassen. Doch das geschieht nicht, weil wir *Erwartungen* und *Überzeugungen* haben, die eine fortwährende Verlängerung der Gewissheit in die nächste Situation hinein vornehmen. Im bewussten Zustand sind Gefühle immer gegenwärtig. Sie schaffen die Kontinuität des Erlebens, auf der die Durchgängigkeit bewussten Tuns und Lassens beruht.

Vornehmlich ist das die Leistung des *Vertrauens,* zu dem sich zwischen Gefühl und Wissen changierende Einstellungen wie *Überzeugungen und Meinungen* gesellen. Das Vertrauen in den erfahrenen Stand und Gang der Dinge sowie die Zuversicht in die eigenen Kräfte sind elementar. Darin bleiben wir immer wie die Kinder, die sich wie selbstverständlich auf das Dasein einlassen, in das sie hineingeboren werden. Das Wissen ist in der Lage, uns einen Teil dieser Gewissheit zu nehmen. Doch ohne Selbst- und Weltvertrauen lässt sich nicht leben; schließlich brauchen wir es allein schon, um uns vom Wissen überzeugen zu lassen. Angesichts seiner begrenzten Reichweite, seiner fortgesetzten Zunahme und der Leichtigkeit, mit der man es vergessen kann, ist es alles andere als selbstverständlich, dass man ihm zutraut, die ganze Last des Lebens zu tragen.

Viel wichtiger aber ist, dass diese Wertschätzung des Wissens gar nicht allein auf Wissen beruht. Schon die Option für das Wissen ist auf Hoffnungen gegründet, die ihrerseits auf befriedigenden und versichernden Erfahrungen mit dem Wissen und somit, wenigstens zum Teil, auch auf Empfindungen und Gefühlen beruhen dürften. In die Hoffnung auf den Störung oder Anspannung verringernden emotionalen Effekt des Wissens geht aber auch die Erwartungen steigernde Faszination durch das rein Sachliche und Exakte ein, zu der paradoxerweise das sedierende Gefühl der Sicherheit ebenso wie stimulierende Lust auf das Abenteuer des Neuen gehören. Beides stellt sich sowohl mit dem größeren Radius der Verfügung wie auch mit dem Distanzgewinn durch das Wissen ein.

So ist es das Wissen, das ein *Vertrauen* begründet, das wir wiederum in das Wissen investieren, ohne uns dabei allein auf das Wissen berufen zu können. Wissen löst Gefühle aus, die uns dann für immer neues Wissen, ja sogar für *das Wissen überhaupt* votieren lassen, ohne auch nur zu wissen, was das Ganze des Wissens sein könnte. Die starke Option für das Wissen beruht somit auf einem Gefühl, das wir mit vollem Recht als *Glauben an das Wissen* bezeichnen können. Dieser Glauben, der gelegentlich wie Ahnungs- oder Bedenkenlosigkeit erscheinen mag, bewahrt uns davor, in ständiger Angst vor dem Kommenden leben zu müssen.

Dass der Tod, von dessen Kommen wir wissen, auch zu unserer mit gemischten Gefühlen erwarteten Zukunft gehört, darf in alledem nicht vergessen werden. Er kann uns schrecken und entmutigen, kann aber auch als definitiver Antrieb oder Trost erfahren werden. Ohne ihn fehlte der Ernst des Lebens, ohne den das Vertrauen in die eigenen Kräfte sinnlos wäre. Dieses Vertrauen schließt die Erwartung ein, dass unsere Leistungen in die Welt passen, auf die sie gerichtet sind. Und es ist nicht

mehr und nicht weniger als ein Glauben, dass uns das Wissen nicht nur
einfach nützlich ist, sondern auch als integraler Bestandteil der Bildung
angesehen werden kann, auf der unsere vernünftige Selbstschätzung beruht. Dieses Vertrauen und dieser Glauben mögen durch noch so viele
gute Gründe gerechtfertigt sein, die sich zu einem Teil auch auf Wissen
stützen, doch sie sind und bleiben *Gefühle*.

Viertens: Es wäre ein Irrtum zu denken, Gefühle seien nur durch
das disponierende Selbst, durch dessen nach innen wie nach außen
gerichtete Aufmerksamkeit, sei es durch die Kenntnis von Gefahren
oder die Bewertung von Chancen, mit dem Wissen verbunden. Es ist
vielmehr so, dass ihnen selbst ein erheblicher *epistemischer Gehalt* zukommt. Denn Gefühle sind keine Antipoden des Wissens, sondern sie
treiben es an, lassen es nicht ruhen, verstärken, beleben und steuern es,
nehmen ihm mitunter die Bedeutung und lassen uns gelegentlich sogar
damit zufrieden sein.

Damit zeigen sie immer auch Wirklichkeiten an, die nicht nur im
bewussten Handeln, sondern auch im Wissen zu berücksichtigen sind.
Gefühle sind *Indikatoren einer naturalen und sozialen Realität*, ohne die
das auf objektive Verständigung über diese Realität setzende Wissen
schlechterdings nicht gedacht werden kann.

Gefühle eröffnen dem Selbst einen Zugang zu den Triebenergien
des Leibes. Sie geben etwas zu erkennen, ohne dabei an die Leistungen
des (deiktischen) Zeigens gebunden zu sein. Sie sind auch nicht auf
symbolische Zeichen oder Begriffe angewiesen. Vielmehr sind sie selbst
das Mittel, durch das ich Zugang zu meinen Schwächen und Stärken
erlange. Vor aller medizinischen Diagnose und unabhängig von möglichen Leistungstests geben sie mir – in der Form der *Befindlichkeit* –
Aufschluss über mein Befinden. Sie machen *Dispositionen* gegenwärtig,
unter denen das Verhalten steht. Man kann sie daher auch korporal
fundierte und psychisch validierte *Einstellungen* nennen.

Fünftens: Gefühle sind nicht nur dem zugänglich, der sie hat. Schon
in ihnen ist das Bewusstsein *offen* für Einsicht und Nachvollzug durch
seinesgleichen. So unwahrscheinlich es angesichts der Subjektivität und
Intimität vieler Gefühle auch klingen mag: Zu den Gefühlen gehört
eine in ihrer Natur liegende *Offenheit*, die im Wissen in die *Öffentlichkeit* der gewussten und gedachten Gehalte übergeht.

Das ändert nichts an der die Zivilisationen überhaupt erst ermöglichenden Disziplin des Menschen, Gefühle auch verbergen zu können. Man kann Gefühle verstecken oder verschweigen, man kann sich verstellen und sich sogar in eine Stimmung versetzen, die einen am Ende selbst glauben macht, ein Abend sei interessant oder gar lustig gewesen. Man überspielt seine Trauer, unterdrückt sein Erstaunen oder seine Enttäuschung. Mancher ist zeit seines Lebens damit beschäftigt, sich seine Melancholie nicht anmerken zu lassen. Aber alles das gelingt nur innerhalb gewisser Grenzen, über die man nur bedingt verfügen kann. Die Gefühle sind, wie der Körper, Teil unserer Realität. In ihr eröffnen sie Spielräume der Disposition, die ihre Mitteilbarkeit begünstigen. Und in ihr kommen sie nun wieder dem Wissen nahe, das nicht mehr und nicht weniger als der sachhaltige Anteil an der Mitteilung ist.

Auf diese Mitteilbarkeit ist wiederum der Glauben wie kein anderes Gefühl gegründet. Er ist das insbesondere dann, wenn er sich auf etwas bezieht, von dem angenommen werden kann, dass es um Inhalte geht, die allen gleichermaßen bewusst sein können. Das gilt natürlich für die Formen der elementaren Empfindung: für die Schmerzvermeidung, die Abwehr einer Todesgefahr, für die Befriedigung von Hunger und Durst oder für die Vermeidung von Kälte und Hitze, für die sexuelle Lust und für andere verbreitete Spielarten des Glücks. Es ist aber in besonderer Weise beim religiösen Glauben der Fall, der im schwer zu definierenden Ganzen etwas scheinbar Gegenständliches, Persönliches und nicht selten auch die Gläubigen Auszeichnendes vorstellt und es mit mehr oder weniger konkreten Verheißungen der Besserung, der Erhebung oder der Ruhe verbindet.

Das sachförmige Versprechen des Glaubens ist in der Regel mit Erzählungen verbunden, die den Gang der Geschichte bebildern, Opfer, Dienste und Lebensformen auszeichnen und die Zukunft durch die Verheißung allseitiger Besserung unendlich aussichtsreich erscheinen lassen. Nicht zu unterschätzen ist ihre Ankündigung kommender Erfolge bis zur Befreiung aus der Gefangenschaft, zur Rückkehr ins Gelobte Land und zur Erlösung von allen Übeln. In der Konkurrenz der Völker, Klassen und Kulturen spielt auch die erwartete Auszeichnung durch die Gunst der Götter eine Rolle. Sie sucht man zu erkunden; auf sie sind die religiösen Handlungen berechnet; hier haben jene einen

Vorsprung, die sich auf die Deutung der Vorzeichen verstehen. So nimmt das Gefühl des Glaubens in der religiösen Praxis an vermeintlichem Wissen zu, obgleich es keine verlässlichen Anhaltspunkte für eine objektive Erkenntnis des göttlichen Willens gibt.

Unter religiösen Vorzeichen reichert sich das Gefühl mit vielfältigem Wissen an und lädt die Vorstellungswelt phantastisch auf, so dass man nicht selten große Sachkenntnis braucht, um den erhofften Weg zum Heil zu finden. Man denke an die Vielzahl der Götter, an die Unmenge der Gebote und Verbote, die differenzierte Gliederung der Rituale oder die zahllosen Heiligen, die noch die Kalender einer hochkultivierten Religion des Abendlandes bevölkern.

Doch so viel Wissen ein Gefühl auch in sich aufnehmen mag: Es bleibt ein Zustand einer besonderen affektiven Verbindung mit dem Gegenstand oder der Lage, auf den oder auf die es sich bezieht. Das gilt mit umgekehrten Vorzeichen auch für Gefühle der Abwehr oder des Abscheus. Im Gefühl erfährt sich der Mensch selbst als eine Kraft, die auf Nähe oder Abstand dringt. In dieser spannungsreichen Einbindung ist jeder ein mit eigener Dynamik ausgestatteter Teil des Ganzen, zu dessen Energie jeder auf seine Weise gehört. Auf diese Weise ist der Fühlende innerlich und äußerlich in das Geschehen eingelassen. Folglich ist das Gefühl, selbst *ganz* zu diesem *Ganzen* zu gehören, eine naheliegende Konsequenz. Das religiöse Gefühl, so könnte man sagen, *ist* das Bewusstsein dieser Zugehörigkeit. Es ist, um ein großes Wort von Novalis abzuwandeln, die Gewissheit, im Universum seine Heimat, sein Zuhause zu haben.

Die Zugehörigkeit, die ursprüngliche Verbundenheit, das Gefühl der Einheit mit einem Ganzen kennen wir aus dem Erleben der *Liebe*, die, wenn sie sich als Gefühl nicht mehr verleugnen lässt, zum Wissen von einer singulären Verbindung im Ganzen wird. Im Ganzen ist zwar alles schon einmal da gewesen, und alles kommt in milliardenfacher Vervielfältigung vor. Und doch eröffnet das in ein Wissen einmündende Gefühl der Liebe das Bewusstsein, selbst in der Masse auf einzigartige Weise mit wenigen anderen in einem Ganzen verbunden zu sein. Die Liebe ist das Gefühl, allein aus eigenem Impuls und in allem, das einem wichtig ist, womöglich nur mit *einem* anderen Menschen vereint zu sein – und dies in einem Ganzen, das spätestens in der Liebe seine

Fremdheit verliert. Die Erfahrung des Für-sich-Seins ist hier die Bedingung für das Glück des gemeinsamen Daseins in einem Ganzen, das schon im Verlangen nach Liebe seiner Schrecken verlustig geht.

Um auch hier die Beziehung zum Wissen kenntlich zu machen, könnten wir die Liebe als das dialektische Gefühl schlechthin bezeichnen: Es geht aus der Trennung hervor, sucht sie in der Verbindung mit dem Geliebten zu überwinden und bringt in der gelingenden Einheit selbst ein Ganzes hervor, das nicht nur mehr als die Summe der vereinten Teile, sondern «Schicksal» und darin notwendig ist. In dieser Notwendigkeit hat sie ihr Glück nicht zuletzt darin, dass sie wissen kann, auf wie viel Zufall sie beruht und welchen Gefährdungen sie ausgesetzt ist.

So hat man sich auch die Wirkung des religiösen Gefühls vorzustellen, das vom Bewusstsein einer persönlichen Nähe zum Ganzen bestimmt ist: Als personale Einheit in einer als Kosmos vorgestellten Unendlichkeit als individuell bedeutungsvoll ausgezeichnet zu sein, ist ein wesentliches Moment religiöser Erfahrung. Der Trost, im Ganzen nicht verloren zu sein, ist das Minimum dieses Gefühls, in dem ein Mensch sich seiner Bedeutung versichert sieht, für die es angesichts der Größe des Raums, der Dauer der Zeit und der absoluten Unzulänglichkeit allen Wissens nicht den geringsten objektiven Anlass gibt.

Der Gläubige glaubt es dennoch – um seiner selbst, um seiner Nächsten und um der Zwecke und Ziele willen, für die er lebt. Die Theologie sucht ihn darin zu bestärken, indem sie sich darzutun bemüht, dass die erlebte Bedeutung des Einzelnen der Bedeutung des Ganzen durchaus entsprechen kann. Dabei mag sie so gelehrt sein, wie ihre historischen Voraussetzungen dies erfordern: Ohne die Vorgabe des Glaubens wüsste sie nicht, wovon sie sprechen soll. Denn es ist erst das Gefühl des Glaubens, in dem die Unendlichkeit des Ganzen als Bedingung der Bedeutung des endlichen Wesens gegenwärtig wird. *Endlich im Unendlichen zu sein* – darin kann sich der Glauben bereits mitten im Dasein erfüllen.

Dem darin benötigten Sinn des Einzelnen kommt die Bedeutung des Ganzen als der Sinn entgegen, den das Individuum darin entdecken kann. Und wenn die Erfüllung erst für das «Ende aller Zeiten» verheißen sein sollte, berührt und trägt uns der Sinn, weil wir ihn bereits im Gefühl des Glaubens als *gegenwärtig* erfahren. Der Zustand der Welt lässt es vermutlich unter keinen Umständen zu, die im Augenblick eines gegebenen Daseins gefundene Erfüllung auf Dauer zu stellen. Jenseits des glücklichen Augenblicks stellen sich nur zu leicht Gleichgültigkeit und Vergessen, Verdrossenheit oder gar Weltschmerz ein. Und wer genötigt ist, sich gänzlich auf die Zeit nach dem Tod zu vertrösten, steht in der Gefahr der Verachtung der Welt, die zu ertragen doch gerade der Glauben Kraft geben soll. Das ist das Grundproblem aller Jenseitsreligionen. Es kann, so denke ich, behoben werden, wenn wir uns deutlich machen, dass der Glauben nirgendwo anders als *in* der Welt entstehen und *nur in ihr* seine Anlässe und Gründe finden kann. Und auch die Kraft, die er geben kann, wird nirgendwo anders benötigt als *in* der Welt, die – mit allem anderen – auch den Glauben möglich und nötig macht.

8. Die Optimierung der Welt im Gefühl des Glaubens. So unzweifelhaft das Gefühl zur *psyche*, zur *Seele*, des Menschen gehört und dem *Selbst* angezeigt wird, so gibt es doch wesentliche Auskunft über den Zustand des Organismus. In der Instanz des Selbst, das mehr ist als das, was in der grammatischen Form des Reflexivums zur Sprache kommt, wird der Organismus als Ganzer über seine situativen Dispositionen in Kenntnis gesetzt. Er trauert, empfindet Furcht, schöpft Hoffnung oder lacht vor Vergnügen auf. Damit «weiß» er als sozialisiertes, kultiviertes und in seinem Selbstbewusstsein zum Menschen gewordenes Lebewesen immer auch, wie es um seine Einstellung zur Welt und zu sich selbst steht.

Offenkundig geht es dabei wesentlich um die Beziehung des durch sein Selbst gesteuerten Leibes zu seinesgleichen. Dabei liegt die besondere *Sozialität des Gefühls* darin, dass es sich anderen auch ohne dazwischentretende Intentionen mitteilen kann. Hass oder Sympathie lassen sich schwerer verbergen als die Kenntnis von einem Gremienbeschluss oder die peinliche Erinnerung an ein eigenes Versagen. Im Gefühl kann man die ältere Errungenschaft in der Evolution der Selbstwahrnehmung des Menschen namhaft machen. Der Akt der *self-attention*, den es nach Darwin bereits bei den höher organisierten Tieren gibt, kennzeichnet einen wichtigen Schritt in der *Evolution des Geistes*, die von sozialen und zunehmend auch von technisch-kulturellen Leistungen vorangetrieben wird.

Das Gefühl hat eine ganze Klaviatur von Stimmungen, die vermutlich so vielgestaltig sind wie die Zahl der Individuen, die es gibt. Aber in Analogie zum Bedürfnis entfaltet sich das Gefühl zwischen zwei Polen: Der eine findet sich im Erleben des *Mangels* und der andere im Bewusstsein von überschüssigen Lebensenergien in der *Lust*. In allen Lagen dieses Spektrums zeigt das Gefühl Art und Ausmaß der individuellen Anteilnahme in einem ganzheitlichen seelischen Zustand an, der Leib und Geist einbezieht. So wird auch im Gefühl etwas erkannt, aber nicht dadurch, dass hier ein Zeichen für etwas gesetzt wird, das es bedeutet. Vielmehr kommt seine Bedeutung *unmittelbar* zu Bewusstsein. Im psychischen Erleben konfiguriert sich eine Beschaffenheit der physiologischen Organisation *in der Form einer Bedeutung*. Im fühlenden Selbst wird ein organisches Geschehen in eine *sich mitteilende Verfassung* übersetzt. Im Gefühl vollzieht sich die Entstehung eines direkt wahrnehmbaren *Sinns*, der mit der Ausbildung logischer und intelligibler Funktionen zum verstärkenden Medium sachhaltiger Kommunikation werden kann. An dieser Sinntransformation im Übergang von Leib zum geistigen Gehalt partizipiert der Glauben.

Die affektive Selbstanzeige des Organismus im soziomorphen Modus des Bewusstseins erfolgt vermutlich niemals bloß für das Individuum allein. Die *kommunikative Funktion* des Gefühls ist, wie die des Wissens, auf andere Lebewesen bezogen, teilt aber, als bloßes Gefühl, keine Sachverhalte, sondern psycho-physische Zustände mit. Den Grad der emotionalen Einbindung, die Bereitschaft zur eigenen Mobilisierung, ja selbst die jeweilige Stimmungslage gelangen im Status der interindividuellen Anteilnahme über die Bewusstseinsschwelle. Insofern gehören auch die im sozialen Raum gemeinsamer Erfahrungen wirksamen Gefühle in den Verständigungszusammenhang der menschlichen Welt. Ihr Wert liegt darin, dass sie selbst Ausdruck des gelebten Lebens sind, das sie nicht nur hemmen oder verstärken, sondern darin auch anschlussfähig für andere machen, ganz gleich, ob dies durch Anziehung oder Abwehr geschieht.

Wir brauchen nur in Rechnung zu stellen, dass es mehr oder weniger entwickelte Gefühle gibt, deren Beziehung zur Sphäre sachhaltigen Verstehens durchaus unterschiedlich sein können, um eine Schlussfolgerung für den Glauben zu ziehen: *Glauben ist ein Gefühl, das die Stimmung zum*

Ausdruck bringt, in die uns das Wissen angesichts seiner Verheißungen und seiner Grenzen versetzt. Er ist das leibseelische *Stimulanz des Wissens* und erlaubt, in das Wissen derart zu vertrauen, dass es *nach Art des Wissens* auch dort noch trägt, wo das Wissen am Ende ist, der Mensch aber weitergehen muss und auf Vergewisserung nicht verzichten kann.

Damit wissen wir genauer, was die Formel vom *Glauben als der Einstellung zum Wissen* bedeutet: Als stimulierender Ausdruck einer Lebenslage ist Glauben ein Akt der Integration des Wissens in den Vollzug des kultivierten menschlichen Lebens. Er stärkt die Anteilnahme an der bewussten Vergegenwärtigung des Ganzen, lässt den Einzelnen die Einbindung in das Ganze des Daseins erleben und erleichtert den Anschluss anderer an die Haltung, in der man sich dem Ganzen stellt. In alledem geht der Glauben über das (in seinen Defiziten erfahrene) Wissen hinaus und vermag in einer für andere nachvollziehbaren Weise die Grenzen zu überschreiten, die allererst mit dem Wissen entstehen. Seine Stärke ist, dass er dies *nach Art des Wissens* tut. So bleibt er dem nahe, wodurch er kritisiert, kontrolliert und korrigiert werden kann.

Mir ist niemand bekannt, der den Gefühlscharakter des Glaubens bestreitet. Wohl aber gibt es Zeugnisse, die ihn *nur* als Gefühl erscheinen lassen. Auch in der Religionspsychologie wird der Glauben gern als bloßes Gefühl verhandelt. Dem folgen heute viele, so als sei damit bereits eine erschöpfende Beschreibung des religiösen Bewusstseins gegeben. Doch das Wesentliche fehlt, nämlich die Qualifikation des Glaubens als eines Gefühls, das sich wesentlich auf den *Umgang mit dem Wissen* bezieht. Zeitdiagnostisches, philosophisches und, wenn ich richtig sehe, auch theologisches Gewicht bekommt die Aussage über das Gefühl des Glaubens nur, wenn man deutlich macht, worauf sich das Gefühl bezieht.

Als *Einstellung zum Wissen*, die es dem Menschen erlaubt, mit dem Wissen umzugehen – wohl wissend, dass es niemals ausreicht, um ihm die Sicherheit zu geben, die er im Umgang mit dem Wissen sucht –, disponiert der Glauben über das Wissen, auch wenn er in allem von ihm abhängig ist. Gewiss gibt es das kindlich-naive Bewusstsein, das nicht zu sagen vermag, dass es einen Unterschied zwischen Wissen und Glauben gibt. Aber dort, wo sich Menschen zu ihrem Glauben bekennen, und vor allem dort, wo Kritiker den Grund zum Glauben in Abrede stellen, ist der Unterschied zwischen Wissen und Glauben bewusst. Und mit Blick auf die kulturell eingeübte Haltung des Glaubens sagen wir, dass er in seinem Anspruch wie in seiner Gewissheit eine Einstellung zum Wissen ist.

Der Mensch kann vieles wissen, und er darf in der Erwartung leben, dass sich die Bestände des Wissens im Gang seiner kulturellen Evolution durch zunehmende Archivierung, unablässige Revision und fortgesetzte Expansion erweitern. Umso schmerzlicher sind die damit verbundene Erfahrung, nicht alles wissen zu können, und der ziemlich verlässliche Schluss auf die Tatsache, dass dies immer so bleiben wird. Je mehr wir wissen, umso genauer wissen wir, dass wir so gut wie nichts wissen. Der Glauben als Einstellung zum Wissen kann somit nicht als zeitweilige Ersatzvornahme verstanden werden, die sich erledigt, sobald das Wissen auch die Bereiche abdeckt, die den Menschen mit Blick auf seine Gewissheit in existenziellen Fragen interessieren. Der Glauben muss vielmehr als eine grundsätzliche Kompensation dessen gesehen werden, was das Wissen gerade dem Wissenden versagt.

Wohlgemerkt: Kein Gefühl kann die Art von Sicherheit bieten, die man im Umgang mit dem Wissen kennen- und schätzen lernt. Das kann von denen, die in allem die Gewissheit verlangen, die sie im Wissen mit Recht so beachtlich finden, als beschämend oder demütigend erfahren werden: Man kann nichts unabhängig voneinander beschreiben, messen und es dann wieder auf sich beruhen lassen, wenn man nur seinen Glauben und kein Wissen hat. Der Glauben zeigt sich nur in der bekennenden und praktizierenden Gegenwart des Gläubigen, auch wenn er auf etwas gerichtet ist, das unabhängig von dessen Existenz besteht. Das so in der Anerkennung durch den Menschen hervortretende Göttliche ist zwar in seiner Wirksamkeit nicht auf den Menschen angewiesen (*Magnis* 2012), tritt als Gegenstand des Glaubens aber gleichwohl nur in der praktisch wirksamen Überzeugung eines Individuums hervor.

Wenn das Gefühl als Einstellung zum Wissen fungiert, füllt es nicht etwa nur die Funktion des Antriebs, der Befriedigung und der Beruhigung bei einem Ganzen aus, das vom Wissen her erschlossen, aber eben nicht sicher erfasst und schon gar nicht direkt erreicht werden kann. Im Glauben wird der durch Empfindung, Wahrnehmung und Erfahrung erzielte Ausgriff auf die Welt ins Selbst zurückgespiegelt und als hoffnungsvoll, tröstlich, vielleicht auch als befriedigend erlebt. Die

Kraft des Glaubens liegt darin, im Ganzen, als das man sich erfährt, das
Ganze des erlebten Weltzusammenhangs so auf das eigene Ganze zu beziehen, dass man sich in dem Bewusstsein beruhigt, nicht nur nicht weiter kommen zu *können*, sondern auch nicht weiter kommen zu *müssen*.

Das hat der reif und bedachtsam gewordene Glauben des erwachsenen Menschen mit dem Kinderglauben gemeinsam, der sich, wenn alles
gut geht, auf die gegenwärtige Autorität von Vater und Mutter verlässt.
Natürlich stellt das Kind Vergleiche mit anderen Müttern und Vätern an.
Der Zweifel kann mit jeder Unstimmigkeit erwachen, und er lässt sich
nur selten durch einen Machtspruch beseitigen. Aber schon das Kind beruhigt und versichert sich am ehesten im Nächsten und Vertrauten, wenn
es ihm als die schützende Einheit erscheint, in der es leben kann. Dabei
ist es von Impulsen geleitet, die in ihm angelegt sind. Das tritt im Vertrauen auf die Nächsten, vornehmlich also auf die Eltern, anschaulich
hervor. Die Nähe übt auch auf den Erwachsenen seine Wirkung aus. Dies
umso mehr, als er sich im Glauben seine Nähe zu sich selbst erhält. Er ist
nicht genötigt, sich seiner individuellen Selbst- und Welterfahrung zu
entfremden; er hat dem Gewicht zu geben, was ihm selber wichtig ist.

Das Ganze, an dessen Dasein nicht zu zweifeln ist, weil alles, was
wir kennen, dessen Teil ist, kann uns nur in den Teilen, zu denen wir
selbst gehören, gegenwärtig sein. Unter diesen Konditionen kann alles
zum *Symbol* des Ganzen werden. Was immer wir in der Welt und an uns
selbst erfahren, hat damit auch seine Präsenz im Ganzen. So können wir
in ihm das suchen, was uns die Mechanik der wissenschaftlich-technisch
erschlossenen Natur und die Ökonomie des gesellschaftlichen Zusammenhangs allein deshalb nicht bieten können, weil es aus ihrer Erklärung methodisch ausgeschlossen ist.

Im Ganzen aber *gibt* es die Ziele und Zwecke allein schon deshalb,
weil es Personen als dessen selbstbewusste Teile gibt. Und so wie sich
Personen selbst gerade in ihrer Offenheit und Zerrissenheit als *Einheit*
erfahren, machen sie auch aus ihren prinzipiell unabgeschlossenen
Handlungslagen die *Einheit einer Situation*. Da aber der Mensch, vor
allem mit Blick auf das Ganze der Menschheit, jederzeit sogar die Welt
als den Handlungsrahmen ansehen kann, in dem er tätig werden muss,
erscheint es nur natürlich, ihm zuzugestehen, dass er auch im Ganzen
einen Sinn finden kann, wie er ihn im Glück einer von Vertrauen getra-

genen Geborgenheit, im liebenden Verstehen oder in einem erfüllten Augenblick vielleicht schon einmal gefunden hat.

Dieses Verlangen nach einer Entsprechung der Einheiten von Person und Welt wird im Gefühl des Glaubens *optimiert*; im religiösen Bekenntnis wird sie *totalisiert*: Von einem personalen Ganzen wird sie in das *mundane* Ganze hineingetragen. Der Teil, der sich selbst als ein *personales Ganzes* versteht und sich insofern nicht nur als Bruchstück (*symbolon*), sondern als *gleichartig*, als *analogon* begreift, vermag dann sogar im Ganzen der Welt ein ins Große gerechnetes Exempel seiner selbst zu sehen. Und wenn dies in Anerkennung des gewaltigen Unterschieds zwischen ihm als Person und dem Ganzen der Welt geschieht, liegt nichts Despektierliches darin, wenn sich der Mensch selbst in die Nähe Gottes rückt, indem er sich als «unbedingt» und «unantastbar» bezeichnet. Dabei muss niemand befürchten, der Mensch müsse sich in einer pantheistischen Selbstauflösung erst zum sprichwörtlichen Staubkorn erniedrigen, ehe er sich im Angesicht des göttlichen Ganzen der Welt selbst als göttlich begreift. Göttlich ist der Mensch nicht, weil er auch zur Welt gehört, sondern allein dadurch, dass er es als Ganzer vermag, sich dem Göttlichen der Welt zu öffnen. Der göttliche Funke entzündet sich im Gegenüber von autonomer Welt und autonomer Person. – Doch damit greifen wir vor.

Zunächst ist wichtig zu sehen, dass Glauben, Liebe und Hoffnung die Kraft besitzen, Stimmungen zu generalisieren und das Glücksgefühl von einem Augenblick auf den Lebenszusammenhang auszudehnen. Getragen von diesem auf ein mögliches Glück im Ganzen setzenden Gefühl, kann man davon sprechen, dass es den Zweck und den Sinn, den wir im Einzelnen erfahren, auch im Ganzen gibt. Das ist es, was als *Sinn des Sinns* verstanden werden kann. Und wenn wir ihn, getragen vom Gefühl des Glaubens, der Liebe und der Hoffnung, ernsthaft und mit unseren besten Kräften suchen, *gibt* es ihn in einem auf uns und andere zurückwirkenden Effekt. So verbessern wir die Welt bereits im von der Liebe und der Hoffnung getragenen Glauben an deren fortgesetzte Möglichkeit.

9. Glauben an ein bedeutungsvolles Ganzes.   Wem es schwerfällt, sich auf die *Selbstverstärkung* einzustellen, wer wirklich meint, er komme ohne die *Selbststeigerung*, ja ohne die *Selbstbezauberung* aus, die zu jeder Er-

ziehung, zu jedem Umgang mit der Bildung und zu jeder erwartungsvollen Produktivität gehört, der sei daran erinnert, dass alle seine Anstrengungen darauf beruhen, dass er nicht alles weiß und nicht alles wissen
kann.

Und selbst wenn er sich zu den Realisten rechnet, kann ihm der
Aufwand an Begeisterung für sich selbst nicht entgehen, die er in einer
zu zahllosen Enttäuschungen Anlass gebenden Umgebung braucht,
um mit dem zu überzeugen, wofür er sich einsetzt. Ohne den Glauben
an sich selbst wird er nichts von dem erreichen, was ihm wichtig ist.
Zu diesem Glauben gehören der *Mut* zu sich selbst und das *Vertrauen* in die erforderlichen Mittel. Wer realistisch ist, wird erkennen,
dass er auf seine Nächsten angewiesen ist, die umso verlässlicher sein
können, je größer auch ihr Vertrauen in sich selbst und ihre Umgebung
ist, in der sie leben. So ist man augenblicklich bei der *Welt*, die *Grund*,
Mittel und *Rahmen* aller menschlichen Handlungen ist. Also wird man
die Welt als das *Ganze unseres Daseins* nicht aus dem Komplex von
Faktoren ausschließen können, denen der Mensch sein Vertrauen schenken muss, wenn er nach eigenen Vorstellungen leben will.

Das klingt trivial, könnte aber mit Blick auf die Tradition der religiösen Selbst- und Weltverleugnung durchaus auch als revolutionär bezeichnet werden: Niemand kann zu seinem Glauben finden, der sich
selbst verleugnet und damit nicht wahrhaben will, dass er mit seinem
Leib, mit seiner psychischen, sozialen und intellektuellen Konstitution
und – wohlgemerkt – auch mit seinen in der Geschichte leidvoll erfahrenen Stärken und Schwächen zu einer Welt gehört, die er im Ganzen
anerkennen muss, wenn er den nur in ihm selbst zu entzündenden
Funken des Glaubens für sich und für seinesgleichen wirksam machen
möchte. Wenn es richtig ist, dass Troja nicht zu brennen aufhört (*Furth*
2006), dann ist es ebenso richtig, dass wir auf das Licht des bereits in
Liebe und Hoffnung angelegten Glaubens angewiesen bleiben. Dabei
ist es wichtig, den Ausgangspunkt im *Gefühl* nicht zu vergessen. Wird
der Inhalt des Gefühls nach Art eines Wissens behauptet, kommt es zur
Dogmatisierung, die den Religionen die Gründe für all das Leiden
liefert, mit dem sie die Weltgeschichte bis heute überziehen. Statt im
gelebten Gefühl von Glauben, Liebe und Hoffnung der Welt ein Beispiel dafür zu geben, dass sie sich optimieren lässt, vergrößert man die
Last, die man von ihr nehmen möchte.

Nach dem üblichen Verständnis ist es nicht Gott allein, der als Gegenstand des Glaubens in Frage kommt. Man kann auch an die Wiederauferstehung der Toten, an das ewige Leben oder an die Jungfrauengeburt Mariens glauben. Und wenn man das semantisch für zulässig hält, wird man die Hoffnung auf ein langes Leben, auf die Zukunft der Demokratie oder die Unverletzlichkeit der Menschenrechte auch als «Glauben» bezeichnen können. Dabei kann man andere durchaus übliche Wendungen des alltäglichen Sprechens beiseitelassen, etwa wenn einer daran «glaubt», sein Studium bald beenden zu können, wenn ein anderer «glaubt», sich auf seinen Freund verlassen zu können, oder alle «glauben», dass Erziehung nützlich und die Bildung ein Wert in sich selbst ist.

In allen Redewendungen, in denen ernsthaft vom Glauben gesprochen wird, geht es um einen für das Individuum bedeutungsvollen Sachverhalt. Über ihn würde es gern so viel wie möglich und so genau wie nötig in Erfahrung bringen. Aber wenn der gesuchte Gegenstand außerhalb der Reichweite des Wissens liegt, ist das nicht möglich. Und wenn es einem nicht gelingt, das außerhalb des exakten Wissens liegende Problem auf sich beruhen zu lassen, vor allem wenn nicht vermieden werden kann, Mutmaßungen anzustellen und Schlussfolgerungen zu ziehen, die das Handeln leichter und vielleicht sogar das Leben erträglicher machen, dann ist dieses Hin- und Annehmen eines (wenn auch noch so fernen) Sachverhalts, der zu einem selbst in einer tragenden Beziehung steht, ein *Glauben im existenziellen Sinn*.

Nach dem Gesagten spricht nichts dagegen, den Glauben als *Gefühl* zu begreifen. Denn im Glauben habe ich den Wunsch, selbst noch mit dem durch einen Abgrund des Unwissens von mir Getrennten *verbunden*, vielleicht sogar *einig* zu sein. Mögen Erfahrungen und Erwägungen den Abstand unüberwindlich erscheinen lassen: Die Hoffnung, ihn zu überwinden, bleibt dennoch bestehen. Ein schneidend erfahrener Trennungsschmerz muss das Verlangen nach einer Wiederkehr nicht versiegen lassen. Ein mit großer Enttäuschung erlebter Sinnverlust kann gleichwohl den Wunsch begründen, endlich wieder eine Aufgabe, einen Freund, eine Gefährtin, die benötigte Anerkennung oder auch nur eine Abwechslung zu haben: Was auf diese Weise entsteht, ist ein Bedürfnis, den Schmerz, die Leere, die Verlassenheit oder die Trauer zu überwinden und in der Erfahrung, vielleicht auch nur in der Erwartung des behobenen Mangels befriedigt zu sein.

In alledem geht es um Empfindungen, Stimmungen und Gefühle. Und niemand wird bezweifeln, dass die exemplarisch genannten Bedürfnisse, Wünsche und Erwartungen Momente in einem komplexen, aus sinnlichen Impulsen und aus rationalen Motiven komponierten Verlangen sind, das wir *Glauben* nennen können.

Wenn etwa jemand einer religiösen Botschaft Glauben schenkt, die ihn darüber belehrt, wie man Gott wohlgefällig handelt, dann mag der Wunsch, als Teil eines größeren Ganzen anerkannt zu sein, ausschlaggebend sein. Der Gläubige möchte nicht nur wahr- und ernst genommen, nicht nur gestärkt und versichert werden, sondern auch in dem, wie er ist und was er tut, bestätigt – und somit «gerechtfertigt» – sein. Vielleicht wundert er sich über sein Verlangen, mit dem Leben so verknüpft und in seiner fragwürdigen Existenz so sehr versichert zu sein. Vermutlich weiß oder ahnt er, dass es unter dem Anspruch strenger Argumentation gar nicht möglich ist, einen einwandfreien rationalen Grund für sein Dasein zu benennen. Womöglich schämt er sich sogar, dass ihm ein Stoßgebet über die Lippen geht, nachdem er die ärztliche Nachricht erhält, der Verdacht auf eine tödliche Erkrankung habe sich nicht erhärtet.

Wer meint, sich in einer solchen Lage als irrational und inkonsequent ansehen zu müssen, verkennt die rationalen Elemente, die in seinem Verhalten trotz allem wirksam sind: Immerhin will er erkannt und verstanden werden und am Ende vielleicht sogar gerechtfertigt sein. Auch im Angesicht einer tödlichen Gefahr möchte er Herr der Lage bleiben oder zumindest eine wahrscheinliche Aussicht auf einen glimpflichen Ausgang oder ein rasches Ende haben. Er möchte irgendwie versichert sein, möchte seine Zuversicht nicht verlieren und nicht in dem Bewusstsein sterben, dass alles sinnlos gewesen ist. Und wer das alles nicht möchte, glaubt an eine Welt als einsichtigen Zusammenhang, in der er sich nach Gründen richten kann. Ohne eine unterstellte Einsicht, ohne den Schimmer eines Sinns müsste man sich eingestehen, «umsonst» gelebt zu haben. Das ist nicht notwendig ein ökonomisches, aber in jedem Fall ein *rationales Kalkül*. Und es ist dieses Kalkül, ohne das niemand für den Glauben gewonnen werden kann.

Rational ist auch die Erwartung, es müsse eine Entsprechung zwischen dem eigenen Tun und dem Kausalnexus des Ganzen geben. Nicht weniger rational ist die Unterstellung einer möglichen Übereinstimmung zwischen dem eigenen Wollen und den Gründen, nach denen wir die Welt verstehen. Folglich kann man es auch nicht als unvernünftig ansehen, wenn einer in seinem Glauben das Einvernehmen mit dem göttlichen Ganzen für erstrebenswert hält. *Der Gott, an den man nur glauben kann, weil er das Ganze der Welt bedeutet, wird als genau das aufgefasst, womit man einverstanden sein kann.* Daraus lässt sich, wie wir später noch sehen werden, eine Definition Gottes gewinnen: Für den Gläubigen ist Gott die Welt, mit der man eins sein kann. Das «Herr, Dein Wille geschehe!» erklärt die Bereitschaft, im eigenen Wollen mit dem Willen Gottes einverstanden zu sein. Das bleibt eine durch und durch vernünftige Erwartung, die aller Spekulationen über die Natur Gottes entraten kann, solange man ihn als das Ganze nicht vom Ganzen der Welt separiert. Diese Einsicht lässt sich umkehren: Es ist unmöglich, an einen Gott zu glauben, den man für widervernünftig hält und der nicht zu dieser Welt gehört.

Folglich wäre es auch abwegig, den Glauben für einen Ausdruck blanker Unvernunft zu halten. Jedes religiöse Bewusstsein enthält zahllose Elemente des Wissens. Es ist immer auch auf logische Ansprüche gegründet und zielt auf eine Erlösung, die nicht zuletzt darin besteht, dass sie von den Widersprüchen des Daseins entbindet. Hinzu kommen die um Konsequenz bemühten Lehren der Religionen. Sie sind im Ganzen Ausdruck einer kulturellen Erfahrung, wollen belehren und erziehen, gewiss in vielen Fällen auch Macht ausüben, eröffnen aber, gerade auch mit ihren mythologischen Elementen, einen in vielem bewährten Zugang zur Welt, die der Gläubige als einen vertrauten Lebensraum begreifen kann. Wer weiß, dass alle Erkenntnis temporär ist und sich mit ihrem Wissen in einer sich beschleunigenden Entwicklung befindet, wird seinen Ärger über die sogenannten Irrlehren der Religionen in Grenzen halten. Den rationalen Kern in der Vertrauen stiftenden religiösen Weltbewältigung wird er umso eher entdecken, je früher er wissen kann, dass es die Religionen nicht gäbe, wenn es nicht darum ginge, Individuen durch Einsicht für gemeinsame Ziele zu gewinnen.

Im Nachdenken über das Gefühl dürfte deutlich geworden sein, dass es selbst in den abstraktesten Operationen des Erkennens und des Denkens als *Lebenselement unserer Anteilnahme am Ganzen* unverzichtbar ist. Das Gefühl des Glaubens ist dabei in besonderer Weise auf das Wissen bezogen: Es treibt uns an, nicht nur überhaupt nach Wissen, sondern im Einzelnen nach mehr und besser begründetem Wissen zu streben. Und es erlaubt uns gelegentlich auch, mit dem erworbenen Wissen zufrieden zu sein. So haben wir Grund, den Glauben als die umfassende *Einstellung zum Wissen* zu bezeichnen, die der Mensch nicht nur im Wissen benötigt, sondern die er vor allem braucht, wenn ihn das Wissen nicht mehr sicher zu leiten vermag. Dann geht eben das, was ihn zum Wissen führt und was ihn an das Wissen bindet, über dessen Grenzen hinaus, um in möglichst enger Verbindung nach Gewissheiten zu suchen, die zwar nicht durch das Wissen gedeckt sind, ihm aber auch nicht widersprechen. Dann sucht auch der Glauben nach Gründen, Zwecken und Zielen, bei denen sich der vom Wissen allein gelassene Glauben beruhigen kann. Der Glauben kann sich dann zwar nicht im *Wissen* befriedigt sehen, wohl aber kann er es bei einer *Gewissheit* belassen, die in der gefühlten Übereinstimmung des Ganzen einer Person mit dem Ganzen der erschlossenen Welt besteht.

Das ist nicht wenig, wenn wir bedenken, dass sich das Wissen nur auf die (letztlich technisch ermittelte) Übereinstimmung zwischen Begriff und Sachverhalt bezieht. Wohlgemerkt: Wir schätzen das Wissen gerade auch in seiner technisch-praktischen Beschränkung. In Kommunikation und Kooperation verschafft es eine Sicherheit im praktischen Umgang mit der Welt, für deren Leistungsfähigkeit die menschliche Kultur als ganze steht. Aber dahinter wirkt ein Bestreben nach Einheit mit sich, mit seinesgleichen und der Welt, das immer dann, wenn sich uns das Wissen versagt, mit der Energie hervorritt, die wir im Glauben an ein uns in allem tragendes Ganzes für mindestens so wichtig erachten wie das Wissen selbst. Letztlich ist es ein Glück, wenn wir an den Grenzen des Wissens nicht das Gefühl haben müssen, ins pure Nichts abzustürzen, sondern von eben der Kraft, die uns im Wissen hält, darüber hinausgetragen zu werden. Glauben, Liebe und Hoffnung sind optimierende Kräfte, weil sie uns – stets vom Wissen ausgehend – mehr bieten können, als es das Wissen vermag.

10. Liebe als Einstellung zum Leben. Die vorgetragenen Überlegungen zum Gefühl lassen nicht daran zweifeln, dass es eine stark emotionale Bindung an das Wissen gibt, die dessen rationaler Leistung nicht im Wege steht. Damit wird deutlicher, was gemeint ist, wenn wir den Glauben als *Einstellung zum Wissen* bezeichnen. Er nimmt etwas auf, was im Wissen bereits wirksam ist. In welcher grundlegenden Beziehung diese Einstellung zum Dasein des Menschen steht und welche Verbindung ihm damit auch im Verhältnis zu Gott eröffnet wird, kann abschließend vielleicht mit Blick auf ein Gefühl verständlicher werden, das in einem gleichermaßen deskriptiven wie normativen Sinn als die ursprüngliche *Einstellung zum Leben* angesehen werden kann. Es handelt sich um das *Gefühl der Liebe*, das ohne *Glauben* an das Geliebte gar nicht gedacht werden kann. Da die *Hoffnung* auf Erfüllung, vielleicht auch auf Bestand und Dauer in sie eingeht, kommt es zum Dreiklang der Gefühle, der nicht nur gegenwärtig ist, wenn es um die Liebe geht. Auch der Glauben kann ohne Liebe und ohne Hoffnung nicht gedacht werden, denn er bedeutet eine erwartungsvolle Hinwendung des sich als Einheit verstehenden Menschen zu einem Ganzen, dem er nahe sein, mit dem er gelegentlich auch eins sein möchte.

Im Vergleich mit den beiden anderen Gefühlen scheint der Glauben den größeren Radius der Wirksamkeit zu haben. Denn er bezieht das Ganze der Person so auf das Ganze der Welt, dass eine bedeutungsvolle Einheit von allem erhofft werden kann. Die Liebe aber steht am Anfang, weil sie uns allererst in ein affektives Selbst- und Weltverhältnis versetzt, das uns hoffen *und* glauben lässt. Insofern liegt die Kraft der Liebe dem Glauben zugrunde.

Die fünf Wirkungsmomente des Gefühls, die im siebten Abschnitt dieses Kapitels vorgestellt worden sind, treten auch in der Liebe hervor: Sie ist *erstens* das Verlangen, einem anderen nahe zu sein, ja so nahe, dass man am liebsten, wie es der von Platon erzählte Mythos des Aristophanes anschaulich macht, mit ihm auf Dauer eins sein möchte (*Sym* 191d ff.). Das stößt im menschlichen Leben zwar immer wieder an die bekannten, durch das Eigenleben des Körpers, den Eigensinn der Seele und durch die mit der Individualität verknüpfte Einsicht des Geistes gesetzten Grenzen, wird aber dennoch unablässig mit größten

Erwartungen und gelegentlich auch mit höchster Lust zu realisieren gesucht. In der Liebe profiliert sich *zweitens* wie in keinem anderen Gefühl das *empfindende Selbst*. Das gilt für alle Formen der elterlichen, kindlichen, geschwisterlichen und freundschaftlichen Liebe – insbesondere aber für die erotische Beziehung, in der sogar (wie Proust es beschrieben hat) die rauen Burschen entdecken, dass sie selbst so etwas wie eine Seele haben –, sobald sie erfahren, was das für ein zartes, empfindliches Wesen ist, um dessen Gunst sie sich bemühen.

Drittens distanziert *und* motiviert die Liebe in *einem* Akt, wie jeder erfahren kann, der am liebsten – zwar nicht alle, aber wenigstens – viele lieben möchte, aber doch nur *eine* oder *einen* wirklich lieben kann. Zugleich ist sie das Gefühl, in dem sich die Lust an der *Gegenwart* und das Verlangen nach *Zukunft* verschränken. Und wenn wir an die Kinder denken, die der Liebe erwachsen, so dürfen wir sagen, dass kein anderes Gefühl so viel reale Zukunft zu schaffen vermag wie sie. In der erfüllten Liebe möchte man jeden Augenblick auf Dauer stellen und drängt doch gerade in ihr auf seine den Wechsel akzeptierende Fortsetzung, Verstärkung oder Versicherung im nächsten Augenblick. Wo sie gelingt, ist sie das Bleiben im unausgesetzten Übergang.

Hinzu kommt im Anschluss an den *vierten Punkt*, dass in keinem anderen Gefühl die *naturalen, sozialen* und *spirituellen* Momente so eng miteinander verknüpft sind wie in der Liebe. Welches andere Gefühl könnte einen derart erheben und zerrütten, wird körperlich so manifest und kann gleichwohl in höchster Sublimierung seinen ästhetischen, poetischen und auch seinen religiösen Ausdruck finden? Mögen Hass, Neid oder Habsucht Kriege erzeugen und für die alle Krisen überdauernde Vollbeschäftigung der Juristen sorgen: Das Ausmaß und die Vielfalt der sozialen Folgen der Liebe werden von keinem anderen Gefühl übertroffen. Und sie erfindet dabei (vom Harem über das Kloster bis zu dem mit seinem Spiegelbild zufriedenen Narziss) nicht nur viele, sondern auch immer neue gesellschaftliche Ausdrucksformen: Kaum sind die Wohngemeinschaften, die Existenz der Alleinerziehenden und die Lebensform der gleichgeschlechtlichen Paare akzeptiert, da wird auch schon die gleichgeschlechtliche Ehe institutionalisiert.

Schließlich dürfte *fünftens* kein anderes Gefühl die *Mitteilbarkeit* so stimulieren und zu einer so starken *Anteilnahme* am anderen führen, dass sie bis zur *Anverwandlung einer anderen Lebensform* gehen kann. Ehe die Märkte die Kulturen egalisieren, haben sich die Menschen schon tausendfach gepaart und nicht nur für neue Gemeinsamkeiten, sondern auch für neue Unterschiede gesorgt. Dabei sollte man nicht den Fehler machen, allzu grundsätzlich zwischen *eros, agapē* und *philia, amor* und *caritas* oder zwischen *sexuell motivierter Leidenschaft, familiärer Anhänglichkeit* und *ideeller Hingabe* an große Ziele zu unterscheiden. Natürlich ist die Liebe in allen ihren Formen anders; sie individualisiert den Umgang, in dem sie sich erfüllt. Aber es sind eben doch nur verschiedene Ausdrucksformen des Verlangens, sich selbst *individuell* in der *individuellen Verbindung* mit einem *Individuum* zu steigern. Je nach Ausgangslage, nach personaler Verfassung und sozialer Konvention – und natürlich in Abhängigkeit vom Lebensalter – kann die Liebe viele Formen annehmen und macht erst in dieser Vielfalt ihrer experimentellen Realisierung das menschliche Leben aus.

So kann die Liebe als die *paradigmatische Form* des menschlichen Fühlens angesehen werden, in der jede und jeder den Wandel und das Neue in sich und im anderen suchen. Die Liebe ist das humane Gefühl *par excellence*. Es kennzeichnet die Einstellung zum Leben schlechthin, weil es so unverzichtbar wie vorzüglich ist, weil es Ursprung, Grund und Norm des menschlichen Lebens ist. Um das sagen zu können, muss man übrigens auch an die Liebe *glauben*.

Damit ist klar, dass die mit guten Gründen weit gefasste Liebe einen großen Anteil am Glauben hat, der ja selbst in vielen Ausdrucksformen vorkommt. Aber bei diesem Ergebnis möchte ich es nicht belassen. Mir liegt vielmehr daran, wenigstens zu bekennen, dass es eine besondere Beziehung zwischen der Liebe und dem Glauben, speziell dem christlichen Glauben, gibt. Damit greife ich auf Überlegungen vor, die das sechste Kapitel beschließen.

Niemand muss befürchten, dass ich dabei zum konfessionellen Theologen werde; ich spreche weiterhin aus philosophischer Perspektive. Aber die verpflichtet dazu, den auf politischen Ausgleich zwischen den Weltreligionen bedachten Diskurs der Gegenwart nicht als die einzige Form der Urteilsfindung anzusehen. Seit ihren Anfängen im griechischen Sprachraum sucht die Philosophie nach einem Begriff von Gott, und es gibt auch nach Feuerbach und Nietzsche, nach Sartre und Camus nicht den geringsten Grund, von dieser Suche abzulassen. Sie erlaubt es ihr nicht nur, sondern sie nötigt sie, darüber nachzudenken, wie der Mensch seinem Begriff von Gott am nächsten kommt. Und das geschieht, wie hier nur angedeutet werden kann, in der *Liebe*, die als die alle Sinndimensionen des menschlichen Daseins umfassende *Disposition für das Göttliche* angesehen werden kann.

Der Erste, der den Zusammenhang zwischen dem Göttlichen und der Liebe herausgestellt hat, ist Platon. Bei ihm ist der *eros* (in dem sich jeder selbst im anderen suchen und finden kann) das gleichermaßen *physische, psychische* und *intellektuelle* Verlangen, über sich selbst hinauszuwachsen, um das *Schöne, Wahre, Gute* – und in ihm letztlich das *Ganze* – wenigstens zu schauen und in dieser Schau mit dem Göttlichen vereint zu sein. Der höchste Begriff des Göttlichen liegt in der Einheit des Ganzen, in dem die höchsten Ideen des *Schönen, Wahren* und *Guten* ineinander übergehen.

Doch soviel Gewicht Platon in seiner im hohen Alter geschriebenen Verfassungslehre, den *Nomoi*, auch auf die bindende Wirkung kultischer Handlungen zur Verehrung des Göttlichen legt: Er hat keine Religion zu gründen versucht, sondern es bei der *Philosophie* belassen, die freilich zum Schönsten, Trefflichsten und existenziell Ergreifendsten gehört, was uns in der Form einer Theorie überliefert ist. Sehen wir vom Gefühlskult der in kleinen Gemeinschaften lebenden Epikureer ab, ist eine *Religion* der Liebe erst vierhundert Jahre nach Platon durch den Hebräer Jesus verkündet worden. Dass er selbst unter platonischem Einfluss stand, ist zwar nicht ausgeschlossen, aber, soweit ich weiß, nicht nachweisbar. Umso sicherer können wir in dieser Hinsicht bei seinem wirkungsmächtigsten Apostel, dem griechisch gebildeten Paulus, sein, dessen ingeniöse Deutung der Frohen Botschaft möglicherweise noch auf das zuletzt geschriebene Evangelium des Johannes gewirkt hat. Auch wenn die historischen Belege fehlen, glaubt man überall auf die Spuren der sokratisch-platonischen Lehre zu stoßen.

Beim Johannes-Evangelium handelt sich um einen ganz auf den geistigen Gehalt der Lehre des Nazareners konzentrierten Text, dessen Anfang durch die Übersetzungsproben aus Goethes *Faust* volkstümlich geworden ist. Wie überträgt man jenes *En archē ēn ho logos*, mit dem der Text beginnt? «Am Anfang war das Wort»? War es nicht eher der «Geist»? Oder gar die vom Wortsinn am wenigsten passende «Kraft», für die sich Faust schließlich in seiner ungestümen Gelehrsamkeit entscheidet? Außerhalb der Gelehrtenstube aber dringt eine andere Übersetzung vor, die durch den Verlauf des Dramas zwar immer wieder fragwürdig wird, letztlich aber im irdischen wie im himmlischen Ausgang der Handlung bestätigt wird: Sie mag zwar dem *logos*, der *Wort, Sprache, Geist* oder *Vernunft* meinen kann, nicht wörtlich entsprechen, kommt ihm aber in dem, was der *logos* im besten Sinn seiner Äußerung bewirkt, am stärksten entgegen. Geht man vom Kontext des Johannes-Evangeliums, also von seiner wiederholt ausgesprochenen «Frohen Botschaft», aus, dann hat man gute Gründe, das *En archē ēn ho logos* mit «Am Anfang war die Liebe» zu übersetzen – und dies auch deshalb, weil sie immer wieder den in Jesus selbst zum Ausdruck kommenden und von ihm selbst verkündeten *neuen Anfang* macht.

Die zentrale Botschaft des Messias findet sich in dem einzigen «Gebot», das er aufstellt und das alle anderen Gebote, einschließlich jener zehn, mit denen Moses vom Sinai herabgestiegen ist, unter eine völlig neue menschheitliche Bedingung stellt. Es lautet:

> «Ein neues Gebot gebe ich euch, dass ihr euch untereinander liebt, wie ich euch geliebt habe, damit auch ihr einander lieb habt. Daran wird jedermann erkennen, dass ihr meine Jünger seid, wenn ihr Liebe (*agapē*) untereinander habt.» (*Joh* 13, 34/35)

Dieses Gebot der Gebote wird mehrfach variiert: «Liebt ihr mich, so werdet ihr meine Gebote halten.» (14, 15) «Wer meine Gebote hat und sie hält, der ist's, der mich liebt.» (14, 21) Oder: «Wer mich liebt, der wird mein Wort halten; und mein Vater wird ihn lieben, und wir werden zu ihm kommen und Wohnung bei ihm nehmen.» (14, 23) Und wenig später, als Jesus das Gleichnis vom Weinstock erzählt, das von der Fruchtbarkeit und Vermehrung handelt, wird das Liebesgebot gleich zweimal erneuert (15, 12 u. 15, 17).

Dabei geht es zum einen darum, dass man die Liebe dadurch beweist, dass man sein Leben für einen befreundeten anderen hingibt, dass man wie in der geschlechtlichen Liebe «Frucht bringt» (*karpon pherēte*) und wie im sozialen Dienst am Nächsten dafür Sorge trägt, dass man «Frucht bleibt» (*karpos menē*), also weiterhin für den Fortbestand eines das Liebesgebot befolgenden Lebens sorgt (15, 16). Gott selbst gibt und opfert seinen Sohn für die Rettung des Lebens der Welt. Das begründet er wie ein Mensch, dem es um den Fortbestand seines Lebenswerkes geht, nämlich durch die Hingabe an das Geliebte, das er nur seinem geliebten Nächsten anvertrauen möchte: «… also hat Gott die Welt geliebt, dass er seinen eingeborenen Sohn gab, damit alle, die an ihn glauben, nicht verloren werden …» (3, 16)

Die Einbindung der Liebe in die Generationenkette lässt keinen Zweifel daran, dass Jesus hier vom *Leben* spricht, als dessen «Brot» (*artos tēs zōēs*) er sich bezeichnet (6, 35). Dass damit die Perspektive auf ein «ewiges Leben» verbunden ist, heißt für den «Sohn Gottes», also für den, an dem sich die lebendige Fruchtbarkeit des «Vaters» zeigt, keineswegs, dass auf den natürlichen Prozess des Lebens verzichtet werden muss. Das natürliche Leben muss «wachsen»; im alltäglichen Leben kommt es darauf an, dass «Braut und Bräutigam» zusammenfinden. Nur der todgeweihte Christus muss im Interesse des Lebens auf eine Braut verzichten. Umso entschiedener kann er sich als den «Freund» des Bräutigams bezeichnen, der «sich sehr über die Stimme des Bräutigams» freut (3, 29), mit der dieser sein Jawort gibt.

Noch deutlicher ist die Gleichnisrede vom Weizenkorn, das, wenn es «nicht in die Erde fällt und erstirbt, allein (!) bleibt …»; wenn es in der Erde keimt, «bringt es viel Frucht (*polyn karpon*)» (12, 24).

Erst wenn man diesen natürlichen Lebensgrund des Evangeliums anerkennt, versteht man, was in dieser Botschaft tatsächlich verheißen wird. Es sind der «Geist» (3, 5; 4, 24), die «Wahrheit» (4, 24; 8, 30; 18, 38), die «Freiheit» (8, 31/32), der «Friede» (20, 24) und das «Licht» (3, 19; 8, 12; 9, 5; 12, 36), das hier gelegentlich auch «öffentlich» genannt wird (7, 4 u. 10);[4] sogar die Wendung «frei und offen» kommt vor (18, 19). Das alles sind essenzielle Bedingungen der Fruchtbarkeit des Leibes wie des Geistes, und sie zeigen an, wie das produktive, das «Frucht tragende» Leben gewahrt werden kann. Der kreatürliche Lebenshintergrund kann schließlich auch verständlich machen, warum es Jesus noch vom Kreuz herunter wichtig ist, seiner leiblichen Mutter seinen Lieblingsjünger als ihren «Sohn» anzuempfehlen; und der Jünger soll diese Frau als seine «Mutter» anerkennen.

Erst wenn wir sehen, wie die auf *Geist* und *Wahrheit*, auf *Licht* und *Öffentlichkeit*, auf *Freiheit* und *Friede* abzielende theologische Botschaft der Rede von einer Liebe, die immer auch *leiblich* und *fruchtbar* gedacht wird, nicht widerspricht, ja wenn man zeigen kann, dass allererst die Körper, Seele und Geist umfassende Liebe der Menschen untereinander in der Lage ist, den ganzen Umfang des Evangeliums, einschließlich der Natur Gottes, zu fassen, versteht man, wie es in dieser Lehre zu der die Juden bis heute provozierenden Rede von Vater und Sohn kommen konnte, von denen Jesus zu allem Überfluss auch noch sagen kann, dass sie «eins» sind (10, 30; 14, 9) und im «Heiligen Geist» gemeinsam wirken.

So schlicht und einfach die Reden und Gleichnisse des Neuen Testaments klingen und so nahe uns sein neues Gebot der Liebe auch geht: Es ist gerade in dieser intimen menschlichen Nähe die subtilste theologische Konstruktion, die je ersonnen wurde. Doch sie bliebe trotz ihrer geistvoll mit dem menschlichen Dasein verbundenen und ihm zugleich unendlich überlegenen Konstruktion gänzlich unglaubwürdig, wenn nicht ein *Mensch* für sie gelebt und gestorben wäre.

In dieser Verschränkung von Leben und Tod tritt der basale Impuls einer jeden Liebe zu dem hervor, was, wie bei Platon, ganz und gar zum individuellen Leben gehört und dennoch notwendig über das Individuelle hinausführt. Damit sind wir beim *Sinn* des Göttlichen, das unter den Bedingungen einer Welt, die von Tag zu Tag stärker auf das Wissen setzt, immer größere Potenziale des Glaubens braucht. Davon wird im folgenden Kapitel die Rede sein.

Das Göttliche, so steht es bei Platon, ist das, was der Seele am nächsten ist. «Nach den Göttern», so heißt die Stelle wörtlich übersetzt, «ist die Seele das göttlichste, da sie der allereigenste Besitz ist.» (*Nom* 726a) Göttlich ist das, was uns im Vollbesitz unserer Kräfte so nahekommt, wie uns nur etwas kommen kann, das wir lieben. Solange wir aber lieben, sind wir dem Geglaubten von innen her verbunden. Im Wissen kommen wir vom *Glauben* nicht los, in der *Hoffnung* suchen wir das Heil einer uns göttlich erscheinenden Erlösung, und in der *Liebe* sind wir ihr so nahe, wie man ihr im endlichen Leben nur kommen kann.

Das kann man auch dem verschämten Glaubensbekenntnis entnehmen, mit dem Adorno seine *Minima Moralia* beschließt: «Erkenntnis hat kein Licht, als das von der Erlösung her auf die Welt scheint.»[5] Wer so von der Erlösung spricht, muss auf sie hoffen; das aber kann er nur, wenn er im Wunsch nach Erlösung zwar geläutert, aber erkennbar erhalten bleiben möchte. Das kann einer nur wünschen, wenn er in seiner Selbstliebe auch auf die Liebe jener hofft, die ihm verbunden sind. Die Aussage als ganze ist somit ein Zeugnis des Glaubens, von dem ein negativer Dialektiker verständlicherweise nicht positiv sprechen kann.

Kapitel 5

Der Sinn des Sinns
Das Göttliche als Bedeutung der Welt

«Davon bin ich allein selig, daß
Gott vernünftig ist und ich dies
erkenne.»
(Meister Eckhart, Dt. Pred. 10)

1. Existenzieller Anspruch und epistemische Überforderung. Nur der
Mensch strebt nach dem *Göttlichen*, und es dürfte zu den glücklichs-
ten Dispositionen seiner Natur gehören, dass er in der Lage ist, sich
seinem Ziel umso näher fühlen zu können, je schlechter es ihm geht.
Das Göttliche erlaubt ihm, über alle Mängel seines Daseins hinwegzu-
sehen. Die Tragik ist nur, dass er in diesem Bestreben nicht nur über
sich hinaus- und von sich loskommen will, sondern sich eben dabei
notwendig überfordert. Denn um auch nur angemessen über das
Göttliche sprechen zu können, brauchte er selbst göttliche Eigenschaften, deren Fehlen ihm das Göttliche so wichtig machen. Als Mensch
kann er lediglich mit *menschlichen Mitteln* erkennen, denken und handeln. Damit aber reicht er bestenfalls an das Göttliche heran, ohne es
jemals erfassen zu können.

Je entschiedener der Mensch nach Gott verlangt, um damit über
das bloß Menschliche hinauszugehen, umso deutlicher muss ihm werden,
dass er die Gegenwart, die ihm konstitutionell nicht genügt, gar nicht
überwinden kann. Es ist die *Erkenntnis*, die ihm beides gleichermaßen
zu verstehen gibt: das *Unvollkommene seiner Lebenslage* und das *Unzu-*

längliche aller Mittel, die nötig wären, die menschliche Welt mit der Aussicht auf das Göttliche verlassen zu können.

Es kann nur eine *Erkenntnis* sein (wie etwa die Einsicht in die Vergänglichkeit aller Dinge), die das Verlangen nach dem Bleibenden stimuliert. Doch es ist ebenfalls eine *Erkenntnis,* die dem Menschen vor Augen führt, dass er das Heil der Dauer niemals erlangen kann. Auf welches epistemische Verfahren er auch setzt: Es wird ihm nie die Gewissheit geben, nach der er verlangt, wenn er sich hilfesuchend an die Götter wendet.

Das Unzureichende aller Erkenntnis des Göttlichen liegt *zum einen* darin, dass sie letztlich doch nur in *weltlichem Wissen* verbleibt. Alles Erkennen ist auf *Sachverhalte* gerichtet, die zur gemeinsamen Welt der Menschen gehören. Ihre Funktion ist wesentlich auf die *Mitteilung* zwischen den Individuen beschränkt. Damit steht der gleichermaßen *kommunikative* wie *mundane* Charakter aller Erkenntnis außer Zweifel; sie dient der von praktischen Zwecken ausgehenden Verständigung zwischen Menschen. Die können sich zwar, allein oder im Verein mit anderen, um einen Zugang zum Göttlichen bemühen, aber sie haben keine Aussicht, auf diese Weise etwas über das Göttliche selbst in Erfahrung zu bringen.

Menschen können zwar sagen, wie sie Gott verstehen; sie können sich auch darauf einigen, das Göttliche als *Ursprung,* *Wesen, Grund* oder als ein die Welt überschreitendes *Ziel* anzusehen. Aber ein *Wissen* davon, dass Gott diese oder andere Aufgaben wirklich zukommen, haben sie nicht. Sie können es allein schon deshalb nicht erwerben, weil es Wissen nur in der Form von Aussagen über Gegenstände gibt, zu denen Gott, allein schon seinem Begriff nach, nicht gehört. Er ist stets mehr als das, was sich über Tatsachen sagen lässt, mehr auch als das, was wir über deren mögliche Relationen ausmachen können. Also reicht das menschliche Wissen in seinen synthetischen und analytischen Leistungen, in denen es sich, wie dies in Logik und Mathematik geschieht, die Organisation seiner eigenen Funktionen erschließt, nicht aus, um auch nur eine einzige Gewissheit über das Göttliche dingfest zu machen. Doch es wäre ein Fehlschluss zu meinen, damit müsse sich der Mensch jedes Nachdenken über das Göttliche verbieten.

Denn *erstens* ist es *historisch* offenkundig, dass der Mensch an Gott denkt und zu ergründen sucht, wie er ihn verstehen kann; dabei gewinnt er Einsichten in und über sich selbst, so wie Platon das im *Alkibiades* beschrieben hat. *Zweitens* stellt sich der Gedanke an ein göttliches Wesen notwendig ein, sobald ein Mensch nach einem *systematischen* Abschluss seines Nachdenkens über den Weltzusammenhang sucht. Und wenn man *drittens* das historische wie das systematische Denken *kritisch* prüft, wird man im Göttlichen zumindest eine *Grenzbestimmung des menschlichen Denkens* ausmachen können. Selbst wer gar nichts mit dem Begriff eines Gottes verbinden möchte, kann nicht leugnen, dass er uns hilft, die Grenzen des menschlichen Wissens auszuloten.

Da nun aber der Mensch die Grenzen des Wissens ständig erweitert, wird es vermutlich weiterhin die Hoffnung geben, sie könnten eines Tages dennoch überschritten werden. Und wer so hofft, sieht bereits eine Ermutigung darin, dass er das als umfassend vorgestellte Ganze einer göttlichen Ordnung immerhin *denken* kann. Also schließt er nicht aus, dass auch das Wissen, verstärkt durch neue Kenntnisse, nachfolgt.

Doch die Erwartung trügt. Denn bei jedem Versuch, eine verlässliche *Erkenntnis* über das Göttliche zu erlangen, stößt man immer nur bis zu den *weltlichen Daseinsbedingungen* vor, gelangt aber nicht zu dem sie womöglich tragenden *göttlichen Fundament*. Die intellektuellen Mittel des Menschen reichen zur Feststellung seiner körperlichen, seelischen und geistigen Kompetenzen und Defizite, lassen ihn aber im Stich, wenn er mit der zum Wissen gehörenden Sicherheit in Erfahrung bringen will, ob es das, was er sich nicht nur *wünschen*, sondern damit ja auch *denken* kann (und das ihm praktisch derart offensteht, dass er es zu *glauben* vermag), auch tatsächlich «gibt».

In diesem Dilemma scheint ein *zweiter* Weg zur Erkenntnis des Göttlichen offenzustehen, der sich aus der geradezu zwingend erscheinenden Voraussetzung ergibt, dass sich Gott als *Ursprung*, *Wesen*, *Grund* und *Ziel* der Welt *außerhalb* von ihr befinden müsse: Gott wird als «transzendentes» Wesen begriffen, das im «Jenseits» der Welt zu finden ist und eben deshalb kein Gegenstand eines sicheren Wissens sein kann. In diesem Fall setzt der Glauben an ihn bereits bei der Möglichkeit eines *Zugangs* zum Göttlichen an: Der Mensch denkt, dass er auf den transzendenten Gott im Jenseits der Welt gleichwohl mit irgendwie verlässlichen Mitteln *schließen* kann.

Doch zur Tragik der intellektuellen Verfassung des Menschen gehört, dass auch dieser zweite Weg weder zu theoretisch gangbaren noch zu praktisch tragfähigen Aussagen über das Göttliche führt. Denn wenn wir glauben können wollen, dass Gott wahrhaft als Grund unseres Daseins und als wirksame Kraft im Leben gedacht werden kann, darf er nicht als transzendente Größe im Jenseits der Welt verstanden werden. Denn wie sollte er als *Etwas im Nichts* verstanden werden? Und wie könnte er, selbst wenn uns dies gelänge, in der Lage sein, aus dem Nichts ins reale Sein der Welt hineinzuwirken? Beides, die Unmöglichkeit einer separaten innerweltlichen Existenz und die Abwegigkeit einer extramundanen Position, haben wir uns bewusst zu machen, ehe es möglich ist, ein Verständnis des Göttlichen zu ermitteln, in dem wir uns nicht in Widerspruch zu unseren Erkenntniskräften setzen.

2. Der Glauben im Denken der Welt.   Um der Erörterung vorzugreifen, sei vorab skizziert, wie der Widerspruch behoben werden kann, ja wie er im Nachdenken über unsere Existenz immer schon behoben ist. Man braucht zunächst nur das Eingeständnis, dass der Begriff des Göttlichen, trotz der Verborgenheit seines Gegenstandes, gleichwohl zu unserer Erkenntnis gehört. In *historischer, systematischer* und *kritischer* Perspektive kommen wir um den Begriff des Göttlichen nicht herum. Wir denken es als das über uns *Hinausreichende*, als das uns *Umgreifende*, als das *alles Tragende* und *Vollkommene*, als das *Ganze* oder vielleicht auch nur als die *Grenze* alles Denkens und Wollens. Dabei *denken* wir es uns nicht nur als ein (wie auch immer begriffenes) «Etwas», für das wir verschiedene Begriffe verwenden können, sondern wir *verstehen* es als Etwas, *das uns etwas angeht.*

Hat man sich dies eingestanden, kann nicht geleugnet werden, dass man zu dem, was man mit dem Begriff des *Einen, Ersten, Höchsten, Umfassenden, Fundierenden* oder *Ganzen* zu denken genötigt ist, immer auch ein *affektives Verhältnis* hat. Dem Teil, der da denkt, kann das Ganze, das er denkt und zu dem er (irgendwie) gehört, nicht gleichgültig sein. Denn im Denken schreibt sich der Teil einen Wert zu, dem er dem Ganzen, dem er sich zurechnet, nicht absprechen kann. Mehr noch: Im Denken des Göttlichen steigert der Mensch seinen Wert und wächst über sich hinaus. Denn das Große, das er im Begriff des Göttlichen zu denken sucht, wertet ihn selber auf – selbst wenn er sich vor Gott erniedrigt. Denn der Demütige setzt, wenn nicht auf Erhebung, so doch mindestens auf Anerkennung seiner Haltung.

Die Göttlichkeit der Welt lässt deren Verhältnisse nicht gleichgültig unter sich, sondern hebt auch sie auf das Niveau des Ganzen. Wer aber das Göttliche in Abrede stellt, kann auch das Ganze der Welt nicht höher schätzen als einen beliebigen ihrer Teile. Gewiss lässt es sich leugnen, so wie sich leugnen lässt, dass es etwas *Schönes* oder *Erhabenes* wirklich gibt. Vermutlich muss man dann nur so konsequent sein, die verpflichtende Kraft einer *Norm* in Abrede zu stellen, und wäre vermutlich inmitten der noch verbleibenden Tatsachen nur deshalb nicht allein, weil man bekanntlich sogar die eigene Existenz bestreiten kann. Damit ist alles nichts – einschließlich meiner selbst. Gibt der Mensch dem Ganzen hingegen einen Wert, der die bloße Summe seiner Teile überschreitet, wächst er selber mit, auch wenn er nur ein Teil des Ganzen ist. Wie das zu verstehen ist, wird sich noch zeigen.

In jedem Fall färbt das Selbstverhältnis des denkenden Menschen auf das Ganze ab, das er zu denken sucht. Zwar wissen wir, dass ein Mensch sich bei vollem Bewusstsein zerstören kann; und wer wollte ausschließen, dass einer damit den Wunsch verknüpft, mit sich selbst könne er auch dem Ganzen Abbruch tun? Doch gerade in Abgrenzung zur absichtlichen Selbstzerstörung des Menschen kann nicht bestritten werden, dass es ein sich selbst erhaltendes Nachdenken gibt. Und sobald ein solches Denken auf das Ganze des Daseins auszugreifen sucht, geschieht das im Modus eben der Affirmation, die schon das eigene Selbstverhältnis bestimmt. Als Teil beansprucht man einen Wert für sich selbst, der nicht geringer wird, wenn man versucht, im Ganzen die Bedingung aller Wertschätzung überhaupt auszumachen. Im Gegenteil: In der bewussten Anerkennung des Ganzen liegt eine Aufwertung seiner Teile.

Die Reflexion folgt somit einer positiven Erwartung, die sich zwar in Frage stellen, in ihrer Wirksamkeit aber nicht verleugnen lässt. Zu jedem Denken gehört das Minimum einer Hoffnung auf einen verlässlichen Ertrag. Davon kann sich das Nachdenken über das Ganze der Welt nicht lösen. Zwar ist es immer auch möglich, dass jemand gegen die von ihm bezweifelten Überzeugungen anderer zeigen möchte, dass es das Ganze so, wie es behauptet wird, gar nicht gibt. In der Kritik an bestehenden Überzeugungen und Theorien kann sich die Negativität des Denkens in der Destruktion aller umlaufenden Annahmen über das Selbst, die Welt und erst recht über das Göttliche zu erweisen suchen. Das gehört zur Entfaltung der kritischen Potenz des Denkens, ohne die ein sich positiv verstehender systematischer Ertrag des Philosophierens wertlos wäre. Nur darf der Kritiker den Wahrheitsanspruch seiner eigenen Einwände nicht übersehen. Solange er glaubt, treffende Argumente vorzubringen, nimmt er für sich selbst ein Ganzes in Anspruch, das er für sachlich verbindlich hält und dem er mit seiner eigenen Überzeugung anhängt. Zwar ist nicht auszuschließen, dass jemand in seiner Verzweiflung oder in seinem destruktiven Furor fortlaufend alles in Frage stellt. Doch damit versteift er sich auf die Position eines uneingestandenen Selbstwiderspruchs, die jedes von ihm vorgebrachte kritische Argument entwertet – weil er sich im eigenen Daseinsvollzug selbst nicht an die kritische Prüfung hält. Die nämlich müsste ihm vor Augen führen, dass seine Kritik auf Prämissen beruht, in denen er sein eigenes Dasein, sein eigenes Tun und damit auch den möglichen Ertrag seines eigenen Denkens als aussichtsreiche Bedingung von etwas ansieht, das es nach der Negation des Ganzen gar nicht geben dürfte.

Spätestens hier kommt der Vorzug des Ausgangs beim umfassend verstandenen Sinnerleben zum Tragen: Man *lebt* nicht nur, sondern man *erlebt* sein Leben auch und wirkt im unablässigen Vollzug eigener Leistungen aktiv an der Weiterführung seines Daseins mit. Ohne Bejahung seines stets in ganzheitlichen Referenzen erfahrenen und betriebenen Lebens ist das nicht möglich. Wer die darin liegende intellektuelle Konsequenz nicht auf sich nehmen will, gibt seine Eigenständigkeit preis. Es dürfte schwer sein, ihn als Theoretiker des Lebens oder der Welt für voll zu nehmen.

So kann man festhalten, dass jeder, der in Zustimmung oder Abwehr ein ursprüngliches Interesse am möglichen Grund und Sinn des Daseins zu erkennen gibt, zu denen gehört, die nicht nur selbst ins Ganze des Daseins eingelassen sind, sondern zu ihm auch ein auf Zustimmung beruhendes Verhältnis haben. Damit ist erneut auf den engen Zusammenhang zwischen Leben, Denken und Glauben verwiesen: Die Nötigung, sich reflektierend auf das Ganze der Welt zu beziehen, ist bereits in ihrer sinnlichen Verarbeitung gegeben, und sie steigert sich mit jedem Akt eigenständiger Bewertung von Verhältnissen, die man tätig zu bewältigen sucht. Nur bei jenen, die sich zu keinem Urteil, zu keiner Entscheidung und zu keiner Handlung veranlasst sehen, stellen sich die Not und das Glück des Glaubens nicht ein.[1]

Wo aber jemand der Auffassung ist, er könne die Elemente der Welt nicht angemessen beurteilen, ehe er nicht ihr Ganzes in Betracht genommen hat, liegen Denken und Glauben nahe beieinander. Mag der Schluss von den einzelnen Dingen auf das umfassende Ganze nur als eine Formalität erscheinen: Sobald das erschlossene Ganze nach Art einer Realität betrachtet und in der Form einer Beachtung verdienenden Substanz in die Weltbetrachtung einbezogen wird, behandelt man es nach Art eines (auf das eigene Handeln bezogenen) Akteurs, der an sich selbst ebenso glaubt wie an die Einheit einer ihm gegenüberstehenden Person oder Institution.

«Glauben» heißt hier zunächst nicht mehr als die von einem handlungsleitenden Bedürfnis getragene Annahme, dass mir, als dem Wesen, das von seiner eigenen wirksamen Einheit überzeugt ist, etwas gegenübersteht, dem es mit der gleichen emotionsgeladenen Unterstellung begegnet. Wer an sich glaubt, kann dies nicht, wenn er nicht auch anderen glaubt, die er ernst zu nehmen vermag. Das gilt wesentlich für das Verhältnis zu Personen und Institutionen, hat aber auch für größere Einheiten zu gelten, die wir als handlungsrelevant ansehen. Jeder, der sich auf die *Gesellschaft* oder die *Menschheit*, auf die *Umwelt* oder die *Natur* bezieht, spricht von ihnen *wie von Akteuren*, die zu beachten sind.

Geht einer hier auch noch den letzten Schritt und sucht die *Welt*, die *Wirklichkeit* oder das *Ganze des Daseins* in sein Denken und Handeln einzubeziehen, dann *glaubt* er bereits an die *Einheit* in dem, wovon er spricht. Damit ist er nicht nur begrifflich, sondern auch unter dem Gesichtspunkt praktischer Anerkennung – und somit *affektiv* – bei dem, was Gläubige als *Gott* bezeichnen.

Mit der Einsicht in diesen Zusammenhang ist zugleich ein Verständnis dafür gewonnen, dass der gläubige Mensch sich nicht mit der Gewissheit beruhigt, dass es ein Göttliches einfach nur *gibt*. Vielmehr geht es ihm nicht anders als dem Erkennenden, der sich von seinem Wissen etwas erhofft: die rechtzeitige Wahrnehmung einer Gefahr, die

Vermeidung eines zeit- und kraftraubenden Umwegs oder das Glück einer richtigen Einschätzung der Risiken der getroffenen Entscheidung. Selbst wo man im Denken jede Kalkulation auf einen Vorteil beiseite lässt, bleibt noch die Lust der freien Reflexion. Folglich kann man auch dem, der zum Glauben an den Grund des Seins oder den Sinn des Daseins bereit ist, die *Anteilnahme seines Gefühls* nicht absprechen.

So naiv es auch klingt, wenn im Glauben ein «Heil» oder eine «Erlösung» gesucht wird: Hat nicht der Mensch seit ältesten Zeiten eine Befreiung aus der Enge seines Daseins gesucht? Solange er sich damit nicht in den Selbstwiderspruch verrennt, der in einer Verachtung eben dieses – mindestens als Voraussetzung alles Kommenden benötigten – Daseins liegt, ist dagegen nichts einzuwenden. Denn Gott ist nicht nur einer von vielen möglichen Gedanken, die man fassen, aber ebenso gut auch lassen kann. Wer immer ein Interesse daran hat, das Ganze seines Lebenszusammenhangs zu bedenken, der kann sich nicht damit begnügen, von «Welt», «Wirklichkeit», «Sein» oder «Natur» zu sprechen. Er muss dem Umstand Rechnung tragen, dass *er selbst* zum gedachten Realitätskontext gehört, und dass ihm dies *etwas bedeutet*. Er ist selbst *als ganzer ins Ganze* einbezogen, folglich auch emotional tangiert und in seinem Selbstwertgefühl gehoben. Dagegen kann er sich zu immunisieren suchen, kann achselzuckend feststellen, dass er am Ganzen ohnehin nichts ändern kann, oder kann es als bloße Abstraktion, Phantasmagorie oder als Kinderglauben abtun. Der Gefühlsanteil ist gerade auch in solchen Abwehrreaktionen nicht zu leugnen.

Für den Gottesbegriff ist entscheidend, dass man sich durch das gedachte Ganze zu einer *Stellungnahme* herausgefordert sieht. Wie bei den Personen und Institutionen, mit denen man zu tun hat, nimmt man auch das Ganze des eigenen Daseins wie eine Herausforderung (oder Bedrohung) durch etwas an, auf das man selbst als Person zu reagieren hat. Man fasst das Ganze somit nach Analogie eines sozialen Gegenübers auf und begreift es nach Art eines Mitspielers. Damit wird die besondere Stellung sichtbar, die dem Göttlichen als dem die Welt und das Selbst *Umgreifenden* zukommt.[2]

Wer das als Anthropomorphismus belächelt oder gar als Rückfall in mythisches Denken verdächtigt, dem muss alles am Menschen komisch und antiquiert erscheinen, insbesondere dort, wo sich die Zeitgenossen besonders avanciert gebärden. Man denke nur daran, wie sie von der «Umwelt» sprechen oder sich der «Natur» als Helfer oder gar als Retter anempfehlen. Wer «der Umwelt zuliebe»[3] ökologisch zu handeln sucht, der kann ernsthaft die Absicht hegen, die «Einheit der Natur» oder den «Bestand des Seins» zu wahren. Er kann sich für einen *Patho-, Bio-, Kosmo-* oder *Ontozentriker* halten und legt doch ein menschliches Maß zugrunde.

Das muss keineswegs mit der theologischen Auffassung kongruieren, dass die Welt das «Werk» eines außen stehenden oder in ihr selbst wirkenden «Schöpfers» ist. Aber dass man das Ganze von Natur, Welt oder Sein als etwas ansieht, das einen etwas angeht, das einen «betrifft» und mit dem man in seinem eigenen Tun wie mit einer beeinflussbaren Größe umgeht – eben das ist die hochkultivierte Eigenart der intellektuellen Weltbeziehung, die es dem Menschen ermöglicht, mit Dingen und Erkenntnissen nach seiner eigenen Einsicht zu verfahren. So kann er mit Absichten und Gründen auf die Rahmenbedingungen seines Daseins eingehen und versuchen, nicht nur seinen Bedürfnissen zu folgen, nicht nur den situativen Konditionen seiner Handlungslage, sondern auch dem von ihm begriffenen Ganzen seiner Welt gerecht zu werden.

Die Signatur, unter der ein Mensch diese Entsprechung mit dem «Gang der Geschichte», dem «Geist der Kultur», dem «Sinn der Erde», den «Gesetzen der Natur», dem «Walten des Alls», der «Selbstbestimmung des Universums» oder der «Logik des Ganzen» in Übereinstimmung zu bringen sucht,[4] gewinnt einen *personalen Charakter*, sobald jemand den Anspruch des Ganzen *auf sich selbst als Person* bezieht und daraus Einsichten für sein eigenes Handeln gewinnt. Dann kann man es nur als Ausdruck eines individuellen Selbstanspruchs ansehen, wenn ein Mensch das Ganze so anspricht, als stehe es ihm *als Einheit* – wie *seinesgleichen* – gegenüber. Dieser Anspruch muss nicht jedem bewusst sein, aber der gleichermaßen epistemischen wie affektiven Kontraposition zur eigenen Welt dürfte sich kein denkendes und fühlendes Wesen entziehen können.

3. Gott: weder Sache noch Sachverhalt. Wie kann man deutlich machen, dass Gott «ist»? Wie lässt sich zeigen, dass er eine wirkliche Macht im Leben der Menschen darstellt, ohne ein «Etwas» nach Art eines lebendigen Wesens zu sein? Gott ist kein *Sachverhalt*, kein *Einzel-*

ding und somit auch kein ins unermesslich Große gesteigertes Lebewesen. Gott mag sich dem Gläubigen in Ereignissen und exemplarischen Leistungen zeigen, er kann sein Dasein offenbaren und sich dabei vornehmlich des Unwahrscheinlichen bedienen. Wunder sind dazu angetan, das denkbar Fernste in die Nähe sinnlichen Erlebens zu rücken. Ob es sie deshalb auch – im strengen Sinn – «gibt», ist eine andere Frage.

Nach dem Glauben der Gläubigen vermag Gott in *Symbolen* zu den Menschen zu sprechen. Kundige trauen sich zu, einzelne Vorkommnisse als *Chiffren* seines Wirkens zu deuten; und wo immer diese Fähigkeiten kulturell verbreitet sind, bringen *Bilder* das Göttliche zur anschaulichen Gegenwart. Gleichwohl ist Gott nichts, das sich sinnlich wahrnehmen ließe. Und seiner begrifflichen Bestimmung stehen beachtliche Hindernisse entgegen.

Was Gott ist, lässt sich nur *umschreiben.* So wird er zum Träger vieler Attribute, von denen man freilich keines wörtlich nehmen darf. Denn gelänge es, Gott in einer Anschauung oder in einem einzigen Gedanken angemessen zu erfassen, hätte er weder die *Größe* noch das *Einzigartige,* noch die in sich ruhende *Offenheit,* die er braucht, um in der Lage zu sein, uns die alles menschliche Verständnis überschreitende Einheit des Unvereinbaren dieser Welt verständlich zu machen.

Die Schwierigkeit, ihn adäquat zu begreifen, ist ein guter Grund, mit den in der Not des Begreifens verwendeten Umschreibungen großzügig umzugehen. Man muss nicht darüber streiten, ob man sich Gott als *schwarz, weiß* oder *gelb* vorstellen kann, ob er *männlich, weiblich* oder ein *Neutrum* ist, ob er *aufrecht* steht,[5] ob man ihn tatsächlich *lebendig, gütig* oder *ewig* nennen kann. Selbst wenn wir in ihm die *Einheit des Ganzen* suchen, ist es absurd, eine Entscheidung darüber herbeizuführen, ob er selbst (als «Vater») nur *Einer* ist oder (als «Vater, Sohn und Heiliger Geist») eine perspektivische *Mehrheit* darstellt, die zu einheitlicher Wirkung fähig ist. Selbst der mit großem Aufwand betriebene logische Nachweis, dass sich keine bestimmte Bedeutung für den Begriff Gottes angeben lasse (*Kellerwessel* 2010), ist trivial, denn es gehört zur Bedeutung Gottes, durch nichts Bestimmtes festgelegt zu sein. Wenn er das Wesen ist, das alles bestimmt, kann er nicht selbst der Definition durch etwas anderes unterliegen.

Dennoch können wir Gott, so angemessen es in logischer Hinsicht auch erscheint, nicht als *Nichts* annehmen! Für den Menschen muss er *etwas* sein, an das sich glauben lässt. Und da sich an nichts glauben lässt, was nicht auch denkbar ist, liegt es nahe, Gott als das irgendwie Über-uns-Stehende zu denken, dem wir uns zurechnen, wie ein Kind es im Verhältnis zu Vater und Mutter tun kann: als durchaus *gleich* – dies aber im Bewusstsein eines Unterschieds, der durch Vertrauen und Liebe überbrückt und zur Quelle von Glück und Sicherheit werden kann.

Und wenn Gott für den Menschen Bedeutung haben soll, kommt noch etwas hinzu: Er muss ihm *nahestehen*. Gott muss dem Menschen so nahe sein wie notfalls nichts anderes auf der Welt. Wenn nämlich alles verloren ist, muss wenigstens Gott noch helfen können. Da ist es nur natürlich, dass sich der Mensch seinen Gott so vorstellt, als sei er ein ihm in jeder Hinsicht auch deshalb *unendlich überlegenes Wesen*, weil er nicht nur alles weiß und alles versteht, sondern auch alles möglich machen kann.

Hier sieht man deutlich, dass alle Attribute, die einem Gott vom Menschen zugeschrieben werden, durch eine Übersteigerung guter menschlicher Eigenschaften zustande kommen. Es sind Eigenschaften, in denen der Mensch seine eigene Grenze erkennt. Also versucht er, Gott als «transzendent», als «absolut», als «allergenugsamstes» Wesen zu denken, das alles hat, was der Mensch entbehrt. So fallen ihm auch die höchsten Tugenden zu: «Die Seele, die Gott liebt, nimmt ihn», wie Meister Eckhard sagt, «unter der Hülle der Gutheit» (*Dt. Pred.* 10). Entsprechend ist es mit der «Allwissenheit», der «Allmacht» und der «Unsterblichkeit». Gott soll alles zu eigen sein, was der Mensch sich für sich selber wünscht, um in der denkbar besten Verfassung zu sein.

Selbst dort, wo Gott verabsolutierend in die höchste, von niemandem erreichbare Höhe erhoben wird, geht der Mensch nicht nur von sich selber aus, sondern er steigert das, was er von sich selber kennt. Der Mensch mag sich noch so sehr vor Gott erniedrigen: Der dominierende Effekt dieser Selbstverkleinerung ist die Selbststeigerung des Menschen allein dadurch, dass er sich glauben macht, vom Höchsten wahrgenommen zu werden.

Das wiederum kann als derart unangemessen angesehen werden, dass selbst ein in größter Demut gehegter Glauben den Verdacht der Gotteslästerung auf sich zieht. Wie kann ein Mensch es wagen, den alles

umfassenden, in jeder Hinsicht unvergleichlichen Gott derart auf die
Ebene seiner begrenzten Vorstellungen hinabzuziehen, dass er sich mit
ihm vergleichen lässt?

Gewiss: Die Zeiten liegen hinter uns, in denen das als Verbrechen
nach Art einer Majestätsbeleidigung beargwöhnt werden konnte. Aber
in den Augen vieler reicht es schon, die auf Gott bezogenen Begriffe als
«Anthropomorphismen» bloßzustellen, um das Reden über Gott als
sinnlos abzutun. Ein Vorsokratiker, Xenophanes, hat dieses Argument
bereits ins Feld geführt, um den Menschen ihren Stolz auf den privilegierten Zugang zu den Göttern zu nehmen. Das Argument hat Epoche
gemacht, wie es Cicero und Montaigne belegen. Aber erst bei Feuerbach
wurde daraus ein Einwand gegen die Göttlichkeit Gottes überhaupt.
Die augenblicklich folgende Reaktion Wagners und Nietzsches zeigt
jedoch, dass sich damit das platonische Argument für die Göttlichkeit
des Künstlers beträchtlich verstärken lässt. Wer die «ästhetische Rechtfertigung der Welt» für möglich hält, ist schnell bei der Göttlichkeit der
Welt und steht, mit Heraklit, Parmenides und Platon, wieder am Anfang der philosophischen Theologie, zu der sich auch Xenophanes rechnen lässt.

Das zeigt an, wie wenig die Kritik am anthropologischen Fundament des Glaubens ausrichtet. Wenn schon der Mensch sich die Dinge
und Verhältnisse nach seinem Selbstverständnis zurechtlegen muss, um
sie überhaupt zu verstehen: Woran sollte er glauben, wenn nicht an einen
Gott, den er als sein Ideal begreifen und als Ausdruck höchster Vernunft, Weisheit und Güte verehren kann – wie er sie versteht? Was
bliebe von einem Gott, an den wir glauben können, wenn wir vorab
alles Menschliche von ihm abgezogen hätten?

Gleichwohl gibt es triftige Einwände, die aus der Sachlogik der Begriffe gewonnen sind. So kann man zeigen, dass der Begriff der «Macht»
nur dort sinnvoll verwendet werden kann, wo eine Vielzahl von Mächten miteinander konkurriert. «Allmacht» wäre damit gar nicht denkbar,
weil ihr die opponierende Macht fehlt, die zum treffenden Begriffsge-
brauch benötigt wird. Man müsste eigens die Gegenmacht des Teufels
erfinden, um Gott eine Macht zuzuschreiben, die damit leider nur keine
«Allmacht» mehr wäre. Das Gleiche ließe sich von «Allwissenheit»
zeigen, weil auch Wissen nicht nur eine Vielzahl von Individuen voraus-

setzt, die ihr Wissen unter Bedingungen ihrer Differenz erwerben und vermehren; gravierender ist, dass die Semantik von Wissen notwendig Nicht-Wissen – also nicht nur Wissenserwerb und Wissenserweiterung, sondern auch versagendes Wissen – unterstellt. Kann davon mit Blick auf das göttliche «Allwissen» die Rede sein? Entsprechend müsste man auch die «Ewigkeit» und «Unendlichkeit» Gottes befragen. Die Attribute machen alles zunichte, worauf sie angewandt werden, denn Gott ist nichts Bestimmtes, das sich durch sie aus einer Mehrzahl anderer Fälle als der geeignete Träger ausgrenzen ließe.

Solche Einsichten verstärken die Warnung vor der Vergegenständlichung Gottes. Wer in den ihm zugeschriebenen Eigenschaften exakte oder auch nur unstrittige Beschreibungen eines Sachverhalts zu finden glaubt, verfehlt die Rede von Gott und dem Göttlichen von vornherein. Was immer wir sagen, kann nicht mehr als der Versuch einer Annährung sein, deren Wesentliches darin liegt, dass der Mensch das Göttliche (metaphorisch) *über sich* als das Größere, Höhere und Übermächtige sucht und dabei zu beachten hat, dass es (bildlich verstanden) immer auch *in ihm* wirksam sein muss. Denn anders könnte er den Gedanken nicht fassen, dass dieses unfassliche Wesen überhaupt etwas sein können soll, das dem Menschen etwas bedeutet.

Wer dennoch dem Vorwurf entgehen will, er denke Gott vom Standpunkt des Menschen aus, kann auf den Gedanken kommen, sich ein Schweigegebot aufzuerlegen, wie es in der Praxis klösterlicher Gemeinschaften bis heute vorkommt. Nur: Woher wollen die Schwestern und Brüder wissen, dass sie sich gemeinsam auf Gott beziehen, wenn sie nicht miteinander reden? Wie macht ein unter seinem Gelübde stumm gewordener Mönch es sich vor sich selber klar, dass er mit seinem Verhalten «Gott» zu ehren sucht? Sich vor sich selbst in Schweigen zu hüllen ist ganz und gar unmöglich; nur ein von jedem strikt beachtetes Denkverbot könnte einen Ausweg bieten, wenn sich denn die Chance seiner Einhaltung böte. Und wer versuchte, es strikt zu wahren, müsste den Verdacht der Missachtung Gottes auf sich ziehen.

Der beiläufige Hinweis soll niemanden davon abhalten, seinen eigenen Weg zum Göttlichen zu suchen. Solange dabei kein Zwang ausgeübt wird, fällt alles unter das *Gebot der Toleranz*, das, lange bevor es die Menschen (übrigens in religiösen Fragen!) zu entdecken vermochten, von einem Gott in die Welt gebracht worden sein muss. Denn wer könnte jemals größeres Verständnis für größte Unterschiede aufbringen als der Gott, von dem wir glauben, dass er sie gemacht hat? Aber nicht erst darin kann sich der Mensch an Gott ein Beispiel nehmen. Es gilt auch für die *Freiheit*, in der er, wie es heißt, «alles geschaffen hat». Im existenziellen Zugang zum Glauben ist die Freiheit des Einzelnen fundamental. Nach unserer bisherigen Analyse aber kommt die *Bindung des Glaubens an das Wissen* hinzu. Damit beruht der Glauben allemal auf einer begrifflichen Aneignung der Welt und setzt nicht nur die aktive sachliche Auseinandersetzung mit ihr und dem eigenen Selbst, sondern auch die tätige Mitteilung zwischen den Menschen voraus. Wer sich in seinen Glauben versenkt und dabei auf *Kooperation* oder *Kommunikation* verzichtet, setzt dennoch beides voraus. Darin kann man ein Paradigma der Erfahrung des Göttlichen sehen, das nur im tätigen Austausch mit der Welt begegnet, aber erst in der Selbstversenkung und Selbsterkenntnis zur Gewissheit wird. *Ora et labora* ist eine ethische Maxime mit einem eminenten epistemischen Ertrag.

4. Gott als Moment der Welt. Der gewöhnliche Versuch, Gott über jeden Vergleich und Verdacht erhaben zu machen und alle Parallelen zu den irdischen Lebewesen auszuschließen, besteht darin, ihm eine Stellung *außerhalb der Welt* zu geben. Hier wäre er gegenüber allen irdischen Wesen prinzipiell ausgezeichnet. Denn kein Tier und keine Pflanze, noch nicht einmal ein Stein wären in der Lage, außerhalb der Welt zu sein. Zwar macht der Mensch seit mehr als einem halben Jahrhundert Experimente, die ihn für Tage oder Wochen unabhängig von der Erdatmosphäre überleben lassen. In genügend großen Raumschiffen können kleine Populationen eines Tages vielleicht sogar für einige Jahre extraterrestrisch überleben. Aber extra*mundan* wird das niemals *möglich* sein. Selbst viele Milliarden Kilometer jenseits der Erdatmosphäre, des Sonnensystems oder unserer Galaxie brächten den Menschen nicht ins Jenseits der Welt.[6]

Im Jenseits der Welt, so könnte man denken, wäre Gott ganz für sich und jedem Vergleich enthoben. Seiner Eigenschaft, ungeworden und unvergänglich zu sein, käme das entgegen; auch als Schöpfer der Welt könnte ihm eine Position außerhalb der von ihm geschaffenen

Welt höchst angemessen sein. Doch so allgegenwärtig und allmächtig wir ihn in dieser einzigartigen Sonderrolle denken: Er wäre noch nicht einmal in der Lage, in Verbindung mit dieser seiner Welt zu treten. Als wahrhaft transzendentes Wesen wäre er vollkommen für sich und könnte denen, die an ihn glauben, noch nicht einmal etwas bedeuten, außer vielleicht, dass er von Ewigkeit zu Ewigkeit das *vollkommen Andere* und *notwendig Fremde* bliebe. Man müsste sich ein für alle Mal eingestehen, dass es sinnlos wäre, ihn anzurufen oder zu verehren. Denn auch er könnte nichts aus der Welt erfahren, weil es über den Abgrund des Nichts hinweg keine Verbindungen geben kann. In seiner transzendenten Position wäre Gott gänzlich von allem abgetrennt, und der Mensch müsste so konsequent sein, ihn zum *Nichts im Nichts* zu erklären.

Also ist es ausgeschlossen, Gott derart im Jenseits zu verorten, dass er gar nicht zur Welt gehört. Hier hilft es auch nichts, großzügig zu sein und angesichts der Schwierigkeit, Genaues zu wissen, logisch und epistemisch prekäre Aussagen zu tolerieren. Denn man kann es nicht zulassen, dass Gott seiner Unfassbarkeit wegen aus der Welt verwiesen wird. *Als Gott, der uns etwas angeht, kann er nur zu unserer Welt gehören.* Folglich muss er als ein *Moment der Welt* gedacht werden. Nur *in ihr* kann er alles andere übertreffen und überragen; nur *in ihr* kann er göttlich sein.

Diese für alles Weitere zentrale Einsicht gilt es zu verstärken, wenn die Schlussfolgerungen einleuchten sollen: Sowenig Gott ein wie auch immer beschaffener *Gegenstand in* der Welt sein kann, so wenig kann er eine Existenz *außerhalb* des Ganzen haben. Denn Welt ist alles, was der Fall ist. Ihr Begriff schließt aus, dass sich etwas außerhalb der Welt befindet. Das heißt leider auch, dass wir von jenen sinnfälligen Schöpfungsmythen lassen, nach denen Gott die Welt wie ein von außen hinzutretender Baumeister «geschaffen» hat, dass er sie «trägt» und «lenkt», sie «beherrscht», «straft» und «errettet», sofern er sie nicht in den Fluten versinken oder in einem Weltenbrand vernichtet sehen möchte. Auch wenn wir die Schöpfung nur als Gleichnis verstehen, darf die metaphorische Rede nicht dazu führen, Gott als das Gegenüber einer von ihm getrennten Welt zu begreifen.

Das Gute an den metaphorischen Reden ist, dass sie einen Gott voraussetzen, der ein Interesse an der Welt und vielleicht auch am Menschen hat. Das ist nicht selbstverständlich. Aber wie könnte die göttliche Anteilnahme der Welt und dem Menschen helfen, wenn sie folgenlos bleiben muss? Das müsste sie, wenn der extramundane Gott die Welt gar nicht erreichen kann. Im Jenseits käme er notwendig in die Position eines Willkürgottes, dessen Motive dem Menschen so verschlossen bleiben wie alles, was nicht zur Welt gehört. Da ist es nur ein schwacher Trost, dass diesem Gott auch die Welt, auf die er keinen Einfluss nehmen kann, fremd und verschlossen bleiben muss.

Gewiss, die mythologischen Reden haben eine sinnfällige handwerkliche Konkretion, indem sie Gott wie einen Baumeister vorstellen, der an einen Ort kommt, an dem er ein Haus errichtet, und sich anschließend wieder entfernen kann; oder wie einen König, der Anweisungen gibt, die von guten Geistern befolgt werden – ehe sie womöglich von bösen Geistern ins Gegenteil verkehrt werden. So kann man über alles sprechen, was von Menschenhand und menschlicher Arbeitsteilung geschaffen wird. Hersteller und Herrscher kümmern sich eine Weile um ihr Vorhaben und verschwinden dann wieder – die einen, weil sie sich neuen Aufgaben zuwenden, die anderen, weil sie sterben.

Über Gott lässt sich so nicht reden. Gottes Gegenwart muss hier im Ganzen wie im Einzelnen zum Ausdruck kommen. Deshalb gilt: Wenn da ein Göttliches wirkt, das unserem begrifflichen Selbst- und Weltverständnis nicht widerspricht und ernsthaft auch unter den Bedingungen der modernen Wissenschaft geglaubt werden kann, dann muss es selbst *zur Welt gehören*, von der sich der Mensch einen Begriff machen kann. Da dies aber mit dem Begriff, den wir von Gott haben, nur vereinbar ist, wenn er nicht nach Art eines existierenden Sachverhalts, eines Ereignisses oder eines Gegenstands verstanden wird, hat er mit der Welt, in der wir sind, *eins* zu sein. Dabei kann er ihr «Wesen», ihre «Verfassung» oder ihre uns betreffende «Bedeutung» sein. Vor allem mit Blick auf uns selbst haben wir gebräuchliche und widerspruchsfreie Möglichkeiten, von einem Ganzen zu sprechen, ohne damit die mathematische Summe aller einzelnen Teile zu meinen. So gehören Körper, Leib und Person notwendig zusammen – und sind doch in ihrer Bedeutung höchst verschieden. Hier gilt es, wie man weiß, den *Kontext* zu beachten, der, wie man wissen sollte, immer auch ein *Ganzes* meint.

Wir werden daher für einen Begriff des Göttlichen plädieren, der zwar die Rede von einem *Gott als Person* nicht ausschließt, sie aber unter dem Anspruch der *Denkbarkeit* des Begriffs vermeidet. Denn schon das *Göttliche* schließt alle Momente einer alles umfassenden Größe ein und erlaubt es, sie – im Ganzen der Welt – als eine allem überlegene Kraft zu denken, die allem überhaupt erst Bedeutung verleiht. Zugleich erschwert die Rede vom Göttlichen ein objektivistisches Missverständnis, das Theologen, trotz besserer Einsicht, immer wieder dazu verleitet, die umfassende Größe mit Attributen auszustatten, die ihr nicht zukommen können. Selbst «Allwissenheit» oder «Allmacht» beziehen, wie «Existenz» oder «Ewigkeit», ihren Sinn aus den relativen Verhältnissen der menschlichen Welt. Und das an der Gegenständlichkeit orientierte Missverständnis führt auf die bekannten unbeantwortbaren Fragen, ob Gott überhaupt *frei* handeln kann, ob er eine *bessere Welt* hätte erschaffen können, ob er als *Urheber des Bösen* anzusehen oder wahrhaft *unendlich* ist.

Nur ein schon in seiner begrifflichen Konstitution als singuläres außerweltliches Wesen, gar als Person gedachter Gott nötigt Fragen wie diese auf. Doch ihr einziger (gewiss nicht zu unterschätzender) Effekt besteht darin, den menschlichen Scharfsinn zu steigern und die Theologie zu subtilisieren. Das mag ihr Ansehen erhöhen, führt im Übrigen aber nur zu einem rational nicht zu schlichtenden Streit. Geht man hingegen von der Konzeption eines *Göttlichen* aus, das als das im Ganzen wirkende *Moment der Welt* zu begreifen ist, lösen sich diese Schwierigkeiten auf. Man muss freilich die Tatsache einbeziehen, dass der begreifende Mensch diesem Ganzen in allen seinen Leistungen selbst zugehört, und man muss mitbedenken, dass der Mensch nur im Bewusstsein seiner Zugehörigkeit die durch nichts zu überbietende Bedeutung des Ganzen für ihn selbst erfährt. Dieses existenzielle Bewusstsein, das sich auf etwas richtet, das als notwendig gedacht werden kann und dem es mit Gewissheit zugehört, ist der *Glauben* an einen göttlichen Sinn des Daseins.

Ein Problem, das diese Konzeption des Göttlichen auf sich zieht, liegt in dem Verdacht, hier könne dem *Pantheismus* das Wort geredet werden. Dem muss man nicht sofort mit Abwehr begegnen, denn die Rede vom Pantheismus hat ihre Verdienste. So liegt in der Annahme, Gott sei buchstäblich *in allem*, eine Auszeichnung der Welt, die als Ganze das Attribut des Göttlichen verdient. Und wenn die Welt als

Ganze göttlich ist, kann man, streng genommen, keines ihrer Teile von dieser Würdigung ausnehmen. Das kommt der Selbstachtung des Menschen und dem Respekt vor jedem anderen Dasein entgegen. Schon in einer von einem Schöpfergott geschaffenen Welt fällt es alles andere als leicht, den weniger auffälligen Wesen ihre Dignität als Geschöpf abzusprechen. In einer Welt, die selbst als göttlich gilt, hat alles seinen Wert – nicht nur alles, was das Leben fördert, sondern auch das, was der Mensch für schädlich oder widerwärtig hält. Deshalb sollte jeder, der Gott und die Welt nicht gering schätzen will, die theoretische wie auch die praktische Intention des Pantheismus zu würdigen wissen.

Freilich kann er uns nicht genügen, sobald wir das Göttliche in einem Ganzen erkennen, das seine Bedeutung für uns *erst im Bewusstsein unserer Zugehörigkeit* erlangt. Der Pantheismus sagt uns zu wenig über die Bedeutung der Welt in ihrer Relation zu uns und unserer Stellung in ihr. Für die Fragen der Ethik, des Rechts oder der Ästhetik hat er keine Lösung zu bieten; über alles, was Differenzierungen vornehmen und Präferenzen vorgeben muss, geht er hinweg. In der Philosophie überhaupt fragt der Mensch nach einer Welt, die ihm etwas bedeutet. Dabei hat er die Fähigkeit, von sich selbst absehen zu können. Aber dadurch verstärkt sich die Stellung der Vernunft, die ihm die Distanzierung erlaubt. Sie nimmt Gewichtungen nach Maßgabe ihrer eigenen Selbsterhaltung vor. Allein dadurch hat die Unterschiedslosigkeit und Gleichrangigkeit von allem in allem ein Ende, und der Pantheismus kann nur eine Folie allgemeiner Achtung sein, vor der sich die Wertungen abheben, die für die Vernunft und für den sich in ihr verstehenden Menschen von Bedeutung sind. Wenn das Ganze das Göttliche ist, muss darin für den Menschen eine Auszeichnung liegen, ein Anspruch oder eine Botschaft, die er als Herausforderung begreift. Und darin geht er notwendig über das hinaus, was er als Hemmnis oder Widerstand erlebt. Damit hat er sich vom metaphysischen Egalitarismus des Pantheismus gelöst. Die *Selbstachtung*, in der ein Glauben an uns selbst (als Menschen) wirksam ist und in der die *Weltverachtung* ihren Grund verliert, kann es nicht hinnehmen, alles gleichermaßen als göttlich anzusehen. Im Göttlichen liegt eine Aufwertung, an der wir teilhaben wollen. In seiner ungerührten Übermacht kann uns das Göttliche in Schrecken versetzen, in seiner erhabenen Größe kann es Furcht und Bewunderung auslösen, und in seiner Vollkommenheit kann es uns zwischen Erstaunen und Rührung schwanken lassen. Streng genommen aber müsste es, weil es alle Vorstellungskräfte sprengt und keinen angemessenen Begriff zulässt, uns augenblicklich zerstören und vernichten – wann immer wir unter den Eindruck seiner Gegenwart geraten.

Doch es ist mehr: Das Göttliche erzeugt *Ehrfurcht*, die uns weder unsere Bedeutung nimmt noch uns sprachlos macht. Sie erhebt uns vor der Größe, versichert uns in ihrer erlebten Gegenwart und bindet uns an alle, die in gleicher Lage sind. Recht verstanden, kann es nur das Göttliche sein, das den Menschen – selbst über große Differnzen hinweg – humanisiert. Auch das spricht dafür, dass wir das Göttliche, so unfassbar es ist, als etwas *uns Korrespondierendes* begreifen. Sollte ich selbst mir nicht mehr bedeuten als das Schwarze unter meinem Fingernagel, gäbe es keinen Anlass, mich zum Göttlichen zu erheben.

Es ist daher kein Akt metaphysischer Missachtung des Geringfügigen, das Göttliche nicht in allem zu suchen. Wir finden es nur in dem, was unserem Anspruch an uns selbst und an die Welt entgegenkommt. Da die Person aber notwendig Körper hat, in sozialen Beziehungen steht und über Gefühl, Verstand und intelligible Einsicht mit der Welt durchgängig verbunden ist, gibt es keinen Grund, sie innerhalb der Welt zu isolieren. Diese Begründung gilt auch für das Göttliche, das wir in der Welt als das entdecken, was ihr die uns ansprechende und uns herausfordernde Bedeutung gibt.

Der Mensch als das sich selbst als ein Ganzes schätzende Wesen verlangt nach einem göttlichen Gegenüber in der Welt, das selbst die höchste Achtung auf sich zieht. Deshalb muss das Göttliche, in dem für den Menschen die Bedeutung der Welt kulminiert, der *Selbstachtung des Menschen* einen Grund geben können. Er muss sich in ihm, ohne Abwertung irgendeines anderen Teils der Welt, *ursprünglich angenommen* fühlen. *Unter dem Anspruch des Göttlichen hat die Welt eine Form, die dem Selbstbegriff des Menschen nicht entgegensteht.*

Wem dies in seinem Glauben nicht genügt, der hat die Freiheit, das Göttliche der Welt als *personal* verfasst zu verstehen. In Gott kann ihm die Welt somit in eben der Verfassung gegenüberstehen, in der er sich an sie wendet. Zwar geht er in diesem Glauben über das hinaus, was in allgemeinen Begriffen ausgewiesen werden kann; doch angesichts des in die Bedeutung der Welt ohnehin eingelassenen existenziellen Anspruchs wird man in diesem Glauben wohl eher eine individuelle, eine dem Gefühl entsprechende persönliche Konsequenz als eine überschwängliche Schlussfolgerung namhaft machen. Darüber wird noch zu sprechen sein.

Das Göttliche ist somit als etwas anzusehen, das *mit* und *in* der Welt wirksam ist. Denn anders könnte es für den Menschen, der nicht ohne Weltbezug und nicht ohne Weltvertrauen handeln kann, keine Bedeutung haben. Aus der Sinnperspektive des Handelnden kann Gott daher als das *Wesen der Welt* bezeichnet werden. Versuchen wir hingegen, ihn als eine außerweltliche Größe zu denken, verliert er jeden Sinn für den, der in der Welt handeln muss und der alles Kommende – ganz gleich, was, wie und wo es ist – nur *in* ihr vorstellen kann.

Es ist offenkundig, dass mit der üblicherweise unterstellten Jenseits-Transzendenz eine Auszeichnung Gottes verbunden sein soll. Wer groß von ihm denkt, möchte seine Kontamination mit den Mängeln der Welt vermeiden. Gott soll unendlich an räumlicher und zeitlicher Erstreckung, an Wissen, Wille, Macht und Güte sein. In seiner Vollkommenheit passt ein wahrhaft «guter» und «lieber» Gott nicht in eine aus lauter Unzulänglichkeiten bestehende Welt.

Aber kann das überzeugen, solange die Auszeichnung Gottes von jenen stammt, die gar nichts anderes kennen als die Welt? Abgesehen davon, dass kein Mensch sich ein Urteil über die Zustände im Jenseits erlauben kann: Warum soll Gott unter den gänzlich unbekannten Konditionen der Transzendenz besser aufgehoben sein als unter den wenigstens vorstellbaren Umständen der als Ganzheit und Einheit angenommenen Welt? Welches Licht fiele auf den Schöpfer, wenn seine Schöpfung als so unvollkommen angesehen werden müsste, dass er nicht mit ihr in Verbindung gebracht werden darf? Und: Wenn die Mängel der Welt so erheblich sind, kann ihr Urheber noch «allwissend», «allmächtig» und «allgütig» genannt werden?

Es ist also nicht nur die Frage, wie denn eine Welt aus dem puren Nichts geschaffen, beobachtet und gelenkt werden kann; in der prinzipiellen Abgrenzung Gottes von der Welt geht es zuletzt um die *Wertschätzung der Welt* und, sit venia verbo, um die *Reputation Gottes*. Wird man ihr gerecht, wenn man ihn durch einen Abgrund des Seins vom Weltlichen trennt? Ist es sich der Mensch nicht bereits aus Selbstachtung schuldig, der Welt einen hohen Wert zu verleihen? Was ließe sich an Gott denn loben, wenn seine «Schöpfung» dazu keinen Anlass böte? Und was wäre von dem Lob zu halten, wenn man den Schöpfer nicht *in Verbindung mit seinen Werken* preisen könnte? Tatsächlich führt es zum denkbar größten Widersinn, die Welt in einen Gegensatz zu ihrem Schöpfer zu stellen. Er muss vielmehr, wenn er als Urheber, Grund, Ziel oder Sinn der Welt gedacht und geglaubt werden soll, auf das Engste mit ihr verbunden sein.

Ein Weiteres kommt hinzu: Wer Gott überhaupt eines Gedankens für würdig hält, muss sich selbst einen Wert beimessen; denn wer sich selbst nicht schätzt, kann auch von oder durch Gott keine Aufwertung erwarten. Nicht anders ist es mit der Welt, die man für beachtlich, bedeutsam, ja großartig halten können muss, ehe man den Gedanken erwägt, ob sie von einem Wesen höherer Art geschaffen worden ist. So kommt es zur Auszeichnung eines möglichen Gottes nicht ohne die Bewunderung der Welt und nicht ohne die Achtung vor sich selbst. Man muss die Welt als die Generalbedingung unseres von uns ernst genommenen Daseins anerkennen, wenn die Rede von der überlegenen Größe des Göttlichen verständlich sein soll. Also haben wir zu zeigen, was von der Welt zu halten ist, um in der Folge darzutun, welche Stellung dem Göttlichen im Kontext der Welt zukommen kann.

5. Die imaginative Kraft des Glaubens. Die «negative Theologie» ist ein verdienstvolles Propädeutikum, solange sie uns hilft, Gott nicht mit dem zu verwechseln, was er nicht sein kann. Aber wenn das Wissen darüber, was Gott *nicht* ist, schon alles sein soll, was man über ihn sagen kann, verbietet sich der Titel «Theologie» von selbst. Denn Theologie sollte eine *Lehre* sein, die Gott als etwas begreift, woran man glauben kann. Sollte das Nein der Negation nicht nur das erste, sondern schon das letzte Wort sein, bliebe für das Ja des Glaubens kein Platz mehr übrig. Das Ja zum prinzipiellen Nein mag das literarische Projekt einer «negativen Dialektik» pointieren; zur Begründung des Wissens und des menschlichen Handelns taugt es nicht. Damit reicht es auch für den Glauben nicht aus. Es muss das wirksam geben, woran wir glauben, wenn der Glauben nicht Resultat einer bloßen Einbildung sein soll. Das Göttliche, das wir suchen, muss eine *Wirk-*

lichkeit im Sinn einer realen Wirksamkeit – und insofern etwas Positives – sein.

Im Gang unserer systematischen Überlegung liegt das doppelte Nein hinter uns: Dass Gott kein Etwas *in* der Welt, aber auch nichts *außerhalb* derselben sein kann, impliziert ein *Ja*, das alternativlos ist: *Gott kann nur die Welt bedeuten, in der wir selber sind.* Und wenn er weder ein Teil *in* ihr noch ein Etwas *außer* ihr ist, kann er nur das *Organ der Welt als ganzer* sein[7] – und zwar so, wie sie vom Menschen verstanden werden muss, sofern er sich als verständiger Teil der (wie begrenzt auch immer) von ihm verstandenen Welt begreift. Gott steht für die Welt, in der wir uns verstehen – in der wir uns, trotz allem, zu Hause wissen und – unter Bedingungen eines personal ausgerichteten Glaubens – auch zu Hause fühlen möchten.

Wie das zu verstehen ist, sollen die Punkte im zweiten Teil dieses vorletzten Kapitels vor Augen führen. Eine gewisse Abstraktion lässt sich dabei nicht vermeiden. Sie wird vielleicht erträglicher, wenn wir uns vorab vergegenwärtigen, worum es in dem Anspruch auf die göttliche Bedeutung der Welt und in dem so eng mit dem Wissen verbundenen Gefühl des Glaubens geht. Dabei muss mit Blick auf die nachfolgenden Überlegungen des letzten Kaptels deutlich werden, dass sie auf eine gleichermaßen *kulturelle* wie *existenzielle* Frage zielt. Die Frage sollte deutlich machen, dass eine auf Vernunft verzichtende, sich gar gegen die Vernunft profilierende Antwort unzureichend ist. Wenn Glauben Wissen voraussetzt und Wissen immer auch Glauben erfordert, kann das Göttliche in der Welt *nicht irrational* sein. Das steht der Tatsache nicht entgegen, dass die Einsicht in das Göttliche nur *im Medium des Gefühls* überzeugen kann.

Nach Novalis ist es das Universum, in dem der Mensch sich seine Heimat sucht. Er verspürt «Heimweh» nach dem Ganzen und hat den «Trieb überall zu Hause zu sein» (1798/99, Nr. 857). Man soll also glauben können, in dieser bodenlosen, lebensfeindlichen, nur stellenweise grell erleuchteten und dort dann explosiv überhitzten Nacht des Alls sein Zuhause haben zu können! Wie viel schwärmerische Selbstverleugnung gehört dazu, um das ernsthaft anzunehmen? Wie abgebrüht muss man sein, um das Schutzbedürfnis der kindlichen Seele im Aufweis seiner kosmischen Abwegigkeit als erfüllbar auszugeben?

Man wird zugeben müssen, dass die Zumutung dieses Glaubens von der Präsenz eines Wissens über die Unwirtlichkeit des Universums lebt. Und man kann nicht übersehen, dass seine Dringlichkeit mit der zivilisatorischen Entwicklung der menschlichen Gattung wächst. Inzwischen wissen wir noch einiges mehr als der naturkundige Friedrich von Hardenberg *alias* Novalis und müssen daher noch ein Zusätzliches an romantischer Illusionskraft aufbringen: Wüssten wir nicht, wie ungemütlich die seit Jahrmilliarden auseinander explodierende Welt im Ganzen ist, gäbe es nicht das Wissen von der kosmischen Unwahrscheinlichkeit des Lebens, nicht den mikroskopischen Blick in die subatomare Unendlichkeit, in der sich die abgründige Weite des Alls zu spiegeln scheint, und verfügten wir nicht über die grauenvolle, von Jahr zu Jahr anwachsende geschichtliche Erfahrung von der Schwäche und Bosheit des Menschen: Wir brauchten den Glauben nicht, um wenigstens in der Illusion gerettet zu sein.

So aber erkennen wir die Religion als umhüllende Atmosphäre einer Zivilisation, die ihre Betriebsamkeit weder an den Augenblick noch an eine namenlose Unendlichkeit verschwenden, sondern in der Logik ihrer bisherigen Aufbauleistung ein Ziel ihrer in die Zukunft vorgreifenden Tätigkeit festhalten will. Wir entdecken den Glauben als die von großen Erzählungen angeleitete, von bezwingenden Bildern beförderte, von naheliegenden Wünschen beflügelte und in kulturellen Leistungen ausgewiesene Kraft, ohne die sich selbst in den günstigen Lagen der Biosphäre unseres Planeten nicht menschlich leben ließe.

Die Kultivierung des menschlichen Daseins verdankt sich natürlich nicht allein der religiösen Vorstellungskraft. An ihrer Seite und ihr gewiss in vielen technischen Details von Schmuck und Zierrat vorangehend, hat die Leistung der Kunst einen mindestens ebenso großen Anteil. Die Kunst wird heute von vielen wie eine Alternative zum Gottesdienst beschrieben; die Museen und die Konzerthäuser sind die neuen Tempel der Kultur, und die digitalen *chatrooms* sind die Beichtstühle im *global village*. Doch ob die Religion eines Tages durch die Kunst und die allseitige Kommunikation ersetzt werden kann, muss eine offene Frage bleiben. Man müsste es mit größter Besorgnis sehen, wenn der Kunst und der Technik die ethische Verbindlichkeit aufgebürdet würde, die in der religiösen Botschaft gefunden werden soll.

Dem Glauben am nächsten dürfte die fördernde, fordernde und befreiende, aber auch besänftigende und abschirmende Kraft der *Liebe* kommen. Und wer den Glauben mit der Belebung, Begeisterung, Beglückung und Beruhigung durch Kunst und Liebe vergleicht, muss auch den komplementären Mächten des *Vergessens* und des *Schaffens* Beachtung schenken.

Wer das befremdlich findet, bedenke nur, welche Produktivität die Religion in ihren Feiern und Festen, in ihren Riten, Symbolen, Ornamenten und liturgischen Regeln sowie in Musik und bildender Kunst entfaltet. Sie hat die Lebensformen nicht nur kleiner Gemeinschaften, sondern ganzer Kulturen geprägt und dabei die produktiven wie auch die destruktiven Energien des affektiven gesellschaftlichen Zusammenhangs in Lebensformen umgesetzt.[8]

In allen diesen Fällen bedarf es der Imagination, des «guten Glaubens» an den schönen Schein, wie Nietzsche sagt, und es gibt keinen Grund, den Glauben an das Göttliche dafür zu tadeln, dass er das Schöpferische der Phantasie in Anspruch nimmt und das Alltägliche in der unablässigen Dramatisierung des kalendarischen Lebenslaufs nahezu vergessen lässt. Nicht die Philosophen, wie Nietzsche meint (*FW* 54; 3, 417), sondern die Theologen sind die «Festordner des Daseins». Das Expressive und Exaltierte der religiösen Botschaft gibt uns zwar Grund, argwöhnisch zu sein, aber keinen, sie deshalb zu verwerfen. Denn ihre Überzeugungskraft zeigt sich erst, wenn es ihr gelingt, ihre Anhängerschaft zum Leben zu verführen. Wie anders sollen wir inmitten von Krankheit und Tod, Missgunst und Bosheit, angesichts alltäglicher Gefahren und der ständigen Aussicht auf den «Himmel» genannten Abgrund über uns in der Lage sein, im Bewusstsein eines göttlichen Grundes und in der Hoffnung auf eine versöhnliche Aussicht handeln und leben zu können?

Die Imagination, in der es dem Gefühl gelingt, ein Wissen – meist durch den Einsatz elaborierter Techniken – in Bilder, Farben, Klänge und, mit alledem, in eine große Erzählung zu transponieren, kann somit, vornehmlich in Verbindung mit der Liebe, als vorrangige seelische Quelle des Glaubens angesehen werden (*Latour* 2011; *Seibert* 2014). Man kann den Glauben als die *illusionsbereite Überzeugung vom Ganzen des Daseins* verstehen, das vom Wissen nur unvollständig erschlossen wird.

Der Glauben, der ja bereits das Wissen trägt, füllt die Lücke zwischen Selbst und Welt, die vom Wissen nie geschlossen werden kann, weil sie uns mit der Frage, was uns das Ganze bedeutet, ohne jede Antwort lässt. – Das ist zu beachten, wenn in den nachfolgenden Punkten (aus Gründen der sachlichen Rechtfertigung des Glaubens unter den Bedingungen des Wissens) primär von der *rationalen Kraft des Glaubens* die Rede ist.

6. Auf dem Weg vom Weltvertrauen zum Glauben an das Göttliche. Um kenntlich zu machen, dass der letzte Anstieg des unvermeidlich abstrakten Gedankens in seiner inneren Konsequenz naheliegend und einfach ist, seien die nachfolgenden Stufen vorab skizziert: Im nächsten, dem *siebten* Punkt ist zu zeigen, dass es für den Menschen nur *eine Welt* gibt, in der er zu leben hat. Die unbestrittene logische Möglichkeit, sich *viele Welten* auszudenken, ändert nichts an der *existenziellen Angewiesenheit* auf die Welt, zu welcher der Mensch in jeder Hinsicht seines Daseins gehört. Sie wird auch nicht dadurch aufgehoben, dass Individualität und Universalität die tragenden Momente einer jeden begrifflichen Leistung sind. Überdies sollte, wenn Erkenntnis und Erklärung der Natur es erlauben, der metaphysische Dualismus vermieden werden, weil er die Gefahr mit sich bringt, nicht nur die Welt, sondern auch den Menschen in zwei Teile aufzuspalten. Durch Festhalten am menschlichen Ausgangspunkt ist zugleich das Missverständnis abgewehrt, die Rede von der *einen Welt* müsse einen naturalistischen Reduktionismus zur Folge haben.[9]

Doch wie immer die Einheit der Welt auch verstanden wird: Selbst für den empirischen Realisten bleibt sie ein *Gedanke*, der auf *Wissen gegründet* und durch *Wissen erweitert* wird. Auf die Fragen: Wozu die Welt da ist? und Wozu du Einzelner da bist? bietet das Wissen keine Antwort. Offen bleibt somit auch die Frage nach dem Sinn des Daseins. Doch man kann sie, anders als Nietzsche vorschlägt, nicht einfach offenlassen. Es dürfte auch die wenigsten überzeugen, sie nur zur dramatischen Exposition des tragischen Scheiterns vornehmlich des großen Individuums zu deklamieren. Wir verstehen sie als die durch das Wissen geforderte, individuell ernst genommene, frei ergriffene, in der Regel aber gemeinschaftlich behandelte *Frage des Glaubens*.

Im darauffolgenden *achten* Punkt wird deutlich gemacht, dass diese *eine* Welt nicht nur in ihren naheliegenden Teilen, sondern *als ganze* Bedeutung für den Menschen hat, der sich selbst *als ganzer* auf sie bezieht. In seiner begrifflichen Einstellung zu sich und seinesgleichen nimmt er Bezug auf *verständliche* und nicht zuletzt auch als *brauchbar angesehene Einheiten*, aus denen sich ihm die Welt zusammensetzt. Mit Blick auf sich selbst und das, was unter dem Anspruch seiner selbst geschaffen worden ist (zunehmend auch mit Rücksicht auf das, was er als notwendige Bedingung seines Daseins erkennt), zeichnet er darüber hinaus *achtbare Einheiten* aus, in denen er sich *als Person* mit der Welt verbunden sieht. Zu diesen Einheiten gehören, außer ihm selbst als *Person*, seine grundlegenden *Rechte*, die machthabenden *Institutionen* zu ihrem Schutz sowie alles, was der Erhaltung und Entfaltung seines Wissens und seines Könnens dient. Technik, Kunst, Bildung und Wissenschaft sind die kulturellen Verbündeten der Religion.

So kommt es zur grundlegenden *Korrelation von Person und Welt*, in der die biologische Konstellation von Organismus und Umwelt mit den Mitteln der Vernunft zu einer humanen Einheit überboten wird. Man darf nicht vergessen, dass die Welt es ist, die den Menschen möglich macht, und dass ihre Unwirtlichkeit nicht verhindert hat, dass er nicht nur in ihr lebt, sondern in ihr auch seine Kräfte entwickeln kann, die es ihm erlauben, sie wenigstens zu einem gewissen Teil nach seinen eigenen Vorstellungen zu gestalten. Zu den ihn dazu befähigenden Kräften gehört auch die Kompetenz zur *Kritik*, die ihm das Bewusstsein gibt, vieles besser machen zu können. Selbst das Bewusstsein, sich gegen seine Welt behaupten zu können, verdankt er ihr. Das wiederum hat mit der Erfahrung seiner Selbstgefährdung als Mensch zu tun. Dafür ist seit ältesten Zeiten der Begriff der «Sünde» in Umlauf, die dem Menschen einen der stärksten Impulse gibt, über sein Verhältnis zur Welt, zur Natur, zum Leben (oder wie immer man es nennen möchte) nachzudenken.

Macht man nun Ernst mit der Einsicht, dass auch die Person zur Welt gehört und sich nur nach ihren personalen Prämissen auf die Welt beziehen kann; mehr noch: dass Personen die Welt nicht nur nach Art eines Mittels in Anspruch nehmen und sie auch nicht allein als Resonanzraum ihres Erlebens schätzen, sondern sie wie einen Mitspieler nutzen, der ihnen zur persönlichen Wirksamkeit und zur sozialen Geltung verhilft, lässt sich das Ganze wie ein *sich selbst steuerndes System* betrachten, in dem die *Person als integraler Teil der Welt* erscheint. Unter diesen Bedingungen fällt es schwer, die alles umfassende Welt als das ganz Andere der menschlichen Person zu denken. Wenn sie schon als Gegenspieler erfahren wird, dann immer noch in der Form einer partielle Berechenbarkeit unterstellenden *Gleichartigkeit*. Auch wenn es – mit Blick auf das All – einer absurden Verkennung gleichkommt, betrachtet der Mensch die Welt als seine Umwelt, in der er das für ihn Wichtige als Reiz annimmt, auf den er angemessen reagieren kann. Insofern versteht er sich als eine Art Partner der Welt. Deshalb darf man sagen, dass Mensch und Welt sich näher sind, als es die methodologische Opposition zwischen (lebendigem) Subjekt und (totem) Objekt vermuten lässt.

In dieser das menschliche Leben tragenden Entsprechung von Person und Welt tritt deren *existenzielle Dimension* mit besonderer Schärfe hervor. Zwar wäre es abwegig anzunehmen, der Mensch könne den Bestand der Welt gefährden; aufs Ganze gesehen ist er weder für das «Sein» noch für die «Schöpfung» verantwortlich. Aber er sieht seine Existenz auf das Engste mit der Welt verknüpft und verfügt nicht erst seit heute über genügend Kenntnisse, um seine Sorge auch auf jene Teile der Natur und des Lebens zu beziehen, die für sein Dasein wichtig sind. Mit dieser durch seine eigene Macht gegebenen Einschränkung nimmt der Mensch auch Anteil an der Existenz der Welt. Dass sich diese Macht durch Wissen und Technik ständig erweitert, gibt einen Grund für den Glauben mehr.

Im nachfolgenden *neunten* Punkt ist der Frage nachzugehen, unter welcher Bedingung die Einheit von Mensch und Welt gedacht werden kann. Die Antwort liegt, insbesondere nach der Analyse im dritten Kapitel, auf der Hand: Sie kann nur in der weiträumigen Fassung eines *Sinns* gegeben sein, den die Welt zulässt und den der Mensch als erfüllt oder erfüllbar ansehen kann. Die sowohl für das affektive Erleben wie auch für die bewusste Lebensführung grundlegende Einheit von Mensch und Welt kann somit nicht anders als in einem *Sinn* gestiftet werden, in dem sich nur leben lässt, wenn man Entscheidungen zwischen Alternativen von Sinn zu treffen versteht. Gründe für solche Entschieden-

heit kann nur die *Vernunft* beisteuern. Die in unvermeidlicher Ungewiss-
heit durchgehaltene Kraft, ihnen auch zu folgen, verlangt einen *Glauben*.

Dieser Glauben mag sich zuweilen ganz auf die Gründe beschränken lassen, die unter bestimmten Handlungsbedingungen als leitend
angesehen werden. Er kann sich aber dort, wo einzelne Gründe nicht
ausgereift sind, in gleichermaßen personaler wie auch sozialer Konsequenz auf die Vernunft und ihren Gebrauch beziehen. Dann hängen
wir nicht allein den artikulierten Gründen, sondern der Vernunft als
ganzer an. Aber bereits in der Erwartung, die Vernunft müsse das unser
bewusstes Leben leitende Medium sein, greifen wir auf ein Ganzes aus,
in welchem wir unsere individuelle Vernunft als ein durch eine allgemeine Vernunft beglaubigtes Organ verstehen. Die *individuelle Vernunft* eines Menschen kann gar nicht anders, als die *universelle* Vernunft
aller in Anspruch zu nehmen, um angesichts einer unbekannten Zukunft wenigstens plausible Anhaltspunkte für die jetzt zu treffenden
Entscheidungen zu finden. Diese Zuversicht, mit der wir die mangelnde
Reichweite einzelner Gründe im Vertrauen auf einen vernünftigen
Zusammenhang aller Dinge überschreiten, so dass wir ohne Einbuße an
Tatkraft und Anteilnahme im Leben stehen, nenne ich *Glauben*.

Den Glauben brauchen wir allemal in unserem Verhältnis zur Welt
und zu uns selbst. Als *Welt*- und *Selbstvertrauen* steht er nicht unter dem
Verdacht seiner Kritiker, obgleich es die Spatzen von den Dächern
pfeifen, dass es die Welt und das Selbst «nicht gibt».[10] Umso wichtiger
ist es, den Glauben an das Göttliche zu erläutern. Das wird im *zehnten
Punkt* versucht. Er macht deutlich, dass die für die vernünftige Akzep-
tanz der Vernunft benötigten allgemeinen Gründe nur *optionalen Charakter* haben: Sie sprechen für die Vernunft, weil sie unserem Selbstverständnis am nächsten steht und in größtmöglicher Kontinuität zu den
personalen und sozialen Formen unserer Selbstbestimmung verbleibt.
Die allgemeinen Gründe *optieren* für die Vernunft, ohne dass deren
naturerhaltende, lebensdienliche und kulturfördernde Wirkung je definitiv bewiesen werden könnte.

Letztlich also müssen wir an die Vernunft glauben. Dabei ist der von
den sich für vernünftig haltenden Wesen angenommene Zusammenhang zwischen ihrer Vernunft und der unterstellten Vernunft des
Ganzen so eng und so unerlässlich, dass sie sich seiner in einem Glauben

versichern müssen, von dem sie, wiederum mit guten Gründen, annehmen können, dass er der Vernunft nicht widerspricht. Die Korrespondenz von Wissen und Glauben hält sich somit bis zur höchsten Stufe des Weltverstehens durch. Was die Vernunfterkenntnis mit dem Kopf erreicht, den Menschen letztlich aber nicht zufriedenstellen kann, wird im Glauben mit dem Herzen derart aufgenommen, dass es uns, soweit es dem Menschen möglich ist, beruhigt.

Die Vernunft, die selbst schon von einem gut begründeten Glauben an ihre Unersetzlichkeit getragen ist und überdies auf dem Vertrauen beruht, dass die *eigene* Vernunft die Vernunft *aller* ist, eröffnet dem nach Trost und Zuspruch verlangenden Menschen Aussichten, die er, wenn sie ihn sinnlich überzeugen, wenn sie ihn tragen, erfüllen, aufund ausrichten sowie seinem Dasein einen Sinn geben können, auch *glauben* kann.

Kurz: Die Vernunft macht Angebote, die der Glauben ergreift. Damit ist nicht, wie man meinen könnte, der Glauben selbst die Option. Option ist vielmehr das, was im Glauben ergriffen und als leitend angesehen wird. Die Vernunft präsentiert einen denkbaren Sinn, der alle Kräfte des Gemüts belebt und befriedet, so dass der Glauben ihn sich zu Eigen machen kann.

Damit sind wir bei einem Glauben an ein Ganzes, von dem wir nur sagen können, dass er uns mehr bietet, als die bloße Vernunft es vermag. Er steht ihr nicht entgegen, überschreitet sie aber darin, dass er dem auf allen Stufen seines bewussten Daseins auf Sinn angelegten Menschen die Kraft gibt, weiter zu gehen, als er es mit den strengen Mitteln bloßer Vernunft vermöchte. Im Bewusstsein des Glaubens zu handeln, ist «höher als alle Vernunft» – und sollte doch in ihrem Sinne sein! Es ist der Glauben an eine Macht, die nicht nur unendlich viel größer und umfassender ist, als die menschliche Macht es jemals sein kann; sie geht auch über das Verständnis des Menschen hinaus – dies aber so, dass sie von der Vernunft des Menschen gefordert wird, die einsehen muss, dass ihre Mittel allein nicht ausreichen, das sie Ermöglichende, Tragende und immer neu Bewegende zu verstehen.

Wer dieser Macht oder Kraft sein Vertrauen schenkt, so wie er dies bei sich selbst und der Welt ohnehin schon tut, der *glaubt* an das Göttliche. Und wenn er darin etwas zu erkennen glaubt, das ihm *individuell*

entgegenkommt, dann glaubt er an ein Göttliches in einer ihm zuge-
wandten *personalen Gestalt*. Dieser *Gott* kann ihm die Hoffnung geben,
dass der Sinn, den er als Mensch zum Leben braucht, mit dem Sinn des
Ganzen zusammenstimmt.

Wie das gedacht werden kann, wird in den ersten vier Punkten des
nachfolgenden *sechsten Kapitels* in zusammenfassender Auslegung der
Formel vom Göttlichen als dem «Sinn des Sinns» zu zeigen versucht.
Dazu wird erneut das von der Vernunft erfasste Ganze als der allen ge-
botene Rahmen des menschlichen Welterlebens vor Augen geführt –
nunmehr mit dem Ziel, die *tätig-anerkennende Einstellung zur Welt* als die
unerlässliche *interne Bedingung des menschlichen Handelns* darzutun. Der
Mensch hat bereits an die Welt zu glauben, wenn er in ihr bestehen will.
Damit ist das Minimum des Glaubens aufgewiesen, den der notwendig
auf das Ganze seines Daseins bezogene Mensch aufzubringen hat.

Das klingt wie eine Forderung, benennt aber nur eine Tatsache des
menschlichen Bewusstseins: In diesem Glauben, in diesem *Weltvertrauen*,
lebt der Mensch, sofern er bewusst lebt. Und sosehr die Herleitung dieses
Glaubens auf der *formal* ausgewiesenen Inklusion von Selbst und Welt
beruht, so reich können seine das *Gemüt* berührenden Anlässe und Ziele
sein. Denn der Glauben vermag die unerschöpfliche Vielfalt, die Offenheit, die Ordnung und die Schönheit der Welt in sein gleichermaßen rationales wie emotionales Weltvertrauen einzubeziehen. Dabei können,
wie man sofort verstehen wird, die dazu erforderlichen Elemente der Welt
nicht ausgeschlossen werden. Auch in seiner Emotionalität bleibt der
Glauben der Welt rational verbunden.

Also kann auch der *Leib*, der die Quelle und Versicherung, der das
Glück und Mittel unseres Lebens ist, nicht ausgenommen sein. Er ist,
im umfassenden Sinn des Wortes, das Organ unseres Daseins, das selbst
viele Organe umfasst, zu denen, nicht zuletzt, auch die Vernunft gehört.
Sie ist es gewiss nicht allein, die uns mit unseresgleichen auf einen sozialen Zusammenhang verpflichtet, der seinerseits zu den Mitteln und
Zielen gehört, die uns das Leben ermöglichen. Spätestens hier zeigt sich,
wie wichtig es ist, den Sinn, den wir im Glauben suchen, nicht als reinen
Gedanken, nicht als bloße Idee zu verstehen, sondern ihn in seiner uns
insgesamt *empfindlich*, *empfänglich* und *erfinderisch* machenden Eigenart zu sehen. Er bewegt uns ganz und ist doch für die höchsten Erwar-

tungen offen, auf die wir als Personen Anspruch erheben. In unserer Person soll nicht nur die Menschheit zu exemplarischer Geltung kommen, in ihr wollen wir, im Bewusstsein ihrer Gegensätze, *mit der Welt einig* sein.

Dieser Wunsch geht aus dem erfahrenen Versagen und Leiden hervor, aber er wäre nicht möglich, wenn wir nicht – inmitten der Gegensätze, die immer auch in uns selber sind – ein *Glück* erfahren hätten, in dem uns die Welt fraglos als sinnvoll erscheint. Der Sinn des Sinns liegt darin, dass er in der Vielfalt und Gegensätzlichkeit der unendlichen Sinnperspektiven die Einheit exponiert, die dieses Glück ermöglicht. Dieser offenbar durch kein Wissen, aber auch durch die größten Hindernisse und Gegensätze nicht ausgeschlossene Zustand wurde einst, als man sich noch nicht auf den verarmten Standpunkt bloßer Sinnlichkeit zurückgezogen hatte, «Glückseligkeit» genannt.

Damit zeigt sich, dass der als unerlässlich erwiesene Glauben an die Welt nicht ausreicht, um dem weit ausgreifenden Sinnverlangen des Menschen Genüge zu tun. Zwar ist viel erreicht, wenn man weiß, dass im unverzichtbaren Weltvertrauen eine Überzeugung wirksam ist, die dem religiösen Glauben nahekommt: Der Nihilismus kann als ebenso überwunden angesehen werden wie der epistemische Skeptizismus, und es darf als Ausdruck eines Mangels entweder an Selbstkenntnis oder logischer Konsistenz angesehen werden, sobald sich jemand darin gefällt, mit seiner Weltverachtung zu posieren. Doch der schon auf der Ebene der Vernunft erfolgende Ausschluss existenzieller Negationen führt allein noch nicht zu einer aussichtsreichen Position. Zu fragen ist also, worauf das religiöse Sinnbedürfnis zielt und auf welche Weise ihm entsprochen werden kann.

So nahe wir im Selbst- und Weltvertrauen sowie im Glauben an die Vernunft der religiösen Einstellung vielleicht schon sind, so fehlt doch der letzte Schritt, um dessen Darstellung es in den ersten Punkten des *sechsten* und *letzten Kapitels* geht. Bis dahin ist nur die Unverzichtbarkeit des Glaubens als *belief*, als Überzeugung und Vertrauen, dargetan. Danach muss deutlich werden, was den Glauben im Wortsinn von *faith* qualifiziert und warum der *religiöse Glauben* an Gott als ein *Verhältnis wie von Person zu Person* erlebt werden kann. Das ist der schwierigste und heikelste Teil der Untersuchung, der uns am Ende jedoch verständ-

lich machen kann, warum der Glauben an Gott so leicht fallen kann:
*Man braucht eine hohe Abstraktion im Weltbegriff, um darin das Göttliche
in seiner personalen Wirksamkeit zu exponieren, auf die man sich freilich
schon in kindlicher Einstellung beziehen kann.* Was dem naiven Gemüt
das Leichteste ist, erweist sich im theoretischen Nachvollzug als das
Schwerste. Doch es ist der Mühe wert.

Der lange theoretische Anlauf ermöglicht eine vergleichsweise kurze
Antwort, die auf einer menschlich überaus naheliegenden *Verschärfung
der Sinnfrage* beruht. Wer sie überzeugend findet und in sein eigenes
Weltverständnis aufnehmen kann, der braucht sich nicht mit dem
Glauben an die Welt, so reich der in seinen pragmatischen, technischen,
ethischen und ästhetischen Ausdrucksformen auch sein kann, zu begnügen. Er kann, ja, er wird das Ganze der Welt als *göttlich* verstehen.
Das aber heißt: Der Gläubige geht über das mit der bloßen Vernunft
erfasste Ganze hinaus, erhebt es in eine sinnlich-soziale Gegenwart und
sieht sich in ihr nicht nur zur Mitwirkung herausgefordert, sondern begreift sich als ein allen anderen ursprünglich zugehöriges Mitglied einer
Gemeinschaft, in der er, *weil er da ist*, von Anfang an *willkommen* ist
und dem er *ein für alle Mal zugehört.*

Diese humane Gemeinschaft unter dem Schutz des Göttlichen erlaubt uns schließlich auch von *Gott* zu sprechen, der nach Art einer
Person begriffen wird. An sie kann man sich wie an einen Vertrauten
wenden, hat sie zugleich aber wie einen *Gesetzgeber* und *Richter* einer
menschheitlichen Gemeinschaft anzusehen, aus der man nicht verstoßen
werden kann. Schwierig wird es nur, wenn wir ihn als *Schöpfer* nach Art
eines Handwerkers begreifen sollen. Dazu müsste er abseits stehen und
(rein für sich gesehen) weltlos sein. Akzeptieren wir als Schöpfer hingegen auch die Kraft, die, mit Platon zu sprechen, die «Ideen» (damit auch
die Ordnung, den Grund, den Sinn und die leitenden Zwecke) gibt,
kann er in seiner Verbindung mit der Welt auch als *Programm* oder *Sinn*
verstanden werden. *Programm* ist ein technischer Ausdruck für den
Sinn, nach dem sich etwas entwickelt und nach dem es gesteuert werden
kann. Mit Blick auf die Welt könnte das die sogenannte «Selbstorganisation des Universums» sein, in der die Gegensätze auch nur Mittel
sind, die Evolution des Ganzen zu fördern. So könnte selbst noch in der
Bedeutung Gottes als Schöpfer die Nähe zum Sinn des Menschen ge-

wahrt bleiben. – Nach dieser vorgreifenden Skizze müsste es möglich sein, den nachfolgenden Überlegungen zum Verständnis der Formel vom Sinn des Sinns leichter zu folgen.

7. Die Realität der einen Welt. Niemals hat jemand die Welt als ganze gesehen, und niemand wird je wissen, was sie als Ganzes ist. Aber abgesehen von den epistemischen Skeptikern, die es für möglich halten, dass es die Welt nur als Einbildung gibt; abgesehen von Personen, die mit der Welt auch die Existenz aller anderen Personen in Abrede stellen und die daher noch nicht einmal bestreiten können, was andere sagen;[11] abgesehen also von Menschen, die mit der Welt auch sich selbst verleugnen und denen wir kein Unrecht tun, wenn wir ihre angeblich bloß in ihrem Inneren an- und abschwellenden Vorstellungen nicht beachten, haben wir allen Grund, von der *Existenz der Welt* zu sprechen. Kurz: Der skeptische Einwand gegen die Existenz der Welt widerlegt sich selbst.

Also *gibt* es die Welt, sofern es nicht nur dieses und jenes, nicht nur mich und die anderen, sondern *vieles* gibt, das miteinander verbunden ist. Dazu gehört auch die Bindung aller Dinge und aller Vorgänge an die Zeit, in der die Welt schon lange besteht. Die Welt hat ihre *Zeit*, in der sie sich mit ihren vielen Teilen erhält und wandelt. Und sie hat ihren *Raum*, ohne den wir ihr Dasein nicht erfassen könnten. Eine Welt außerhalb von Raum und Zeit ist so wenig vorstellbar wie Raum und Zeit ohne Welt. Dieser Zusammenhang gilt unabhängig von den Unterschieden, die zwischen den Versuchen zu seiner Erklärung durch die verschiedenen philosophischen Schulen bestehen.

Doch auch für empirische Realisten ist die *Welt* das stets *nur gedachte Insgesamt* der vielen Teile, aus denen es zusammengesetzt ist. In unserem Bewusstsein haben wir die Welt tatsächlich nur als einen aus vielen Einzelheiten *erschlossenen* Begriff, der alles umfasst, was uns als Wirklichkeit begegnet. Schließlich ist es selbst einem erklärten Realisten nicht möglich, die Welt als Ganze anzusehen; er muss sie sich vorstellen und seinen Begriff auf diese Vorstellung beziehen. Gleichwohl hat er keine Probleme damit, die derart ideell erfasste Welt als *wirklich* zu bezeichnen. Doch niemand sollte die Abstraktion übersehen, die es uns im Zeichen des Begriffs der Wirklichkeit erlaubt, Realisten zu sein.

Von der Wirklichkeit der Welt zu sprechen bedeutet, dass wir selbst zu ihr gehören, dass wir sie in allem, was wir tun, zu beachten haben und: dass wir sie schlechterdings nicht verlassen können. Ihr sind wir auch noch im Tod verbunden. Denn die Körper der Toten verbleiben in der (empirischen) Welt. Sofern sie nicht gleich dem Feuer übergeben und damit zu luftigen Partikeln und zu Asche werden, lösen sie sich mit den Jahren auf andere Weise in ihre Bestandteile auf, die in andere Stoffe übergehen und immer wieder auch Teile anderer lebendiger Körper werden können. Aber was immer zu ihnen gehörte und gehört, bleibt Element der dinglichen Welt. Es gibt keinen Grund, dies für die Leistungen des Bewusstseins anders zu sehen. Der Geist, der sich zu den subtilsten Formen gesellschaftlicher Institutionalisierung rechnen lässt, dürfte keine Ausnahme machen. Er lebt und stirbt mit der menschlichen Kultur.

Das Bewusstsein verliert sich mit dem Tod besonders schnell. Denn mit dem Tod eines Lebewesens erlischt auch sein Bewusstsein – so wie das Herz zu schlagen aufhört, der Atem versiegt und der Glanz der Augen verlöscht. Zwar kann es (die menschliche Kultur vorausgesetzt) in seinem Ausdruck und in seinen Folgen als Spezifikum des Toten lange erkennbar bleiben. Man kann die Bilder betrachten, auf denen er als Lebender oder als Leichnam in Teilen seiner Eigenart erkennbar ist; man kann die Werke schätzen, die er geschaffen hat, kann das von ihm Ererbte weitervererben oder die Inschriften lesen, die in seinen Grabstein eingemeißelt sind. Da das Bewusstsein des Individuums eine Form des mit anderen geteilten Bewusstseins vieler Menschen ist, lebt es in dem, was es an Eindrücken, Gefühlen und Erkenntnissen zum Ausdruck gebracht hat (und somit im Bewusstsein der anderen), fort. Hier hat der Kreislauf der materiellen Stoffe eine mentale Entsprechung, die es erlaubt, vom Fortbestehen der geistigen Konfiguration eines Individuums zu sprechen. Nirgendwo ist ein Geist besser aufgehoben als im Geist, der letztlich auch der Geist der anderen ist. Bewusstsein kann nur in der Form bewusster Prozesse überdauern. Eine Garantie auf ein ewiges Leben ist das nicht. Aber das Beispiel des Sokrates belegt, dass eine individuelle Präsenz über Jahrtausende hinweg erhalten bleiben kann.

Wohlgemerkt, das ist kein Grund, dem einzelnen Bewusstsein als Ganzem einen dauerhaften Fortbestand zuzugestehen, kein Grund, der Person oder der Seele «Unsterblichkeit» zuzumuten. Das Bewusstsein tritt auf wie alles in der Welt: Es entsteht, dauert seine Zeit, und es vergeht wie alles andere auch. Es kann daher nicht strittig sein, dass auch das Bewusstsein, einschließlich der auf ihm beruhenden Erscheinungsweisen des Geistes, *zur Welt* zu rechnen ist. Es gibt uns nicht den geringsten Anlass, dem Dasein der realen Welt ein Dasein unsterblicher Seelen im Nirgendwo eines Jenseits hinzuzufügen.

Dass der Jenseits-Gedanke gleichwohl so naheliegt, dürfte damit zusammenhängen, dass wir von der Welt – genauer: mit dem Begriff, den wir uns von ihr erschlossen haben – einen unterschiedlichen «Gebrauch» machen können. Rein theoretisch lässt sich sowohl vom *Inneren* wie auch vom *Äußeren* der Welt sprechen. Wir können nach ihrem *Anfang* und ihrem *Ende* fragen, so als könnte die Welt, die wir denken, einen Anfang und ein Ende *haben*. Es gibt auch Denker, die *andere Welten* für denkbar halten, um daraus Schlüsse zur Bewertung der *einen* Welt zu ziehen, von der sich einzig sinnvoll sprechen lässt. Denken lässt sich das. Aber das Ergebnis kann nur in der Einsicht besehen, dass Welt im strengen Sinn des Wortes das ist, was es nur einmal gibt; und sollte jemand meinen, es gebe tatsächlich mehrere Welten, dann gehören sie eben alle zu der *einen* Welt, in der es Teile gibt, die jeweils für sich irrtümlich schon für die ganze Welt gehalten werden können. Doch selbst die rein logischen Operationen mit den gedachten Alternativen zur Welt haben nur den Effekt, unsere Vertrautheit mit der einen Welt zu erhöhen, die alles umfasst und in der wir leben, so als sei sie eine große Höhle, ein riesiges Haus oder ein ausgedehnter Garten.

In ihren verschiedenen Verwendungsweisen, die bereits in der Natur des begrifflichen Weltverhältnisses angelegt sind, behandeln wir die Welt wie den denkbar größten Gegenstand, der uns viel zu tun und zu denken gibt. Erst in diesem *Gebrauch* zeigt sich die *Bedeutung*, die der Begriff der Welt für uns hat. Welt ist die *universale Form*, die jedes sich nach *eigenen Gründen* bewegende Individuum benötigt, um überhaupt als Individuum in Erscheinung treten zu können. Denn das Universelle der Welt tritt nur in der Individualität des menschlichen Selbst- und Weltbegriffs hervor.

Die Bedeutung der Welt erschöpft sich damit nicht in der Gesamtheit der unter ihrem Titel begriffenen Sachverhalte. «Welt» bedeutet vielmehr auch die Verbindung dieser Sachverhalte mit dem Selbstbewusstsein des Einzelnen. So kann sich jeder unmittelbar auf das von ihm angenommene Ganze beziehen. Und was einer mit Gründen tut, erscheint mit eben dieser Begründung als der über ihn vermittelte singuläre Effekt des Alls. Der bewusst tätige und sich auf Gründe berufende Einzelne kann sich somit als *Exponent des Ganzen* begreifen, das nur die *universale Form* ist, in der er sich in seiner Einzigartigkeit von anderen einzigartigen Lebewesen im Kontext derselben Welt *unterscheidet*.

Die begriffliche Verschränkung des Ganzen mit seinem exemplarisch handelnden Teil, das Ineinander von universeller Form und individueller Tat, macht das Denken des Menschen aus. Nur dadurch wird es möglich, dass ein Individuum etwas Bestimmtes tut und davon in einer Weise weiß, in der auch andere davon wissen können. Wo das nicht der Fall ist, wird nicht gedacht. Denn Wissen ist das, was prinzipiell alle wissen können. «Welt» und «Selbst», «Ganzes» und «Teil», «Menschheit» und «Individuum» sind begriffliche Momente, die immer zusammenspielen, wenn etwas Bestimmtes zum Ausdruck gebracht, bewirkt oder verhindert werden soll.

Jeder denkbare Sinn bewegt sich im begrifflich vermessenen Horizont des auf die Welt beschränkten Wissens. Nur in ihm kann etwas eine Bedeutung haben, die im Denken und Handeln der Menschen eine Rolle spielt. Nur in diesem mundanen Rahmen kann etwas ermessen werden, das für einen oder für viele Menschen einen Sinn haben kann. Folglich hat auch der Ernst des Lebens hier seinen Ursprung und seinen Ort. Man kann sagen, dass in der Zuspitzung aller Begriffe auf das begreifende Selbst eine existenzielle Dramatik liegt, der niemand ausweichen kann, der sich vergegenwärtigt, dass selbst die Unendlichkeit der einen Welt von niemand anderem gedacht werden kann als von ihm und seinesgleichen. Und so lastet das Schwergewicht der ins Wissen gerückten Welt auf dem Individuum, das damit im Bewusstsein seiner Schwäche und seiner Endlichkeit fertig werden muss.

Doch halten wir zunächst nur fest: Die Welt umfasst alles, was der Fall ist [5.4]. Was immer war, was immer ist und was immer sein wird, gehört zur Welt. Auch die Tatsache, dass es Erinnerung, Aufmerksamkeit und Zukunftserwartungen, dass es Wahrheit und Lüge, Wünschen, Glauben und Hoffen, Begreifen, Wissen und Denken gibt, gehört zur Welt. Schließlich dürfen die Erfahrungen nicht vergessen werden, die viele auf den Glauben setzen lassen (und andere nötigen, ihn zu verwerfen), nämlich das schier unendliche Leiden, das der Mensch sich und anderen Lebewesen antut.

Der Begriff der Welt eröffnet einen so großen Bedeutungsraum, dass er alles einschließt: das *Sein*, die *Zeit* und den *Raum*, die *Wirklichkeit*, die *Möglichkeit* und schließlich auch das *Nichts*, sofern wir es als Lücke verstehen, den die existierenden Dinge lassen. Diese Fülle lässt sich selbst wie ein gegebener Tatbestand beschreiben und als Realität des Daseins behaupten. Es ist in Wahrheit aber *nur ein Gedanke*, der alles zusammenfasst, was im Einzelnen als das angesehen werden kann, was die Bedingungen empirischer Realität erfüllt. Freilich darf der Gedanke nicht so verstanden werden, als könnten wir von ihm auch lassen, wenn er uns nicht interessiert. Die Welt kann man nicht negieren, ohne sich selbst aufzuheben. Wir *müssen* sie als gegeben denken, sofern wir uns überhaupt Gedanken über uns und unser Dasein machen.

Doch ehe die Menschheit dazu in der Lage ist, hat sie sich durch das Begreifen einzelner Zusammenhänge, durch Herstellung von Werkzeug, durch Viehzucht und Ackerbau, durch Landnahme und Grenzziehung, durch den Aufbau von Institutionen und die damit einhergehende Abgrenzung von anderen Lebensweisen, also nicht nur durch kultische Gemeinsamkeiten, sondern auch durch Feindschaft und Krieg, so sehr auf die Welt eingelassen, dass es ihr schon aufgrund des eigenen Tuns immer weniger offensteht, die Welt nach Art eines Gegenstandes von sich abzurücken. Die Erfahrung, die uns unsere leibhaftige Existenz ohnehin in allem vermittelt, nämlich dass wir zur Welt gehören, wird durch die technische und kulturelle Einlassung und Umformung der Natur mit jedem Entwicklungsschritt verschärft. Mit dem Fortschreiten der Kultur, die uns gewiss in manchem freier macht, so dass wir von der Witterung, den Jahreszeiten, den Lichtverhältnissen oder der jeweiligen Beschaffenheit der Erde weniger abhängig sind als zuvor, werden wir faktisch immer stärker in die Welt hineingedreht: Wir arbeiten uns unablässig immer tiefer in sie hinein, so dass wir nicht nur durch Geburt, Wachstum und Reifung, durch den Leib und seine Bedürfnisse, sondern zunehmend auch durch unsere eigene kulturelle Leistung immer stärker in die Natur hineingezogen werden. Kurz: Wir gehören der Welt nicht nur mit Haut und Haaren, sondern auch in unserer selbstgeschaffenen, zunehmend zivilisierten Lebensweise an.

Ausdruck dieser fortschreitenden Einlassung des Menschen in die Natur ist sein anwachsendes, sich vielfach änderndes und mit zunehmenden technischen Fähigkeiten verbundenes *Wissen*. Es macht umso deutlicher, dass es lediglich eine methodologische Fiktion darstellt, uns von der Welt distanzieren zu können, um sie nach Art eines bloßen Objekts zu beschreiben. Die kulturelle Selbstbefreiung des Menschen ist durch eine immer tiefer eindringende Selbstbindung an die Natur und damit an die Welt erkauft. Die bei diesem Einsatz entwickelten Techniken, zu denen neben dem Denken, Sprechen und Handeln auch die rechtliche und moralische Selbstdisziplinierung gehören, ziehen den Menschen auch innerlich immer stärker in eben den Zusammenhang hinein, über den er scheinbar wie ein Herr über seinen Knecht verfügt.

Damit ist mit Blick auf die kulturelle Evolution der physischen, sozialen und ethischen Techniken angedeutet, wie groß die Einlassung des Menschen auf seine Welt ist. Er ist, modern gesprochen, nicht nur mit ihr vernetzt, sondern vollkommen in sie verstrickt. Deshalb reicht es nicht aus, von seiner organischen, sozialen, psychischen und logisch-rationalen Einfügung in die Welt zu sprechen. Sobald er mit den intelligiblen Kräften seines Sinns verstehen kann, dass er mit und in allem ein Weltwesen ist, wird ihm vollends bewusst, dass er auch *existenziell* zur Welt gehört. Auf der Höhe seines Wissens hat er sich einzugestehen, dass sein Wissen – und die mit ihm verknüpften Techniken – niemals ausreichen werden, sein Weltverhältnis bloß sachlich zu regeln. Er steht vor einem Abgrund des Wissens, den er nur im Glauben überspringen kann. Im Glauben vermag er aus der unübersehbaren Vielfalt der ihn umgebenden, ihn tragenden, ja, ihn selbst ausmachenden Beziehungen herauszutreten, um sich an das Ganze der Welt so zu wenden wie an sich selbst.

8. Die existenzielle Herausforderung in der Welt. Das notwendig gedachte Ganze der Welt ist auf das sie vorstellende und denkende Individuum zugespitzt. Das Individuum ist der *existenzielle* Träger aller Bedeutung – unbeschadet der Tatsache, dass sich Bedeutung in der Regel nur in Verbindung mit einer von vielen gesprochenen Sprache und dem sie tragenden Netz begrifflicher Verknüpfungen einstellen kann. Die jeder Bedeutung zugrunde liegende Allgemeinheit, die man als die implizite Öffentlichkeit des Bewusstseins ausweisen kann [2012a], hat den Vorteil, die vielfach angenommene Opposition zwischen Existenz und Vernunft als Missverständnis abweisen zu können. Damit entfällt auch der von manchen Theoretikern gepflegte Gegensatz zwischen gefühlter Existenz und rational erkannter Realität. Es gibt nur *Übergänge* unter den Bedingungen der Kontinuität eines zwar allgemein verstandenen und doch stets individuell Gedachten. So liegt schon im Begriff der Welt ein existenzieller Anspruch, der sie zwingend auf das Individuum bezieht, das gar nicht anders kann, als sie in allem mitzudenken. Es weiß, dass es zusammen mit seinesgleichen in der Welt ist, und kann sich darin durch seine leibhaftigen, aber zumeist auch irgendwie verstandenen Gefühle bestätigt sehen.

Sachlich gesehen liegt die existenzielle Bedeutung der Welt darin, dass sie sämtliche Bedingungen umfasst, auf denen das Dasein eines Menschen beruht. Alles, was überhaupt als existierend angesehen werden kann, ist Teil der Welt. Und das Leben des Einzelnen untersteht eben den Konditionen, denen auch alles andere auf der Welt unterworfen bleibt. Der Einzelne hat zu *seiner* Zeit, mit *seinen* Möglichkeiten, in *seiner* Lage und in *seiner eigenen* Verantwortung auf das Gegebene zu reagieren. Das Individuelle *ist* der Knoten, in dem das Universelle mit dem Dasein verschlungen ist.

Das wird bereits durch die Tatsache belegt, dass nur der Einzelne Begriffe gebraucht, die auf universellen Ansprüchen beruhen. Es zeigt sich darin, dass sich ein Individuum selten nur einfach faktisch durchsetzt, sondern sich unter Berufung auf Eigenart, Herkunft, Fähigkeiten und die jeweilige Situation für unverwechselbar und wichtig hält. *Gründe* sind das Medium, das die das Individuum betreffenden Überzeugungen transportiert. Sie haben den Vorzug, auf allgemeine Zustimmung Anspruch zu erheben und damit, aus eigener Logik, für andere Auffassungen offen zu sein. Sie setzen somit einen gemeinsamen Zugang zur Welt voraus und bieten Raum für die Anerkennung allgemein erkannter und begrifflich versicherter Sachverhalte. Damit verstärken Gründe, die wohlgemerkt nur von Individuen eingesehen und vertreten werden können, den epistemischen Rang der Welt. Sie geben ein weiteres

Beispiel für die Verschränkung von individueller Existenz und universeller Präsenz dessen, worüber einvernehmlich gesprochen werden kann.

Im Anspruch auf menschliche Würde ist diese Verknüpfung von Individualität und Universalität inzwischen jedem geläufig. Im Grundrecht der Würde ist die Bedeutung des Ganzen der praktisch zu bewältigenden Welt mit dem Ganzen eines individuellen Daseins verbunden. Dafür, dies nicht einfach nur geschehen zu lassen, sondern es von sich aus zu tun (und durch die Allgemeinheit politisch zu schützen), gibt es gute Gründe. Sie liegen darin, dass sich eine Person nicht gleichgültig ist. Sie wird nicht gern verwechselt, legt Wert darauf, ihre eigenen Einsichten zu haben und ihre persönlichen Entscheidungen zu treffen. Das aber, worauf sie sich in ihren individuellen Ansprüchen beruft, trägt allgemeinen Charakter und kann, nach dem auch außerhalb der Philosophie üblichen Sprachgebrauch, als *Vernunft* bezeichnet werden.

Und schon haben wir ein weiteres Beispiel für das prozedurale Ineinander von Individualität und Universalität: Die Vernunft, von der zuweilen so gesprochen wird, als könne sie die Weltregierung übernehmen, kann bei aller Schwäche eine reale Macht im Leben der Menschen sein; dies aber nur, solange sie, die von *jedem selbst* zum Einsatz kommen muss, so gebraucht wird, dass gemeinsame Auffassungen die Folge sind. Sie lassen jedoch den Respekt vor Eigenheiten zu. Wann immer jemand einsehen soll, dass er sich um seine Gesundheit zu kümmern hat, seine Kinder nicht sich selbst überlassen darf oder, selbst bei größter Überzeugung von sich selbst, Rücksicht auf andere nehmen muss, wird allgemeine Vernunft im Interesse von Individuen eingesetzt, die selbst Vernunft brauchen, um auch nur ihre eigenen Interessen vertreten zu können. Zu welcher großen Form sich das Ineinander von Individualität und Universalität steigern lässt, tritt in jener Formulierung des kategorischen Imperativs hervor, der von jedem einzelnen Menschen verlangt, die «Menschheit in der Person eines jeden Menschen» zu achten (GMS, 4, 429).

Diese Entsprechung ist nicht nur von ethischer Bedeutung. Die Verschränkung von Individualität und Universalität erlaubt es dem Menschen überhaupt erst, Verhältnisse in der Welt zu begreifen und so zu verstehen, dass er in ihnen nach eigenem Bedürfnis und nach eigener Einschätzung handeln kann. Zwar kann er über den Erfolg im Ganzen seines Daseins nichts wissen; aber dass er mit seinen Kenntnissen nicht vollkommen quer zu seiner Umwelt steht, ist allein durch die Tatsache, dass er noch am Leben ist, erwiesen. Es gibt somit eine Entsprechung zwischen Mensch und Welt, und die zeigt sich bereits im Lebenserfolg, den jeder Mensch zum Zeitpunkt der Erörterung epistemischer oder ethischer Probleme dadurch unter Beweis stellt, dass er sich an der Debatte beteiligen kann.

Freilich glaubt man den Protest bereits zu hören, der sich gegen das Minimum des Erfolgskriteriums eines menschlichen Lebens erhebt. Nicht *dass* einer noch lebt, soll entscheidend sein, sondern *wie* er das und unter *welchen Ansprüchen* er das tut. Und *was er dabei erreicht* hat, sollte unter Bewertung der jeweils gegebenen Umstände auch zum Urteil herangezogen werden.

Die anspruchsvollere Formulierung der Ziele, die das Individuum in seinem Dasein realisiert, macht in der Tat deutlicher, dass es jeweils *Sinnkriterien des Handelns und des Erlebens* sind, nach denen wir die Stellung des Individuums in der Welt bewerten. Sie sind zwar schon angelegt, wenn es um den reinen Existenzerhalt geht, weil der Mensch sich ohne Absicht und Vorsicht üblicherweise gar nicht im Dasein halten kann; doch niemand wird in Abrede stellen, dass es hier nur um die Bedingung geht, von der das menschliche Dasein seinen Ausgangspunkt nimmt. Gleichwohl sind, wie sich mit Blick auf die vorgetragene Analyse der Leistungen des Sinns ohne Weiteres sagen lässt, die Sinnkriterien des menschlichen Lebensvollzugs auch schon in den weniger anspruchsvollen Formen seines Daseins wirksam. So kann auch ein Mensch mit eingeschränktem Erlebnishorizont oder mit verminderter Zurechnungsfähigkeit den vollen Anspruch auf Sinnerfüllung haben.

Man kann daher den Sinn als das Medium ansehen, in dem sich Individuum und Welt in einer auf das Gelingen eingestellten Weise verbinden. Nur wo ein Sinn gegenwärtig ist, wo er ernsthaft erwogen, direkt verfolgt oder in seinem ästhetischen oder utopischen Gehalt vertreten wird, kommt ihm eine existenzielle Bedeutung zu. Da das in so gut wie allen Fällen gegeben ist, kann der *Sinn* als das Medium gelten, in dem alles hervortritt, was der Mensch im Leben erfahren und erwarten kann.

Hat man den Sinn erst einmal als den leiblich fundierten Träger sowohl des elementaren wie auch des sublimen Erlebens ausgemacht, ist

das Ergebnis, wie Fichte sagen würde, sonnenklar. Seine Funktions-
bedingungen muss man jetzt nicht noch durch die Aufzählung von
Rahmenbedingungen illustrieren, die durch die Endlichkeit, Verletzlichkeit und Hinfälligkeit des individuellen Daseins auf der einen und
durch das Leistungsstreben, die Erfolgslust und die partielle Unverträg-
lichkeit des Menschen auf der anderen Seite gegeben sind. Zum Individuum gehört das Verlangen, als unverwechselbar wahrgenommen und
anerkannt zu sein. Folglich kann der jeweils verfolgte Sinn, so allgemein
verbreitet, gewöhnlich, ja, trivial er sein kann, augenblicklich einen
existenziellen Rang erhalten, wann immer er als vordringlich beansprucht wird. Dann hat er ein Gewicht, dessen Bedingung allein die
Ernsthaftigkeit des eigenen Wollens ist.

Es bedarf keiner Betonung, dass nicht alles im Leben unter dieser
Kondition stehen kann. Folglich wäre es verfehlt, die Ernsthaftigkeit
eines Sinnanspruchs zum durchgängigen Kriterium zu erheben. Aber
es wird immer wieder Situationen geben, in denen es *auf etwas ankommt*, so dass man sich genötigt sieht, seine Voraussetzungen zu prüfen, seine Kräfte zu sammeln und notfalls Entscheidungen zu fällen,
die vielleicht sogar eigenen Interessen entgegenstehen. Das sind Lebenslagen, in denen man sich klarzumachen hat, was man kann und
was man «wirklich» will. In ihnen geht es um das vorrangige Ziel des
Handelns, um Vorsatz, Mittel und Zweck des eigenen Tuns und damit
um das, was man den Sinn des aus eigener Einsicht geführten Daseins
nennen kann. Es ist, so denke ich, nicht zufällig, dass in solchen
Lebenslagen die Hände gefaltet werden oder ein Stoßgebet über die
Lippen kommt. Sportler bekreuzigen sich vor dem Wettkampf oder
küssen ihr Amulett. Wer sich von solchen symbolischen Verrichtungen
frei gemacht hat, nimmt einfach, wie es Jan Philipp Reemtsma in *Im
Keller* so erschütternd eindrucksvoll beschrieben hat, alle seine Kraft
zusammen.

Ehe wir eine theologische Konsequenz aus der existenziellen Einbindung des Menschen in das Ganze des Weltzusammenhangs ziehen,
müssen wir das in Erinnerung rufen, was aus der Sicht der Philosophie
entscheidend ist, wann immer Individuen sich in einer Lebenslage
sehen, die sie für existenziell entscheidend halten: Das ist die im menschlichen Dasein unverzichtbare Bedingung, *an sich selbst, an die Verläss-*

lichkeit des Bekannten, das heißt: *an die Welt* – und mindestens in dieser Verbindung – auch *an die Vernunft zu glauben.*

9. Selbst- und Weltvertrauen im Glauben an die Vernunft.

Nachdem die Vieldeutigkeit des Sinns – vom Reiz über die Empfindung, die soziale Wertung, die affektive Gewichtung, die logische Bedeutung bis hin zum einsichtigen Verständnis von Selbst und Welt – erläutert ist, dürfte klar sein, dass es nicht möglich ist, einem rein intellektuell verfassten *Sinn* die Leitfunktion in der menschlichen Lebensführung zu übertragen. Denn der Sinn umfasst das ganze Spektrum aller möglichen Handlungsimpulse, die sich nicht nur gegenseitig verstärken, sondern auch behindern und aufheben können. Ein heftiger Schmerz lässt zurückzucken, löst die Erinnerung an tödliche Gefahren aus, versetzt in größte Angst und kann dennoch ertragen werden, weil die (ebenfalls auf einen Sinn gegründete) Einsicht erwarten lässt, dass die Maßnahmen des Unfallarztes Rettung bringen. Der Sinn begleitet alles Erleben, er kann sich notfalls in allen Lebenslagen einfinden und macht im Handeln wie im Leiden des Menschen so gut wie alles möglich. Dazu kann auch gehören, dass man sich unter dem verwirrenden Eindruck gegensätzlicher Strebungen und im Zwiespalt sich ausschließender Wertungen gar nicht entscheidet.

Die Entscheidung, die jedem gleichwohl umso mehr zu wünschen ist, muss der eigenen Lebenslage entsprechen und damit einer Vielzahl situativ gegebener Faktoren gerecht werden. Sie muss vor allem von der *ganzen Person* getragen sein. Die Instanz, der wir sowohl eine realistische Einschätzung wie auch eine Entscheidung zutrauen, die eine Sicherung des leiblichen und psychischen Wohlbefindens, einer anerkannten sozialen Stellung sowie der Selbstachtung zur Folge haben kann, ist nach alltäglichem wie nach philosophischem Sprachgebrauch die *Vernunft.* Sie ist die integrale Instanz der Sinnrezeption und Sinnproduktion, die in der Lage ist, Einheiten zu erschließen und herzustellen. Es sind Einheiten, die dem Individuum den Eindruck geben können, mit den umgebenden natürlichen, technischen, sozialen und kulturellen Konditionen in Übereinstimmung zu sein.

Wenn es um die Lebensführung unter dem Anspruch des *Wissens* geht, gibt es keine Alternative zur *Vernunft.* Sie ist das lebensleitende

Organ, das es vermag, die physiologische, soziale, emotionale, logisch-rationale und intelligible Vielfalt unserer sinnhaften Impulse auf einen Grund und Boden zu beziehen, den eine Person sich aneignet, auf dem sie stehen und gehen kann. Dazu gäbe es viel zu sagen. Hier kommt es auf die Ergänzung an, dass die Leistung der Vernunft nicht ohne das *Vertrauen in sie* erbracht werden kann. Wir müssen, wie der immer wieder aufbrechende Streit über die Kompetenz der Vernunft belegt, *überzeugt* sein, dass wir nichts Besseres haben als sie. Wir können bedauern, dass der Instinkt uns nicht mehr sicher leitet. Aber schon dem Bedauern liegt eine Einsicht zugrunde, die letztlich auf Vernunft gegründet ist – etwa die, dass es offenbar nicht ausreicht, allein auf die Vernunft zu setzen. Ohne sie geht es nur dort, wo ohnehin nichts anderes als der Zufall regiert.

Von der Vernunft kommen wir noch nicht einmal im Gedanken an eine Alternative in einer wiederhergestellten Instinktsicherheit los. Wir können darüber klagen, dass die Vernunft selbst Misstrauen in ihre eigene Leistungsfähigkeit weckt. Es mag uns irritieren, dass sie, obgleich sie doch ein Organ des Individuums ist und als verlängerter Arm seiner Bedürfnisse verstanden werden kann, mitunter Partei *gegen* das Individuum ergreift und als Anwalt einer äußeren Instanz auftritt. Das geschieht im Namen der Gesellschaft, der Menschheit oder der Natur. Mancher Widerstreit der Argumente findet nicht selten nur in ihr selbst statt. Es ist bekanntlich die Vernunft, die im Verfahren der «Kritik» gegen sich prozessiert. Als Klägerin und Angeklagte sowie als Richterin tritt sie gleich in drei Rollen auf und macht schon darin deutlich, dass bloß *eine* Position, nur *eine* Perspektive und nur *eine* Identität nicht ausreichen, wenn man zu ihr stehen will. Für das Vertrauen in die Vernunft stellt das keine geringe Anforderung dar.

Hier also sind sowohl Beweglichkeit wie auch Festigkeit gefordert, und es dürfte klar sein, dass die Vernunft nicht wie eine für jeden und für alle Fälle gleiche Messvorrichtung in uns allen wirkt, sondern in ihren sozialen, intelligiblen und hermeneutischen Funktionen höchst differenziert vorgehen kann. Nicht selten wird sogar «Mut» erfordert, sich ihrer zu bedienen. Eben das ist es, was Kant mit seinem *sapere aude* («Habe den Mut dich deines *eigenen* Verstandes zu bedienen»; *Aufklärung*, 8, 33) zum Wahlspruch der Vernunftaufklärung erklärt. Dieser

Mut schließt das *Ja zu sich selbst* ein und hat zugleich als so *welthaltig* zu gelten, dass er auch das *Ja zur Welt* bedeutet, in der wir uns, trotz allem, wiedererkennen.

Üblicherweise liegen das Selbst- und Weltvertrauen dem Vertrauen in die Vernunft voraus. Man dürfte kaum verstehen, was es mit der Vernunft auf sich hat, wenn man sich nicht schon – und zwar im Vertrauen auf die eigenen Fähigkeiten – mit der Welt vertraut gemacht hätte. Erst wenn in ihr etwas unsicher geworden ist, zieht man die Vernunft zu Rate, um mit ihrer Hilfe das verlorene Vertrauen wiederherzustellen. Dann kann sie empfehlen, sich auszuschlafen, sich mit Freunden zu beraten, sich einer Therapie zu unterziehen oder den Irritationen auslösenden Problemen einfach aus dem Weg zu gehen. In alledem aber hat man sie schon in Anspruch genommen, und man hat sich ihrer auch zu bedienen, wenn man die Ratschläge anderer prüft oder das tut, was keiner rät, einem selbst aber als das Richtige erscheint.

Dass in Fällen dieser Art das *Wissen* eine Rolle spielt, sollte freilich nicht vergessen werden. Zwar kann man immer sagen, dass ein Zuviel oder ein Zuwenig an Wissen zu den Ursachen des Vertrauensverlusts in Welt und Selbst gehört; aber ohne Wissen kann keine Krise überwunden werden. Da das Wissen die Welt im Selbst repräsentiert, zeigt sich auch hier, wie unverzichtbar es in der Vermittlung des Welt- und Selbstvertrauens ist. Somit kann endlich die Konsequenz aus der oben gewonnenen Einsicht gezogen werden, dass Wissen und Glauben sich wechselseitig fordern und fördern. Dabei braucht zunächst vom Göttlichen oder von Gott gar keine Rede zu sein: Der Glauben erweist sich auch in säkularer Perspektive als *Einstellung zum Wissen* – und zwar ganz allgemein im Umgang des Selbst mit sich und seiner Welt. Dass daraus ein Glauben an das Göttliche werden kann, sobald die gegebene Welt – in ihrer reinen Positivität – dem Selbst nicht genügt, zeigt sich dann nahezu von selbst.

Als Einstellung zum Wissen hat der Glauben sowohl die anschaulich gegebenen wie auch die gedanklich erschlossenen Elemente des Wissens anzuerkennen. Er hat die Welt so zu nehmen, wie sie sich ihm nach Maßgabe des (sich wandelnden) Wissens darbietet. Doch sobald er sich mit dem bloßen Faktum eines gegebenen Weltzusammenhangs nicht zufriedengibt, verlangt es ihn nach einer größeren Bedeutungsfülle, die das selbstbewusste Selbst in seiner Welt mit einem Sinn umfasst, der alles so versteht, wie er mit seinen besten Kräften genötigt ist, sich selbst zu verstehen.

Unter dieser Bedingung kann es ihm nicht genügen, die Welt als das bewundernswert *Große*, unermesslich *Vielfältige*, vollkommen *Unergründliche*, verlockend *Tiefe*, unfassbar *Schöne*, unerreichbar *Gute*, erhaben oder erschütternd *Gegensätzliche*, alles *Bauende* und wieder *Zerstörende*, alles *Gebende* und wieder *Nehmende*, an allem *Anteil habende* und dennoch scheinbar *Ungerührte* anzusehen. Denn der Gläubige muss sich eingestehen, dass ihm die Welt in alledem zwar von phantastisch widersprüchlicher Fülle, rätselhaft, unergründlich, erschreckend, vielleicht auch abstoßend und anziehend zugleich, in allem doch als die alles gleichermaßen einbindende *Totalität* erscheint, deren Perfektion so unvorstellbar ist wie ihre Verschwendungssucht und ihre Gleichgültigkeit gegenüber dem Leiden. Dann braucht sich der Mensch zwar nicht zu wundern, dass er mit seinen Schwächen, Bosheiten und Ängsten zur Welt gehört. Aber sosehr ihm damit eine abgeklärte Sicht auf die Welt eröffnet wird: Es macht ihn nicht zufrieden mit sich selbst, und es verhindert nicht, dass er die Hoffnung auf ein günstiges Schicksal und ein gutes Ende hat. Er hat leitende Vorstellungen für sein eigenes Leben und setzt in seinem Tun auf einen Sinn, der ihm nicht als unmöglich erscheinen darf, wenn er ernsthaft an ihm festhalten möchte. Also muss er auf eine *Kongruenz seiner Erwartung mit dem Gang des Ganzen* setzen.

Das ganze Problem des Glaubens liegt nun in der Sorge, das mein Handeln tragende Sinnverlangen passe nicht in die Welt: Zwar muss zugegeben werden, dass der Sinn meines Tuns sowohl durch die durchschnittlich erzielten Handlungserfolge wie auch durch das sie tragende Wissen mit der Welt verknüpft ist; aber jede weitergehende Verbindung einer Sinnerwartung mit der Welt kann sich als pure Illusion – inmitten des totalen Zufalls – erweisen. Dagegen spricht zwar, dass dem Sinn nicht nur eine tief in die leibliche Organisation des menschlichen Daseins hinabreichende Dimension zukommt; er ist auch mit den eigenen Empfindungen und Gefühlen verknüpft und mit den Erwartungen und Erfahrungen anderer verbunden. Und er untersteht weiterhin der Überprüfung durch die gleichermaßen sozial wie individuell ausgelegte Vernunft. Doch was besagt das schon für meine Lebenspläne?

Reicht das, um die Überzeugung vom Wert der Erkenntnis oder vom langfristigen Vorteil einer Verbindung von Bildung und Wissenschaft zu erweisen?

Wenn mir ernsthaft an einer Zukunft liegt, die mir – auch über mein Dasein hinaus – wichtig und wünschbar erscheint, dann werde ich nicht auf die Sinnperspektive verzichten, die mich im Guten meines Lebens geleitet hat. Also verlängere ich den schon mein Wissen tragenden Glauben über das Wissen hinaus in den Bereich, in dem es mich nicht mehr sicher trägt. Sofern ich nicht von dem Missverständnis ausgehe, dass Wissen und Glauben Gegensätze sind, erfolgt der von meinen rationalen Erwartungen geforderte Schritt über das Wissen hinaus im fortgesetzten Vertrauen auf das Wissen und die Vernunft.

Die Vernunft braucht dabei nicht mehr zu leisten als zuvor: Sie soll auch hier *Einheiten* erschließen, die *Ziele* und *Zwecke* vorgeben und im Übrigen *kritisch* darauf dringen, dass Widersprüche vermieden werden. Der Glauben verdankt ihr die ganzheitlichen Ideen von Mensch und Welt sowie die mit guten Gründen ausgestattete Überzeugung von ihrer Einheit. Deshalb muss sie es für fragwürdig halten, dass die das menschliche Leben leitenden Sinnerwartungen ohne Rückhalt im Ganzen des Daseins sind. Zwar kann sie keine logisch zwingenden, erst recht keine empirisch erwiesenen Gründe für die Verbindung zwischen menschlichen Erwartungen und weltlichen Ereignissen aufzeigen. Aber sie muss es für höchst unwahrscheinlich halten, dass hier keine Kongruenz besteht, weil sie anders selbst als unmöglich zu gelten hätte.

Also hat der Glauben die Freiheit, auf die Beständigkeit einer das Leben leitenden Sinnerwartung zu setzen. Sie kann er nicht zugleich als *schlecht* oder gar als *böse* ansehen. Er wird sie im Gegenteil für *gut* halten müssen – und zwar *in jenem Ganzen*, in dem die unterstellte *Kontinuität von Vergangenheit, Gegenwart* und *Zukunft* begriffen werden muss. Da in diesem so naheliegenden wie schlichten *Ganzen* die sich in ihm bewegende und es zugleich tragende *Vernunft* eine nicht unerhebliche Rolle spielt und zugleich auch nicht als etwas der Welt Fremdes verstanden werden kann, lässt sich die hier im eigenen Dasein wirksame *Einheit von Welt, Selbst* und *Vernunft* nur als *optimal* begreifen. Und da wir die Herkunft dieses in der Stimmigkeit mit dem Ganzen liegenden Guten nicht auf einzelne Ursachen zurückführen, sondern nur als Qualität des Ganzen ansehen können, erscheint es als *göttlich*. Göttlich – im alten wie im neuen Sinn des Wortes – ist es auch, darin, dass wir es als *wunderbar* erleben.

Alles Weitere folgt aus der rationalen Annahme eines sinnerfüllten Zusammenhangs von Mensch und Welt: Der Mensch braucht sich seiner Schwächen und seiner Widersprüche nicht zu schämen, denn er findet beides überreichlich auch in seiner Welt. Unter dem Anspruch des Sinns hat er lediglich den Kriterien des Wissens und seiner eigenen Vernunft zu genügen; sie disziplinieren ihn nicht weniger als die Einsicht in die Endlichkeit seines Lebens und die Verbindlichkeiten, die ihm unter den Bedingungen seiner natürlichen und sozialen Lebensweise erwachsen. Ausschlaggebend ist schließlich die individuelle Konsequenz seines personalen Daseins, für die er, wie sich noch zeigen wird, im Begriff eines personal verstandenen Gottes einen im Ganzen des Daseins wirkenden Rückhalt sucht.

Für den Glauben gilt überdies der den menschlichen Sinn stimulierende Anspruch auf *Freiheit*. Sucht man auch hier nach einer Entsprechung zwischen Mensch und Welt, scheint man ins Ausweglose zu geraten. Denn die in diesem Punkt bedauerlich defensiv argumentierende Philosophie räumt bestenfalls dem Menschen Freiheit ein, und erklärt den Rest der Welt zu einem determinierten Automaten, in dem angeblich alles nach dem Gesetz der Kausalität ablaufen soll. Dass dabei die physikalisch längst überwundene Mechanik Newtons bemüht wird, ist nur die eine Seite des Irrtums. Die andere liegt darin, dass der Determinismus die Eigenart des Lebens leugnet. Leben ist aber nur möglich, weil es in allen seinen Reaktionen Spielräume nutzt. Die ihm dazu in seiner Spontaneität gewährten Chancen müssen als Vorstufen der menschlichen Freiheit begriffen werden.[12] Mit der Selbstorganisation des Lebendigen begegnet Freiheit im Universum nicht erst beim Menschen. In naturgeschichtlicher Perspektive muss sie vielmehr als Basismoment der Evolution begriffen werden. Also kann man sagen, dass die Vernunft des Glaubens auch darin hervortritt, dass er die Freiheit exponiert, die ihm aus den lebendigen Prozessen der Welt bereits entgegenkommt.

Schließlich ist hinzuzufügen, dass im Ganzen notwendig auch die Mängel und Widersprüche des Daseins ihren glaubwürdigen Ort erhalten. So wie nur das, was zu etwas gut ist, wirklich missbraucht werden kann, so kann man stets selbst dem Bösen etwas Gutes abgewinnen. Nur unter dieser ungeheuerlich erscheinenden Prämisse einer Dialektik von Gut und Böse kann die Menschheit mit der unabsehbaren Reihe ihrer Verbrechen leben.

Wo immer dies bewusst geschieht, hat der Mensch die Chance, das Schlechte als etwas anzusehen, woraus er lernen und Einsichten zur Besserung gewinnen kann.[13] Wie wollte man hoffen können, darin Erfolg zu haben, wenn man in dem, was man tut, nicht auf die Verträglichkeit mit der Welt setzt? Jedes auf die Zukunft gerichtete, ernsthafte menschliche Handeln setzt einen Glauben an die mögliche Übereinstimmung mit dem Ganzen voraus. Da wir das Ganze nicht kennen und auch nicht zwingen, sondern uns nur erwartungsvoll auf es einlassen können: Was liegt näher als die Hoffnung, dass es unseren Bemühungen nicht entgegensteht? Und angesichts der objektiven Unwahrscheinlichkeit des bislang Erreichten ist es im höchsten Grade menschlich, zu wünschen, dass wir auch das Bessere zu erreichen fähig sind. Hier liegt der humane Anlass für die theologische Aussicht auf die Gnade Gottes.

Es ist einzugestehen, dass man sich die hier umrissene Vergegenwärtigung der Welt auch ersparen kann. Der Zeitdruck des Lebens und die alltäglichen Nöte machen es leicht, nicht an die widersprüchliche Fülle des Daseins zu denken. Im bloßen Überleben dürfte sogar hinderlich sein, sich die Welt als Ganze vor Augen zu halten. Aber sobald es einem darum geht, die Bedeutung von Lebensalternativen abzuwägen, Prioritäten für die begrenzte Lebenszeit zu setzen oder über das Dasein anderer Personen zu befinden, drängt sich das Nachdenken über die Verfassung des Daseins auf. Und wer sich darin nicht selbst vergisst, ist zur Selbsterkenntnis genötigt, in der sich, wie Platon es geschildert hat, das Ganze spiegelt.

Spätestens dann gehört auch der sich seiner selbst bewusste Betrachter zu der Welt, die dem skeptisch prüfenden Blick so befremdlich erscheinen mag. Doch er gehört der Welt im vollen Umfang zu, und er ist so gut und schlecht wie sie. Er ist ihr auch *innerlich* in seinen Antrieben, Erwartungen und Leistungen verbunden. Im eigenen *Sinn*, so können wir nun sagen, ist jeder Mensch ein Teil, genauer: ein durch sie bewegtes und sie bewegendes *Moment der Welt*.

10. Gott als Sinn des Sinns. Nach der das Kapitel eröffnenden allgemeinen Reflexion konnte *Gott* als das alles umfassende und alles durchdringende *Moment der Welt* ausgewiesen werden [5.4]. Mit ihm also kann sich der Mensch innerlich wie äußerlich verbunden wähnen, wenn ihm (als einem eigenständigen Teil der Welt) in Gott das eigenständig gedachte Ganze der Welt gegenübersteht. Gesetzt, die Platonische Ansicht trifft zu, dass niemand für das Göttliche empfänglich ist, der nicht schon etwas Göttliches in sich hat, gibt es somit für den Menschen keinen Grund, der es ihm verbietet, die Welt als *göttlich* anzusehen. Es muss somit nicht als fragwürdig erscheinen, von einem *Glauben an das Göttliche der Welt* zu sprechen. Wissen kann der Mensch vom Gesamtcharakter seines Daseins nichts. In seinem Verlangen nach einem befriedigenden Abschluss seines Wissens kann er (wie in so vielen anderen Lebenslagen auch) nur durch einen Vernunftschluss zu einem Ergebnis kommen, mit dem er sich zufriedengeben kann. Mit Blick auf das Ganze ist mehr ohnehin nicht zu erreichen. Folglich ist das *Gefühl* wesentlich; sowohl im Anspruch wie auch im Abschluss eines auf das Göttliche gerichteten Denkens gibt es den Ausschlag. Es verstärkt sich angesichts der Erhabenheit der Anschauung des Ganzen. Im Bewusstsein der Unüberbietbarkeit eines alles umfassenden Eindrucks kann einer zur inneren Ruhe finden; es kann aber auch der Wunsch entstehen, dem, was da ist und wirkt, von innen her nahe zu sein. Dieser Wunsch kann als die Disposition zu religiösen Handlungen angesehen werden.

Vergessen wir im Reden vom unüberbietbaren Ganzen, von Fülle und Abschluss aber das *Leiden* nicht! Es lässt, mitten im Ganzen, dessen Mängel spüren. Dabei brauchen wir nicht nur an Armut, Hunger und Flüchtlingsnot, an Krieg und Terror, an die fabrikmäßige Vernichtung von Menschen oder die rücksichtslose industrielle Vernutzung der Tiere zu denken, um zu wissen, dass die Welt selbst die Hölle sein kann. Der frühe Tod eines nahestehenden Menschen kann alles als sinnlos erscheinen lassen. Hier hat das Gefühl eine starke Stimme, der wir uns auch anvertrauen, wenn es um das allen Glauben bewegende Verlangen nach Trost, nach «Erlösung» und «Versöhnung» geht.

So kann das Gefühl zum Movens weiterer Handlungen werden, die eine religiöse Einstellung zur Folge haben und vielfältige Formen der

Andacht und Verehrung nach sich ziehen können. Sobald sie zu einer im Gebet gesuchten Zwiesprache mit Gott führen, ist der *Übergang zum Glauben an ein personales höchstes Wesen* vollzogen. In diesem Glauben ist es möglich, sich persönlich an den Repräsentanten des Ganzen zu wenden, um ihm Fragen nach der eigenen Lebensführung zu stellen. So geschieht es in den Büchern des *Alten Testaments* bei Abraham, Jakob und Mose sowie (in einer dem modernen Bewusstsein bereits nahen Eigenständigkeit) bei Hiob. Der Mensch trägt seine Selbstzweifel vor und fragt Gott so, wie er sich selber fragt: Wo und wie habe ich gefehlt? Worin liegt meine Schuld? Warum hast «Du» mich verlassen? Der «Menschsohn» Jesus wendet sich so an seinen «Vater» genannten Gott. Die neuzeitliche Ethik hat daraus die individuelle Autonomie und universelle Normativität bereits voraussetzende Frage: «Was soll ich tun?» gemacht. Nietzsche radikalisiert sie – unter ausdrücklichem Verzicht auf die Frage nach der «Welt» und der «Menschheit» – allein auf sich selbst: «wozu du Einzelner da bist, das frage dich» (*UB* 2, 9; 1, 319).

Es ist nicht schwer zu sehen, dass man den Fragen unzählig viele Wendungen geben kann. Man kann Auskunft darüber verlangen, warum es überhaupt etwas, und nicht vielmehr nichts gibt? Warum man ausgerechnet in diese Zeit, in diese Nation, in diese Familie, mit diesen Vorzügen und jenen Mängeln hineingeboren ist? Oder man fragt, warum man dies erleben darf und anderes erleiden muss? Nach Nietzsche wären alle diese Wendungen Variationen auf die eine Frage nach dem «Sinn deines Daseins» (ebd.).

Die persönliche Zuspitzung ist essenziell. Der Zweifel am Sinn des Daseins mag weit verbreitet sein, nach Naturkatastrophen oder nach den Verheerungen eines Krieges kann er ganze Generationen erfassen. Er kann gerade dann freilich auch ganz vergessen sein und sich erst wieder einstellen, wenn die Lebensnot überwunden ist. Doch wie dem auch sei: Das Schwergewicht der Frage tritt immer erst in der individuellen Betroffenheit hervor und drängt sich mit der Verzweiflung über die pure Faktizität des Daseins auf. In dieser (auch hier nicht zu übersehenden epistemischen Grundierung) treten die beiden Pole der Glaubensfrage deutlich hervor: Es geht um die *Bedürftigkeit der persönlichen Existenz* unter den Konditionen einer im Wissen mitteilbar gemachten *Tatsächlichkeit des Alls.* Der Mensch verlangt nach Sinn in einer Welt, die ihm von sich aus keinen Sinn zu bieten vermag. In der problemorientierten Lebensform des kommunikativen Handelns ist er auf Sinn angewiesen, den er in den von ihm und anderen verlangten Gründen benötigt.

Doch das pure Dasein einer in der Erkenntnis zum bloßen Gegenstand gewordenen Welt hat den Sinn nicht parat. Das begrifflich gefasste Ganze, an das er sich wendet, schweigt. Das ist die tragische Ausgangslage des Menschen, der von seinen Nöten und Problemen wissen kann, dessen Wissen aber nicht ausreicht, um die sich mit dem Wissen einstellenden Fragen durch Wissen zu beantworten. Also muss der Glauben die Blöße bedecken, die das Wissen allererst entstehen und empfinden lässt.

Nietzsche gibt nun nicht, wie später Wittgenstein und Adorno, den Rat, die Sinnfrage einfach zu vergessen. Er weiß, dass dies unter der Spannung der vom Menschen selbst gesetzten Ansprüche gar nicht geht. Die auf Erkennen und Wissen, auf Verständigung und Vereinbarung, auf Planung und Begründung angelegte Lebensform des Menschen kann nur unter panischen Bedingungen auf die Sinnfrage verzichten. Auch die Not purer Selbsterhaltung, wie sie den Menschen in den Vernichtungslagern bis in die Gegenwart aufgezwungen wird, kann alles vergessen lassen, was menschlich ist. Doch wenn überhaupt die Zeit dazu bleibt, tritt das humane Gewicht der Sinnfrage mit erschütternder Anschaulichkeit hervor, sobald der Mensch vor der Alternative von Tod oder Leben steht. Die Theoretiker des Notrechts haben das schon früh in Rechnung zu stellen versucht.

Auch Nietzsche hat das gewusst. In seiner Spekulation über den Umgang mit dem Daseinssinn geht es ihm nur um Individuen, die in ihrer Freiheit an die größtmögliche Entladung ihrer schöpferischen Kräfte denken. Auf sie, auf die «grossen Individuen», die, ganz gleich, was sie tun, aus ihrem Leben ein exemplarisches Kunstwerk zu machen suchen, ist seine Auskunft gemünzt, die damit offenbar keine allgemeine Verbindlichkeit haben soll: Gleichwohl empfiehlt sie jedem Einzelnen, *sich selbst* einen Sinn und Zweck: «ein hohes und edles ‹Dazu›» zu setzen. Jeder suche sich *seinen* Sinn und ziele dabei auf das denkbar Höchste ab. Das könnte als souverän, ja, heroisch angesehen werden, wenn nicht mit dem romantischen Zynismus eines selbstzufriedenen Schurken der Zusatz folgte: «Gehe nur an ihm zu Grunde – ich weiss keinen besseren Lebenszweck als am Grossen und Unmöglichen [...] zu Grunde zu gehen» (ebd.).

Diese tödliche Konsequenz, die sich an Nietzsche selbst wahrhaft tragisch erfüllt hat, wird in der Regel nicht aus freien Stücken gezogen. Im Gegenteil: Die meisten glauben an positive Ziele, verfolgen sie mehr oder weniger ausdrücklich und gehen davon aus, dass sie sich auch erreichen lassen. Große wie weniger große Individuen handeln nach Zwecken, die zwar individuell verfolgt, aber von anderen verstanden, womöglich auch übernommen werden können. Der auf diese Weise verfolgte Handlungssinn kann als Lebenssinn figurieren und mit der damit gegebenen Aussicht für realisierbar gehalten werden. Viele dieser so angelegten Sinnperspektiven sind so beschaffen, dass sie mit anderen Individuen geteilt und auf breiter gesellschaftlicher Front, vielleicht auch im Übergang der Generationen, weiterverfolgt werden können. Insbesondere in der kollektiven Fortsetzung individueller Zielsetzungen wird deren Realisierung für möglich gehalten.

Man kann es daher nur als einen provokativen Widersinn ansehen, die vom Wissen teils geschaffenen, teils gelassenen Lücken mit einem Glauben aufzufüllen, dessen Aussicht darin bestehen soll, am «Unmöglichen zu Grunde zu gehen»! Der Impuls des Lebens, der im Wissen zur Geltung kommt und hier vorrangig auf Wirkliches und Mögliches gerichtet ist, wird vom Glauben nicht behindert, sondern weitergeführt und gefördert – auch und gerade dort, wo das Wissen uns nicht weiterhilft. Dieser Glauben sucht die epistemische Grundrelation zwischen dem Ganzen der Welt und dem Ganzen der Person durch einen Sinn zu schließen, dem beide Seiten verbunden sind. Man kann ihm genügen, indem man die Welt, zu der man gehört, als «göttlich» bezeichnet und sie im Vergleich mit großen ästhetischen Eindrücken, unerhörten moralischen Leistungen und grenzenloser Fülle zu achten und zu schätzen sucht. Dann kann man der Welt den erhabenen Titel des Göttlichen verleihen und sich selbst glücklich schätzen, dass man ihr, trotz allem, angehört. Dann liegt in der Seele des Einzelnen ein Widerschein des evidenten Sinns des Göttlichen. Man nimmt als Beobachter am aufleuchtenden Sinn des Ganzen teil, der das Leiden und die Zweifel überblendet.

Was aber ist, wenn die aufscheinende erhabene Größe des Göttlichen von der anstehenden Not der eigenen Existenz nicht abzulenken vermag? Wenn der Schmerz und die Not so gegenwärtig sind, dass man auch im Horizont des Weltganzen die drückenden Lasten nicht vergessen kann? Wenn, was angesichts der Entsprechung von Individualität und Universalität nur allzu naheliegt, gerade das Existenzielle vordringlich bleibt? Dann muss man sich eingestehen, dass man in der Bewunderung und Verehrung der Welt als göttlich gerade das verfehlt, was die persönliche Sinnsuche bewegt. Zwar können die individuellen Fragen, die sich an das Ganze richten, angesichts der Übermacht des Göttlichen als verfehlt und unangebracht erscheinen. Dennoch bleiben sie bestehen. Nicht jeder ist so glücklich veranlagt, dass er sich in der Gegenwart des totalisierten Schönen und Guten einfach selbst vergisst.

Wenn nun die Probleme bleiben und das Dasein fortgesetzt beschweren, kann nur ein Göttliches helfen, dass einen durch seine Vollkommenheit nicht zum Schweigen und Vergessen, sondern zum *Sprechen* bringt. Es muss ein Göttliches sein, das selbst hören, verstehen und von sich aus sprechen kann. Man muss es selbst als den Träger eines Sinns verstehen, in dem es sich, wie der Mensch es von sich selber kennt, im eigenen Denken und Handeln bewegt. Dabei muss es selbst *nach Art eines Einzelnen* vorgestellt werden, um ihm zumuten zu können, dass es die Aufmerksamkeit und das Interesse für den Einzelnen aufbringen kann. Das aber kann es nur, wenn es selbst *nach Analogie einer Person* verstanden wird, die sich den Sorgen und Nöten der Menschen schon deshalb nicht verschließt, weil es sich in einer besonderen Gemeinschaft mit ihnen befindet. Genauer: weil es ihnen in seiner eigenen *Ausrichtung auf Sinn* ursprünglich verwandt erscheint.

Dieses Göttliche kann der Mensch, ohne es in seinem übermenschlichen Rang herabzusetzen, wie seinesgleichen ansprechen. In ihm wird der Sinn nicht schon gefunden, sondern in persönlicher Hinwendung *gesucht* – in der Erwartung, eine persönliche, auf die besondere Ausgangslage bezogene Antwort zu erhalten.

Das ist der Punkt, in dem der Glauben im *doppelten Sinn* persönlich wird. Man ist *als Person* nicht einfach nur auf das Ganze gerichtet, das alles einheitlich erfasst, so dass man sich in seiner fraglos überzeugenden Größe aufgehoben fühlt. Vielmehr glaubt man in diesem nicht nur begrifflich, sondern auch im Gefühl bis zum Höchsten gesteigerten Ganzen das Göttliche in einer menschlichen Gestalt vor sich zu haben.

In der Gewissheit des Ganzen will man selbst als Person angesehen, beachtet und bewertet werden. Damit sucht man im Glauben nach einer Bestätigung und Versicherung als Person. Das ist die *erste*, das Selbstverständnis des gläubigen Individuums betreffende Hinsicht.

Die *zweite* folgt aus der damit eingebrachten Erwartung: Als Person kann man sich wahrhaft nur durch eine andere Person anerkannt sehen. Zwar gibt es Verhältnisse, in denen man sich durch die gewährten Freiheiten, durch die bestehenden institutionellen Sicherheiten oder durch die Mitmenschlichkeit einer Atmosphäre als Person willkommen fühlt. Auf längere Sicht kann das nur so empfunden werden, wenn da Personen und Institutionen sind, die insgesamt für günstige Umstände sorgen. Sobald wir diese humane Bedingung des Umgangs mit unseresgleichen auf das Ganze übertragen, läuft ein auf die Wahrung der eigenen Personalität bedachter Glauben auf ein *persönliches Verständnis des Göttlichen* hinaus. Und so wird aus der Achtung für das Erhabene des Göttlichen der Glauben an einen selbst als Person verstandenen Gott.

Der Mensch, so können wir die Überlegungen zum Göttlichen und zu Gott als dem Sinn des Sinns zusammenfassen, ist ein sich selbst entgrenzendes Wesen. Schon in den elementaren Leistungen seines Sinns geht er unablässig über sich hinaus und immer tiefer in sich hinein. Umso wichtiger wird es für ihn, einen Halt in anderen Menschen und in als verlässlich erkannten Sachverhalten seiner Welt zu finden. Vornehmlich im Nachdenken über seine eigenen Lebensziele stellt sich das Bedürfnis ein, Gewissheit nicht nur in den naheliegenden Handlungsbedingungen und auch nicht nur in den absehbaren Handlungsfolgen zu haben. Er möchte vielmehr auch von *ersten Gründen* und *letzten Zielen* wissen. Das ist die logische Folge der Entgrenzung, der Offenheit seiner Konstitution, zu der es gehört, nicht nur im Denken nach einem ideellen Abschluss zu suchen, sondern auch im bewusst gelebten Leben zu einer praktisch gewissen Aussicht zu finden.

Die kann sich im *Göttlichen* bieten, verbleibt darin aber in einer Distanz ästhetischer Anschauung, moralischer Achtung oder theoretischer Anerkennung. Die erlebte Gegenwart des Göttlichen kann die Sinnfragen zur Ruhe kommen lassen, so wie das in der Hingabe an die Natur oder an ein Kunstwerk geschieht. Dazu muss man disponiert sein und über die Voraussetzungen einer enthusiasmierten Distanz verfügen.

Auch wenn man über die Liebe als etwas Göttliches spricht, geschieht das, bei aller Begeisterung, aus einer reflexiven Distanz. Der mehrfach erfolgte Vergleich mit dem Erleben des Erhabenen gibt überdies zu erkennen, dass eine Empfänglichkeit für den Eindruck der Übermacht gegeben sein muss, der man mit der Standhaftigkeit einer moralischen Überzeugung gegenübertritt.

Diese Haltung kann der erlebten Eigenständigkeit eines Menschen entgegenkommen. Gerade ihm aber kann es zu wenig sein, das Göttliche lediglich als das symbolisch zum Ausdruck gebrachte Ganze der Welt anzusehen; er möchte von ihm auch selbst zur Kenntnis genommen, gehört und verstanden werden. Er möchte in einer seinen elementaren Anspruch auf Sinn befriedigenden Weise mit dem Göttlichen verbunden sein. Der auf seine individuelle Eigenart bedachte Mensch kann die Erwartung haben, gerade im erfahrenen Ganzen des Daseins ein *persönliches Gegenüber* zu finden. Er wird daher nach einem Gegenüber suchen, das ihm zwar unendlich überlegen ist, ihn aber umso besser versteht, weil er die Idee zu ihm in sich trägt und ihm daher innerlich wie äußerlich verbunden ist. An dieses Gegenüber kann man glauben, wie an eine Person, besser noch: wie an einen Vater, der dem Sohn mit dem liebenden Interesse an dessen Eigenständigkeit entgegenkommt.

Geht man von der als absolut angenommenen Differenz zwischen Gottes Größe und der physischen Nichtigkeit des Individuums aus, kann diese persönliche Erwartung des gottgläubigen Menschen nur als *hypertroph* erscheinen. Setzt man hingegen beim perspektivischen Vorrang der bewussten Selbsterfahrung an, die das handelnde Ich zwangsläufig in den Mittelpunkt aller von ihm selbst zu treffenden Entscheidungen stellt, und geht man überdies von der unbestreitbaren Tatsache aus, dass jeder einzelne Mensch mit seiner Besonderheit stets nur im Ganzen möglich ist, kann es wiederum als ganz *natürlich* erscheinen, dass sich jemand nicht nur im Ganzen seiner Gemeinschaft, sondern auch im Ganzen des Daseins wichtig nimmt. Das gelingt ihm umso eher, als er glauben kann, in einer ihn tragenden Gemeinschaft nicht nur mit anderen Menschen, sondern auch mit Gott zu stehen. Solche Gemeinschaften können nur auf einen alle Beteiligten verbindenden *Sinn* gegründet sein.

Angesichts des unbedingten Wertes, den der Einzelne im Bewusstsein seiner personalen Würde für sich in Anspruch nehmen darf, liegt es in der Tat nicht fern, dass er auch vom Ganzen erwartet, in seiner unverwechselbaren Eigenart wahrgenommen zu werden. Wenn seine aus lauter Bedingungen hervortretende und dennoch unbedingt erscheinende Personalität möglich ist, warum soll es dann unmöglich sein, auch im Ganzen der Welt ein personales Zentrum anzunehmen, dem er sich direkt gegenübersieht?

Der das menschliche Leben notwendig tragende Handlungs- und Lebenssinn erfordert ein solches Zentrum mindestens als Unterstellung, wenn man sich über die Aussichten des eigenen Tuns im Zusammenhang der Welt verständigt. Da werden die Natur, die Umwelt, die Gesellschaft oder die Menschheit mit Erwartungen befrachtet, so als seien sie Mitspieler im Geschäft der Zukunftsbewältigung. Wer dabei, um nur ein Beispiel zu nennen, die Bewahrung der menschlichen Kultur als Ziel einbringt, wird das für vernünftig halten. Folglich wird man es schwerlich als unvernünftig ansehen können, wenn in die Position eines solchen Zentrums eine Instanz einrückt, die alle Vernunft gepaart mit Güte und Liebe in sich vereint und die man mindestens so achtet wie sich selbst. Beide, die eigene Person und die personale Instanz im Mittelpunkt des kulturellen oder des kosmischen Seins, haben gemeinsam, dass wir nicht wissen, wie sie möglich sind und woraus sie bestehen. Der Unterschied ist allerdings, dass ich dem personalen göttlichen Wesen eine höhere Achtung entgegenbringen sollte als mir selbst; denn den geglaubten Gott *denken* wir nicht nur als die Kraft, die uns möglich gemacht hat; wir *empfinden* ihn auch so.

Das Seinsgefälle zwischen dem als göttlich angesehenen Ganzen und seinem sich als Mensch verstehenden Teil gleicht einem Abgrund. Doch ebenso wie die Kluft nur im Geist des Menschen aufgetan und erkannt werden kann, so kann es dem ohnehin an allem beteiligten Glauben des Menschen möglich sein, auf beiden Seiten eine unbedingte Instanz anzunehmen, die jeweils ihrer Gegenseite entspricht: Auf der einen Seite haben wir den für sich selbst verantwortlichen Menschen, der sich als Person begreift und in jedem Gegenüber eine Person als verständigen Partner sucht; auf der anderen Seite steht das ihm korrespondierende Ganze der Welt, das er in der Person Gottes zu denken und anzureden sucht.

Mit Blick auf das Ganze kann von vornherein nicht strittig sein, dass der Unterschied zwischen ihm und seinem Teil, dem Menschen, unermesslich ist. Aber die im Glauben an Gott ohnehin anerkannte Differenz zwischen ihm und dem nach ihm verlangenden Individuum schließt nicht aus, im Akt einer suchenden Verständigung von einer strukturellen Entsprechung zwischen Gott und Mensch auszugehen. In ihr kann der Mensch nur gewinnen, sofern es ihm gelingt, aus dem im Glauben festgehaltenen persönlichen Verhältnis individuellen Zuspruch zu ziehen. Dem Ganzen wird nichts Unmögliches abverlangt, wenn man ihm als Ganzem die Personalität zuspricht, die jeder einzelne Mensch in sich selber nur gewinnt, sofern er die Menschheit in seiner Person zur Geltung bringt. Wenn sich das Individuum zur Entfaltung seiner Personalität zu universalisieren hat, ist es ein darin bereits mitgedachter Akt des Entgegenkommens, das universelle Ganze in der Form des Individuellen zu denken. Wo dies gelingt, kann man in theologischer Rede von einem Akt der «Gnade» sprechen.

Kapitel 6

Das Göttliche, Gott und
das Menschliche der christlichen Botschaft

«Niemand ist im All so sehr allein
als ein Gottesleugner.»
(Jean Paul, Siebenkäs)

1. Vom transzendentalen zum persönlichen Verständnis des Göttlichen.

Das Ganze lässt sich als Generalbedingung eines jeden möglichen Sinns verstehen, der unserem Erleben einen Inhalt, unseren Worten eine Bedeutung und unserem Handeln eine Absicht gibt. Eben diese Leistung kann man *göttlich* nennen, weil sie allem möglichen Verständnis zugrunde liegt, darin aber selbst so unfassbar wie unüberbietbar ist. Und sie ist verehrungswürdig, weil es ohne sie gar nichts zu verstehen gäbe. Sie erlaubt uns, das Geringste wie auch das Höchste, Größte und Tiefste zu fassen, und kommt unserem Selbstverständnis doch so nahe, wie uns nichts anderes nahekommen kann.

Denn jeder Gedanke, auch der, den ich allein für mich selber denke, und selbst der, der sich nur auf das Ich des «ich fühle» oder «ich denke» beschränkt, setzt die Verknüpfung von Selbst und Welt voraus, in der das Göttliche liegt. Man kann es daher als die *Transzendentalie des existenziell erfahrenen Daseins* bezeichnen, die man nüchtern eine *funktionale Bedingung unseres Selbst- und Weltverständnisses* nennen kann. Bedenken wir, dass wir ihr schlechterdings *alles* verdanken, was für uns überhaupt Bedeutung haben kann, kann man den heiligen Schauer verstehen, der Parmenides durchlaufen haben muss, als er diesen Ursprung allen «Seins», wie er es nannte, entdeckte. Auch heute, so meine ich, spricht nichts dagegen, ihn als «göttlich» zu bezeichnen, sobald uns bewusst wird, dass hier etwas in uns ist, das uns und der Welt allererst Bedeutung verleiht.

Wer immer sich aber durch den Begriff des Göttlichen in Verbindlichkeiten hineingezogen sieht, die ihm sinnlos oder bedenklich erscheinen, der kann es bei der Sinnkonstitution durch das Ineinander von Individualität und Universalität im verständigen Bezug des Ganzen einer Person auf das Ganze seiner Welt belassen. Dann geht er eben nur begrifflich über das hinaus, was ist. Wenn einer meint, dass es ihm genügt, alles erreicht zu haben, was zu erreichen war, und dass er auch mit achtzig noch heiter arbeiten kann, der braucht sich tatsächlich durch nichts genötigt zu sehen, im Wunder dieser alle Sinne und jeden Begriff umfassenden Einfügung in die Welt mehr zu sehen als das, was nun mal ist. Was soll an dem sogar im Kleinsten gelingenden Zusammenspiel des Ganzen mit seinen Teilen denn schon Besonderes sein? Alles ist, wie es ist.

Wer sich aber einen Sinn für das Unwahrscheinliche dieses Gelingens auch noch in den geringsten Vorgängen der Natur bewahrt, wer das Verlangen spürt, hier möge eine Fortsetzung auch über das eigene Dasein hinaus erfolgen, wer gar die Hoffnung hegt, dieses ihn tragende Ineinander von Selbst und Welt solle nicht nur für ihn und für alle, sondern vielleicht sogar im Ganzen ein gutes Ende nehmen: Der fühlt, dass er in seinem Selbst- und Weltverständnis von einer Macht getragen ist, die *alles* umgreift und daher nicht anders als *göttlich* genannt werden kann.

Die Auszeichnung der transzendentalen Bedingung allen Sinns als *göttlich* kann nicht ohne den Wunsch nach *Anerkennung im Ganzen* verstanden werden. Von jedem, der mit Bewusstsein lebt, wird eine Zustimmung zumindest zu den Bedingungen verlangt, unter denen er etwas tut, etwas hinnimmt oder zu verbessern sucht. Josiah Royce hat dafür den aufs Ganze ausgreifenden Begriff der *Loyalität* gewählt (*Royce* 1908). Dazu gehört das Minimum einer Zustimmung zu sich selbst, und man kann jedem nur wünschen, dass er nicht glaubt, sie könne sich nur auf ihn selbst beziehen: Die aus innerer Überzeugung kommende Verbundenheit mit dem Dasein schließt die Anerkennung seiner mundanen und personalen Konditionen ein.

Die Treue gegenüber dem, woraus man lebt, ist von *Gefühl* getragen und mit der starken *Erwartung* besetzt, nicht nur zu verstehen, sondern notfalls auch verstanden zu werden. Hier ist der Mensch an dem Punkt, an dem er sich (soweit dies Menschen möglich ist) letzten Aufschluss und bleibende Sicherheit erhofft. Folglich sind dem Verständnis des Göttlichen keine Grenzen gesetzt, sofern es sich im Rahmen der Vernunft bewegt. Also kann die nach einem Gegenüber verlangende Person das, was ihr das Verständnis überhaupt ermöglicht, auch *nach Art einer Person* verstehen! Nichts verbietet dem Menschen, in dem, was ihm das menschliche Verständnis der Welt eröffnet, selbst etwas Menschliches zu suchen. Die in hochkultivierten Zivilisationen um sich greifende Empathie mit allem, was Empfindung hat, ja mit allem, was lebt, zeigt nicht nur diese Fähigkeit an, sondern gibt zu erkennen, dass sie keinen Rückfall in die vorgeschichtlichen Zeiten des Animismus bedeuten muss. Solange mit der empathischen Ansprache keine Behauptung über einen gegenständlichen Sachverhalt verbunden ist, kann das *Göttliche* somit auch *als Gott* angesprochen werden.

Von dieser Möglichkeit und ihren Folgen handeln die nächsten drei Abschnitte des vorliegenden letzten Kapitels. Sie resümieren die hinter uns liegenden Überlegungen, erläutern die Anrede des Göttlichen als Gott und leiten zum historischen Verständnis der Religion über, die in unserem Kulturkreis das Göttliche nicht nur als «Herr» und «Vater» ausgezeichnet, sondern ihm einen gottgleichen «Sohn» beigegeben hat, in dem sich die besondere Beziehung zwischen dem als personal verstandenen Göttlichen und den sich als eigenständig und individuell begreifenden Menschen manifestiert. Hinzu kommt als weiteres Element eines «dreifaltigen» Gottes der «Heilige Geist», der beide, «Vater», «Sohn», und mit ihm «alle Menschen» in einem sie innerlich vereinigenden Verständnis umfasst.

Ich spreche, meiner kulturellen Herkunft folgend, vom *christlichen Gottesbegriff*, der in seiner Metaphorik naiv und kindlich erscheint und doch als überaus tief begriffen werden kann. Man könnte auch von einer spekulativen Raffinesse in der christlichen Konzeption des «dreieinigen» Gottes sprechen, von der wir mit unserem Nachdenken über das Ganze in uns und außer uns, über die transzendentale Einheit der physiologisch, sozial, psychisch, logisch und intellektuell entfalteten

Sinne sowie über die Präferenz des Menschlichen im Verständnis des Unverständlichen weit entfernt sind. Denn in der christlichen Lehre wird das Göttliche nicht nur nach Art einer *multiplen Person*, sondern, zusammen mit *Maria*, der *Mutter Gottes*, nach Art einer *Familie* gedacht, der auf Erden eine *Familie der Menschheit* entspricht, die ihr selbst zu schaffene Form in einer *Kirche* zu finden hat. Überdies erhebt sie einen das Einzelne und das Ganze *exemplarisch* verbindenden Anspruch, der nur unter den *Konditionen eigener Einsicht* an den Gläubigen ergehen kann. Der Gläubige hat ihm in *persönlicher Freiheit* zu genügen und somit *Individuelles und Universelles in sich selbst* zu verbinden. Auf dieser Liberalität beruht die Aufforderung zur existenziellen Nachfolge Christi. In ihrer stets nur ein Beispiel gebenden Allgemeinheit, somit das Ganze mit dem Einzelnen verschränkend, ist sie selbst in der Philosophie – so scheint mir trotz Sokrates, Platon und Aristoteles, trotz Cusanus, Montaigne und Spinoza, trotz Kant, Schleiermacher und Hegel – bis heute nicht zureichend verstanden.

Darüber wird in diesem letzten Kapitel mit Blick auf den Anfang der christlichen Botschaft und einige ihrer geschichtlichen Folgen zu sprechen sein – und dies auch nur, um das Verständnis des Göttlichen in der Konsequenz des Evangeliums so weit zu erörtern, als es exemplarisch für ein Leben unter den Bedingungen einer wissenschaftlich aufgeklärten Gesellschaftsordnung ist. Dabei wird die philosophische Perspektive nicht aufgegeben, die in Europa die christliche Erbschaft nicht verleugnen kann, weil das Denken seit Sokrates und Platon auf eine Botschaft der Liebe vorbereitet ist. Es ist überdies eine geschichtliche Einsicht, dass die Souveränität des so tiefen wie kühnen christlichen Gottesbegriffs die Menschen nicht nur zum freien, sondern auch zum politischen Umgang mit der göttlichen Botschaft befähigt. Der starke institutionelle Anspruch einer zur Kirche gewordenen Religion, die ganz auf den individuellen Glauben gegründet ist, hat das Christentum zum wandlungsfähigen Wegbegleiter der kulturellen Entwicklung Europas werden lassen – damit leider auch zum Komplizen politischer Machtausübung, doktrinärer Unterdrückung und kolonialer Eroberung. Doch das Schlechte diskreditiert das Gute nicht, das ihm als Bedingung vorausliegt. Also kommt alles darauf an, das Gute sichtbar zu machen und es unter den Bedingungen des eigenen Lebens ausdrücklich zu wollen.

Die höchst lückenhaften historischen Überlegungen fragen nach der Chance einer rationalen Theologie unter den Bedingungen des christlichen Glaubens. Sie nehmen als gegeben an, dass es ältere philosophische Traditionen gibt, die der christlichen Botschaft vorausliegen, und sie gehen davon aus, dass wechselseitige Verbindlichkeiten bestehen, denen beide Seiten verpflichtet sind. Wer sich dem sokratischen Anspruch auf Selbsterkenntnis verpflichtet sieht, kann sich nicht damit begnügen, an Rousseau, Kant und Nietzsche anzuschließen; er muss sich auch mit Augustinus und Meister Eckhart, mit Montaigne und Pascal auseinandersetzen und sollte Paulus und den Verfasser des Johannes-Evangeliums nicht vergessen. Wer könnte übersehen, dass es ein starkes *Verlangen nach einem exemplarischen Leben* gibt, das die antiken Tugendlehren antreibt und sich über die Vermittlung des Christentums in Mittelalter und Moderne verstärkt? Was könnte ein philosophisches Bekenntnis zur *Individualität* und zur *Freiheit*, zur *Öffentlichkeit* und zur *Toleranz* bedeuten, wenn man aus der Geschichte des die Moderne tragenden Vokabulars den Beitrag christlicher Denker streicht? Das daran auch die Tradition des jüdischen Glaubens, der schon früh für das vorantike und antike Denken offen war, seinen Anteil hat, soll mit keinem Wort in Abrede gestellt werden.

Umgekehrt – und das betrifft die erwähnte andere Seite – kann kein Christ so tun, als sei alles, was die Frohe Botschaft ausmacht, ein originärer Ertrag der Offenbarung durch Jesus Christus. Wir kennen seine Lehre nur aus dem, was mehr oder weniger gebildete Zeitgenossen eines großen geistesgeschichtlichen Umbruchs daraus gemacht haben. Paulus und der nach ihm wirkende Evangelist Johannes schreiben im ersten nachchristlichen Jahrhundert unter dem Eindruck einer den ganzen mediterranen Raum erfüllenden hellenistischen Philosophie. Die nachfolgenden Kirchenväter des zweiten und dritten Jahrhunderts sind griechische Gelehrte, denen es nicht leicht fällt, den bilderreichen Lehren des volksnahen Wanderpredigers aus Galiläa eine schulmäßige Form zu geben. Schon der Hebräer Jesus ist sich des Umbruchs bewusst, der sich unter dem römischen Protektorat in der jüdischen Provinz vollzieht. Dadurch kann das ohnehin schon griechisch orientierte Judentum aus Antiochia und Alexandria stärkeren Einfluss auf die orthodoxe Priesterschaft in Jerusalem nehmen. Man tut der unerhörten Inspiration, die aus den Worten Jesu spricht, und dem Nachdruck, den sie durch das ertragene Leiden erhalten haben, keinen Abbruch, wenn man die daraus entstandene christliche Lehre als Epochenertrag einer Krisenerfahrung versteht, mit der die Alte Welt zu Ende geht.

Der *Beschluss* besteht aus drei exemplarischen Betrachtungen zur Lage des Glaubens in der Gegenwart: Zunächst wird gefragt, was *Charles Darwin* noch geglaubt hat, nachdem er sich aus eigener Kraft von den historischen Lehrbeständen des Christentums befreit hatte. Dann wird Einspruch gegen die verbreitete Ansicht erhoben, die Religion sei eine *Flucht aus der Realität*. Und am Ende wird an *existenzielle Zeugnisse des Glaubens im Zeitalter seiner totalitären Verfolgung* erinnert. Daran ist die Überzeugung gebunden, dass der Glauben an ein Göttliches so lange unverzichtbar ist, als er Märtyrer für die Menschlichkeit nötig und möglich macht.

2. Das personale Antlitz Gottes.   Wenn wir uns auf den Glauben an das Göttliche beziehen, so hat die erste Feststellung darin zu bestehen, dass der *Glauben an die Vernunft* oder das *Vertrauen in die* Welt vom *Glauben an Gott* zu unterscheiden sind. Zwar hätten wir der humanen und mundanen Gewissheit nicht so große Beachtung geschenkt, wenn wir nicht überzeugt wären, dass sie mit der religiösen Erwartung zusammenhängen. Aber die Verbindung ist nicht zwingend, und sie kann nur erörtert werden, wenn klar ist, dass ein Unterschied zwischen dem Vertrauen in unsere menschlichen und weltlichen Kräfte und dem *Glauben an Gott* besteht. Auf das Vertrauen in die Welt kann man nur durch Preisgabe seiner selbst verzichten; es wird von einem notwendigen Glauben getragen, der alles in sich vereint, was an Vertrauen in die Zukunft, in die eigene Tat, das gesprochene Wort, die Mitmenschlichkeit oder die Kraft der Liebe möglich ist. Jedes bewusste Leben ist auf diesen Glauben gegründet; jeder, der aus eigenem Anspruch lebt, setzt ihn voraus.

Die zahllosen Schriften, die vom Sinn des Lebens handeln, suchen die Unerlässlichkeit dieses Vertrauens anschaulich zu machen; in der Regel ermutigen sie dazu, es durch eigene Einsicht zu stärken. Wenn sich jeder auf das besinnt, was ihm wichtig ist, wenn er das tut, was seinen Neigungen und seinem Können sowie seinem besten Wissen und Gewissen entspricht, kann er nicht unter dem Eindruck stehen, ohne

Sinn zu leben – so groß das Fragezeichen hinter dem Ganzen des Daseins auch immer sein mag. Der religiöse Glauben hat nun seine Besonderheit darin, dass er es für möglich hält, das Fragezeichen durch einen Punkt oder ein Ausrufungszeichen zu ersetzen.

Der Glauben an Gott bietet sich allen an, denen das Selbst- und Weltvertrauen in den alltäglichen Dingen nicht genügt. Er kann es fördern, stärken und versichern. Und er verheißt für alle Fälle, in denen Krankheit, Not oder eine schwere Enttäuschung, der Verlust der Nächsten oder die Aussicht auf den eigenen Tod alles, was einem lieb und wichtig ist, in Frage zu stellen vermögen, eine Botschaft, die *trotz allem* einen Sinn verbürgt. Welt- und Selbstvertrauen haben wir in der Regel von Anfang an; fehlt oder schwindet es, können wir uns auf gar nichts mehr verlassen. Wir brauchen es, um selbstbewusst leben zu können. Also liegt ein elementares Ziel einer jeden Erziehung darin, den Heranwachsenden in seinem Selbst- und Weltvertrauen zu bestärken. Dabei kann der junge Mensch natürlich auch zum Glauben an Gott erzogen werden. Im ungebrochenen religiösen Bewusstsein gehört Gott zur Welt wie der Himmel zur Erde.

Aber dem Zweifel an dieser gegenständlichen Verbindung kann niemand entgehen. Wenn es nicht der Einwand durch eigenes Nachdenken ist, dann helfen der gesellschaftliche Gegensatz der Meinungen und der Widerstreit der Religionen nach. Hinzu kommt der Einspruch derer, die nicht mehr glauben können und es womöglich für dumm oder gefährlich halten. Die zivilisatorischen Bedingungen, unter denen sich seit gewiss mehr als fünftausend Jahren die menschliche Kultur entfaltet, dürften es kaum einem Menschen erlaubt haben, ohne den Zweifel an der Existenz Gottes zu leben. Deshalb kann man zur Verstärkung der Rationalität des religiösen Glaubens hinzufügen, dass er sich in der Regel gegen Zweifel zu behaupten hat.

Dem Glauben an Gott liegen demnach nicht nur viel Wissen und auch nicht allein das Bewusstsein von den Grenzen des Wissens voraus, sondern auch die Frage, ob sich das Vertrauen in Selbst und Welt überhaupt begründen lässt. Auch das spricht für die Sonderstellung des religiösen Glaubens gegenüber den humanen Formen des Selbst- und Weltvertrauens. Es verstärkt einmal mehr die Einsicht in die konstituierende Intellektualität des Glaubens und gibt zu erkennen, dass seine Besonderheit gegenüber dem als nicht zureichend erkannten Wissen im anerkannten Anteil der Gefühle liegt. So muss man den Glauben an Gott als die alles umfassende und zugleich persönlich wirksame Garantie des Glaubens an die Welt und an sich selbst verstehen. Wir glauben nicht um Gottes willen, sondern wir glauben an Gott um der Welt und des Menschen willen.

Aus der Sicht der Religion gibt es also einen engen Zusammenhang zwischen dem Selbst- und dem Weltvertrauen auf der einen und dem Gottvertrauen auf der anderen Seite. Umso entschiedener sind beide Seiten auseinanderzuhalten: Während man vom ersten sagen kann, dass es im Vollzug des menschlichen Lebens unabdingbar ist, muss der Glauben an Gott als ein *superadditum* gelten, das der alles Leben und Handeln stimulierenden, gleichermaßen affektiven wie rationalen Lebenserwartung eine existenzielle Grundierung und eine personale Ausrichtung selbst noch im Scheitern des Daseins zu geben vermag. Und in diesem Bemühen scheint der religiöse Glauben mit dem Postulat Gottes auf eine Realität zu setzen, die nicht mit dem physischen Bestand der Welt verwechselt werden darf. Erst damit beginnt das epistemologische Problem der Existenz Gottes.

An Gott wird geglaubt wie an ein Wesen, das es *in* und *mit* der Welt gibt, als könne es im Ganzen über sie verfügen. Gott wird die Fähigkeit zugetraut, die Welt zu schaffen, zu ändern und zu lenken. Man spricht ihm auch die Stellung eines Richters zu und ruft ihn als einen Ratgeber an. Dabei kann man ihm seine persönlichen Bitten und Beschwerden vortragen und erwartet Zuspruch für das, was an Wichtigem, Herausforderndem und Schwierigem bevorsteht. Mancher erwartet auch Trost für das, was ihn beschwert, oder eine Erklärung für das, was er nicht versteht. Jedem muss klar sein, wie groß, unendlich fern und vollkommen fremd einem Menschen dieses göttliche Wesen sein müsste, wenn es auch nur einen Bruchteil von dem vermöchte, was ihm in Gebeten und Fürbitten zugetraut wird. Also darf es Gott bereits im eigenen Interesse des Menschen nicht so geben, wie ihn sich die Kinder vorstellen.

Das schließt nicht aus, in ritueller Rede von Gott so zu sprechen, wie es religiöse Traditionen nahelegen: voller Lob und Ehrfurcht und gewiss auch schuldbewusst. Denn das Bewusstsein der eigenen Fehler ist das größte Kapital für die Zukunft des Menschen, wenn er sie bereut und zu vermeiden sucht. Dabei kann ihm zunächst niemand besser beistehen als eine Instanz, an die er sich alleine wendet. Das steigert die Intensität der Selbstreflexion. Und wenn er glauben kann, dass Gott ihm ein Gewissen macht, erhöht das nicht nur den Ernst, sondern auch das Humane der Verbindlichkeit. Vor Gott steht man auf exemplarische Weise allein. Im persönlichen Gebet, wie es in der jüdisch-christlichen Überlieferung seit Langem üblich ist, spricht man zu Gott wie zu einem zutiefst vertrauten Wesen, das alles kennt und dem folglich auch nichts fremd sein kann. Gott ist nah, wenn man an ihn denkt, und scheint fern, wenn man ihn vergisst. Es dürfte aber nicht unerheblich sein, dass man sich in der Sprache des Gebets, sosehr es auf das Zwiegespräch allein mit dem Göttlichen setzt, seinen *Mitmenschen nahe* bleibt, denn man spricht *als Mensch* zu dem, von dem man annehmen muss, dass er *für alle* zu sorgen hat. Gott ist die Weltöffentlichkeit, die sich bis ins eigene Herz erstreckt und der man sich gleichwohl in ganz persönlicher Weise öffnet. So wie mit ihm kann man sonst wohl nur mit Vater, Mutter oder besten Freunden sprechen. Es herrscht ein Vertrauen vor, das man sich in der Liebe wünscht. Letztlich spricht man zu ihm wie zu sich selbst.

Wie Gott das möglich sein soll und wie er beschaffen sein müsste, um alles das zu können, vermag kein Mensch zu sagen. Folglich kann selbst das beste philosophische Argument die Existenz eines solchen Gottes nicht verbindlich machen. Keine Erziehung kann sicher sein, ob es jemals das persönliche Vertrauen einflößen kann, das einem Menschen erlaubt, mit *seinem Gott* zu sprechen. Und dennoch lässt es sich für möglich halten, wenn man den Glauben als Überschreitung eines Wissens versteht, das angesichts der auf das Ganze des Daseins gerichteten Sinnfragen ohnehin an seine Grenze stößt. In dieser Transformation des alles Weltliche überhöhenden Göttlichen in den persönlichen Gott liegt das Zentrum des religiösen Bewusstseins: In ihm ereignet sich die innere Anverwandlung von Selbst und Welt. In diesem Akt des als vorbehaltlos erlebten persönlichen Zutrauens zum Ganzen, das sich darin dem Einzelnen öffnet, wird das Göttliche der Gegenwart des Universellen zum individuellen Glauben im Angesicht Gottes.

Mit Gott erhält der Zusammenhang aller Existenzen in der Welt den Sinn, der es uns erlaubt, sie wahrhaft ernst zu nehmen. Nur durch einen uns entsprechenden Gott kann uns als selbstbewussten und sich selbst bestimmenden Wesen an der Welt als Ganzer gelegen sein. Damit ist nicht nur das Interesse an der Geschichte, an der vor uns und unseren Kinder liegenden Zukunft oder an unseren Aufgaben gemeint. Für sie gibt es zahlreiche in unseren einsichtig aufgenommenen Bedürfnissen liegende Gründe. Was aber mit Blick auf unsere natürliche Einbindung ins Ganze fehlt, ist der *Grund im Ganzen*, der uns äußerlich wie innerlich korrespondiert. Dieser Grund stellt sich mit dem Glauben an ein göttliches Wesen ein, dessen Zuständigkeit für die Welt unserer Sorge für uns selbst entspricht. Das ist die existenzielle Dimension des Glaubens, der es uns (nur scheinbar paradox) erlaubt, die Welt auch ohne unsere Anwesenheit zu schätzen, weil der persönlich angerufene Gott als der Anwalt und Treuhänder des Menschen begriffen wird.

Ohne Vernunft, ohne verständiges Verhältnis zu uns und zur Welt kann sich diese Dimension niemandem eröffnen. Gleichwohl ist es das *Gefühl*, in dem die Vergewisserung zum Tragen kommt. Das Gefühl ist in der Lage, das bis an seine Grenzen ausgedachte, aber niemals vollständig bewusste (oder gar erkannte) Ganze sich derart anzueignen, als wäre es bereits von innen her vertraut. Und so bleibt der Philosophie nicht mehr zu tun, als bereits in dieser vertrauensvollen Hinwendung zum Ganzen das *Glück des Glaubens* wahrzunehmen. Und es ist das an Platon und Kant exemplarisch werdende *Glück der Philosophie*, dass sie sich nicht genötigt sehen muss, den zwar mit Gedanken gesuchten, aber nur im Gefühl zu findenden Gott mit bloßen Gedanken in Abrede zu stellen.

Die Philosophie tut daher gut daran, zu dem, was sich im Akt des Glaubens offenbart, zu schweigen. Sie kann lediglich versuchen, sich die im Glauben an Gott gefundene personale Konstellation verständlich zu machen. Und da liegt es nahe, an die Entwicklung des individuellen Bewusstseins zu denken, in dem die Anlagen für Vertrauen, Liebe und Dankbarkeit, für Gewissen und Verantwortung entstanden sind. Die Erwartung, jedem Individuum könne auch im Ganzen der Welt ein Individuum gegenüberstehen, entspricht der Genese eines jeden Einzelnen, dessen Selbstbewusstsein sich nur in Referenz zum Selbstbewusstsein anderer ausbilden kann. Wenn die existenziellen Zweifel beim Individuum ansetzen, aber im Vertrauen auf eine Welt zur Ruhe kom-

men, die nicht im Widerspruch zu seinem Wissen steht, ist es naheliegend, in der Welt nach einem Gegenüber zu suchen, mit dem man
sprechen kann. Man wird es sogar als rational ansehen dürfen, das
Ganze nach Art eines verständigen Adressaten anzusprechen, wenn
man auf seine an die Welt gerichteten Fragen *Antworten* erwartet.

Es wäre gewiss übertrieben, darin ein methodologisches oder proze-
durales Erfordernis zu sehen. Aber wie anders soll der sich ganz auf die
Sinnfrage seiner eigenen Existenz zurückgeworfene Mensch eine Aussicht auf Klärung verschaffen, wenn er das, woran ihm liegt, nicht *in der
Form einer Auskunft,* einer *Erklärung* oder eines zureichenden *Grundes*
versteht? Wie soll die Welt einen Zweifel zerstreuen, wenn sie ihm nichts
entgegensetzt? Das aber kann sie nur, wenn sie sich dem Fragesteller
nicht verschließt und Antworten findet, die er versteht.

Das Minimum eines geglaubten Gottes liegt somit darin, dass er als
die *Stimme* begriffen wird, in der sich die Welt dem Individuum mitteilt. Und gesetzt, man glaubt zu verstehen, was man auf diese Weise
vernimmt, kann man es nur als *rational* bezeichnen, in dieser Stimme
auch die sich in ihr äußernde Vernunft zu vernehmen. So kommt es zur
Korrespondenz zwischen dem Sinn, den man sucht, und dem Sinn, den
man zu verstehen glaubt. In ihr ist die Kohärenz im Ganzen mit der
Konsequenz des Einzelnen gewahrt. Gott ist der Vermittler zwischen
der Welt und dem nach ihr fragenden Menschen.

Gesetzt, diese dialogische Konstruktion trifft wenigstens einen Aspekt im Verhältnis zu Gott, darf die Hoffnung des Menschen, seine sich
kulturell bereits weit in Vergangenheit und Zukunft erstreckende Endlichkeit könne sogar im Ganzen der Zeit *auf Dauer* hoffen, nicht nur als
menschlich, allzumenschlich angesehen werden: Sie spiegelt einen Ent-
wicklungsstand des Menschen, der das allererst mit seiner kulturellen
Leistung aufkommende Verlangen nach einer *Dauer von Person und
Werk* ins *Ganze einer selbst als Werk verstandenen Welt* hinein verlängern
will.

3. Gott als Name für den Sinn der Welt. So sinnfällig die Differenz
zwischen dem *Göttlichen* und *Gott* auch ist: In der überlieferten Theorie
gibt es keinen terminologisch ausgebildeten Unterschied zwischen dem
Grundbegriff des Göttlichen und dem *Namen Gottes.* Im griechischen

Sprachgebrauch werden beide Ausdrücke ohne scharfe Trennung gebraucht; unter jüdisch-christlichem Einfluss dominiert der personale Sinn, der erst in der mit der Renaissance einsetzenden Rezeption des platonischen Denkens eine gelegentliche, meist humanistisch angelegte Einschränkung erfährt. Goethe hat dem Begriff des Göttlichen eine pantheistische Färbung gegeben, die ihre Pointe darin hat, dass sie als allseitige Herausforderung der Menschheit begriffen werden kann. Die Kühnheit seiner Verehrung des Göttlichen liegt darin, dass es «allein der Mensch» ist, der das «Unmögliche» schafft, der «wählt und richtet», der «heilen und retten» kann und in allem «Irrenden» und «Schweifenden» seines Daseins das «Nützliche» und «Rechte» schafft und damit im eigenen Tun (!) ein «Vorbild» errichtet, nach dem das Göttliche «geahnt» werden kann (*Das Göttliche* 1783).

Goethe kann im gleichen Atemzug aber auch von «Gott», den «Göttern» oder von den «Unsterblichen» sprechen. Damit ist auf den begrifflichen Vorzug der Rede vom Göttlichen verzichtet, die offenlässt, in welcher Form die im Ganzen waltende Macht vorzustellen ist. Gleichwohl kann das Göttliche in seiner Übermacht so gegenwärtig sein wie das Erhabene, das in der Nachfolge Kants sowohl dem Gefühl wie auch dem Verstand ein Modell für die dem Menschen nahekommende Allmacht darstellt. Sie ist so großartig wie schrecklich – und erhebt uns doch, weil wir ihr erlebend widerstehen und uns darin selbst ein moralisches Beispiel geben.

Bis zu diesem Begriff des Göttlichen, so meine ich, lässt sich der philosophische Beweisgang führen. Die *Personalisierung* aber ist ein Schritt des *Glaubens*, wenn er auch der im Erleben des Erhabenen, im Bewusstsein der sinnlich präsenten Übermacht des Göttlichen und in der Selbsterfahrung unserer eigenen Würde angelegt ist. Es ist das *Gefühl persönlicher Ergriffenheit*, das es uns erlaubt, das *Göttliche nach Art einer Person* anzusprechen. Deshalb ist es nicht unerheblich, in der letzten Präzisierung der Formel vom Göttlichen als dem *Sinn des Sinns* sowie in der nachfolgenden historischen Reflexion auf die durch das Christentum erfolgende Akzentuierung des Menschlichen die Differenz zwischen Gott und dem Göttlichen zu vertiefen.

Die philosophische Gotteserkenntnis legt es seit ihren Anfängen nahe, das Göttliche nicht als für sich bestehende Entität *in*, *neben* oder *außerhalb* der Welt zu verstehen. Der Begriff des Göttlichen hat den unschätzbaren Vorteil, in allen seinen Varianten eine Erscheinung *in der Welt* zu bezeichnen. Es zeigt sich *in* und *an* etwas, das als Bestandteil der menschlichen Welt angesehen werden kann. Erst in der Personalisierung wird das Göttliche autonomisiert – mit der Tendenz, seinen Ort ins Exil der Welt zu verlegen. Doch auch als *Grund, Ordnung* und *Zweck* (damit schon früh als «Sinn») der Welt gehört er ihr wesentlich zu.

Was in diesen Funktionen als vorrangig erscheint, hängt von der jeweils auf ihn gerichteten *Frage* ab. Seine logisch-allgemeine, den Sinn einer jeden Rede überhaupt erst ermöglichende Stellung, auf die Heraklit und Parmenides aufmerksam werden, rechtfertigt es, in ihm das *tragende Element der Welt* namhaft zu machen, das ihr selber zugehört und somit das *Göttliche* genannt werden kann. Es fundiert den Individualität und Universalität verknüpfenden Sinn einer jeden möglichen Aussage. *Ohne diesen Sinn würde das Ganze der Welt mitsamt seiner einzelnen Teile ohne Bedeutung für uns sein.* Allein damit ist die Rede vom Göttlichen als dem *Sinn des Sinns* gerechtfertigt.

Der Hinweis lässt ahnen, in welchem Irrtum sich jene befinden, die auf den Begriff des Göttlichen verzichten und das durch ihn Bezeichnete aus der Weltbetrachtung ausschließen möchten – nur weil sie ganz richtig sehen, dass Gott nicht nach Art eines Sachverhalts zu begreifen ist. Niemand käme auf die Idee, die mathematischen und logischen Operatoren oder die reinen Vernunftbegriffe, die allesamt keine gegenständliche Bedeutung haben, aber gerade auch in unserer modernen Welterfahrung unerlässlich sind, aus dem Vokabular der Menschheit zu tilgen. Natürlich «gibt» es weder die mathematische *Unendlichkeit* noch die logische *Gleichheit*, noch das von Physikern und Metaphysikern gleichermaßen beanspruchte *All*.

Doch wer wollte ernsthaft in Frage stellen, dass diese Begriffe etwas *bedeuten*? Wer könnte bestreiten, dass sie Aufgaben erfüllen, ohne die wir weder rechnen noch denken, noch spekulieren oder phantasieren könnten? Es geht um Leistungen, die wir sowohl zur Erkenntnis der Welt wie auch zu deren praktischer Bewältigung benötigen. Gerade den abstrakten Vernunftbegriffen wie etwa des *Seins*, des *Ganzen* und des *Einen* haben wir es zu verdanken, dass wir überhaupt etwas vom Zusammenhang unserer Welt verstehen. Wer es bezweifelt, denke nur einen Augenblick darüber nach, was der ebenfalls niemals gegenständlich werdende Terminus des *Alltags* für den Selbst- und Weltbegriff des Menschen bedeutet.

Allerdings wird mit dem Doppelbezug auf Selbst *und* Welt die Neigung begünstigt, das Göttliche selbst nach Art einer Person zu fassen, die sich wie ein Mensch auf sein *Werk* nunmehr auch auf die von ihm hervorgebrachte *Welt* bezieht. Das hat den Vorzug der Anschaulichkeit und kommt dem Gefühl des Glaubens entgegen Auf diese Weise ist das Ganze der Welt mit dem Ganzen einer Person verknüpft, und der beim Namen genannte «Gott» wird zum Urheber von allem – einschließlich des Sinns, den alles für den Menschen hat. Hier ist es bereits der Sprachgebrauch, der Gott und Welt mit verteilten Rollen auftreten lässt. Die Grammatik erzeugt den Anschein, nur durch den Bezug auf einen zum Subjekt erhobenen tätigen Gott ließe sich der Sinn verstehen, den er (und wir) mit der Welt verbinden. Nach der Logik unserer Sätze muss er ihr in einer von ihr unabhängigen Stellung gegenüberstehen, um ihr Bedeutung verleihen zu können. Wie kann vom Sinn eines Kunstwerks die Rede sein, wenn es keinen Künstler gibt, der es aus eigenem Anspruch geschaffen hat?

In der Tat: Die Trennung zwischen einem personalen Schöpfer und den von ihm geschaffenen Werk begünstigt die Rede von einer mit *Anfang* und *Ende*, mit *Ursache* und *Wirkung* sowie mit *Absicht* und *Ziel* verbundenen Welt. Doch sie gelangt sogleich an ihre Grenze, wenn wir uns eingestehen, dass unser Wissen uns nicht den geringsten Anlass gibt, die Welt in die vertraute Dimension des Handwerks zu stellen und sie zu einer mehr oder weniger gelungenen Sache zu erklären. Zwar können wir sie uns so im Ganzen anschaulich machen, aber einen außerhalb unseres persönlichen Bedürfnisses liegenden Grund so zu reden haben wir nicht.

Anders ist es, wenn wir vom *Göttlichen* sprechen. Es kann zwar nicht nach Art eines Individuums handeln, aber es kann den Sinn im *Kontext* hervortreten lassen. Es kann als *Struktur* verstanden werden, in dem etwas maßgebende Bedeutung gewinnt. Kant hat auf diese Weise den Verstandesbegriffen zu ihrer tranzendentalen Geltung zu helfen versucht: Er meint, die transzendentale Leistung des Verstandes bestehe darin, etwas «selbst machen» zu können. Das hat zu dem Missverständnis geführt, Kant sei ein monologischer Idealist, der sich seine Welt erst (wie ein Gott) selbst schaffen müsse, um sie erkennen zu können. Was Kant aber wirklich meint, hat er in einem inzwischen berühmt gewordenen Brief an seinen Schüler Jacob Sigismund Beck erläutert: Hier versteht er, wie bereits gesagt, das Machen als einen *sinngebenden* Akt, der darin besteht, etwas «communicabel» zu machen (Bf. 1. 4. 1794; 11, 515), In eben dem Sinn «macht» auch der Schöpfergott der biblischen Geschichte die einzelnen Lebewesen für den Menschen, indem er sie ihm zuführt, damit der ihnen «Namen» gibt (*Gen* 2, 19). Gott führt der Reihe nach vor, was dann der Mensch nach seinem eigenen Verständnis benennt. Erst dadurch kommt es zu einem der Auffassungsgabe des Menschen entsprechenden Sinn von der Vielfalt des Lebendigen. Aus der Sicht des Menschen fällt Schöpfung mit der *Sinngebung* in eins.

Es bedarf keines methodischen Akts der Entmythologisierung, um die Sinnstiftung durch Namensgebung als Umschreibung der Entstehung der Bedeutungsvielfalt der Dinge der Welt zu verstehen. Es genügt, wenn wir von *Strukturbedingungen* sprechen, die – unter Beteiligung zahlloser ursächlicher Faktoren – die sprachlich-begriffliche Sinnproduktion und ihre Bedeutungsvielfalt möglich gemacht haben. Und selbst wenn wir manches über die Konditionen frühgeschichtlicher Sprachentstehung wissen, ist es kein Rückfall in ein vorwissenschaftliches Zeitalter, wenn wir uns über die Entstehung nicht nur einer Sprache, sondern vieler Sprachen *wundern* – erst recht, wenn wir hinzunehmen, dass sie in einem beträchtlichen Umfang ineinander übersetzbar sind. Also wird, so denke ich, auch heute niemand Einspruch erheben, wenn wir mit Herder und Wilhelm von Humboldt davon überzeugt sind, dass hier natürliche Ursachen am Werk sind und wir dennoch Grund haben, die Sprache als eine «göttliche Gabe» zu rühmen.

Das ist nur ein Beispiel: Es soll anschaulich machen, dass es auch unter den Konditionen unablässig gesuchter wissenschaftlicher Erklärungen nicht abwegig ist, vom *Göttlichen* zu sprechen, dem wir uns selbst und unsere Welt (so wie wir sie verstehen) verdanken. Es muss daher keineswegs als abwegig abgetan werden, was die überlieferten Schöpfungsgeschichten erzählen: Nur muss es nicht ein als Person vorgestellter «Gott» sein, der alles nach Art eines ingeniösen Handwerkers in sechs Tagen erschaffen hat. Wohl aber kann uns angesichts der Grenzen unseres Wissen die unerhörte Größe und Vielfalt der Welt, mit ihren unfassbaren Gegensätzen und ihrer damit erst recht unfassbaren Stimmigkeit, ohne die wir weder leben noch das Geringste verstehen könnten, der schlechthin gegebene *existenzielle Anlass* sein, sie im Ganzen als *göttlich* anzusehen. Auch angesichts der nicht zu bestreitenden Einheit in unserer eigenen Zerrissenheit kommen wir nicht umhin, ein Göttliches anzunehmen, das *allem* Bedeutung verleiht. Dann ist es das über allen Begriff erhabene *Göttliche*, welches der Welt eine Bedeutung gibt, die sie durch ihre bloße Faktizität niemals haben kann.

Zur Erläuterung der Sinndimension der Welt reicht somit das Göttliche aus. Es bezeichnet *die jedem Begreifen notwendig vorausliegende Kraft, überhaupt etwas zu begreifen.* Es erlaubt, eine auf die Welt gerichtete, mit anderen geteilte Bedeutung so zu erfassen, dass wir unserem Tun einen Sinn geben können, der auch anderen in dieser Bedeutung verständlich sein kann. Sind wir aber in unserer philosophischen Rekonstruktion so weit gekommen, dass wir dem *Göttlichen* eine sinnlich erfüllte und begrifflich erschlossene Stellung in unserem Selbst- und Weltverständnis zugestehen, werden wir auch Verständnis für jene haben, die dem Göttlichen den Namen Gottes geben. Sie tragen damit der uns allen vertrauten Tatsache Rechnung, dass wir die Sinngebung hauptsächlich (wenn nicht gar ausschließlich) von Wesen her kennen, die als *Personen* einen Namen tragen.

4. Das Göttliche als Integral von Mensch und Welt. Die Rekonstruktion des Göttlichen setzt die *Vernunftidee eines Ganzen* voraus, dem wir selbst zugehören und das schon im simpelsten Verständnis des in ihm zur Geltung kommenden Allgemeinen in uns wirksam ist. Schon in der Allgemeinheit unseres Begreifens tragen wir somit das Göttliche in eine Welt hinein, in der wir nur deshalb Erfolg haben können, weil es (als Allgemeines) bereits in ihr ist. Es liegt in der jeden Gebrauch ermöglichenden Organisation der Dinge und Verhältnisse, der die sinnlich-sinnhafte Organisation unserer eigenen Verfassung entspricht. Das in der begrifflichen Allgemeinheit präsente Göttliche ist in uns und außer uns, weil wir selbst im sinnlichen Wahrnehmen, im sozialen Handeln, anteilnehmenden Fühlen wie im Begreifen auch niemals bloß innen oder bloß außen sind. Nur im unablässigen Übergang zwischen Außen und Innen entsteht eben das, was sich auf alles beziehen kann, was wiederum ermöglicht, dass jedes Einzelne seine gleichermaßen singuläre wie generelle Bedeutung haben kann. Das nach dieser menschlichen Selbsterfahrung gefasste Göttliche *ist* die Beziehung, in der sich uns alles darstellt – in einem Raum des Begreifens, der gleichgültig gegenüber dem Unterschied zwischen Innen und Außen ist. In seinen Funktionen ist schon das Bewusstsein des Einzelnen allgemein und öffentlich; folglich reicht es bis an das Äußerste heran.

Es ist gewiss nicht falsch, den in dieser Verbindung von Individualität und Universalität, von Internität und Externität entstehenden Bedeutungsraum «Geist» zu nennen. Zwar legt die Bezeichnung Missverständnisse nahe, weil der eine bei «Geist» an metaphysische Substanzen denkt, der andere eher das vor Augen hat, was aus Flaschen entweicht oder in Schlössern spukt; wieder andere bevorzugen das, was im Volksmund «Spiritus» heißt. Gelingt es hingegen, den «Geist» als jene Kraft zu verstehen, die sinnliche Eindrücke im Akt der gleichermaßen begrifflichen wie sozialen Verallgemeinerung überhaupt erst zu etwas Bestimmtem zu machen vermag, etwas, das für jeden verbindlich sein und gleichwohl eine Art institutioneller Geltung haben kann, stellt sich der Eindruck ein, man stehe an der Quelle dessen, was «Schöpfung» genannt wird. Hier kommt *etwas* buchstäblich aus *nichts*, denn es wird erst im Akt des Begreifens zu eben dem, das wir als Welt bezeichnen. Wäre Gott ein Gegenstand oder eine ins Unermessliche ausgewachsene Person im Jenseits der Welt, wäre ihm nichts von dem möglich, was zur Wirklichkeit unseres durch Sinn ermöglichten Weltverhältnisses gehört. Denn wir selbst sind in unserer Wirksamkeit ein Teil der Kraft, die das Ganze schafft.

Darin aber sind wir *Person*. Einer Person genügt es nicht, die Bedeutung der Ereignisse und Gegenstände zu kennen und sachgerecht mit ihnen umzugehen. Sie verlangt Aufschluss darüber, was sie für den Menschen bedeuten. Und wenn es der Person nicht genügt, situationsgerecht zu reagieren, mit anderen ertragreich zu kooperieren und sich mit ihnen wohlzufühlen (alles dies sind wünschenswerte Voraussetzungen für ein gelingendes Leben), will sie nicht nur über die lexikalische Bedeutung der verwendeten Begriffe verfügen oder in der Lage sein, die erforderlichen Regeln des beruflichen und privaten Alltags zu beherrschen, sondern möchte sie *überzeugt sein können*, dass es *für sie* wie auch *für* ihres*gleichen* gut ist, was sie tut, was sie lässt und wie sie lebt: Dann fragt sie sich nach dem *Sinn ihres Daseins* im Bewusstsein eines – zumindest gesuchten – *Sinns des Ganzen*.

In Erwartung dieses Sinns hat jeder seine *existenzielle Erwartung*, die letztlich nur ihn und seine Welt betrifft, obgleich sie sich in der Sinndimension des Ganzen bewegt und auf das Engste mit dem allgemein angenommenen Sinn des menschlichen Lebens verbunden ist. Sie kann in jedem einzelnen Fall auch die Nächsten, die Menschheit oder die Natur einbeziehen. Es ist keineswegs abwegig, die Natur in die existenzielle Sinnfrage zu integrieren, weil das Bewusstsein der Gefährdung des menschlichen Lebens selbst unter der Prämisse einer vom Verhalten des Menschen abhängigen Naturerhaltung steht. Daran ist auch deshalb zu erinnern, weil man so dem Einwand begegnen kann, die auf das Ganze gerichteten Fragen seien maßlos und im Ansatz totalitär. Pragmatische Skeptiker empfehlen daher, von der Suche nach letzten Antworten abzulassen; denn verlässliche Auskünfte ließen sich ohnehin nicht erwarten; da sie aber in den Glaubenslehren behauptet werden, könne nur ein weltanschaulicher Dogmatismus die Folge sein.

Die Warnung ist ernst zu nehmen. Unter Berufung auf das Ganze, ohne das der Mensch nicht der sein könnte, der er ist, ohne das er auch begrifflich nichts von dem erfassen könnte, was er als bestimmt ergreift, und vom dem er sich auch emotional so lange nicht lossagt, wie er am Leben bleiben will – also ohne das Bewusstsein von einem Ganzen, kann es den Glauben nicht geben. Aber sobald sich der Gläubige mit dem Ganzen identifiziert, kann er nur zu leicht zum Widersacher aller werden, die (etwa durch die Distinktionen einer Lehre oder durch die Obsessionen einer weltlichen Macht) von diesem Ganzen ausgeschlossen werden. Von ihnen wird (gegen jede Vernunft) behauptet, dass sie dem gemeinsamen Ganzen gar nicht angehören. Also werden sie als Apostaten verbannt, als Häretiker gefoltert, als Ketzer verbrannt oder zum Kriegsgrund erklärt. Auf diese Weise kann der Glauben zum willfährigen Werkzeug von Machthabern und ihren zur Herrschaft drängenden Opponenten werden.

Durch ihren ausdrücklichen Bezug auf das Ganze, dem *jeder* zugehört, dem *alle* verpflichtet sind, und von dem sich *niemand* auch nur innerlich lösen kann, scheint die Religion für den Fanatismus wie geschaffen, weil sie höheres Recht zu verleihen scheint, dem notfalls alle Andersgläubigen geopfert werden müssen. Deshalb war sie in der Weltgeschichte an den größten Verbrechen beteiligt, die sie nicht nur gefordert und vollstreckt, sondern nicht selten auch mit ihrem Segen geheiligt hat. Bis heute wird der Glauben als deklariertes Motiv für Krieg und Terror missbraucht und dient dazu, alle humanen, sozialen und personalen Verbindlichkeiten aufzuheben. Dass er dies vermag, wird die Kritik an ihm vermutlich in aller Zukunft nicht enden lassen – und sie sollte willkommener Anlass zur Selbstprüfung sein.

Es gibt daher gute Gründe, der humanen Potenz des Glaubens Aufmerksamkeit zu schenken. Und wenn es Gründe gibt, ihn mit dem bereits im Erkennen und Wissen liegenden kultivierenden und zivilisierenden Impuls kooperativer Selbsttätigkeit in Verbindung zu bringen, um deutlich zu machen, dass in ihm die unverzichtbare Kraft zur Humanisierung der Welt zu finden ist, könnte es sich als ein Versäumnis erweisen, den rationalen Kräften des Glaubens keine Beachtung zu schenken. Denn, so viel ist sicher: geglaubt wird ohnehin. Also kommt es darauf an, den Glauben auch bewusst in den Dienst der vernünftigen Fähigkeiten zu stellen, zu denen er seinem Ursprung nach ohnehin gehört.

Der Aufmerksamkeit sollte nicht entgehen, dass sich der Mensch in seiner existenziellen Verantwortung der Totalisierung seiner Fragen so wenig entziehen kann wie der Unbedingtheit seiner freien Entscheidungen. Ganz gleich, ob es um die Partnerwahl, um die Erziehung der Kinder, die Pflege der dementen Angehörigen, das Eintreten für die Wahrheit, den Umgang mit dem eigenen Lebensende oder um Krieg und Frieden geht: Herkunft und Liebe, Karriere und Krankheit, schließlich auch kulturelle und politische Gegensätze werden den Menschen immer vor Fragen stellen, auf die er über sein Leben entscheidende Antworten finden muss. Ein Blick auf eine beliebige ökologische Frage genügt, um die existenzielle Reichweite einer jeden ernsthaften Antwort kenntlich zu machen. Und was derzeit an apokalyptischen Nachrichten über die digitale Kommunikation verbreitet wird, sollte jedem kenntlich machen, wie stark er selbst bis ins private Dasein hinein vom globalen Netzverkehr betroffen ist.

Wer die auch hier jederzeit drohende Dogmatisierung vermeiden will, muss sich selbst auf die Perspektive der aus seiner Sicht gefährdeten Individuen einlassen. So kommt niemand, dem es mit etwas ernst ist, um das Ganze herum. Denn es ist nicht nur so, dass das Universelle der Welt allein in der Individualität des menschlichen Selbst- und Weltbegriffs hervortritt: Auch die Individualität konturiert sich nur im Kontext der Universalität ihres eigenen Begriffs.

Damit ist die Bedeutung illustriert, um die es geht, wenn das Göttliche zum organisierenden Zentrum der Beziehung des Individuums zum Ganzen wird. In der ergriffenen Relation zwischen universeller und individueller Einheit des Ganzen wird das existenzielle Gewicht des eigenen Daseins erfahren. Das Göttliche, das in der ernst genommenen Verbindung zwischen dem denkbar größten Ganzen der Welt und dem mir nächsten Ganzen der eigenen Person zur Geltung kommt, macht mir bewusst, was mir das Dasein bedeutet. Das personifizierte Göttliche wird als der Stifter, Zeuge und Garant eines Sinns erfahren, in dem ich mein Leben zu verantworten habe. Denn das Göttliche eröffnet die Perspektive auf eine Bedeutung, in der die Welt vom Menschen verstanden werden kann.

Diese Rede hat, um es erneut zu betonen, den Vorzug, dem Gehalt der biblischen Schöpfungsgeschichte besonders verbunden zu bleiben – unter Abzug aller Details, die mit dem Weltbild der modernen Physik und der Evolutionstheorie der Biologie ohnehin nicht vereinbar sind. Und sie vollzieht eine Wende, die in der Ausrichtung auf die Welt und Selbst umfassende Gegenwart des Göttlichen das existenzielle Gewicht der Welt und das des Selbst verstärkt. Der Glauben kann den Menschen nicht in die ohnehin niemals auszudenkende Position eines Gottes versetzen. Wohl aber zeichnet der Glauben den Menschen auf einzigartige Weise allein dadurch aus, dass er seine Stellung mit Blick auf ein Ganzes zu überschreiten sucht. Der Einzelne relativiert sich bereits im Bewusstsein eines Universellen, gegenüber dem er sich als Individuum konturiert und an dem er zugleich partizipiert. Im Glauben erfolgt auch die praktische Eingliederung in einen als verbindlich angesehenen Kontext, dessen personalem Zentrum er sich in seiner persönlichen Einsicht unterstellt.

Sosehr der Mensch stets nur als Mensch glauben und dabei nur einen Gott annehmen kann, der ihm *gleicht*, dem er sich *nahe fühlt* und der sich ihm *verständlich machen* kann, so gewiss ist es zugleich, dass der Mensch aus dieser von seiner Einsicht und von seinem Gefühl verlangten Nähe keinen metaphysischen Vorrang vor anderen Wesen ableiten kann. Zwar gewährt ihm die Universalisierung allererst einen Begriff seiner selbst; aber mit dem Ausblick auf das Ganze ist er auf Distanz zu sich selbst gegangen und hat damit die Schranken des Speziezismus durchbrochen [2007a, 449 ff.]. Wollte er unter diesen Bedingungen auf einen bloßen Gattungsegoismus zurück, hätte er den intellektuellen und affektiven Gewinn des Glaubens an ein Göttliches verspielt. Er nähme nicht ernst, dass Gott der Welt als Ganzer (und nicht nur dem Menschen) Bedeutung verleiht – obgleich sie so, wie der Mensch sie versteht, nur ihm verständlich ist. In diesem Verständnis aber ist der Mensch, wie sein Umgang mit anderen Lebewesen zeigt, niemals bloß auf sich bezogen. Also kommt im Glauben an das Göttliche die Gewissheit des Menschen zum Ausdruck, in der Welt weder *genetisch* noch *kausal*, noch *semantisch* isoliert zu sein. Schließlich nähme sich der Mensch von der inneren, der seelischen Beziehung zum Ganzen aus, nach der er im Glauben an Gott doch gerade sucht. Nach christlichem Verständnis entginge ihm die Liebe Gottes, für die er sich durch die Liebe zu Gott empfänglich macht.

Der durch den Vorlauf des Wissens im Glauben eröffnete privilegierte Zugang zum Ganzen muss auch keinen Anspruch auf einen erhöhten Seinsrang innerhalb der Schöpfung zur Folge haben. Die analoge Stellung von Mensch und Gott bringt die gesteigerte Erkenntnisleistung des Menschen zum Ausdruck, verschafft ihm aber keinen metaphysischen Vorzug im Ganzen des Seins. So hat es bereits der an Platon und Aristoteles geschulte Pico della Mirandola in seinem Gleichnis von der epistemischen Mittelpunktlage des Menschen zum Ausdruck gebracht: Die vernünftige Einsicht erhöht den Menschen zum *Gegenüber Gottes*, nötigt ihn aber zugleich, die Verantwortung für das zu tragen, was in der Reichweite seiner Erkenntnis und seines Handelns steht (*De dignitate hominis*, 1486).

Eine andere Pointe der gewonnenen Einsicht stellt die mit der tragenden Leistung des Sinns exponierte Verbindung zwischen Mensch und Welt heraus: Das Göttliche ist das *Integral von Mensch und Welt*. Es zeigt die Bedeutung an, die das Ganze der Welt für das Ganze eines

Menschen hat. Er umfasst alles, was denkbar ist, damit auch alles, was erlebt, erfahren und erhofft werden kann – für jeden, der sich eingesteht, dass es auf ihn als Person ankommt. Und indem das Göttliche das Ganze des Daseins auf den sich als einmalig begreifenden Menschen zuspitzt, umschließt er das Universelle im Individuellen der Person. Und es ist diese Verbindung, die es dem religiösen Menschen erlaubt, das Universelle so anzunehmen, als sei es ihm zugewandt, so dass er das Ganze selbst nach Art einer Person ansprechen kann.

Das ist der philosophisch zwar wohl vorbereitete, aber theoretisch nicht mehr für jeden verbindlich zu machende Privileg des religiösen Glaubens. In ihm wird aus dem pragmatisch, epistemisch und moralisch unverzichtbaren Vertrauen in den Zusammenhang von Mensch und Welt der Glauben an einen persönlichen Gott. Aus den bereits in den Begriffen wirksamen Überzeugungen wird ein in personaler Freiheit ergriffener Glauben, der das Glück eröffnet, von ihm ergriffen und versichert zu werden. Doch selbst noch in dieser religiösen Form kann der Glauben nicht der Widersacher des Wissens sein, weil er es ist, der das Wissen in Gang bringt, trägt und weiterführt.

5. Die göttliche Botschaft. Im *Alten Testament* gibt es eine Selbstaussage Gottes, die in ihrer eindringlichen Schlichtheit nicht zu überbieten ist. Auf die bange Frage Moses, was er den Israeliten sagen soll, wenn sie wissen wollen, wer ihn zum Anführer im Auszug aus Ägypten berufen habe, antwortet die Stimme aus dem Dornbusch: «Ich bin, der ich bin.» (*Ex* 3,14) In genauerer Übersetzung sagt Gott: «Ich bin der ‹Ich bin da›.» Das heißt: Ich bin der *immer Anwesende*, der *jederzeit Daseiende* und *in allem Gegenwärtige*. Da Mose ohne diese Auskunft nur hätte sagen können, dass es «der Gott eurer Väter» ist, der ihn gesandt hat, weiß er mit ihr nun, dass es auch der *jetzt* und *in Zukunft* zuständige Gott ist, von dem er seinen Auftrag empfangen hat.

Es versteht sich von selbst, dass diese mit dem Namen *Jahwe* eng verbundene und von den Propheten Jesaja und Hosea wieder aufgenommene Selbstaussage Gottes zahllose gelehrte Assoziationen freisetzt. Für unseren Zusammenhang mag es genügen, auf die mit dem biblischen Gottesbegriff beanspruchte *singuläre Identität von Individualität und Universalität* zu verweisen. Damit lässt sich die Auszeichnung Gottes gegenüber Mose in eine Parallele mit dem von Heraklit und Parmenides umschriebenen und von Platon weitläufig ausgelegten Verständnis Gottes bringen. Sie verstärkt sich dadurch, dass im altjüdischen Begriff der *Wirklichkeit* die *Wirksamkeit* mitgedacht ist; «Existenz» und «Effizienz», so sagen die modernen Kommentatoren, fallen zusammen.

Für die christliche Lehre ist entscheidend, dass der «Menschensohn» Jesus das Wort aus dem Dornbusch wiederholt und auf sich selbst zur Anwendung bringt. Das erfolgt aber nicht dadurch, dass er sich an die Stelle Gottes setzt, sondern indem er sich auf Gott als den «Vater» beruft. Das geschieht in einer im Evangelium des Johannes festgehaltenen Verteidigung gegenüber den rechtgläubigen Juden. Jesus kann erwarten, dass sie seine zweimalige Aussage: «dass Ich es bin» (*Joh* 8, 24 u. 28) in ihrer historischen Bedeutung verstehen. Aber er lässt keinen Zweifel daran, dass es einen Unterschied zwischen Gott, dem «Vater», und Jesus, dem «Menschensohn», gibt. Jesus betont, dass er «nichts im eigenen Namen tue» und «nur das sage, was mich der Vater gelehrt hat» (ebd., 28). Dazu gehört der Anspruch, dass der jetzt zu seinen Mitmenschen Redende «von oben» kommt, während die Menschen, zu denen er als «Menschensohn» gehört, «von unten», das heißt «aus dieser Welt», stammen (ebd., 23). Im Text wird berichtet, die Rede habe die Schar seiner Anhänger vermehrt. Die Menschen schließen sich *dem Menschen* an – im gemeinsamen *Glauben an Gott*. Die Pharisäer hingegen vermuten einen blasphemischen Anspruch und verschärfen ihre Gegnerschaft.

Auch hierzu können gelehrte Exegeten vieles sagen. Beschränken wir uns auf den Kontext der Stelle, dann haben wir die (uns von Parmenides vertraute autoritative) Verstärkung der Bedeutung der *Rede* Jesu gegenüber den seinen Anspruch in Zweifel ziehenden Schriftgelehrten: Er legitimiert seine Einsicht als göttlich; denn sie stammt vom Vater, der ihn «gesandt» hat (ebd., 26). Und sofern er im göttlichen Auftrag eine göttliche Botschaft überbringt, kann er selbst als «göttlich» gelten. Gesetzt, die Menschen erkennen, dass er wahr gesprochen hat, werden sie ihn «erhöhen» (ebd., 28). Erst dann sind sie in der Lage einzusehen, dass er Recht hatte zu sagen, «dass Ich es bin» – nämlich der von Gott gesandte «Menschensohn», der «nichts im eigenen Namen» tut.

Uns liegt nichts daran, mit dieser Lektüre in den jahrtausendealten Streit um das *Iota* Partei zu ergreifen. Schade nur, dass er dogmatisch entschieden wurde. Man hätte ihn, wie den Unterschied zwischen «Gott» und «göttlich», erst einmal offen lassen können. Jesus wird in seiner menschheitsgeschichtlichen Bedeutung nichts genommen, wenn sein Leiden als das eines dem umfassenden Ganzen ergebenen *Menschen* begriffen wird. Theologisch ist nichts verloren, wenn wir glauben dürfen, dass der von ihm geglaubte Gott das von ihm erbrachte Opfer am Kreuz als erlösendes Zeichen einer allen Menschen gewährten Gnade versteht. Und müsste der darauf gegründete Glauben, samt der ihn tragenden Liebe und Hoffnung, auch nur um ein Geringes schwächer ausfallen, wenn Jesus Christus dem Göttlichen so nahegekommen wäre, wie es einem Menschen nur möglich ist – ohne damit selbst Gott zu werden? Angesichts der Schwierigkeiten, Gott überhaupt als den zu erkennen, der er ist, ist es müßig, darüber zu streiten, ob der Menschensohn ihm *gleich* oder nur *ähnlich* geworden ist. Warum sollte es nicht genügen, in der Unbedingtheit des Lebens und Sterbens eines bescheiden, geduldig und weise für das Heil *aller* eintretenden Menschen einen Beweis für die Gegenwart Gottes zu sehen, die ohnehin nur in der Seele eines jeden Einzelnen wirklich und wirksam werden kann? Und warum sollten wir auf eine Entscheidung dringen, wenn sich dafür argumentieren lässt, dass *jeder* Mensch Gott gleichen muss, wenn er ihn überhaupt als Gott ansprechen können soll? Für den hohen kirchlichen Amtsträger Johann Gottfried Herder galt: «Christus kannte für sich keinen edleren Namen, als daß er sich den Menschensohn, d. i. einen Menschen nannte.» (*Humanitätsbriefe* 25).

Fragen wir, aus welchen Quellen dieser Jesus von Nazareth geschöpft hat, dann ist es ein Leichtes, auf seine Vertrautheit mit der altjüdischen Überlieferung zu verweisen. Wir können überdies nicht ausschließen, dass er Kenntnis von dem hatte, was die weltoffenen alexandrinischen Juden zu seiner Zeit gelehrt haben; vielleicht hat ihm dies die Kritik an der konservativen Priesterschaft in Jerusalem erleichtert. Möglicherweise hatte er auch ein offenes Ohr für die im Römischen Reich umlaufenden Weisheiten der antiken Überlieferung. Gleichwohl ist das, was Jesus daraus macht, so einzigartig und in seiner Bedeutung für eine über das Alltägliche hinausgehende weltoffene Lebensführung derart treffend, dass wir eine «übermenschliche» Eingebung unterstellen können, die man nicht einfach nur als genial bezeichnen kann. Wir haben sie, gerade in

Anerkennung ihres menschlichen Ursprungs, als *göttlich* anzusehen – ohne damit behaupten zu können, dass Jesus selbst Gott *ist*.

Hinzu kommt die Sicherheit, mit der das Evangelium als eine Lehre für *alle* Menschen verkündet wird – ohne Rücksicht auf Herkunft, Stand und Bildung der Adressaten. Gewiss: In gelehrten Kreisen wurde der stoische Kosmopolitismus erörtert, Ciceros Rede von der Würde des Menschen war längst über Tusculum hinaus verbreitet, und das Römische Imperium verfolgte auf den Spuren Alexanders Weltmachtpläne. Aber wie ein unter der römischen Herrschaft leidender Wanderprediger aus Galiläa das alles zu überbieten versteht und – unter ausdrücklichem Verzicht auf die politische Macht – die versprengten humanitären und kosmopolitischen Ideen seiner Zeit in einer gänzlich neuartigen Liebesethik überbietet, das darf man auch aus der Sicht des 21. Jahrhunderts als ein Wunder ansehen, das uns heute stärker beeindruckt als die von den Zeitgenossen als Wunder angesehene Heilung von Kranken.

Folglich steht uns kein besseres Attribut als eben «göttlich» zu Gebote, wenn zum Ausdruck gebracht werden soll, was von den in der Bergpredigt Jesu verkündeten Lebensregeln zu halten ist. Sie gelten unabhängig vom Kalkül des politischen Handelns und können als Maximen begriffen werden, die dem Einzelnen in einer Welt, über die er nicht verfügt, ein Leben ermöglichen, in dem er mit sich, seinen Nächsten und dem von ihm als wohlwollend begriffenen Ganzen einig sein kann. Und in der Beachtung des Ganzen werden sie derart angereichert, dass sie auch ein Urteil über die Niederungen des politischen Handelns erlauben.

Hier wird ein Lebenssinn anempfohlen, der tatsächlich *jedem*, dem Gesunden wie dem Kranken, den Frauen wie den Männern, den Reichen wie den Armen, eine Perspektive auf eine eigene Lebensführung im Einklang mit dem Ganzen eröffnet. Dass sie darüber hinaus auch Aussichten für ein Handeln freigeben, das nicht in der zeitgenössischen Perspektive des Nazareners liegen konnte, nämlich für die Politik und die friedliche Gestaltung einer Weltkultur, wird heute niemand in Abrede stellen können.

Schließlich ist da die Rede vom *Heiligen Geist*. Geist, so habe ich andernorts zu zeigen versucht [2012a; 2013a], ist institutionalisierte, das heißt historisch, kulturell und sozial verkörperte Vernunft. Und in eben diesem Sinn kann der Heilige Geist beschrieben werden, wenn er die göttliche Weisheit miteinbezieht. Im Johannes-Evangelium wird Gott als Geist (*logos*) bezeichnet (*Joh* 4,24); in der Apostelgeschichte wird der Heilige Geist als die «Kraft» (*dynamis*) gerühmt, die aus den in Jerusalem, Judäa, Samarien und «bis an die Grenzen der Erde» lebenden Individuen «Zeugen» für das Evangelium macht (*Apg* 1,8). Und Paulus gelingt es, die Verbindung zum Gefühl zu knüpfen, indem er das Band zwischen Hoffnung, Liebe und Glauben durch die Ausgießung des Heiligen Geistes in die «Herzen» der Menschen erklärt (*Röm* 5,8). Die so entstehende innere Bindung könne, so Paulus, dann auch die Kirche zusammenhalten.

Es mag als euphorischer Überschwang erscheinen, diese in einer von stärksten ethnischen, kulturellen und religiösen Gegensätzen geprägten Welt zunächst nur erhoffte, dann aber tatsächlich erzeugte empathische Verbindung vieler Menschen als «göttlich» zu bezeichnen. Blickt man aber auf die Geschichte der Verkündigung dieser so weltfremd wirkenden christlichen Botschaft und die darauf gegründete Geschichte der christlichen Kirchen, muss man auch darin etwas anerkennen, wofür jedes säkulare Vorbild fehlt. Also hat man (wenn denn der Begriff des Göttlichen dazu taugt, die Grenze menschlicher Machtvollkommenheit anzuzeigen) allen Grund, ihn mit Blick auf die in Gott konzentrierte Gegenwart des Ganzen, die in Jesus exemplarisch gewordene Hingabe an dieses Ganze und die im Heiligen Geist geschichtlich gewordene Kraft der Hoffnung, der Liebe und des Glaubens als etwas Göttliches zu bezeichnen. – Dass dies nicht alles ist, was man über die Nachfolge Christi sagen kann, wird im Folgenden deutlich werden.

6. Die ursprüngliche Offenheit der Kirche – und deren Verlust. Dietrich Bonhoeffer hat in seiner Gefängniszelle die Vermutung niedergeschrieben, dass die «Zeit der Religion überhaupt» vorüber sei; er hat den «Offenbarungspositivismus» Karl Barths kritisiert und bekannt, dass es ihn selbst «mehr zu den Religionslosen als zu den Religiösen» ziehe (*Bonhoeffer* 1962, 176 ff.). Das könnte man als Bekenntnis zur «Säkularisierung» lesen – aber nur solange man die noch im selben Brief geäußerte Konsequenz nicht kennt:

> «ich möchte von Gott nicht an den Grenzen [der Erkenntnis], sondern in der Mitte, nicht in den Schwächen, sondern in der Kraft, nicht also bei Tod und Schuld, sondern im Leben und im Guten des Menschen sprechen.»

Und verstärkend:

«Das ‹Jenseits› Gottes ist nicht das Jenseits unseres Erkenntnisvermögens! Die erkenntnistheoretische Transzendenz hat mit der Transzendenz Gottes nichts zu tun. Gott ist mitten in unserem Leben jenseitig. Die Kirche steht nicht dort, wo das menschliche Vermögen versagt, an den Grenzen, sondern mitten im Dorf.» (Ebd., 182)

Dazu passt, was der Karl Barth-Verehrer John Updike schon in seiner fabulösen Erzählung *Marching through Boston* anschaulich macht: dass die Kirche der Gegenwart weder an den «Grenzen» noch im «Dorf», sondern auf der Straße zu finden ist (*Updike* 1971). Gott, so habe ich zu zeigen versucht, befindet sich nicht im Jenseits der Welt; vielmehr ist er eine zur Welt gehörende Bedingung unseres Welt- und Selbstverständnisses: Er fundiert unseren Sinn in allen Dimensionen unseres Lebensvollzugs, und das geschieht «mitten im Leben». So wünscht sich Bonhoeffer auch die Stellung der Kirche.

Die Rede von der Kirche können wir geschichtlich nur im Kontext des christlichen Glaubens verstehen. Es wäre befremdlich, den Ausdruck auch mit Blick auf den Islam, den Buddhismus oder den Hinduismus zu gebrauchen. Deshalb konzentrieren wir uns im Folgenden auf die christliche Religion, erlauben uns jedoch, in ihr Momente hervorzuheben, die wir für exemplarisch halten, so dass sie, wenn sie denn anderswo überzeugend gefunden werden sollten, auch anderen Religionen etwas zu denken geben könnten.

Der hebräische Begriff der Kirche (*qahal*) kommt im *Alten Testament* des Öfteren vor und bezeichnet die Gemeinschaft des erwählten Volkes. Auch einzelne jüdische Gemeinden, wie etwa die Essenier von Qumran, die sich als endzeitlicher Arm Israels verstanden, übernehmen diesen Begriff für sich. Es ist daher kennzeichnend für das eigenständige Selbstverständnis des Hebräers Jesus, dass er die Menschen, die seinem Zeugnis folgen, in einer *qahal* vereinigt sieht. Nach dem populären Wort aus dem ersten Evangelium soll Petrus der «Fels» sein, auf dem die Kirche derer zu errichten ist, die dem Messias folgen (*Mt* 16, 18).

Als Übersetzung für den hebräischen Ausdruck stand im Griechischen *ekklesia* bereit, das schon aus der frühen Geschichte der *polis* vertraut ist und ebenso wenig wie *qahal* eine eindeutige Abgrenzung gegenüber politischen Formen der Vereinigung und Versammlung impliziert. Das scheint durch Jesus anders geworden zu sein; obgleich die Geschichtsschreibung in ihm gelegentlich einen politischen Revolutionär zu erkennen glaubt, liegt die politische Provokation seiner Äußerungen vornehmlich im Abstand, den er vom Staat der Juden und der Römer zu halten sucht. In einer seiner wenigen Bemerkungen zur Kirche erfahren wir, dass die Gemeinschaft der Christen «einig» zu sein habe (*Joh* 17, 21). Das hat bei ihm allein deshalb einen neuen Klang, weil er die *Individualität* seiner Jünger – und damit auch die aller anderen, die bereit sind, ihm zu folgen – ausdrücklich anerkennt und damit zugleich die Grenzen zwischen den Stämmen und Völkern ebenso sehr wie die zwischen den unterschiedlichen gesellschaftlichen Schichten hinter sich lässt. Jesus sagt nur, dass er «das Haupt des Leibes, der Leib aber die Kirche ist» (*Kol* 1, 18).

Es bleibt Paulus vorbehalten, dem Begriff der Kirche einen prägnanten Sinn zu geben. Als «Apostel der Heiden» gründet er Gemeinden in Kleinasien und Mazedonien und sucht die Gläubigen auf eine Gemeinschaft einzuschwören, die sich als «Kirche» (*ekklesia*) versteht. Seine Briefe an die bereits bestehenden Gemeinden in Rom und in Galatien sowie an die von ihm gegründeten in Ephesus, Philippi, Thessalonich und schließlich im zentral-griechischen Korinth lassen erkennen, dass es an äußeren Gegnern und an inneren Widersprüchen nicht mangelt. Umso wichtiger ist seine unablässige Mahnung, «einig» zu sein.

Seine Begründung folgt dem bis heute vorherrschenden Verständnis der Institution als «Körperschaft». Das Besondere aber ist, dass die christlichen Kirchen ihr Vorbild im Leib Christi haben, dem sie im Aufbau (nach Kopf und Gliedern) wie auch in seiner durch den Geist bestimmten Einheit nahekommen sollen. Der Orientierung an der Person des Gottessohns entspricht die Aufforderung zur Nachfolge in der Lebensweise. Und da ist es entscheidend, dass die Gemeinden so offen, einladend und friedfertig sind, wie sie es aus dem Lebenswandel Jesu Christi kennen. Nur so kann es mit der von ihnen errichteten Kirche zur «Teilhabe» (*symmetechein*) der Menschen an der Verheißung Jesu Christi kommen (*Eph* 3, 6); in der Gemeinschaft der Menschen soll sie die «Wohnung Gottes» sein (*Eph* 2, 22). Die Formulierungen machen offenkundig, wie selbstverständlich es dem Apostel ist, dass Gott in die Mitte des menschlichen Lebens gehört.

Man geht nicht zu weit, wenn man Paulus zum ersten Anwalt der *Toleranz* erklärt. Als hochgelehrter Jude, der sich seine ersten gesellschaftlichen Verdienste während der Christenverfolgung erworben hat, weiß er von den Schwierigkeiten, seinen alten jüdischen Bundesgenossen die Botschaft Jesu nahezubringen. Er hat es gegen stärkste Widerstände versucht und ist wiederholt schwerster Verfolgung, Folter und Bestrafung ausgesetzt gewesen. Wie es scheint, sind letztlich die Juden für seine Überführung nach Rom verantwortlich, wo sich die Spur seines Lebens verliert.

Ehe es so weit kommt, setzt Paulus alles daran, das Evangelium den «Heiden», also den Nichtjuden, zu verkünden und dabei keine Herkunfts- und Standesunterschiede gelten zu lassen. Die Juden sind freilich als Adressaten der Missionsarbeit nicht ausgenommen. Aber die wiederkehrende Polemik gegen die von ihm als Last beklagte Selbstgerechtigkeit dieses Volkes gibt zu erkennen, dass er den Juden die geringeren Chancen einräumt, die Lehre anzunehmen, die Jesus ja vornehmlich zu ihnen gebracht hat. Die Juden, so heißt es nicht ohne Bitterkeit, «missfallen Gott und sind die Feinde aller Menschen» (*1. Tess* 2, 15). Das soll zwar nicht heißen, dass sie grundsätzlich verloren sind. Aber es erklärt, warum Paulus sich vornehmlich den «Heiden» zuwendet. Gleichwohl steht außer Zweifel, dass die «Frohe Botschaft» für «alle Menschen» gilt. Jesus hat, darauf legt Paulus Wert, die «trennende Wand» zwischen Juden und Heiden eingerissen (*Eph* 2, 14), und nun ist es an beiden, in der Nachfolge «seiner Person» zu dem «einen neuen Menschen» zu werden (*ebd.* 2, 15).

Die Sicherheit und Entschiedenheit, mit der Paulus diese Überzeugung vorträgt, gibt keinen Anlass, an seiner religiösen Inbrunst zu zweifeln; ihn haben die Botschaft des Gekreuzigten und die großherzige Offenheit seiner Lebenslehre für den Glauben an Christus gewonnen. Gleichwohl ist in allen seinen Briefen zu erkennen, dass ihn seine gelehrte Kenntnis der griechischen Überlieferung zum *Kosmopoliten* gemacht hat. So trägt er die Tugendlehre der Stoa und das sokratische Selbsterkenntnispathos in die christliche Botschaft hinein und gibt ihr eine bis heute wirksame kulturelle Reichweite. Seine Rede von dem mit sich selbst einigen «neuen Menschen» ist von eben dem Geist der Humanität und der menschlichen Würde inspiriert, in dem gut hundert

Jahre zuvor von Cicero die Summe des griechisch-römischen Philosophierens gezogen worden ist. Der Eigenwert des Menschen, den Cicero unter Absehung aller Herkunfts- und Standesunterschiede unter den Titel der *dignitas* fasst, ist für Paulus durch den Opfertod des Gottessohnes geheiligt. So kann er mit einer nie zuvor gehörten Sicherheit von der Einheit der Menschheit sprechen.

Auf die Einheit im Inneren wie im Äußeren der Menschen ist das Selbstverständnis der «Kirche» gegründet. Nach den Ratschlägen des Apostels ist sie in ihrer Tätigkeit keinen strategischen oder taktischen Klugheitsregeln unterworfen, die ihre politische Zurückhaltung gegenüber den örtlichen Potentaten und ihren römischen Oberherren empfehlen. Sie brauchen nur der christlichen Heilslehre zu folgen und sollen sich in *Liebe* und gegenseitigem *Verständnis* zugetan sowie *wahrhaftig, verständig, gerecht, geduldig* und *friedfertig* sein (*Eph* 4, 1 f.). Sogar die sokratische Tugend der *Besonnenheit* (*sophrosyne*) kommt vor (*2. Timoth* 1, 7). Und in allem ist man zur *Offenheit* verpflichtet und dazu, «nicht ohne Sprache» zu sein (*1. Kor* 14, 10). Man muss zusehen, dass man sich nicht «unmündig, sondern reif» verhält (*ebd.* 14, 20), wozu bei aller Verständigungsbereitschaft auch das «Salz der Sprache» gehört: Damit ist die Deutlichkeit der Unterscheidung gefordert, ohne die man weder dem Einzelnen noch der jeweiligen Lage gerecht werden kann.

Nach Paulus, der nicht nur gelehrt, sondern auch welterfahren ist, muss man von der Unvermeidlichkeit der «Parteiungen» (*schisma; hairesis*) wissen (*ebd.* 11, 19). Und nur wenn man das weiß, kann man sich darauf verstehen, in berechenbarer Verlässlichkeit danach zu streben, «immer in *einem* Geist» tätig zu sein (*ebd.* 12, 9). Dazu gehört das Bewusstsein, im *Licht der Öffentlichkeit* zu handeln: «Lebt als Kinder des Lichts! Das Licht bringt lauter Güte, Gerechtigkeit und Wahrheit.» (*Eph* 5, 8/9) Christus habe «in aller Öffentlichkeit» gewirkt (*Phil* 1, 20); folglich habe sich auch seine Kirche öffentlich zu präsentieren, damit die «Güte» der Gläubigen «allen Menschen bekannt» werde: «Was immer wahrhaft edel, recht, was lauter, liebenswert, ansprechend ist, was Tugend heißt und lobenswert ist, darauf seid bedacht!» (*Phil* 4, 5–8).

Führt man sich die hier nur in Andeutungen in Erinnerung gerufene Lehre vor Augen, wird augenblicklich klar, wie weit die Kirche im Gang der Jahrhunderte von dem durch ihre Gründer vorgezeichneten

Weg abgekommen ist. Kaum war die Verfolgung durch den oströmischen Kaiser beendet, so dass die Gemeinden nicht länger genötigt waren, im Verborgenen zu leben, kommt es zur staatsanalogen Organisation des Klerus. Es dauert nicht lange, und die römische Kirche etabliert sich selbst als eigener Staat. Die den Worten Jesu entsprechenden Empfehlungen des Apostels Paulus aus dem *Römerbrief*, die in ihrer nachdrücklichen Anerkennung rechtmäßiger staatlicher Gewalt die *Trennung von Staat und Kirche* zur Prämisse haben, bleiben ohne Wirkung. Dass sie nicht vergessen sind, zeigen die in den nachfolgenden Jahrhunderten erfolgenden Abspaltungen, die zahlreichen Ordensgründungen, die Protestbewegungen der Armen und die nicht abreißende, dem Evangelium verpflichtete Kritik an der nach Art einer politischen Behörde organisierten kirchlichen Obrigkeit.

Ich erinnere nur an die lange totgeschwiegene Margareta Porete, eine Nonne, die im ausgehenden 13. Jahrhundert der mystisch inspirierten Bewegung der «freien Geister» eine über eindrucksvolle Bilder und eindringliche Worte verfügende Stimme gegeben hat. Der Begriff des *spiritus libertatis* war eine Selbstauszeichnung vornehmlich dominikanischer Ordensleute, die ihre weitgehend individuell ausgestaltete Beziehung zum Göttlichen von den institutionellen Hierarchien der Kirche freizuhalten suchten. Sie konnten sich auf das Paulus-Wort im 2. Brief an die Korinther berufen: «Der Herr aber ist der Geist, und wo der Geist des Herrn wirkt, da ist Freiheit» (3, 17). Doch es half den «freien Geistern» nichts. Sie gerieten alsbald unter Häresieverdacht. Der wurde durch den mit der Prüfung beauftragten Albertus Magnus 1270 formell bestätigt. Man durfte sie daher abwertend «Adamiten» nennen, was so viel wie «wilde», «naive», noch nicht erzogene Kinder Gottes bedeutet, die ihren Geist schamlos und ohne den gebotenen Gehorsam gegenüber den Autoritäten der Kirche gebrauchen.

Die vornehmlich zur Bewegung der Beginen gerechneten Anhänger des «freien Geistes» wurden 1311 auf dem Konzil von Vienne als Ketzer verurteilt. Das Verbot wirkte nachhaltig. Margareta Porete wurde noch im selben Jahr in Paris öffentlich verbrannt. Bereits zweihundert Jahre später hatten sich ihre Spuren im Dunkel der Geschichte verloren. Wären in den Prozessakten Meister Eckharts nicht Hinweise auf ihm vorgeworfene Verbindungen zu den «freien Geistern» zu finden, wäre deren

Bewegung vielleicht noch heute vergessen. Jedenfalls scheinen die Auf-
klärer des 18. und des 19. Jahrhunderts, die sich der gleichen Selbstauszeichnung bedienten, nichts von ihren tief religiösen Vorläufern gewusst
zu haben. Man sieht: Die Kurie hat sich ihrer Kritiker mit größerer
Nachhaltigkeit entledigt als das römische Imperium der missliebigen
Christen.

Man möchte hoffen, die Beendigung des über Jahrhunderte to-
benden und die europäische Entwicklung lähmenden Kampfes zwischen Papst und Kaiser hätte die Kirche eines Besseren belehrt. Tatsächlich hat die römische Kurie sich seit dem 15. Jahrhundert in ihrem
institutionellen Ehrgeiz stärker auf die Entfaltung äußerer Pracht verlegt und sich als kulturelle Macht zu etablieren versucht. Sie verstärkte
ihre Bautätigkeit und war bemüht, sich als Kunstsammler in Konkurrenz zu den Fürstenhäusern hervorzutun. Damit blieb zwar das Selbst-
missverständnis der Kirche bestehen, verlagerte sich aber auf ein weniger machtbesetztes Terrain und stand dem Geistlichen näher. Doch
die für die kulturelle Wende erforderlichen Gelder waren der Anlass
für einen Streit, der zur Kirchenspaltung führte.

Es entbehrt nicht der Tragik, dass die für die imperiale Kulturpo-
litik der Kirche vermehrt benötigten finanziellen Mittel die Ablasspraxis
begünstigten, die Martin Luther empörte und nicht unwesentlich zum
Thesenanschlag in Wittenberg beigetragen hat. Die dadurch ausgelöste
Reformation hat es dann der römischen Kirche unmöglich gemacht,
sich mit ihrer gerade in Gang gekommenen künstlerischen Selbstreprä-
sentation zufriedenzugeben. Vielmehr hat sie ihre ganze diplomatische
Macht aufgeboten, um an den europäischen Höfen den Eindruck zu
erwecken, sie und die mit ihr verbündeten Staaten seien durch den
abtrünnigen Augustinermönch in ihrem Bestand bedroht.

So hat die Kurie einmal mehr den Anlass zu Kriegen gegeben, die
Europa vor 1648 mehrfach an den Rand des Abgrunds gebracht haben.
Dass sich ihre ebenfalls im Namen des wahren christlichen Glaubens
auftretenden Gegner nicht auf Maßnahmen der Selbstverteidigung beschränkt haben, ist hinlänglich bekannt. Bekannt ist aber auch, dass die
Bemühungen zu einer Eingrenzung der kriegerischen Konflikte erst Erfolge zeitigten, als es gelang, die kriegstreibenden Kirchen politisch zu
neutralisieren. Hier kommt dann endlich der Begriff der *Toleranz* zu

einer staatsrechtlichen Geltung – tausendsechshundert Jahre nachdem Paulus bereits in seinem Sinn wirksam gewesen ist.

Es entschuldigt die aus der Reformation des 16. Jahrhunderts hervorgehenden protestantischen Kirchen nicht, dass sie sich zur Abwehr der von Rom aufgebotenen politischen Widerstände selbst eine staatsförmige Verfassung in engster Anlehnung an ihre politischen Schutzmächte gegeben haben. So fielen sie, kaum dass sie zur Erneuerung durch Rückgang auf das Evangelium aufgerufen hatten, in die Fehler der kurialen Kirchenstaatspolitik zurück und sind ihr als «Staatskirchen» bis heute in besonderer Weise verpflichtet. Karl Barth hat mit Recht den auch im Protestantismus fortgeführten «Cäsaropapismus» beklagt.[1]

Dass die christlichen Kirchen zumindest in Europa der Idee ihrer Gründung Gewalt antun, ist so offensichtlich, dass dazu kein eigenes Beweismaterial zusammengetragen werden muss. Dass der apostolische Gründungsauftrag so nachhaltig vergessen werden konnte, wiegt auch deshalb besonders schwer, weil längst zu erkennen ist, dass die christlichen Kirchen in Westeuropa an Einfluss verlieren. Wollen sie nicht in der Bedeutungslosigkeit versinken, haben sie sich auf die Verkündigung und die Auslegung der christlichen Botschaft zu konzentrieren. Wenn sie dabei nicht länger im Widerspruch zu ihrer eigenen Lehre stehen wollen, haben sie sich auf das apostolische Gebot, nur im Dienst des Glaubens tätig zu sein, zu besinnen. Die Kirche hat im eigenen Wirken ein Beispiel für das zu geben, was sie lehrt.

Um kenntlich zu machen, dass dies keine leichte Aufgabe ist, sei darauf hingewiesen, dass deren Ziel bereits verfehlt ist, wenn Kirchen in autoritativer Weise für Personen zu sprechen suchen, die gar nicht zu ihren Mitgliedern zählen. Es ist gut, wenn die Kirche ihre Angehörigen zu einer Lebensweise anhält, die ihren Geboten entspricht. Und wenn ihr daraus eine moralische Autorität zuwächst, die über die Grenzen ihrer Institution hinauswirkt, liegt das gewiss im Sinn ihrer Botschaft. Aber sobald sie daraus politische Ansprüche für die Formulierung staatlicher Gesetze ableitet, wie das bis heute in der Biopolitik geschieht, ist sie erneut der Versuchung erlegen, sich an die Stelle staatlicher Macht zu setzen.

7. Die exemplarische Selbsterfahrung des Christentums. Die Verfehlungen der Kirche sind von ihren Gegnern wie von ihren gläubigen Anhängern so oft und so eindringlich ausgebreitet worden, dass es genügt, auf den zentralen Punkt ihres Verschuldens aufmerksam zu machen: Er besteht darin, dass die Kirche die sie begründende Botschaft in ihrer eigenen Organisation nicht so ernst nimmt, wie sie es tun muss, wenn sie eine Gemeinschaft der Gläubigen sein will. Die Kirche ist der Gefahr aller Institutionen erlegen, sich selbst wichtiger zu nehmen als ihren stets nur im Namen anderer übernommenen Auftrag. Mit dem vermutlich guten Gewissen, so viel wie möglich zum Schutz und zum Vorteil ihrer Mitglieder zu tun, haben die «Hirten» der Kirche jede Chance ergriffen, um ihre eigene Handlungsmacht zu mehren. Wer aber viel erreicht und noch mehr erreichen möchte, will selber nicht im Schatten stehen. So hat sich die Kirche zur alleinigen Stimme des Gläubigen zu machen gesucht und der ältesten Versuchung der Priester nicht widerstanden, sich an die Stelle Gottes zu setzen.

Aus den Briefen des Paulus wissen wir, dass es schon in den ersten Gemeinden die bereits erwähnten «Parteiungen» gegeben hat, auf die man im Umgang miteinander Rücksicht zu nehmen hatte. Verständnis, Mitgefühl und Achtung vor dem anderen sind die wichtigsten Mittel, mit solchen Gegensätzen umzugehen; und kluge Bescheidenheit dürfte die Tugend sein, um der Gefahr der Verselbstständigung der Institution entgegenzutreten. Aus der parlamentarischen Praxis aber kommt noch eine weitere Anregung hinzu: Man lässt die unterschiedlichen Meinungen zur Sprache kommen und bindet sie in einen Prozess der Selbstverwaltung ein. In diesem Verfahren könnte auch für die Kirche ein politisches Regulativ für die Wahrung der urchristlichen Ziele gefunden werden. Wenn die Kirche sich dann so offen und öffentlich zeigt, wie schon Christus und Paulus dies forderten, kann sie für kritische Stimmen von innen wie von außen empfänglich sein.

So formuliert, könnte sich Verwunderung einstellen, wie offen schon die urchristliche Gemeindekonzeption für Erfahrungen und Einsichten ist, die sich die aufgeklärte Moderne zugutehält. Tatsächlich zeigt sich eine weltumspannende Aufgeschlossenheit der christlichen Botschaft, die sich auch auf andere Gebiete des gesellschaftlichen Lebens bezieht. Das Evangelium lebt aus dem Pathos der *Freiheit* (*Gal 2, 4*), die nicht nur mit Blick auf Christus, sondern auch im Anspruch eines jeden Gläubigen *individuell* verfasst ist; jeder wird *auf seine Weise* aus seiner je eigenen Lage zu seinem Glauben befreit (*Röm 8, 2*).

Die Botschaft Jesu verzichtet weder auf *Wahrheit* noch auf *Erkenntnis* (2. *Kor 8, 6*); damit ist sie von Anfang an für die Einsichten der Wissenschaft offen, auch wenn Paulus vor der «Aufgeblasenheit» der nur auf ihr Wissen setzenden Menschen warnt (*1. Kor 8, 1*). Dagegen kann sie nach dem Vorbild antiker Philosophen auf die Kraft der *Selbsterkenntnis* setzen (*Gal 6, 4*), der sie die überlegene Kraft der *Liebe* zur Seite stellt. Die Verkündigung des Evangeliums verschmäht die überzeugende *Rede* nicht und verlangt *Urteilskraft*, damit ein jeder sowohl der jeweiligen Lage wie auch der Besonderheit eines jeden anderen gerecht werden kann (*Kol 4,6*). Und sie geht in einer – auch an späteren Zeitaltern gemessen – staunenswerten Freimütigkeit mit den Fragen des Lebens, insbesondere mit denen der sozialen Unterschiede, der Erziehung, dem Verhältnis der Geschlechter und der Einstellung zur Geschlechtlichkeit um (*Röm 7, 2 ff.; 12, 3 ff.; 13, 1 ff.; 14, 1 ff.*).

Die vorurteilslose Anerkennung persönlicher, sozialer und ethnischer Unterschiede ist bei Jesus ein Ausdruck der Distanz, wie sie aus der beanspruchten himmlischen Entfernung naheliegt. Auch Paulus sucht aus der Perspektive des von ihm stark gemachten «Geistes» (*pneuma*) zu urteilen. Das Himmlische des Geistes liegt aber auch darin, dass er sich über allen und allem wölbt. Man kann nicht umhin, den Anspruch des Geistes mit der *Erfahrung der kulturellen Vielfalt*, die im mediterranen Raum um die Zeitenwende herrscht, in Verbindung zu bringen. In ihr bewegt sich Paulus mit der gleichen Selbstverständlichkeit, mit der Jesus über die Unterschiede zwischen den jüdischen Stämmen hinwegsieht – mit einer gegenüber den Jerusalemer Hohepriestern hervorgehobenen Präferenz für die offiziell am wenigsten anerkannten ethnischen und sozialen Ränge.

Es ist nur zu verständlich, dass der, sagen wir: antiautoritäre Zug des Gründers auch den hohen Priestern der christlichen Kirche Schwierigkeiten macht. Aber sie hätten schon wissen können, dass darin ein nicht zu unterschätzender Quell für die geschichtliche Entwicklungsdynamik der christlichen Kirchen liegt. Sie kennt keine Vorbehalte gegenüber den «an-

deren», den «Fremden» oder den vermeintlich «Geringen» und «Niedri-
gen». Folglich hat sie sich, obgleich eben dies Institutionen am schwersten
fällt, die Exklusion der ihr nicht Zugehörigen zu verbieten. Die christliche Kirche hat bereits von ihrem Ursprung her eine jederzeit offene Gemeinschaft zu sein. Ihr Pathos besteht darin, auch ihr gesellschaftliches
Jenseits, die als ungläubig geltenden «Heiden» und die andersgläubigen
Juden, einzubeziehen.

Bei Paulus wird diese Offenheit durch seine souveräne Kenntnis der
jüdischen und der griechisch-römischen Gelehrsamkeit verstärkt. Er
kann beide auf ihre Weise schätzen und gelten lassen; aber er integriert
deren Elemente in eine intellektuelle und soziale Form, die beide Traditionen überschreitet. Er wird nicht müde hervorzuheben, dass durch die
christliche Botschaft etwas hinzukommt, das sowohl die Treue zur
Überlieferung und zum Gesetz wie auch die Erkenntnis unendlich
übersteigt: Und das ist die *Liebe*. Ohne die Liebe ist alles, auch das, was
in den Büchern steht und was die Weisheit an richtigen Einsichten bietet, nur «dröhnendes Erz und eine lärmende Pauke» (*1. Kor* 13, 1). Paulus
spannt die Liebe mit dem von ihm stark gemachten «Geist» zusammen
und sucht sie beide als den gemeinschaftlich zu verfolgenden «Sinn»
(*nous*) (*Eph* 4, 24) in eine tätige Lebenspraxis umzusetzen.

Dies können nur Andeutungen sein, die gleichwohl kenntlich machen, mit welcher Offenheit die in einem beispiellosen kulturellen Um-
bruch zu ihrem exzeptionellen Selbstbewusstsein gelangte christliche
Lehre der Vielfalt der Lebensformen begegnet. Auch wenn sie in ihrer
späteren Abwehr der antiken Überlieferung gelegentlich barbarisch an-
mutet, so hat sie doch in ihrem Gründungsimpuls Brücken zwischen
der jüdischen und der bereits in sich höchst vielfältigen griechisch-römischen Kultur gebaut, durch die sie wie keine andere der damals bestehenden Religionen auf die nachfolgende europäische Kulturgeschichte
vorbereitet ist. Und keine andere hat es vermocht, dieser Kultur bis heute
so wesentlich verbunden zu bleiben, wie das der christlichen Religion
möglich war.

Mehr noch: Trotz innerer Spannungen und einer sich immer wieder
regenden Gegenwehr haben die christlichen Kirchen die sich über zwei-
tausend Jahre hinziehende Entwicklung in nicht selten höchst aktiver
und kreativer Weise mitgetragen. Wie wenig selbstverständlich das im

Einzelnen ist, zeigt sich in den Unterschieden, die sich zwischen der byzantinischen und der römischen Kirche, nach weitreichenden Gemeinsamkeiten im Anfang, aufgetan haben. Ich erinnere an die *Aneignung des römischen Rechts*, das die römische Kirche in ihrer eigenen Verfassung kanonisierte und ihr im Westen alsbald einen eigenständigen staatlichen Charakter gab. Ich verweise auf die zwar viel zu spät, aber dann eben doch erfolgende *Bewahrung der antiken Literatur* sowie auf deren bewusste und zunehmend eigenständige *Aufarbeitung* im Kontext neuer Problemlagen in Theologie, Politik, Recht und Medizin. Dazu hat dann auch die Aufnahme der durch die arabische Gelehrsamkeit gesicherten antiken Schriften beigetragen.

Seit der Renaissance steht die römische Kirche keineswegs nur abwehrend im Zentrum der Entfaltung des modernen europäischen Geistes. Sie hintertreibt zwar die konziliaren Reformimpulse und verhindert die Idee Picos, der die Vertreter aller überlieferten philosophischen Schulen sowie die aller großen Religionen in Rom versammeln und zur Beilegung ihrer Streitigkeiten bewegen wollte. Gleichwohl hat die Kirche sich der Welle der Universitätsgründungen, die Europa seit dem 13. Jahrhundert in Bewegung bringt, nicht entgegengestellt, sondern hat sie in produktiver Weise für die Entfaltung ihrer immer subtiler werdenden Theologie genutzt. Der dadurch verbreitete Grad der theoretischen Durchdringung ihrer eigenen Lehre ist einzigartig, auch im Vergleich mit den anderen Religionen der Welt.

Die Kirche fördert die Entwicklung der Techniken und der Künste, nimmt an der Eroberung der neu entdeckten Kontinente teil und ist zumindest über die Papst und Kaiser kritisierenden spanischen Dominikaner und Jesuiten wesentlich an der Entfaltung des Völkerrechts beteiligt. Sogar die Idee des Menschenrechts geht aus dem auch innerkirchlich ausgetragenen Streit über die Misshandlung der indianischen Einwohner Amerikas hervor. Anfang des 17. Jahrhunderts ist es mit Francisco Suárez ein spanischer Jesuit, der es wagt, den über fast zwei Jahrtausende hinweg geschmähten Begriff der Demokratie wieder theoriefähig zu machen.

Natürlich vergessen wir die schändliche Verfolgung Campanellas und die Hinrichtung Giordano Brunos nicht; für die Erinnerung an den unrühmlichen Prozess gegen Galilei ist ohnehin gesorgt. Die sich über viele Jahrhunderte hinziehende Missachtung herausragender Künstler, produktiver Denker und eigenständiger Lehrer ist ein Makel der christlichen Institutionen bis zum heutigen Tag. Er ist nicht auf die römisch-katholische Kirche beschränkt. Schändlich ist das mit Blick auf alle christlichen Religionsgemeinschaften nicht allein, weil sich die überzeitliche Geltung der Kunst, die Wahrheit der wissenschaftlichen Erkenntnis und demgegenüber die Irrtümer des vermeintlich christlichen Weltbilds erwiesen haben, sondern weil Zensur und Verfolgung bereits dem Geist des Evangeliums widersprechen. Paulus war weiter als die Bischöfe der katholischen und protestantischen Kirchen, die zwar im Namen der wesentlich von ihm gegründeten Lehre sprachen, sie aber im Kern verkannten.

Das darf uns jedoch den Blick für die kulturgeschichtlichen Leistungen der christlichen Kirchen nicht verstellen. Ob sie es wollten oder nicht: Sie haben wesentlich zum Bestand an ethischen, politischen und kulturellen Einsichten beigetragen, die beim Aufbau einer humanen Weltkultur und im Interesse einer friedlichen Koexistenz der Religionen unverzichtbar sind. Die christliche Lehre ist zutiefst mit der Entwicklung der Weltzivilisation verschränkt, und dies keineswegs nur durch kluge Anpassung und opportune Rücksichtnahme, sondern in nicht unwesentlichen Punkten auch aus ihrem eigenen Geist. Keine andere Religion hat die rationalen Kräfte der globalen Weltkultur: das Erkennen, das Wissen, das Tätigsein und die individuelle Eigenständigkeit, so stark gefördert wie das Christentum. Daran halte ich mit allem Respekt vor der Kritik Voltaires, Humes und Feuerbachs fest.

Hinzu kommt, dass keine andere Religion die Defizite der rationalen Kultur mit so großer Überzeugungskraft bewusst gemacht hat: Denn alles ist nichts ohne die *Liebe*. Erst sie gibt dem menschlichen Leben seinen dominierenden, Leib und Geist auch im Augenblick erfüllenden und über alle Zeitgrenzen hinausführenden Sinn.

8. Der Gewinn, der in der Säkularisierung liegt. Gesetzt, die Kirche wäre eine Wohltätigkeits- oder Hilfsorganisation wie das *Rote Kreuz*, könnte man verstehen, dass sie die einst «Säkularisation» genannte Enteignung großer Teile ihrer Liegenschaften mit Empörung zur Kenntnis genommen hat. Verständlich wäre auch, wenn sie den damit bis heute verbundenen Verlust an Vermögen und Einfluss immer noch bedauerte. Doch die Kirche ist eine *geistliche Organisation*, deren Zweck darin besteht, das Wort Gottes zu verkünden, ihren Mitgliedern zu helfen, das Wort zu verstehen, damit sie ihm nach eigener Einsicht folgen können. Das kann ihr nur gelingen, wenn sie auf den *Sinn und die Macht des Wortes* gegründet bleibt. Alle weiteren Verpflichtungen lenken von diesen Aufgaben ab und schaden ihrem kirchlichen Auftrag.

Man kann es daher nur als historischen Glücksfall begreifen, wenn den christlichen Kirchen der Status einer staatlichen Organisation abhanden kommt, so dass sie ihren Zugang zur Macht auf die Regularien der öffentlichen Meinungsbildung begrenzen müssen. Die Kirche verfehlt ihren Auftrag, wenn sie sich als staatsförmige Instanz etabliert; denn dann hat sie sich, ob sie es will oder nicht, nach einem Interessenkalkül zu richten, über das sie nach ihren Geboten und allein für das Heil der Gläubigen frei und offen *urteilen* sollte. Deshalb stehen jene, die eine enge institutionelle Verbindung zwischen Staat und Kirche befürworten, nicht nur der Autonomie politisch-rechtlichen Handelns entgegen; sie nehmen es in Kauf, den Glauben Zumutungen und Gefährdungen auszusetzen, an denen seine Repräsentanten nur scheitern können. Wer für die Wiederherstellung der Einheit von Kirche und Staat plädiert, dem dürfte die Eigenlogik des Politischen so gleichgültig sein wie die Reinheit des Glaubens.

Es wäre aber falsch, aus der Trennung von Staat und Kirche den Schluss zu ziehen, die Kirche habe sich nach Art einer höchstrichterlichen Instanz gleichsam *über* den staatlichen Gewalten anzusiedeln. Denn auch mit den Insignien einer religiösen Oberhoheit, wie sie der russisch-orthodoxen Kirche nach byzantinischer Tradition zugewachsen ist, können die Vertreter der Kirche sich der Macht, die sie aus nächster Nähe zu beurteilen haben, schwerlich entziehen. In realen Konflikten erweisen sie sich als zu schwach, und in jeder ihnen abgerungenen Zustimmung laden sie Schuld auf sich, weil sie den von allen Machtinteressen absehenden Glauben verraten.

Wenn die Kirche der Versammlungsraum der Gläubigen sein will, wenn sie ihren Gliedern Anleitung, Kraft und Mut zum Leben geben und sie notfalls auch vor politischen Bedrohungen schützen will, dann hat sie sich tunlichst von institutionellen Bindungen an den Staat freizuhalten; sie sollte, von ihrer rechtlichen Sicherung abgesehen, jede körperschaftliche Abhängigkeit von den regierenden Gewalten vermeiden.

Dann hat sie auch die Unbefangenheit, ihren Gläubigen politischen Rat zu geben, der sich auf religiöse und moralische Einsichten gründet. Dann, und nur dann, kann sie auch als kritische Instanz überzeugen.

Nun könnte man sagen, dass die Einziehung großer Teile der Kirchengüter, wie sie Joseph II. als österreichischer Kaiser und wenig später Napoleon als Staatsoberhaupt der Franzosen verfügt haben, die wünschenswerte politische Unabhängigkeit der Kirche erschweren. Denn mit der ökonomischen Eigenständigkeit schwindet der Handlungsspielraum, den die Kirche zur Seelsorge braucht. Auch das Helfen und Raten, das Unterweisen und Betreuen, das gemeinsame Feiern und die Anteilnahme in Schmerz und Trauer – Aufgaben also, die der Kirche nach dem mitmenschlichen Liebesgebot ursprünglich zukommen – lassen sich schwerer erfüllen, wenn die Kassen leer sind und die jeweils benötigten Mittel aus den Spenden der Gläubigen aufgebracht werden müssen. Gleichwohl sollte es nicht anders sein, denn so wie der Glauben selbst sollten auch die Kirchen vom Geist persönlicher Freiwilligkeit getragen sein.

Diese Auffassung war zur Zeit der Säkularisation der Kirchengüter in den Amtskirchen nicht verbreitet, und sie ist es in Deutschland bis heute nicht. Bis in die Gegenwart wirkt die Empörung über den Verlust an Einfluss und Ansehen nach. Die Enteignung wurde als Unrecht und willkürliche Kränkung in der Folge einer kirchenfeindlichen Aufklärung angesehen. Was aber die absoluten Herrscher unter weitgehender Zustimmung der öffentlichen Meinung verfügt hatten, schien sich mit dem Aufstieg der Wissenschaften im 20. Jahrhundert unter dem epochalen Titel der «Säkularisierung» noch einmal zu steigern. Nun lag die Demütigung in der vornehmlich von Soziologen vorgetragenen Prognose eines bevorstehenden Funktionsverlusts der Kirche überhaupt [2011c].[2]

Das konnte mit Blick auf die westeuropäischen Industrienationen tatsächlich so erscheinen. Inzwischen aber wissen wir, dass es ein perspektivischer Kurzschluss war, der soziologisches Wunschdenken enthielt und auf eine nichtrepräsentative empirische Basis gegründet war. Die Entwicklung in Nord- und Südamerika sowie in Afrika und in den südlichen Teilen Asiens war und ist eine andere. Und nach dem Zusammenbruch des Ostblocks erleben die unter der Ideologie des Kommunismus gewaltsam säkularisierten Teile der Welt ein Wiedererwachen der Religionen. Somit wird es Zeit, nicht nur von der falschen Klage der um ihre politische und ökonomische Macht gebrachten kirchlichen Institutionen zu befreien, sondern in der Säkularisation das Geschenk einer Entlastung zu sehen, die es den christlichen Kirchen erlaubt, endlich zu ihrer ursprünglichen Aufgabe der Verkündung, Versicherung und Bewahrung des Glaubens zurückzufinden.

Welche Aufgaben das sind, liegt angesichts der sozialen und menschlichen Nöte der Gegenwart offen zutage. Wer es dennoch nicht wissen sollte, dem seien die Evangelien und die Briefe des Paulus empfohlen. Und wer eine die Moderne betreffende Auskunft will, sei auf Kants *Religionsschrift* verwiesen, die in wesentlichen Teilen nicht nur eine *Ethik*, sondern auch eine *Soziologie* der Kirche ist – einer Kirche, die den großen gesellschaftlichen Freiraum zwischen dem Staat auf der einen und der Privatsphäre der Individuen auf der anderen Seite tätig auszufüllen hat. Es ist dies die Kirche, die den modernen Staat wesentlich entlasten kann und den Privatleuten, wenn sie denn wollen, eine weit über ihre individuelle Lebenssphäre hinausreichende Sinnperspektive gibt. Eine mit dem Staat vereinigte oder auch nur von ihm abhängige Organisation kann diese Möglichkeit nicht bieten. Wenn der Glauben ein Ausdruck der Freiheit ist, hat seine gesellschaftliche Organisation eine Manifestation dieser Freiheit zu sein. Das Ziel der Kirche muss darin liegen, mindestens die Eigenständigkeit ihrer Glieder zu fördern, damit sie sich frei zum Sinn ihres Daseins bekennen und nach Möglichkeit anderen ein Beispiel für die Kraft ihres Glaubens geben.

9. Kirchliche Verantwortung für den Glauben aller. Man wird keiner Religion verbieten können, von ihrer Wahrheit zu sprechen. Deshalb soll jede auch vor Nicht- oder Andersgläubigen die Gründe ihres Glaubens darlegen und dessen Vorzüge ausbreiten dürfen. Der Wunsch sich mitzuteilen gilt für das Wissen wie für den Glauben; also wird man das *Missionieren* zu den natürlichen Bestrebungen einer jeden Religion zu rechnen haben.

Es sollte freilich selbstverständlich sein, dass eine Mission nicht gegen den Widerstand einer Person oder einer Gruppe erfolgen darf. Es sollte auch niemand in Versuchung geführt werden, der erklärt, dass er zu einer anderen Glaubensgemeinschaft gehört und keine Neigung zum Aus- oder Übertritt verspürt. Aber es darf auch niemand verfolgt oder bestraft werden, der seine Religionsgemeinschaft verlässt. Wenn es ein Menschenrecht ist, seinen eigenen Glauben (oder auch keinen) zu haben, dann müssen das nicht nur der Staat und seine Gerichte, sondern auch die Vertreter der Religionen anerkennen. Die individuelle Freiheit zum Bekenntnis aus eigener Überzeugung darf unter keinen Umständen in Zweifel stehen.

Bekanntlich ist das in den Religionen der Welt keine Selbstverständlichkeit. Vermutlich haben einst alle Glaubensgemeinschaften die Abweichung und die Abkehr geahndet. Wenn das inzwischen nicht mehr bei allen so ist, darf man darin einen Erfolg der Zivilisierung sehen, dem sich in der globalen Nähe aller Religionen nunmehr auch alle Religionen zu stellen haben. Und wenn eine Kirche das bereits so zu sehen gelernt hat, wird sie wünschen, dass es alle so halten. Im Interesse eines friedlichen Nebeneinanders der Religionen sollte ihr daran gelegen sein, dass die anderen Kirchen sich diesem Lernprozess ebenfalls unterwerfen.

Die notwendige Abstimmung in der Einstellung zu Mission und Glaubenswechsel soll hier lediglich ein Beispiel dafür sein, dass die Religionen eine gemeinsame Verantwortung für die in ihnen institutionalisierten Gemeinschaften tragen. Wenn es weiterhin so ist, dass ein Großteil der Gebildeten die Auffassung vertritt, dass Wissen und Glauben Antipoden sind und folglich die Religion der Wissenschaft zu weichen habe, hat *jede* Religion Sorge für den Bestand *aller* Religionen zu tragen. Wenn sogar ein Subjekt wie Hitler die Ansicht vertreten konnte, die Dogmen des Glaubens müssten «vor der Wissenschaft zerbrechen», dann sollte jedem Gläubigen, erst recht jedem, der Verantwortung für eine Glaubensgemeinschaft übernommen hat, daran liegen, die genuine Eigenständigkeit des Glaubens überhaupt kenntlich zu machen.

Dabei müssen die Lehren, die einige Religionen im Prozess der Zivilisation für sich bereits gezogen haben, nicht allen auf die gleiche schmerzliche Weise erteilt werden. Sie sollten im *Weltkirchenrat* – oder wie immer man die benötigte Instanz für die globalen Belange aller Gläubigen nennen mag – gemeinsam beraten und anempfohlen werden. Erst wenn die Religionen auf Gewalt nach innen wie nach außen verzichten, wenn sie die Eigenständigkeit von Politik und Rechtsprechung anerkennen und die Freiheit des Wissens und der Wissenschaft zu ihrer eigenen Sache machen, wird die Religion eine geistliche Weltmacht bleiben können, die der Menschheit über die Politik hinaus Hoffnung gibt.

Es liegt mir fern, im Gang der globalen Zivilisierung der religiösen Kräfte dem christlichen Glauben einen Führungsanspruch zuzuschreiben. Aber man wird ihm zugestehen müssen, dass er sowohl durch seinen Ausgangspunkt in einer von ihm selbst als vielfältig und gegensätzlich wahrgenommenen Lebenswelt wie auch durch die in vielen einzelnen Akten so schreckliche wie abstoßende, im Ergebnis dennoch verheißungsvolle Entwicklung über einzigartige Einsichten verfügt, die er nicht nur sich selbst vor Augen zu führen, sondern auch anderen zu vermitteln hat. Dadurch, dass die christliche Kirche die ihr zur Verkündigung übertragene Botschaft zum Instrument ihrer eigenen Machtausübung verfremdet hat, ist sie zwar selbst zu einer herrschaftlichen Organisation geworden. Doch sie hat im gesellschaftlichen Ansehen einen tiefen Sturz getan, aus dem sie nunmehr, belehrt und geläutert, ihre Konsequenzen zu ziehen hat. Wenn sie dabei ihre Zersplitterung nicht weiter vergrößern will, hat sie dies exemplarisch vor den Augen und Ohren der anderen Religionen zu tun, damit aus ihnen allen ein *Welterbe* und vielleicht ein *Weltethos* der Religionen werden kann.[3]

Im weltpolitischen Vordergrund haben die Erfahrungen zu stehen, die der christliche Glauben in seiner zweitausendjährigen Geschichte im Umgang mit der *politischen Macht*, in allmählicher Anerkennung des *Rechts* und der Unverzichtbarkeit der *Wissenschaft* gemacht hat. Das Gleiche gilt für die *Kunst*, und man sollte ergänzend auch die sich allmählich einstellende Einsicht in die Logik der *Technik* hinzufügen; unter den Konditionen der digitalen Innovation dürfte das von größter Bedeutung sein [2014c]. Politik, Recht, Wissenschaft, Kunst und Technik gehen aus eigenständigen Funktionen des *menschlichen Wissens* hervor, die in ihrem gesellschaftlichen Gebrauch auf nichts so sehr angewiesen sind wie auf den Glauben. Der mag sich zwar im alltäglichen Verkehr nur auf die nächstliegenden Erfolge beziehen, kann aber nicht von dem *Weltvertrauen* abgelöst werden, das, wie gezeigt, seine personale Gewissheit nur im Glauben an ein *Göttliches* finden kann.

Dieser Vorzug der christlichen Religion wird durch einen in den letzten hundert Jahren immer deutlicher hervortretenden Verlust eingeschränkt: Ihre Kirchen – allen voran die protestantischer Provenienz – haben etwas vernachlässigt, was in den apostolischen Briefen des Paulus noch wesentlich ist: Wenn Paulus die *Liebe* betont und verlangt, dass sich die Gläubigen «in gegenseitiger Achtung übertreffen» sollen (*Röm* 12, 10), dann vergisst er trotz der Leiden Jesu Christi und der Sündhaftigkeit der Menschen nie, die *Freude* zu betonen (*Röm* 15, 10). Die Korinther, so heißt es, mögen sich «an der Wahrheit» *freuen* (*1. Kor* 13, 6) und sollen bemüht sein, «*fröhlich*» zu geben (*2. Kor* 9, 7). Den Philippern rät Paulus: «Freut euch! Eure Güte werde allen Menschen bekannt» (*Phil* 4, 5), und den Kolossern legt er neben der *Liebe* die *Dankbarkeit* ans Herz und fordert sie auf, Gott «Psalmen, Hymnen und Lieder» zu singen (*Kol* 3, 25/26). Das «Jubilieren» ist die angemessene Rhetorik auch einer Kirche, die im Zeichen des Kreuzes steht (*Latour* 2011). Denn das Kreuz, sosehr es das Symbol des Leidens ist, darf als Signum der Erlösung verstanden werden, deren mundanes Vorspiel die moralische und politische Selbstbestimmung ist.

Kurz: Die Sinnlichkeit, die in den Leiden des Gekreuzigten gegenwärtig ist, darf auch in ihrer «aufbauenden» (*1. Kor* 14, 26), in ihrer ermutigenden, erfreuenden und erfüllenden Leistung nicht vergessen werden! Die Kirche ist zwar eine Organisation für die «Mühseligen und Beladenen» (*Mt* 11, 28), aber das sind nicht nur die Hungernden, die Armen und die Vertriebenen dieser Welt, sondern wir sind es alle, die unter dem Zeichen von Tod, Irrtum und Krankheit stehen. Wir sind somit alle auf die Tröstung durch einen Glauben angewiesen, der uns – im Angesicht des Todes, der jederzeit eintreten kann – *Mut* zu machen und *Kraft zum Leben* zu geben hat.

Also haben wir die *Sinnlichkeit* in ihrem vollen Umfang aufzunehmen und mit der empfohlenen *Freude*, *Dankbarkeit* und *Hoffnung* zu steigern. Es genügt also nicht, die kleinen Brötchen der Lebenskunst zu backen. In der Nachfolge Jesu hat man auch die *große Kunst* für den Glauben zu entdecken. Die vollen Konzertsäle dieser Welt, die zahllosen Festivals und die Millionen, die sich jährlich massenhaft in Theatern, Stadien, Hallen oder *open air* versammeln, und der Zuspruch, den Film, Tanz und exzessives Naturerleben finden, machen deutlich, dass hier nicht nur Sensation und Ekstase gesucht werden. Im erfüllten Augenblick sucht man immer auch das, was heute wieder ein «gutes Leben» genannt wird und was jeder mit seinem Lebenssinn verbinden kann.

Was die Ratgeberliteratur gern übergeht, ist, dass man vom «guten Leben» nach Aristoteles ernsthaft nur im Rückblick sprechen kann. Aber wie soll man das tun, wenn man in jedem Rückblick auf das Leben die Qual des Sterbens, den Schrecken des Todes und das endgültige Verstummen noch vor sich hat? Leben wir nicht, auch wenn wir mit dem Tod unser individuelles Ende vor Augen haben, in der Hoffnung, dass der Sinn, in dem wir tätig sind, weiterhin Bestand haben kann? Geben uns die Liebe, die dankbar aufgenommene Hilfe, das vollendete Werk, die Erkenntnis oder die Kunst nicht schon im Augenblick ein sinnfälliges Beispiel für das, was wir Ewigkeit nennen?

Die Aufmerksamkeit, die Museen und Werkausstellungen finden, die Beliebtheit des Buches, nunmehr auch in seiner elektronischen Form, und die mediale Allgegenwart der Musik legen Sinnbedürfnisse frei, die man verkennt, wenn man in ihnen nur das Verlangen nach Konsum namhaft macht. Die Kunst ist längst vom Glauben an das Leben in Dienst genommen, und wer sich ihr überlässt, der weiß, dass sie dem Glauben an das Göttliche näher steht, als die Agnostiker und Atheisten ahnen; näher auch, als mancher Scheinheilige zugeben mag. Welche systematischen Beziehungen hier bestehen, dürfte leichter erkennbar sein, wenn wir das Göttliche als «Sinn des Sinns» begreifen.

10. Die Garantie allen Sinns.

Für einen gewitzten Philosophen ist es eine Kleinigkeit, die Welt vor den Augen seines Publikums als gar nicht vorhanden zu erweisen. Dann scheint es noch nicht einmal die Wirklichkeit zu geben, in der das geschieht, und man kann ohne das Hindernis der Realität beliebig viele eigene Welten erzeugen. Das ist lehrreich und macht einen nicht geringen Reiz des philosophischen Denkens aus. Aber es ist dennoch nur eine Einübung in das Denken, das Probleme zu erkennen, zu erfassen und zu lösen sucht.

Die Wirklichkeit, von der sich sinnvoll sprechen lässt, ist die, in der wir uns als Menschen über sie verständigen. In die Verständigung geht bereits unser mit unseresgleichen geteiltes Bewusstsein ein; und da sich das Bewusstsein selbst als die elementare Form der Mitteilung zwischen

Menschen begreifen lässt [2012, 5.1–10], können wir auch davon ablassen, uns mit Hilfe des Bewusstseins davon überzeugen zu wollen, nicht mehr als bloß Bewusstsein zu sein. So erweisen sich nicht nur der Idealismus, sondern auch die Spielarten des epistemischen Skeptizismus als didaktische Schulübungen der Philosophie.

In der voranstehenden Untersuchung sind wir davon ausgegangen, dass uns unsere Sinne jeweils *sinnliche Einheiten* übermitteln, die uns kraft unseres Verstandes erlauben, von *gegenständlichen Einheiten* zu sprechen, auf die wir uns in physischen, sozialen, psychischen, logischen und intellektuellen Einheiten beziehen. Dabei kommen auch die schwer fassbaren, aber dennoch benötigten Einheiten von Tag und Nacht, von Raum und Zeit oder von Immer und Nie in Gebrauch, die, je nach Lage der Dinge, sogar einen eindeutigen Sinn ergeben können. Auch Ernst und Unernst, Sinn und Unsinn führen zu Begriffen, mit deren Hilfe wir unsere wirkliche Welt begreifen.

Wer dies zugibt, wird kaum bestreiten können, dass auch *Person* und *Welt* zu den Einheiten gehören, auf denen unsere Verständigung – und mit ihr: unser Handeln – beruhen. Sogar das Wünschen und Bangen, das Lieben und Hoffen ist jeweils auf das Ganze einer Person im Ganzen einer Welt bezogen, in der ein Mensch unter Menschen lebt. Und *Sinn* haben Handeln, Lieben und Hoffen nur, wenn eine Entsprechung zwischen personalem Selbst und Welt unterstellt werden kann. Die Person muss in die Welt passen, wenn sie in ihr etwas erreichen will, und die Welt muss so beschaffen sein, dass sie dem nicht grundsätzlich entgegensteht.

Das sind die für jeden einsichtigen Konditionen des menschlichen Selbst- und Weltbezugs, und der Begriff des Göttlichen ist seinerseits als die Einheit zu verstehen, in welcher die Einheit von Selbst und Welt für die Person selbst eine alles umfassende – und dennoch persönliche – Bedeutung erlangt. Von ihr können wir beruhigt sagen, dass es keinen Sinn ergibt, über sie hinaus noch größere Sinneinheiten bilden oder weitere Sinnfragen stellen zu wollen.

Wohl aber gibt es einen guten Sinn, auf diese äußerste Einheit von personalem Selbst und realer Welt zu vertrauen. Denn in diesem Sinn gehen wir selbst mit einer menschlichen Erwartung auf das Ganze zu. «Menschlich» heißt in diesem Fall, dass die Erwartung allgemein verständlich ist und auf etwas hofft, dass den Einzelnen in seiner Bedeutung für die Welt versichert. In dieser Hoffnung wird der Sinn, ohne den ein Mensch sein Leben gar nicht als begründet oder gerechtfertigt, aber auch nicht als gescheitert erleben kann, mit dem existenziellen Gewicht des Ganzen verknüpft. Das ist keine logische Operation und kein auf Argumente angewiesener Akt, sondern es wird in der humanen Bedeutung, welche die Welt unter dem Namen Gottes gewinnt, als unmittelbar einsichtig und als mehr oder weniger befriedigend erlebt. Im Glauben an Gott hat der Mensch an der «Allgenugsamkeit» des Ganzen teil, der «Selbstgenugsamkeit» des «höchsten Wesens», wie der kritische Kant es nennt (*KpV* 5, 118). Der religiöse Glauben ist Ausdruck des Vertrauens, das ich als Teil der Welt, als Mensch und als Person in das Weltgeschehen habe. Und Gott ist der Name für den in diesem Vertrauen liegenden Sinn, in dem jede einzelne Sinnfrage ihr nicht weiter zu hinterfragendes Ende findet.

Es versteht sich von selbst, dass uns diese selbst als Einheit gefasste elementare Bedingung unseres Selbst- und Weltverhältnisses, die zugleich eine Grenzbedingung allen Begreifens ist, viel Freiheit lässt, um uns in unserem Selbst- und Weltverständnis auf sie zu beziehen. Da wir uns mit dem Begriff des Göttlichen im Grenzbereich des Begreifens unserer selbst und unserer Welt bewegen, bleibt es nicht aus, dass die Urteile über das Ganze von Selbst und Welt weit auseinandergehen. Es muss daher auch nicht wundern, dass es große Unterschiede zwischen den Individuen, zwischen den philosophischen Theorien und natürlich auch zwischen den Religionen gibt.

Auch wenn es schwer zu verstehen ist, wie man das Ganze des Daseins leugnen kann – wenn sich doch schon in der Leugnung das Ganze einer Person in Abgrenzung vom Ganzen des Daseins manifestiert – so ist es doch lehrreich, wenn jemand es auf sich nimmt, gegen den Augenschein zu optieren. Nicht weniger aufschlussreich ist, wenn jemand die Partei des Augenscheins ergreift und behauptet, es könne Gott schon deshalb nicht geben, weil er nicht zu den real existierenden Gegenständen der sinnlich erfahrbaren Welt gehört. In beiden Fällen kann man lernen, dass es Wirklichkeit nicht nur in der Form von Oberflächen gibt, sondern dass sie eine Konstellation von Ursachen und Wirkungen ist, in die wir selbst als erkennende Wesen eingebunden sind – dies sowohl als physische Wesen, als sensible Individuen wie auch als intelligible Personen, die sich mit ihren Absichten und Gründen jederzeit selbst ins Ganze integrieren.

Darüber gehen Agnostiker und Atheisten hinweg, wenn sie nicht beachten, wie weit der Anspruch von Menschen, ins Ganze ihres Daseins eingelassen zu sein, reicht. Sie leugnen nicht das Insgesamt der Wirklichkeit, wohl aber den motivierenden Bezug auf das Ganze einer Realität, der sie nicht nur physisch, sondern auch intellektuell und personell zugehören. Nur unter diesen Konditionen können Menschen erwarten, dass ihr in die Zukunft ausgreifendes Handeln nicht als sinnlos gelten muss. Außerdem erheben sie Anspruch darauf, in ihren Motiven, auch unabhängig vom Handlungserfolg, anerkannt zu werden – selbst dann, wenn niemand davon erfährt. Ohne den intelligiblen Raum, in dem alles Gewollte und Gedachte als – im Prinzip: jedermann – *verständlich* vorgestellt wird, könnten sich erklärte Atheisten gar nicht für Atheisten, geschweige denn für menschliche Wesen halten. Sie setzen also in der Praxis ihres eigenen Denkens und Handelns jenes Universelle voraus, das seit Heraklit, Parmenides und Platon als *göttlich* gilt.

Um darin auch unter modernen Bedingungen ein Göttliches anzuerkennen, braucht man freilich die Einsicht, dass man hier, mitten im Wissen, auf etwas bauen muss, das selbst kein Wissen sein kann. Wer das erkennt und im Bewusstsein seiner eigenen Grenzen gleichwohl auf das Wissen und seine Wirkungen vertraut, der unterstellt ein Göttliches im Zentrum der eigenen Rationalität. Und wer den kleinen Schritt weiter geht und den Mut aufbringt, im organisierenden Zentrum seiner eigenen Vernunft sich selbst als Person zu behaupten, wird alsbald sehen, dass ihm dies unter den widrigen Bedingungen der Welt leichter fällt, wenn er das, was sich in ihm selbst als Person formiert, auch im Ganzen für gegenwärtig hält. Und sobald er sich mit der aus seiner widersprüchlichen inneren Vielfalt entspringenden Einheit in die Welt begibt, die er selbst als eine ihm korrespondierende Einheit annimmt, kann er in ihr umso besser bestehen, als er ihr die gleiche Form der Einheit unterstellt wie sich selbst. Dann vertraut er nicht nur auf sich selbst als Person, sondern auch auf das Ganze der Welt, so als träte sie ihm als sein besseres Ich entgegen. Wo ihm dies gelingt, glaubt er an Gott.

So gesehen zentriert der das Ganze des Daseins personal repräsentierende Gott die intelligible Öffentlichkeit, ohne die es keine Vernunft geben kann. Im Glauben an Gott kann die Vernunft des Individuums selbst in entschiedener Einsamkeit oder völliger Verlassenheit dialogisch bleiben. Das ist die stets über das Individuelle hinausreichende Fähigkeit, die der epistemisch und moralisch verdienstvolle Atheismus unterschätzt. Er verkennt die alles Denken, Sprechen und Handeln tragende Einbindung in einen *Sinn*, der niemals bloß der eines Einzelnen ist und in allen existenziellen Lagen auf *Einheiten* des Lebens, der Kultur oder der Welt setzt, die niemals bloß auf exaktes Wissen gegründet sind. Der Sinn und die ihm korrespondierenden Einheiten sind *menschlicher* Natur. Sie gewinnen ihre Bedeutung in einer *individuell* erfahrenen Lebenslage und müssen *persönlich* gewichtet werden. Das macht verständlich, warum der Gläubige seinen Sinn in der Korrespondenz zu einem persönlichen Gegenüber Gottes zu versichern sucht.

Das zeigt noch einmal, dass der wie immer gefasste Begriff des Göttlichen notwendig *auf den Menschen* bezogen ist. Die kritisierte «Anthropomorphie» des Göttlichen stellt keinen Einwand dar, sondern ist eine unerlässliche Bedingung der Bedeutung des Gottesbegriffs. Diese Einsicht geht in die Formel vom Sinn des Sinns ein, denn der Sinn, dem durch Gott ein alles einschließender Grund gegeben wird, kann nur das Medium unseres menschlichen Selbst- und Weltverständnisses sein.

Dieses Verständnis benötigt vor allem *Einheit*. Ohne sie bestände nicht nur die Gefahr einer ontologischen Entfremdung zwischen Mensch und Welt, sondern auch die einer Verdopplung zwischen der Welt im Vordergrund und den im Hintergrund wirksamen Agenten. Dem lässt sich mit der Formel vom Sinn des Sinns entgehen: Sie ist auf die *eine* Welt bezogen, der sich die Menschheit gegenübersieht und in der sie zu leben hat. Dass sich dieses Leben in unterschiedlichen Perspektiven vollzieht, dass die Epochen, die Kulturen und die Individuen jeweils ihre Sicht auf das Dasein haben, kann kein Einwand sein. Im Gegenteil: Nur unter den Konditionen allseitiger *Differenz* wird das Verlangen nach Einheit zur Notwendigkeit. Dem tragen die Begriffe der *Einheit* und des *Ganzen* Rechnung. Sie konstituieren den *Sinn*, der das Vorstellen, Begreifen und Handeln trägt – wo und wie immer es geschieht. Die vom Sinn erbrachte vermittelnde Leistung spannt *Selbst* und *Welt* in einer Weise zusammen, die sich, wenn man das Staunen nicht verlernt hat, nur als *göttlich* bezeichnen lässt.

Wenn wir demgegenüber nicht auf unseren personalen Anspruch verzichten wollen, können wir das *Göttliche* als den selbst personal verstandenen *Gott* bezeichnen, der uns so erwidert, wie wir ihn anzusprechen suchen. Darin wird er zum individuell geglaubten Fundament des Lebenssinns, in dem der Mensch sich selbst und seine Welt versteht. Es wäre widersinnig, den so geglaubten Gott in ein Jenseits der Welt zu verlegen. Will man die überlieferten Begriffe bemühen, kann Gott nicht als transzendent, wohl aber als *transzendental* verstanden werden.

Die Zuspitzung der Beziehung zwischen Mensch und Welt auf den *Begriff der Person*, die einen verstandenen, gewollten und aussichtsreichen Wirkungsort benötigt, macht auch den *normativen Anspruch* verständlich, der im Begriff eines Gottes liegt. Denn wir begreifen Gott nicht nur in *Analogie zur eigenen Person*; vielmehr stellen wir uns unter sein *Gebot*, das im Zeichen des Ganzen die Merkmale des *Unbedingten* und des *Vollkommenen* erhält. Deshalb lässt Gott sich nur als eine Einheit denken, die *moralische Erwartungen* verstärkt.

Dazu ist es nicht nötig, Gott, den wir uns nicht als physische Entität vorstellen, als ein moralisches Wesen zu denken. Entscheidend ist, wie wir uns als Menschen selbst unter dem Anspruch der *Einheit von Person und Welt* verstehen. Ebenso haben wir mit der die Theologie seit Jahrtausenden zerreißenden Frage nach dem *Ursprung des Bösen* umzugehen: Verlegen wir die Herkunft des Bösen *in Gott*, büßt Gott seinen göttlichen Charakter ein. Denn wie kann er so schwach sein, nicht von vornherein alles gut zu machen? Warum sollte er so kalt und berechnend sein, uns Menschen durch die Erfindung des Bösen auf die Probe stellen zu wollen? Stellen wir ihm das Böse hingegen nach Art eines teuflischen Widersachers an die Seite, schränkt das seine Göttlichkeit gleichsam von außen ein; da hilft es auch nichts, ihm am Ende aller Dinge einen späten Sieg zuzugestehen.

Ganz anders ist es, wenn wir erkennen, dass die Unterscheidung zwischen Gut und Böse nur dort mit einem Sinn verbunden ist, wo eine Entscheidung zwischen beiden möglich und nötig ist. Nach unserer Kenntnis ist das nur beim Menschen der Fall. Und hier haben wir in seiner von ihm selbst empfundenen *Schwäche* den alle vorkommenden Fälle abdeckenden Ursprung der Unterscheidung zwischen Gut und Böse: Natürlich will jeder das Gute – und zwar in der Form des Besten – für sich selbst und für seinesgleichen. Aber es ist nicht leicht, das jeweils Beste zu erkennen, und selbst das, was man dafür hält, ist nicht leicht zu realisieren. Wer scheitert, gesteht es sich nicht gerne ein und sucht es vor anderen zu verbergen. Was daraus folgt, ist in der Regel nicht gut und wächst sich nur zu schnell ins Böse aus. Mehr braucht man nicht zu sagen, um die menschliche Schwäche als die schier unerschöpfliche Quelle des Bösen auszumachen, das trotz des stets gewollten Guten die Menschheit in allen nur denkbaren Formen befällt.

Es ist somit der Mensch, der die Verantwortung für das Böse trägt. Sie wird ihm durch Misslingen und Kritik, nicht selten auch durch Selbstzweifel und Schuldgefühle angezeigt. Wer dafür empfänglich ist, kennt das Bedürfnis, sich zu rechtfertigen. Er wird versuchen, sich durch Entschuldigung und Erklärung, durch bessere Einsicht und genaueres Verständnis zu entlasten. Die Nächsten aus der Familie und dem Kreis der Freunde sollten dabei die wichtigsten Helfer sein; auch die professionellen Berater, die Beichtväter und Therapeuten, können eine Rolle spielen. Doch wer nicht prüfend in sich geht, dürfte selbst für den besten Rat verloren sein.

Mit Blick auf Gut und Böse ist die *Selbstprüfung* unerlässlich. Und sie ist es, in der sich augenblicklich der Übergang von Wissen in Glauben – und von Glauben in Wissen – vollzieht. Dabei mag es eine genaue Kenntnis der gemachten Fehler, vielleicht auch ein objektives Wissen von den Voraussetzungen und Umständen geben; aber bei der Einschätzung von entgangenen Möglichkeiten sowie im Urteil über die eigenen Kräfte ist jeder auf *Mutmaßungen* angewiesen. Und wer sich auf sie einlässt, hat bereits im Selbstgespräch die *Rollenverteilung zwischen Selbst und Welt* akzeptiert: Auf der einen Seite ist es das *Ich*, das für sich selber spricht; auf der anderen steht das ihm entgegnende *Alter ego*, das die Gesamtheit der bewerteten Bedingungen vertritt. So realisiert jeder, der seine Verantwortung in sich selbst zu erörtern sucht, die *Personalisierung des Ganzen*, in der sich der entscheidende Schritt des Glaubens – vom Göttlichen zum personalen Gott – vollzieht.

In der Prüfung des eigenen Handlungssinns tritt dem Ich das Ganze der von ihm vergegenwärtigten Bedingungen seines Tuns als *Alter ego* gegenüber. Wenn es um eine Klärung möglichst aller Gesichtspunkte geht, ist es die Instanz, vor der letztlich alle Sinnfragen des Daseins zu verhandeln sind. So trifft jeder im Inneren seiner selbst auf das Insgesamt aller Konditionen seines bewussten Tuns.

Sollte uns an unserer *Selbstachtung* gelegen sein, können wir diesem Ganzen die Anerkennung nicht versagen. Sie erfolgt in der Beachtung der Realität, genauer: in der Hochschätzung des Wirklichen, dem sich das Gute bereits verdankt, wenn es uns motiviert. Wer sich darin ernst und wichtig nimmt, kann diesem Ganzen den Titel des *Göttlichen* nicht versagen, weil es mit dem Guten, das er will, auch alles enthält, das es möglich macht.

Mir ist bewusst, dass es vermessen klingt: Aber indem wir dem Ganzen gegenüber auf unserer personalen Zuständigkeit bestehen, kommt uns das Göttliche in einer sich uns öffnenden Weise entgegen. Darin nimmt es die Gestalt des uns erwidernden Gottes an, von dem es in alten Texten heißt, er habe den Menschen nach seinem «Bild» geschaffen. In dieser Rede kommt die Priorität zum Ausdruck, die wir dem Gott selbst einräumen, wenn wir ihm die Stellung eines Anwalts des Ganzen zuerkennen. Daran ändert die Tatsache, dass wir ihn durch unseren Anspruch auf Selbstrechtfertigung allererst selbst in diese Position gebracht haben, nichts. Denn so oder so ist es der Mensch, der das Göttliche benötigt, weil er nun einmal von der Bedingtheit seines Daseins und zugleich von den Grenzen seines Wissens *weiß* – und gerade deshalb *glauben* muss.

Beschluss
mit Hinweisen auf die eigene Zeit

«Der erste Trunk aus dem Becher
der Naturwissenschaft macht
atheistisch, aber auf dem Grund
des Bechers wartet Gott.»
(Werner Heisenberg)

1. Die Unverzichtbarkeit des Ideals. Ginge es nicht um die Nähe zur leibhaftigen Existenz, zur Sinnlichkeit und zum Gefühl des Glaubens, könnte man die Rede vom «Sinn des Sinns» durch die Wendung vom «Ideal der Ideale» ersetzen. Vielleicht könnte sie die zum Nein entschlossenen oder zur Gleichgültigkeit neigenden Agnostiker eher davon überzeugen, dass sie auf etwas verzichten, das unverzichtbar ist. Doch die Formel vom «Sinn des Sinns» soll vor Augen führen, dass es nur unter Verzicht auf Bedeutung überhaupt möglich ist, das Ganze einfach auf sich beruhen zu lassen. Der Sinn ist derart selbstverständlich, dass im Horizont des Alltags ein Sinnverlust ganz abwegig erscheint. Da muss man wohl erst selbst alles verloren haben, um den Nullpunkt eines existenziellen Daseins zu erfahren. Vielleicht geben auch der (von Jean Paul so benannte) «Pestwagen» der Geschichte, die Erinnerung an die Shoa oder die Bilder von der Verwüstung ganzer Städte durch Bomben, Feuer, Wasser oder Sturm eine Ahnung davon, dass es keine literarische Fiktion sein muss, wenn vom «Nichts» oder vom «Absurden» gesprochen wird. Zwar ist der «Nihilismus» längst zu einer gepflegten Weltanschauung geworden, mit der sich offenbar gar nicht so schlecht leben lässt. Aber seine philosophische Dignität hat der Begriff erst dadurch, dass er etwas bezeichnet, was Ausdruck einer existenziellen Erschütterung ist, der nichts mehr offen zu stehen scheint, was den Namen eines menschlichen Lebens verdient. Da ist es ein schlechter Trost, dass im strengen Sinn des Wortes ein Sinnverlust gar nicht vorstellbar ist, weil schon jede Vorstellung einen Sinn einschließt.

Die Rede vom «Ideal der Ideale» ist der kulturellen Existenz des Menschen um vieles näher. Auch wenn man von Idealen reden kann wie über die Existenz Gottes (die es ja auch nicht «gibt»), und obgleich man gelegentlich auf Personen trifft, die einen glauben machen wollen, dass sie nunmehr auch ihr letztes Ideal verloren haben, möchte so leicht kein Mensch als jemand gelten, der keine Ideale hat.

Wie schwer es ist, auf Ideale zu verzichten, lässt uns eine zwar anspruchsvoll formulierte, im Grunde aber zu unserem Alltag gehörende Feststellung erkennen. Sie kann als Beispiel dafür dienen, dass es selbst in der Moderne noch Weisheit gibt: Es ist das 1872 ausgesprochene *ignoramus et ignorabimus* von Emil Dubois-Reymond. Mit diesem auf Gegenwart und Zukunft gerichteten Doppelwort stellt sich der bedeutende Berliner Physiologe allen Versuchen entgegen, den Ursprung der Materie und der Kraft sowie die Herkunft des Bewusstseins und der Zwecke naturwissenschaftlich erklären zu wollen. «Wir wissen es nicht und wir werden es nicht wissen» – damit sollte der vor Selbstbewusstsein strotzenden Naturwissenschaft des 19. Jahrhunderts die Grenze aufgewiesen werden, die prinzipiell allem Wissen gesetzt ist (1872/1974, 464).

Die Mahnung ist eine Aufforderung zur Selbstbeschränkung bereits in den theoretischen Aussagen, kann aber auch als Rat verstanden werden, sich in der Prognose sowie im kritischen Umgang mit religiösen Positionen zurückzuhalten. Was man nicht weiß, kann man nicht behaupten; man sollte es aber auch nicht bestreiten. Wie schwer es ist, sich an diese Erkenntnis zu halten, zeigt sich an den Ideen und Idealen, die selbst noch den Umgang mit dem Wissen regulieren:

1872 konnte Dubois-Reymond noch nicht wissen, was Charles Darwin etwa sieben Jahre später seinem Tagebuch anvertraut. Die wenige Seiten umfassende Notiz ist Darwin so wichtig, dass er sie am 22. April 1881 noch einmal überarbeitet – nur um sich selbst Rechenschaft über seinen Glauben zu geben. In seiner fragmentarischen Autobiographie steht der kleine Text unter dem von den Herausgebern gewählten Titel *Religious Belief*. Die Überschrift trifft durchaus, obgleich sie nach gängigem Verständnis auch *How I Lost my Religious Belief* lauten könnte (*RB* 49). Aber eben das würde die Pointe des kleinen Textes verfehlen.

Von Darwin wissen wir, dass er, nachdem er sein großes Forschungsthema gefunden hatte, an wenig anderes dachte, als an eine exakte genealogische Erfassung der Vielfalt des Lebens. Sein gesellschaftlicher Umgang beschränkte sich auf sein familiäres und sein wissenschaftliches Umfeld, das ihm in beiden Fällen offenbar wenig Anlass gab, die anglikanische Tradition des Glaubens, in der er aufgewachsen war, in Frage zu stellen. Als sich jedoch auf der mehrjährigen Forschungsreise an Bord der *Beagle* die Gelegenheit ergab, mit den Schiffsoffizieren auch über Leben und Tod zu sprechen, trifft ihn der Spott der mit der Lebensgefahr vertrauten Männer. Sie wundern sich, dass ein Wissenschaftler ihrer Zeit immer noch an Gott glauben kann. Das gibt Darwin Anlass, in sich zu gehen und zu prüfen, an was er da in alter Gewohnheit eigentlich glaubt.

Die Tagebuchnotiz protokolliert den Schritt für Schritt erfolgenden Verlust des Kinderglaubens an ein göttliches Wesen. Zunächst muss Darwin sich eingestehen, dass er das Alte Testament als historische Quelle nicht anerkennen und an einen Gott, der sich wie ein «rachsüchtiger Tyrann» benimmt, nicht länger glauben kann (*RB* 49). Das sei mit der Liebesbotschaft des Neuen Testaments zwar anders, doch auch dieser Text fuße wesentlich auf «Metaphern und Allegorien»; also sei das Evangelium wesentlich auf Wundertaten gegründet, die niemand mehr ernst nehmen könne. Zwar gesteht Darwin, die «schöne Moralität» des Christentums habe ihn immer wieder in ihren Bann gezogen. Mit der Zeit aber sei die Überzeugung von der Unhaltbarkeit dieser Lehre so gewachsen, dass sie einfach von ihm abgefallen sei.

Dabei habe die Vergegenwärtigung der widersprüchlichen Vielfalt der Religionen eine Rolle gespielt. Darwin verweist auf die heiligen Bücher der Hindus und der Moslems und verliert auch den Buddhismus nicht aus dem Blick (*RB* 49, 52). Er hält es für eine «Tatsache», dass die Religionen die Erde wie mit einem «wilden Feuer» überzogen haben. Aber entscheidend für seine letztlich wie von selbst erfolgende Ablösung vom Christentum sei die Drohung einer «ewigen Verdammnis» gewesen. Sie beziehe alle ein, die der Frohen Botschaft nicht wörtlich folgen. Dass

damit auch sein von ihm hochgeschätzter Vater sowie seine Brüder und
seine besten Freunde betroffen wären, ist Darwin Grund genug, vom
christlichen Glauben abzulassen (*RB* 50).

Also verabschiedet er sich vom biblischen Vatergott und beschränkt
seinen Glauben auf die Annahme der Wirksamkeit eines intelligenten
Wesens. Damit ist er auf der *dritten Stufe* seiner individuellen Glaubens-
geschichte angelangt, auf der er sich als «Theist» bezeichnet (*RB* 53). Das
erlaubt ihm, Verständnis für den Glauben an einen Gott zu äußern,
dessen Vernunft nach dem Modell des menschlichen Verstandes gedacht wird. Er äußert sogar Verständnis dafür, dass die Menschen selbst
in Kenntnis der begrenzten kosmischen Existenz der Erde daran glauben, dass wenigstens ihre Seele unsterblich ist (*RB* 53). Für ihn selbst
aber ist entscheidend, dass ihn, obgleich er nicht zu starken religiösen
Empfindungen neige, zuweilen der Eindruck einer vom göttlichen Geist
durchwirkten Ordnung überwältige.

So erinnert er sich an ein Erlebnis im brasilianischen Urwald, das er
im *Reisejournal* festgehalten habe: *Standing in the midst of the grandeur
of a Brazilian forest, it is not possible to give an adequate idea of the higher
feelings of wonder, admiration and devotion which fill and elevate my mind*
(*RB* 52). Damals, also im Frühjahr 1832, sei das mit der festen Überzeugung von der Existenz Gottes (*the firm conviction of the existence of God*)
verbunden gewesen.

Gleichwohl hat diese Überzeugung keinen Niederschlag in Darwins theoretischer Bewertung des Gottesproblems hinterlassen. Er
misstraut den Gefühlen, auf die sich alle Religionen mit durchaus
unterschiedlichen Konsequenzen berufen. So sieht er zwar die Analogie zwischen dem Gefühl für das Erhabene (*sense of sublime*) und dem
Glauben an Gott (*belief in god*), doch er gesteht ihm keine Beweiskraft
zu (*RB* 53). Es scheint, als sei er zunächst noch ein (an einen persönlichen Gott glaubender) «Theist» gewesen, um mit der Zeit zu einem
(von einem vernunftanalogen *design in nature* überzeugten) «Deisten»
zu werden (*RB* 50). Damit wäre er auf einer *vierten Stufe* seiner Glau-
bensgeschichte angelangt.

Doch Darwin sieht sich alsbald genötigt, sich auch von den Überzeugungen auf dieser zwischenzeitlich erreichten Stufe zu lösen und
einen letzten Schritt zu tun, der ihm nichts anderes übrig lässt, als sich

zum «Agnostiker» zu erklären. Diese Entscheidung ist ihm offenbar besonders schwer gefallen, obgleich es wesentlich seine eigene grundstürzende Einsicht in die Evolution des Lebendigen ist, die ihn dazu nötigt. Die Entdeckung des *law of natural selection* verbiete es ihm zum Beispiel, das kunstvolle Scharnier zwischen zwei Muschelschalen für einen Ausdruck eines intelligenten Baumeisters zu halten (*RB* 50). Zu diesem Gelenk sei es, wie zu allen Erfindungen der lebendigen Natur, nur auf der Basis von gesetzmäßigen Naturprozessen gekommen, die alles auf mechanische Weise hervorbringen. Was Darwin bis dahin noch für einen Ausdruck göttlichen Wirkens gehalten hatte, erweist sich nach seiner eigenen Theorie als ein Ergebnis der natürlichen Selektion und damit als eine, wenn auch unter «wundervoll komplexen und wechselnden Umständen» erzielte, Folge der kausalen Determination. Der Kampfs ums Dasein, hier *battle of life* genannt (*RB* 52), führe zu dem, was man zu Unrecht als Ausdruck eines planvoll schaffenden göttlichen Willens verehre. Und so schließt Darwin die persönliche Konfession seines über mehrere Stationen erfolgten Glaubensverlusts mit der Feststellung: *The mystery of the beginning of all things is unsoluble by us; and I for one must be content to remain an agnostic.* (*RB* 54)

Nach seiner Darstellung ist das die letzte Station seiner sukzessiven Preisgabe des religiösen Glaubens, und man wird schwerlich einen Menschen, der sich als Agnostiker bezeichnet, einen Gläubigen nennen können. Darwin hat sich in einem gewissenhaften Prozess der Selbstaufklärung vom *religious belief* gelöst, von dem im Titel der autobiographischen Notiz die Rede ist. Deshalb hätte er mit dem souveränen Verzicht auf die Beantwortung der religiösen Grundfrage nach dem Ursprung aller Dinge schließen können. Nur wenige andere dürften dafür so gute Gründe gehabt haben wie er; denn er kann immerhin empfehlen, sich mit einem Wissen zu begnügen, das die Menschheit wesentlich ihm verdankt. Zwar wusste Darwin vermutlich besser als jeder andere zu seiner Zeit, dass Wissenschaft, Technik, Ethik und Politik noch Generationen brauchen würden, um mit dieser Einsicht angemessen umzugehen. Doch er kann auch eine positive Aussicht in die Zukunft eröffnen, denn er ist davon überzeugt, dass die fortschreitende gesellschaftliche Evolution zur «moralischen Verbesserung» (*moral improvent*) des Menschen beitragen wird (*RB* 52).

Doch die Feststellung, ein Agnostiker zu sein, bleibt nicht das letzte Wort in diesem Text. In dessen vorletztem Absatz erklärt Darwin, warum es dem Menschen nicht genügt, von der Wissenschaft erklärt zu bekommen, er folge in allem letztlich nur seinen natürlichen Trieben (*instincts*): Die im Gang der Entwicklung gewachsene Fähigkeit der Menschen, mit ihren inneren und äußeren Konflikten auch reflektierend umzugehen, gebe den Individuen die «Befriedigung zu wissen» (*satisfaction of knowing*) – mit der Folge, dass sie ihre «eigenen bewussten Ansichten» (*inner-most guide* oder *conscience*) haben. Sie erheben sich über ihre widerstreitenden Impulse und urteilen über sie, als könnten sie über sie disponieren. Dazu beanspruchen sie *bewusste Antriebe* und somit *Gründe*, aus denen heraus sie sich entscheiden. Diese Gründe aber sind durch *Wissen* fundiert.

Und nun ist es wichtig zu sehen, dass Darwin in dieser über den Instinkt hinauswachsenden Verhaltensdisposition des Menschen keine das Wissen nur gelegentlich zu Rate ziehende Handlungsweise namhaft macht. Denn er, Darwin, habe sich entschieden, sein ganzes Leben dem Wissen zu widmen! Das Geständnis klingt so: *As for myself I believe [!] that I have acted rightly in steadily following and devoting [!] my life to science.* (RB 54) Er hat also das aus seiner Sicht Richtige getan. Gleichwohl folgt, wie wir es aus den Lebensbeichten frommer Sünder kennen, das Bekenntnis einer Schuld: Zwar sei er sich keiner schweren Sünde (*great sin*) bewusst, aber er habe es versäumt, seinen Nächsten (*my fellow creatures*), wenn sie es nötig hatten, Gutes zu tun.

Dieses Versäumnis entschuldigt Darwin teils durch «seine schwächliche Gesundheit», teils durch seine konstitutionelle Unfähigkeit, von einem Gegenstand seiner Aufmerksamkeit rasch zu einem anderen Gegenstand zu wechseln. Er macht sich somit zum Vorwurf, sich zu sehr auf seine wissenschaftliche Arbeit konzentriert zu haben. Im Ganzen aber überwiegt die Befriedigung, die aus seinem, den Agnostizismus mitnichten widerrufenden, aber überschreitenden letzten Glaubensbekenntnis spricht, das man auf einer völlig neuen weiteren Stufe ansiedeln kann: *I can imagine with high satisfaction giving up my whole time to philanthropy, but not a portion of it; though this would have been a far better line of conduct.* Zu Deutsch: «Ich kann mir vorstellen, mit großer Befriedigung meine ganze Zeit der Menschenliebe zu widmen, nicht

jedoch nur einen Teil davon; genau dies wäre aber die bessere Lebensführung gewesen.« *(RB 55)*

Das ist bewegend, auch weil man der noch folgenden Schlussbe-
merkung über eine Beobachtung seines Vaters entnehmen kann, dass es
höchst persönliche Gründe sind, die Darwin beklagen lassen, seine
ganze Kraft allein in den Dienst der Wissenschaft gestellt zu haben.
Offenbar hat er darüber die Aufmerksamkeit für seine Familie vernachlässigt, so dass er nunmehr Reue über seine Versäumnisse vornehmlich
als Ehemann empfindet.

Der Ernst seines philanthropischen Glaubensbekenntnisses wird dadurch nicht gemindert. Im Gegenteil: Darwin hat sich *ganz und gar dem
Wissen* hingegeben, dem Medium also, das uns das *Ganze unseres Daseins*
überhaupt erst zu vergegenwärtigen vermag. Und darüber hinaus hat er
den Wunsch, auch den ihm nächsten Menschen mit *ganzer Kraft* zur
Seite zu stehen. Rückblickend ist es ihm nicht genug, sich einfach nur
dem konzeptionell vergegenwärtigten Zusammenhang des Lebens gewidmet zu haben. Er verlangt von sich, auch seiner eigenen sinnlichen
Gegenwart und damit den konkreten Umständen gerecht zu werden, unter denen er als dieses einzigartige Exemplar seiner Gattung lebt. Kurz: Er
hat die *Freundschaft* und die *Liebe* zu erwidern, die ihm entgegengebracht
wird. Erst dadurch kommt er als seiner selbst bewusster Mensch in seiner
ganzen, sinnlichen und geistigen Existenz zur Geltung.

Der hingebungsvolle Einsatz für die Wissenschaft ist dem auf Wissen angelegten (und nach dem Stand seiner kulturellen Evolution wohl
auch auf Wissen angewiesenen) Menschen also nicht genug: Er möchte
zugleich auch alles für die geliebten Menschen tun, die ihm nahestehen.
Damit ist der verlorene Glauben an Gott durch den Glauben an den
Menschen ersetzt, der in allgemeiner Perspektive wie auch im individuellen Dasein die volle Aufmerksamkeit eines jeden Menschen fordert.
Wenn etwas den Namen eines tragenden Lebenssinns verdient, dann ist
es dieser Glauben Darwins an die universell angelegte, aber individuell
zu erweisende Liebe zum Nächsten, der die Wissenschaft nicht widerspricht, durchaus aber im Wege stehen kann.

Erst im Licht dieser Konsequenz wird deutlich, warum Darwin es
nicht bei dem Geständnis des Verlusts seines Glaubens an Gott belassen
kann: Die ins Jenseits reichende theologische Frage hat er definitiv hin-

ter sich gelassen. Er hat sich davon überzeugt, dass sich mit der Spekulation über die Existenz eines Gottes keine Antwort auf die letzten Fragen nach Herkunft und Ziel des menschlichen Daseins finden lassen. Doch man braucht sich nur daran zu erinnern, was den Menschen überhaupt auf die Frage nach dem Göttlichen bringt, und schon ist man bei den Beweggründen, die er als bewusstes, aus Gründen handelndes Wesen zum Vollzug seines Daseins benötigt. Es reicht nicht, nur von Instinkten oder angelernten Impulsen auszugehen, auch wenn sie die Ursache bewusst verfolgter Ziele sein mögen.

Die bewusst verfolgten Zwecke haben ihr eigenes Recht. Sie entstehen aus einer Abwägung widerstreitender Antriebe, die individuell und sozial verlässlich sind und die ein Leben überdauern können. Das ist der Punkt, an dem Darwin auf die *Liebe* zu sprechen kommt und den Leser mit dem Bekenntnis zur *Philanthropie* überrascht.

Man würde den Ernst der Selbstprüfung des großen Gelehrten unterschätzen, wenn man ihm unterstellte, hier einfach wieder auf das zentrale Moment der christlichen Glaubenslehre zurückzugehen. Der für Darwin offenbar entscheidende Schritt vollzieht sich im Übergang von den im menschlichen Handeln benötigten bewussten Handlungszielen zum dabei unerlässlichen Wissen, das seine institutionelle Form in der Wissenschaft findet. Im Prozess eines gesellschaftlich organisierten Lebens ist sie auf übergreifende Zwecksetzungen angewiesen, die sich der Einzelne zu eigen zu machen hat. Auch sie bedürfen der Begründung, die dem tätigen Individuum Befriedigung geben muss. *Satisfaction* ist hier das basale Gefühl, in dem sich der angestrebte gesellschaftliche Erfolg mit der persönlich empfundenen *Lust* verbindet. Einem Reduktionisten könnte die Lust als Quelle aller menschlichen Aktivitäten genügen.

Doch Darwin reicht das offensichtlich nicht, so wenig Scheu er hat, von der ursächlichen Funktion von Lust und Instinkt zu sprechen. Er beharrt auf einem dem Menschen *als Ziel* vor Augen stehenden *Zweck*, welcher die bloße Existenz begrifflich derart überhöht, dass er in ihr ein *Ideal* seines eigenen Daseins hat. Der Mensch setzt sich den Menschen zum Ziel, indem er ihm die erhabene Form der Menschheit gibt und sie zur Vision seiner stets nur konkret zu erweisenden Liebe erklärt.

Das geschieht auf demselben Weg, den zu beschreiten sich schon Heraklit und Parmenides genötigt sahen, als sie aus der Allgemeinheit der von ihnen verwendeten Begriffe auf die *Allgemeinheit selbst* geschlossen haben, die, im Vergleich zu allem anderen, nur als *göttlich* erscheinen kann. Denn welchen einzelnen Naturerscheinungen wollte man das entnehmen, was die Logik im Denken des Menschen erzeugt? Welchen Grund kann man nennen, wenn kein sinnlich gegebener und nirgendwo auf der Erde zu findender Anfang in Frage kommt? Die beiden vorsokratischen Denker entscheiden sich für die Instanz, die nach ihrem Weltbild nahe liegt: für das Überirdische, das Göttliche. Damit handeln sie vollkommen rational, weil dinglich Seiendes als Erklärung für das, was dem Denken überhaupt erst seinen Charakter gibt, grundsätzlich nicht zur Verfügung steht!

Und Darwin? Im Prozess seiner Selbstaufklärung (der als typisch für den Verlauf der Aufklärung überhaupt angesehen werden kann) hat er sich von allen Erwartungen an Gott als einer äußeren Ursache befreit und achtet nur auf den sich aus sich selbst heraus bewegenden Prozess der Natur. Bis hin zur Evolution des Menschen kommt er mit bloßen Naturgesetzen aus, die sich in höher entwickelten Lebewesen der Instinkte bedienen, um ihre aus der Spannung von Erbmasse und Umwelt entspringende Dynamik umzusetzen. Spätestens beim Menschen aber kommt es im Konflikt der Instinkte zu einer mit Wissen gepaarten Distanzierung gegenüber der Unmittelbarkeit des Lebensvollzugs, die es dem Individuum erlaubt, *his inner-most guide or conscience* zu folgen (*RB* 50). *Solid satisfaction* wird zur Begleiterscheinung von *knowing*.

Unter der Anleitung durch sein *Bewusstsein* setzt der Mensch sich *Ziele*, die etwas vorgeben, was es in der Welt noch nicht gibt. Gewiss, es *gibt* die Wissenschaft. Aber gibt es auch schon das, was einer mit der ganzen Konzentration seines Forscherlebens in ihr zu entdecken sucht? Die Menschheit gibt es als Spezies. Aber gibt es damit auch schon die Menschlichkeit? Gewiss, es gibt sie im Leben einzelner Menschen; sie zeigt sich in vorbildlichen Handlungen und in einem mit Anstand verbrachten Leben. Es mag uns in einer beispielhaften Lebensführung vor Augen stehen; vielleicht auch in einer überragenden Lebensleistung, die über manche Schwächen hinwegsehen lässt. In allen Fällen aber tritt das Humane nur in *exemplarischen Leistungen* hervor, die uns Anlass geben, darin ein *Ideal* zu erkennen, dem wir folgen wollen. An dieses Ideal müssen wir *glauben*, wenn es in uns wirksam werden soll.

Gewiss, es *gibt* auch die sozialen Empfindungen zwischen verwandten Lebewesen; es gibt Gemeinschaftsgefühle, die sich unter Bedingungen eines lebensgefährdenden Drucks von außen verstärken. Unter Menschen kommen jene Bindungen vor, die Darwin mit Blick auf die Familie und die Freunde beschwört. Wer aber die *Philanthropie* zum Ziel erklärt, der setzt voraus, dass es sie im Lauf der Welt nicht schon in dem Maße gibt, in dem sie nötig wäre, um die zahllosen Feindseligkeiten und Kriege, mit denen die Menschen ihre eigene Existenz gefährden, zu überwinden. So gesehen, kommt die Philanthropie nicht schon in der Form eines sicher gegebenen Tatbestands vor. So wie die Menschen im alltäglichen Leben sind, lösen sie eher Ängste und Befürchtungen als Gefühle der umfassenden Freundschaft und der Liebe aus. Wohl aber lassen sie uns, auch mit Blick auf unsere eigenen Erwartungen, *hoffen*, sie könnten – im Großen und Ganzen – die Urheber und Botschafter des *Guten* sein, das sie letztlich *selbst* zu ermitteln, zu rechtfertigen und zu schaffen haben.

Im Interesse dieses Ziels steht die Rede von der Unantastbarkeit der menschlichen Würde, die auf die «Menschheit in der Person eines jeden Einzelnen» gegründet ist. Mit Blick auf dieses Ziel heiligen wir das Menschenrecht und stellen es jedem anderen Recht voran. Und wir glauben mit Darwin, dass alles, was zum Wohl der Menschheit getan wird, uns die tiefste menschliche Befriedigung geben kann. Doch was uns zu diesem Glauben berechtigt, ist, bei Licht besehen, weniger real als die logischen Universalien, die unser Denken ermöglichen und unser Handeln begründen. Im Vergleich zu uns sind Heraklit, Parmenides und Platon nüchterne Realisten, indem sie bereits in der unser Weltverständnis tragenden Begrifflichkeit sowie in allem, was uns an Großem, Schönem und Erhabenem längst vor Augen steht, das Göttliche namhaft machen.

Demgegenüber sind wir die Phantasten einer erhofften Zukunft, die wir im einzigen uns verlässlich erscheinenden Ausgangspunkt, nämlich in unserer eigenen idealisierten Existenz, zu bannen suchen. Dabei setzen wir das, was einst schon als göttlich galt, nämlich die Logik, das Denken und das Wissen, wie selbstverständlich voraus. Die in uns selbst wirksame *Logik*, die schon das Erlernen der Sprache und das Zählen ermöglichende *begriffliche Organisation* sowie der alles Verstehen und Schlussfolgern leitende *Intellekt* verdienen mehr Aufmerksamkeit, selbst wenn es nur um den Glauben an die Zukunft geht. Das Gleiche gilt für die selbst noch in ihrer Missachtung benötigte *Wahrheit* sowie für den zu Unrecht geschmähten, uns alle wie eine Institution tragenden *Geist*. Das auf das *Denken* gegründete *Wissen* ist nötiger als je zuvor, um der Fehler, Schwächen und Mängel der real existierenden Menschheit ansichtig zu werden, so dass wir wenigstens hoffen können, ihrer Herr werden zu können. Und wenn es uns mit irgendetwas ernst ist, benötigen wir mit der *Wahrheit* und der *Wahrhaftigkeit* auch das *Vertrauen* in ihre Wirksamkeit, um das mit beidem verbundene *Schöne* und *Gute* – vielleicht auch nur das *Bessere* – tatsächlich für möglich halten zu können.

Die Phantasten der erhofften Zukunft belassen es nicht einfach bei der bloßen Gegenwart des sie tragenden allgemeinen Grundes. Es kann ihnen nicht genügen, wie die Glücksspieler auf das Zusammenspiel der unendlich vielen Kräfte im unendlich großen Ganzen zu setzen. Wenn es ihnen ernst ist mit dem Einsatz für ihre eigene gelingende Zukunft, müssen sie ein *Ganzes* unterstellen, das der unwahrscheinlichen Einheit, die *in ihrem eigenen personalen Wollen* hervortritt, entspricht. Wenn ihnen wirklich am eigenen Erfolg – und dem ihrer Kinder und Kindeskinder – gelegen ist, müssen sie die Erwartung haben, dass *ihr eigener Lebenssinn* nicht ins Leere geht, sondern einem Sinn entspricht, der seinen Grund im Ganzen des Daseins hat. Dieser Grund ist es, der den Namen des Göttlichen verdient.

Hat man das Göttliche als den *Sinn des Sinns* entziffert, kann man gelassener auf die Gefährdungen des individuellen wie des kollektiven Daseins reagieren. Man muss nicht länger die Beweislast der Theodizee, nach der die Welt die beste aller denkbaren ist, auf sich laden, sondern kann sich darauf beschränken, dem Menschen, trotz allem, das denkbar Beste zuzutrauen – sofern er sich selber Mühe gibt. Solange sich jeder Einzelne bewusst ist, dass er sich dadurch selbst in die Pflicht nimmt, und durch sein eigenes Beispiel für das Beste einzutreten sich bemüht, ist gegen dieses Verständnis des Göttlichen nichts einzuwenden. Denn was in der Zukunft möglich sein soll, muss seinen Grund in Vergangenheit und Gegenwart haben. Gott wird dadurch also nichts genommen.

Dem Menschen aber wird viel gegeben, nämlich die Verantwortung
für das Kommende, in dem es nicht bloß um seine Selbsterhaltung gehen kann, sondern immer auch um die Bewahrung dessen, was ihn
möglich macht und ihm die vorgestellte Zukunft – nach seinen besten
Kräften – sichert. So wird die Menschheit zum Integral ihrer eigenen
Ideen, in deren Licht sie sich selbst zu leiten und zu bessern sucht. Und
das Göttliche ist das *Ideal dieses Ideals*, das dem Menschen die höchsten
Ziele setzt, ohne ihn vergessen zu lassen, dass er sich selbst nicht alles
verdankt.

2. Religion ist keine Weltflucht. Auch wenn wir Darwin gerne folgen,
so können wir ihm nicht beipflichten, wenn er die Religionen als grund-
sätzlich veraltet erscheinen lässt. Sie sind kein vorgeschichtlicher Atavis-
mus, sondern viel eher eine Projektion der hochindividualisierten, auf
Technik, Arbeitsteilung und kommunikativ geteiltem Wissen beruhenden Zivilisationserwartung in den Gesamtzusammenhang der Welt.
Dem steht die mit den modernen Wissenschaften um sich greifende
Rede von der «Flucht in den Glauben» gegenüber. Angeblich soll der
Glauben einen Ausweg aus der durch die Umweltoffenheit bedingten
Reizüberflutung des menschlichen Organismus bieten. Diesem gern
bemühten Topos der Religionskritik liegt die eingangs kritisierte Opposition zwischen Glauben und Denken zugrunde. Sie steht hinter der
psychoanalytischen Analogie zwischen religiösen Vorstellungen und
psychischen Abweichungen und macht es leicht, der Religion eine wesentlich auf schlichte Gemüter berechnete Wirkung zuzuschreiben.
     Doch der Glauben ist weder blind noch ahnungslos. Er beruht auf
nichts so sehr wie auf Wissen, das wir unter allen Bedingungen benötigen, wenn wir sachbezogen und einvernehmlich handeln wollen. Nur
reicht das Wissen allein nicht aus, um ein selbstbewusstes und zu-
kunftsoffenes Handeln möglich zu machen. Zum Vertrauen in uns
selbst und in einen guten Ausgang unseres wohlmeinenden Tuns brauchen wir den Gauben.
     Die religionskritische These von der «Flucht in den Glauben» ist
denkbar weit gespannt und hat den Ehrgeiz, durch ihren Bezug auf die
Konstitution des Menschen die Religion in allen Formen und zu allen
Zeiten erklären zu wollen: Durch seine sinnlich-organische, soziale,

emotionale, rationale und intellektuelle Offenheit für eine Unzahl von Reizen kann der Mensch als habituell überfordert angesehen werden; also sucht er sich der Irritation durch Dogmatisierung seiner Weltkenntnis in einem religiösen Glauben zu entziehen.

Nach dieser Auffassung würde die Religion einen Teil der Komplexität zu reduzieren helfen, zu der die kulturelle Evolution den Menschen disponiert. Sie würde der Überforderung des Menschen durch seine eigene Natur Einhalt gebieten, stünde zugleich aber seiner konstitutiven Weltoffenheit entgegen. Der Glauben müsste daher als retardierende Größe begriffen werden, die sich gegen die kulturelle Entwicklung des Menschen stemmt und ihn in Zeiten bewusst herbeigeführter Veränderung zum Parteigänger konservativer Mächte werden lässt.

Es ist nun allerdings so, dass sich diese Deutung nicht mit ihrer eigenen Prämisse verträgt: Warum sollte sich der Mensch ausgerechnet durch seinen intellektuellen Ausgriff auf das denkbar Höchste und Größte sowie durch den Umgang mit dem, was stets mehr Fragen aufwirft, als es beantwortet, *entlasten* wollen?

Die These vom Glauben als der Endstation einer Flucht aus der Reizüberflutung offeriert auch eine zugespitzte Erklärung für das von vielen als hartnäckig empfundene Überleben der Religionen in der Moderne: Trotz der angeblich längst erfolgten «Säkularisierung» mache der Wunsch, sich dem Reizüberschuss der Gegenwart zu entziehen, verständlich, warum der Mensch aus dem Sinnchaos der modernen Lebenswelt in die durch Dogmen gesicherten Schutzräume religiöser Überlieferung flieht. Hier bleibt man entweder der Überzeugung der eigenen Väter treu oder kann in das gelobte Land fremder Kulturen, in denen alles anders zu sein scheint, «eintauchen». Unter dem Titel der «Option» kommt auch das bauernschlaue Argument der Wette wieder zu Ehren. Das erlaubt zu sagen, dass es ja nicht schaden kann, den heute so gut wie kostenlosen Lottoschein des Glaubens auszufüllen: Wenn es Gott tatsächlich geben sollte, hat man wenigstens für die Zeit nach dem Tod das große Los gezogen.

So scheinen die Glaubenslehren der vorerst letzte ideologische Rückzugsraum zu sein, in dem sich der Mensch, wenigstens aufs Ganze gesehen, in Sicherheit wiegen kann. Die gegen die wissenschaftliche Erkenntnis immunisierten Bekenntniskammern tradierter Religionen bieten die Lizenz, ohne weitere Verbindlichkeiten der Welt durch ein Lippenbekenntnis zu entkommen.

Wer wollte ausschließen, dass der These von der Weltflucht durch Religion ein Erklärungswert innewohnt? Die Unterstellung, der Glauben führe zwangsläufig in ein Abseits der Vernunft und sei *a priori* mit der Option für geschlossene Weltanschauungen verknüpft, ist angesichts einer sektiererischen Praxis, der selbst Weltreligionen zum Opfer fallen können, nicht ohne Plausibilität. Es ist eine offen zutage liegende Leistung der Religion, durch schlichte, aber literarisch beachtliche Schöpfungs- und Offenbarungsmythen, durch uns tief berührende kultische Opfer oder durch sinnfällige liturgische Rituale Gemeinsamkeiten zu erzeugen, gegen die Argumente machtlos sind.

Dennoch ist die ideologiekritische Unterstellung einer Realitätsverweigerung durch Religion vom epistemischen und rationalen Charakter des Glaubens weit entfernt. Was hätte jemals den Erkenntnisraum des Menschen stärker erweitert als das Nachdenken über Anfang und Ende des Seins? Könnte der Abgrund des Zweifels sich jemals stärker auftun als angesichts der Fragen nach dem Grund und dem Ziel des Ganzen? Gibt es eine größere Vermessenheit, als mit dem Schöpfer aller Dinge vertraulich sprechen und sogar verstehen zu wollen, was er will? Die rationale Theologie macht das Maß voll und sucht, wie wir gesehen haben, mit ihrem Verständnis für den persönlich geglaubten Gott doch noch über die Grenzen des menschlichen Erkennens hinauszugelangen. Größer kann die zu bewältigende Gedankenflut gar nicht sein. Und sie erhöht sich durch die Aporien, in die bekanntlich jede intellektuell geprüfte Glaubenslehre führt. Das haben die scharfsinnigen Kritiker des christlichen Glaubens, namentlich Hume, Bruno Bauer, Feuerbach und Nietzsche, anschaulich vor Augen geführt. Hans Blumenberg hat sie 1988 in seiner *Matthäuspassion* noch einmal überboten, indem er die metaphorische Rede des Evangeliums wörtlich genommen und so die alltagsweltlichen Zumutungen der christlichen Glaubenslehre vor Augen geführt hat. Wer hier auf einen bequemen Ausweg aus der Sinnkrise der Gegenwart setzt, der kann es einfacher haben, indem er ganz auf das Nachdenken verzichtet.

Das lässt sich mit Blick auf alle jene sagen, denen von der Religionskritik das Motiv der Flucht in die Gedankenlosigkeit unterschoben wird. Der vermeintlichen Diagnose steht aber die Sisyphosarbeit der Theologie entgegen. Keine Theologie, die sich Gehör verschaffen will, kann sich dem Wissen ihrer Zeit und der Vielfalt intellektueller Impulse entziehen. Die Deutung ihres mythischen Erbes verlangt ihr, ob sie will oder nicht, zeitgemäße Übersetzungen ab. Gelegentlich kann einem um dieses Erbe sogar bange werden – so unverdrossen arbeiten sich die Theologen am jeweiligen Zeitgeist ab, um den überlieferten Lehrbeständen eine Aktualität zu geben, die ihr Glauben gar nicht nötig hat. Und dass sich die Lehren so oder so verändern, ist ein historischer Tatbestand.

Somit kann man die These von der religionsträchtigen Vermeidung der Sinnflut allenfalls dort gelten lassen, wo sie auf den institutionellen Charakter von Religionen bezogen wird. Jede Institution, die Zuständigkeiten verteilt und nicht auf bloßem Zwang beruht, entlastet die Individuen. Sie erspart es ihnen, alle Erfahrungen selbst machen, alle Irritationen am eigenen Leib erleben und jede den gemeinsamen Zweck betreffende Entscheidung selbst fällen zu müssen. Darin aber sind die Religionen der Sittlichkeit, dem Staat, den Schulen, den Genossenschaften, dem modernen Vereinswesen, ja sogar der Wissenschaft vergleichbar. Einem Musik- oder Sportverein kann neben seiner bildenden und unterhaltenden Leistung auch eine entlastende Funktion zukommen; aber dass seine Mitglieder sich deshalb der Welt entfremden müssen, wäre doch eine zu weit greifende These. Und wer behauptet, von dieser im Jenseits der komplexen Welt bezogenen Position gelange man zu einer alle Menschen real umspannenden Einheit, ist ein Phantast, der zum Terroristen werden muss, sollte er darangehen, seine Überzeugung wahr zu machen, ohne die Freiheit der Andersdenkenden zu beachten.

Man wird kaum beweisen können, dass die religiösen Institutionen tatsächlich die ihnen von den modernen Theoretikern unterstellte durchschnittliche Funktion sozialer Befriedung und intellektueller Beruhigung zu erfüllen vermögen. In Einzelfällen kann es ja sein, dass sie so wirken, wie es die Prediger verheißen. Die nämlich hatten schon in ältesten Zeiten Grund genug, ihrer Anhängerschaft mit Klagen, Vorwürfen und Ermahnungen ins Gewissen zu reden. Die Androhung göttlicher Strafgerichte dürfte kaum zum Quietismus der Gemeinden beigetragen haben. Deshalb darf man die durch die Priesterschaft be-

wusst wach gehaltene Unruhe nicht übersehen. Das durch die Tempel-
und Kirchendiener erzeugte Irritierungspotenzial dürfte zuweilen größer
gewesen sein als der von ihnen mit Blick auf die Ewigkeit versprochene
Entlastungseffekt.

Und ein Letztes kommt hinzu: Das so gut wie alles umfassende
Reglement durch religiöse Gebote fordert nicht nur ständige Verfehlungen, sondern auch vielfältigen Widerspruch heraus. Die Geschichte der
Religionen ist ein Prozess unablässiger interner und externer Differenzierung. Also kann man davon ausgehen, dass die in und zwischen den
Religionsgemeinschaften entfachten, oft trivialen, nicht selten höchst
subtilen, häufig gewaltsam ausgetragenen Gegensätze die Empfindlichkeit und Verletzlichkeit der Gläubigen steigern. Von einer Minderung
der Reizüberflutung durch den Glauben kann daher keine Rede sein.
Nichts scheint die individuelle Absonderung und die soziale Abspaltung
so sehr zu befördern wie die Berufung auf ein Göttliches, das in einer
sensiblen Erfahrung ermittelt wird und zumeist in phantasievollen In-
terpretationen zur Sprache kommt. Letztlich wird die Individualität des
eigenen Erlebens durch wenig anderes so stark herausgefordert wie
durch die Universalität des göttlichen Anspruchs. Nur die Liebe dürfte
von größerer Wirksamkeit sein.

Wenn Religionsstifter der Ansicht sind, ihre Botschaft biete ihren
Anhängern Ablenkung von irritierenden Erfahrungen, so ist das verständlich. Dass diese Erwartung aber als empirische Erklärung für die
Präferenz von institutionalisierten Glaubenslehren wiederkehrt, zeigt
nicht mehr als die von den Kritikern bereits vorausgesetzte Umkehrung
der Vorzeichen in der Wertschätzung der Religion. Die These von der
Flucht in den Glauben, mit dem man der Reizüberflutung entkommen
können soll, ist daher kaum mehr als eine ernüchterte, aber damit nicht
weniger ahnungslose Variante der Marx'schen Verkennung der Religion
als «Opium fürs Volk». Auch das Rauschgift baut für die Zeit seiner
Wirkung Überforderung ab. Aber eben nur für diese Zeit. Danach steigen Unzufriedenheit und Unberechenbarkeit ins Unabsehbare an. Diese
psychosomatische Binsenweisheit dürfte der einzige empirisch belast-
bare Gehalt der populären säkularistischen Religionskritik sein. Auf ihr
basieren auch die soziologisch inspirierten Restaurierungsbemühungen
durch die Reanimierung von Gabe, Opfer oder bloßem Kult.

3. Die individuelle Kraft des Glaubens. Gegen die Entlastungsthese sprechen auch die Antizipationen der Humanität und der Globalität, die in den monotheistischen Lehren der Weltreligionen zu finden sind. Sie machen verständlich, warum die Religionen nicht unabhängig vom Bewusstsein ihrer jeweiligen Zeit bestehen können und für Kritik empfänglich sind. Das Kriterium der Rationalität gilt auch hier, so widerständig Religionen sich in Zeiten des Umbruchs zuweilen auch gegen die Vernunft erweisen. Doch sie können auf Dauer nicht überzeugen, wenn sie sich gegen das Wissen ihrer Epoche stellen. Also lassen sie sich von der wissenschaftlichen Kritik an ihren theologischen Aussagen tangieren – dies wirksam freilich erst dann, wenn ihre Anhängerschaft beginnt, die Kritik zur Kenntnis zu nehmen und plausibel zu finden. Dafür aber ist durch die Logik der Aufklärung und die längst global gewordene geschichtliche Dynamik des Wissens gesorgt.

Im neuzeitlichen Europa ist das an zwei Wendepunkten des Wissens offenkundig geworden: mit der grundstürzenden Erklärung der Himmelsbewegungen durch Kopernikus und nach der Destruktion der Gottesbeweise durch Kant. Die kopernikanische Revolution ist inzwischen bis ins alltägliche Denken hinein nachvollzogen; jede globale Wettervorhersage und alle Nachrichten über Satellitenfunk und Weltraumfahrt setzen sie ins Bild. Das gilt für Kants kritische Destruktion der Gottesbeweise offenbar noch nicht. Dass Gott gegenwärtig ist, wo etwas begriffen und verstanden wird, reicht dem folkloristischen Bedürfnis der Menschen vermutlich nicht aus, und dass Gott geglaubt werden muss, wo Menschen vernünftig sein und über ihre Schwäche hinauswachsen müssen, ist manchen offenbar zu viel. Dass nur eine Religion unter dem Anspruch der Hoffnung den Schwachen Trost und Hilfe bieten kann, hat selbst in der christlichen Botschaft, deren Verkünder die Stärke im eigenen Leiden exemplarisch gemacht haben, eine viel zu schmale Spur hinterlassen.

Gewiss, Angst und Furcht spielen in der Wirkungsgeschichte der christlichen Botschaft eine große Rolle. Das ist verständlich, weil sie zur naturalen und zur existenziellen Verfassung des Menschen gehören; von ihnen beherrscht und gelähmt zu werden, gab und gibt es zu allen Zeiten Anlass genug. Ihnen aber tritt der Glauben entgegen; und sofern sich die Angst auf die großen Fragen des Daseins bezieht, kann sie mit guten Gründen nur im Glauben überwunden werden. Denn als Einstellung zum Wissen ist der Glauben, wie das Wissen selbst, strukturell auf Rationalität verpflichtet. Mit Blick auf die ständig umfänglicher werdenden und damit auch immer stärker spürbaren Grenzen des Wissens müssen wir daher – allein aus Gründen der Vernunft – allen Wert auf die Feststellung legen, dass der Glauben nicht verloren gehen darf.

Es gibt jüngste geschichtliche Erfahrungen, die uns auf entsetzliche Weise zu erkennen nötigen, dass der Glauben das Letzte sein kann, das dem Einzelnen in einer willkürlich erzeugten Isolation überhaupt noch bleibt. Und wenn der Glauben, der den Opfern die Kraft gegeben hat, ihr Schicksal auf sich zu nehmen, von jenen, denen ein Gleiches erspart bleibt, nicht in seiner Bedeutung anerkannt wird, dürfte es aussichtslos sein, weiterhin von Menschlichkeit zu sprechen. Die Rede ist von den Schrecken gewaltsamer totalitärer Herrschaft, die unter Berufung auf die angeblich wissenschaftlich erwiesenen Irrtümer der Religion den Menschen den Glauben zu nehmen suchten. Wo die Drohung mit der vermeintlichen Wahrheit nichts half und Belehrung zu mühevoll erschien, hat man die Gläubigen einfach vertrieben oder vernichtet. Jeder Widerstand, ja schon der Eindruck des Widerstrebens aus religiösen Motiven wurde rücksichtslos geahndet. Dass dabei, sofern Gründe überhaupt eine Rolle spielten, auch Argumentationsfiguren von Marx und Nietzsche herangezogen wurden, sollte – bei aller Differenz im intellektuellen Anspruch – nicht vergessen werden.

Der Widerstand gegen die von einer totalitären Politik versuchte Ausrottung des Glaubens gehört zu den wichtigsten theologischen Ereignissen des 20. Jahrhunderts. In seiner Bedeutung ist er dem symbolischen Gewicht des Martyriums vergleichbar, das die frühe Geschichte der Christenheit begleitet und viel zur Verbreitung des Evangeliums beigetragen hat. Die Zeitlosigkeit der Leiden des Gekreuzigten zeigt sich nun auch in unmittelbarer geschichtlicher Nachbarschaft. Und angesichts der zunächst durch Versprechen, dann durch Verbrechen hergestellten Folgsamkeit der Massen tritt der Heroismus Einzelner hervor, die es wagten, sich zu widersetzen. Sie gingen als Zeugen ihres Glaubens in den Tod – auch weil sie nicht mitansehen konnten, dass Millionen Andersgläubige verfolgt und vernichtet wurden.

Niemand muss in Abrede stellen, dass es Widerstand auch aus politischen und moralischen Motiven oder aus Verzweiflung über das persönlich erlittene Unrecht gegeben hat. Der auf einen konkreten Fall gestützte Roman Hans Falladas, der die politische Obstruktion durch ein Berliner Arbeiterehepaar in den letzten Kriegsjahren schildert (*Fallada* 1948), zeigt eine uns tief berührende Gegenwehr aus persönlichen, moralischen und politischen Beweggründen, ohne auch nur ein einziges religiöses Motiv aufscheinen zu lassen. Gleichwohl hat es Widerstand aus religiösen Motiven gegeben. Sie haben der Haltung der Menschen eine Bedeutung gegeben, die weit über die konkreten Umstände hinausreicht: Wer in einer derart verzweifelten und aussichtslosen Lage die Hoffnung dennoch nicht verliert und selbst das Opfer des eigenen Lebens im Vertrauen auf den Willen Gottes annehmen kann, gibt ein Beispiel für eine Kraft, aus der sich letztlich alles speist, was wahrhaft menschlich genannt werden kann. Der Mensch sucht eine Größe, die er letztlich nur im Ganzen seines von ihm verstandenen Daseins zu finden vermag.

Diese Größe kann nicht in der Maximierung bloßer Kraft und Ausdehnung liegen, sondern nur in ihrer Korrespondenz zu einem Ganzen, das sich als wirklich und umfassend ansehen lässt und von dem wir hoffen, dass es mit dem zusammenstimmt, was wir als kosmisch und kunstvoll, als zivilisiert und kultiviert, als stimmig und gerecht begreifen können. Es als *menschlich* zu begreifen, entspricht unseren hochgesteckten Erwartungen an uns selbst. Aber angemessen ist dieses uns Tragende und über uns Hinausgehende nur zum Ausdruck gebracht, wenn wir es als *göttlich* bezeichnen. Es ist das *Göttliche*, mit dem wir eins sein wollen, es aber, nach unserer Einsicht, nur können, wenn auch alles andere mit ihm zusammenstimmt.

Unter dem Ideal der Einheit des Ganzen kann auch der Einzelne seinen Beitrag zu dem Guten leisten, das er gerade auch unter schlechten Bedingungen nicht aufgeben darf – sofern er sich selbst nicht aufgeben möchte. Folglich muss es zum Selbstverständnis einer menschlichen Gemeinschaft gehören, dem Individuum dabei zu helfen, *sein* Bestes zum *allgemeinen* Besten beizutragen. Erziehung und Bildung sollten diesem Selbstverständnis erfolgen. Wo aber eine Gesellschaft vor ihrem eigenen Ideal versagt und den Einzelnen nicht nur hemmt und behindert, sondern ihn in die größte Verlassenheit stößt, ihn zermürbt, zerrüttet und ihm das Leben nimmt, gibt es keinen menschlichen Beistand mehr. Der liegt dann allein in der geglaubten Gegenwart eines Gottes, der allen opponierenden Gewalten überlegen ist und darin auch so begriffen wird, als könne er dem Individuum wie seinesgleichen gegenüberstehen. Es gehört bereits zur Macht Gottes, dass er dem Menschen *nach Art einer Person* entsprechen kann.

Unter dieser Prämisse kann Gott dem in die Isolation getriebenen Einzelnen die Aussicht auf eine Welt eröffnen, in der ihm mit seinen Erwartungen und Zielen ein anerkannter Platz gebührt. So kann das Individuum sogar noch der Vernichtung des eigenen Daseins entgegensehen und auf die Fortsetzung des Lebens unter besseren Umständen hoffen. Es baut darauf, dass sein Opfer einen Sinn im Fortgang des Lebens hat, und indem es dies mit Worten bezeugt, vertraut es darauf, verstanden und im möglichen Verständnis gestärkt zu werden. Werden die Worte überliefert, können sie auch nachfolgenden Generationen ein Beispiel geben. Denn es wird nicht einfach nur eine ideale Forderung ausgesprochen, sondern das Beispiel *ist* die Wirklichkeit, in der ein Mensch dem Unmenschlichen widersteht – und sei es um den Preis, den eigenen Tod auf sich zu nehmen.

Darauf setzt die Wirksamkeit religiöser Überlieferung, soweit wir zurückdenken können: Ein Mensch wird zum Exempel einer übermenschlich erscheinenden Leistung, die er, mindestens um sich selber treu zu sein, erbringt. Allein indem er seine Haltung begründet, gibt er zu erkennen, dass er seine Tat im Bewusstsein der Menschheit in seiner Person vollzieht. Sie kann somit als ein über sie hinausweisendes Beispiel verstanden werden. Versuchen wir der sich darin zum Ausdruck kommenden kultivierenden Kraft ein von den jeweils handelnden Individuen unabhängiges Subjekt zu geben, stellt sich der Name Gottes wie von selber ein.

Was mit dieser die These des Buches tragenden, hier nur noch einmal angedeuteten Überlegung gemeint ist, decken drei Sätze auf, die dem letzten Brief entnommen sind, den Helmuth James von Moltke an seine Frau am Tag seiner Hinrichtung am 23. Januar 1945 geschrieben hat:

«Ich bin nicht unruhig oder friedlos. Nein, kein bisschen. Ich bin ganz bereit und entschlossen, mich Gottes Fügung nicht nur gezwungen, sondern willig und freudig anzuvertrauen und zu wissen, dass er auch unser, auch Dein, mein Liebstes, Bestes will» (*Moltke* 2011, 537).

Hier konnte wenigstens noch ein Brief an einen Menschen geschrieben werden, auf dessen Verständnis der zum Tod Verurteilte vertraute. Hinter den Zeilen steht das Selbstgespräch, das in den meisten Fällen keinen Ausdruck in einer sozialen Mitteilung gefunden haben dürfte. In ihm bleibt das Selbst mit sich allein. Aber wenn es seinen Glauben hat, kann es sich mit dem dann wahrhaft existenziell erfahrenen Ganzen seiner Person immer noch seinem Gott gegenübersehen, in dem das Ganze des Daseins einen personalen Ausdruck findet. Die Verlassenheit ist zwar politisch erzwungen, aber universell behoben, und an der Grenze des eigenen Sinnerlebens eröffnet sich ein Sinnverstehen, das einem selbst einen Ort im Ganzen gibt.

Das Beispiel Moltkes ist nicht das einzige. So kann man auf die ebenfalls Anfang 1945 aus der Todeszelle geschriebenen Briefe Dietrich Bonhoeffers und Alfred Delps verweisen. Ihre jeweils letzte Äußerung war auf das *Wissen* gerichtet – und zwar sowohl auf dessen Weitergabe sowie auf dessen Bestätigung nach dem Tod. Von Bonhoeffer gibt es eine letzte Botschaft an einen Freund, die ein bei der Hinrichtung am 8. April 1945 anwesender Ohrenzeuge übermittelt hat:

> «Tell him that for me this is the end but also the beginning. With him I believe in the principle of our Universal Christian brotherhood which rises above all national interests, and that our victory is certain – tell him, too, that I have never forgotten his words at our last meeting.» (Bethge 1978, 1037)

Alfred Delps letzte Worte zum Gefängnispfarrer am 2. Februar 1945 waren: «In wenigen Minuten werde ich mehr wissen als Sie.» (Bleistein 1989)

Von dem Hamburger Rabbiner Joseph Carlebach ist kein letztes Wort überliefert. Als 1941 die bis dahin noch in der Stadt verbliebenen 753 Hamburger Juden deportiert werden sollten, wollte ihn die Gestapo aus Rücksicht auf die Stimmung in der Stadt als einzigen verschonen. Doch Carlebach weigerte sich, von seiner Familie getrennt zu werden; er legte überdies Wert darauf, den anderen zum Transport gezwungenen Menschen Beistand zu leisten. So wurde er in das Konzentrationslager *Jungfernhof* bei Riga verschleppt und am 26. März 1942 in einem nahe gelegenen Wald mit seiner Frau und drei seiner Töchter erschossen. Erst seit dem 30. November 2001 steht dort ein Gedenkstein, auf dem in hebräischer, russischer, lettischer und deutscher Sprache der Vers 16,18 aus dem Buch *Hiob* zu lesen ist: «Ach Erde, bedecke mein Blut nicht, und mein Schreien finde keine Ruhestatt!» (Brämer 2007) Eine der ältesten Klagen der Menschheit und die letzten Worte von Opfern einer der Gegenwart noch unheimlich nahen Politik machen bewusst, dass sich selbst noch in einer nur als ungeheuerlich anzusehenden Lage auf ein Ganzes hoffen lässt. Auch wenn es in seiner geschichtlichen Form nur das Minimum ist: Man setzt darauf, dass die Verzweiflung vernommen wird. Die Hoffnung, gehört zu werden, kann nicht ohne die Erwartung sein, Verständnis zu finden. Aber was kann daran liegen, wenn es im Ganzen keine Bedeutung hat? Das Ganze ist selbst in der äußersten Verzweiflung keine Illusion. Es hat die Bedeutung, die noch den Schmerz, die Tränen und die Klage möglich macht. Der geschundene Leib äußert sich in seiner gequälten Seele, die nach ihresgleichen nur rufen kann, weil sie mit ihnen, selbst über die größten Unterschiede hinweg, in einem Sinn verbunden ist. Es ist ein verständiger Sinn, auch wenn er nur Zuwendung, Hilfe, Rettung bedeutet. In diesem Sinn, der, was immer er meinen und wie immer er begriffen werden mag, liegt die Bedeutung der Welt. In ihr bleibt der Mensch befangen, solange er bei Bewusstsein ist. Und solange er sich darin nicht selbst aufgibt, setzt er auf diesen Sinn, in dem er sich mit seinesgleichen selbst versteht – sie mögen ihm noch so fremd geworden sein.

Solange der Mensch sich als Person begreift, versteht er die Welt, die ihn und seinesgleichen möglich macht. Es ist sein Selbstverständnis, das ihn auf das Weltverständnis rechnen lässt. Sofern er sich darin nicht überschätzt, hat er allen Grund, die ihn und alles andere umfassende Welt, in Anerkennung ihrer ungeheuerlichen Vielfalt und Größe, ihrer Schönheit und Schrecken sowie in ihrer mit jedem Wort und jeder Tat in Anspruch genommenen Möglichkeiten, «göttlich» zu nennen.

Wer sich unter diesen Bedingungen nicht scheut, trotz allem an sich selbst zu glauben, hat einen guten Grund, im Göttlichen an Gott zu glauben.

Anhang

Anmerkungen

Einleitung

1 Barthold Heinrich Brockes: Selbst-Dienst kein Gottes-Dienst, in: Irdisches Vergnügen in Gott, (1744), 2. Werke, Bd. 2.2, 642 f.

Kapitel 1
Das Ganze lässt sich nicht vergessen
Systematischer Impuls vor aktuellem Hintergrund

1 Vgl. dazu die anschauliche Schilderung der Tugend des Glaubens bei Martin Seel (2011, 126–130).

2 Zu erinnern ist an Spinoza, Leibniz, Shaftesbury und Rousseau, an den protestantischen Theologen Johann Joachim Spalding oder an Schleiermacher, der seine bis heute nicht überbotene theologische Konzeption erstmals 1796 umreißt. Zu erwähnen wären auch die Komponisten großer geistlicher Musik von Palestrina und Monteverdi bis hin zu Schütz und Johann Sebastian Bach. Bachs Matthäus-Passion hat Hans Blumenberg einen glänzenden, an Schärfe kaum zu überbietenden antitheologischen Traktat abgenötigt.

3 Man denke an den Widerspruch zwischen dem Ja zum Hirntodkriterium und dem Nein zur PID. Im Übrigen erinnere ich an das dunkle Kapitel der Kasernierung angeblich schwer erziehbarer Jugendlicher in den Heimen der evangelischen und der katholischen Kirchen zwischen 1955 und 1975 (*Wensierkski* 2006) sowie an den von den Kirchen vertuschten sexuellen Missbrauch Jugendlicher durch ihr geistliches Personal bis in die jüngste Zeit.

4 «Dass ein Wesen ist, das auf deutsch ‹Gott› heißt, ist ein altes, nicht zum Schweigen zu bringendes Gerücht.» (*Spaemann* 2005).

5 Das gilt sowohl für das Bewusstsein der «Souveränität» wie auch für die Betonung der «Verantwortlichkeit» des Menschen (*GM* 2, 2; 5, 293).

6 Ob das bedeutet, dass auch Tarzan schon von einem religiösen Glauben be-
   seelt gewesen ist, muss vor diesem Hintergrund bezweifelt werden (vgl.
   K. Banerjee/P. Bloom 2013). Animismus mit den zugehörigen kultischen
   Praktiken dürfte es gegeben haben, seit menschliche Gemeinschaften für ihr
   Handeln nach sie verbindenden Erklärungen suchten. Auch das setzte eine
   sachhaltige Verständigung über Ursachen und Folgen voraus, die für den
   Umgang mit dem Leben als bedeutsam erachtet wurden. «Religiös» können
   die Annahmen derartiger Erklärung aber wohl erst genannt werden, wenn
   sie auf einer Abgrenzung von der medizinischen, militärischen, wirtschaft-
   lichen und rechtsförmigen Bewältigung gesellschaftlicher Probleme beruhten. Man kann vermuten, dass die Religion selbst erst mit einer Technik der
   Beeinflussung anders nicht greifbarer Mächte entstanden ist. Insofern gehören *Rituale* und vermutlich auch die erforderlichen *Techniker* für diese
   Rituale, also *Priester*, dazu. In Robert Bellahs (2001) Studie über die Evolution der Religion vom Paläolithikum bis zur «Achsenzeit» um 500 v. Chr.,
   in der sich das Wissen institutionell zu verselbstständigen begann, wird der
   zeitliche und technisch-institutionelle Rahmen weiter gefasst. Bellah rechnet
   auch den *Tanz* und die *mythische Erzählung* zu den Vorbedingungen des
   Religiösen. An dritter Stelle aber hebt auch er die von mir als ausschlaggebend
   angesehene Bemühung um ein *allgemein mitteilbares Wissen* (*theorizing*) hervor.

Kapitel 2
Das Ganze zeigt sich nur in seinen Teilen
Die Moderne kann nicht alles sein

1 Dabei übersehe ich nicht, dass der späte Troeltsch Anstrengungen unternommen hat, den Historismus «historisch» zu überwinden. Allein der Aufwand,
   den zu betreiben er sich genötigt sieht, rechtfertigt es, ihn in die Aufzählung
   aufzunehmen. Denn angesichts der Eigenart des menschlichen Bewusstseins,
   der Natur des Wissens und der ihm zugrunde liegenden Techniken ist es bereits ein Problem, den methodologischen Historismus so ernst zu nehmen,
   dass er eigens durch eine (gar noch «historisch» zu nennende) Anstrengung
   überwunden werden muss.
2 Die auf Platon folgende Phase des Übergangs, in dem die europäische Philosophie Einfluss auf den begrifflichen Rahmen der sich in ihrem Einflussbereich
   formenden Religionen nehmen kann, wird nur in wenigen Strichen angedeutet. Alle, die sich in verdienstvoller Arbeit um die Erkenntnis der historischen
   Einzelheiten bemühen, bitte ich vorab um Entschuldigung. Der Versuch, eine
   Einheit in den Blick zu nehmen, beruht nicht auf einer Geringschätzung der
   Details, sondern ist lediglich um den Rahmen bemüht, in dem sie gedeutet
   werden können.

3 Einen Überblick über den Reichtum der Bestimmungen und ihre Interpreta-
   tionen gibt: *Boldt* 2006.

4 Nietzsche scheint vor allem Platons *Ion* in Erinnerung zu haben, wenn er mit
   seinem Zarathustra den Tanz und die Leichtigkeit ersehnt. Das Göttliche lässt
   die «begeisterte Seele [unmittelbar] bei den Dingen sein» (535c). Das Göttliche
   zeigt sich in «Entgeisterung und Wahnsinn» (*katechómenos kai mainómenos*)
   (536d) und ist Nietzsche auch darin näher, als es nach dem «Tod Gottes» der
   Fall sein dürfte.

5 Das einzusehen fällt manchen Modernen offenbar nicht leicht. Wie anders soll
   man sich erklären, dass ein Diktum aus dem vergangenen Jahrhundert nicht
   augenblicklich als der Scherz verstanden wurde, der er bestenfalls ist: Gemeint
   ist Adornos Verkehrung einer Hegelschen These, die gut platonisch «Das
   Ganze ist das Wahre» lautet und aus dem der Umkehrschluss «Das Ganze ist
   das Unwahre» wurde. Wer das Ganze im Ernst als das «Unwahre» behauptet,
   weil er Teile, wie etwa eine Gesellschaftsordnung, für kritikwürdig hält,
   spricht nicht wirklich vom *Ganzen*, auf dessen Wahrheit er stillschweigend
   sowohl im Geltungsanspruch seiner Rede wie auch in deren Reform- oder
   Revolutionsverlangen vertraut. Er hat lediglich die Verkehrung von *Teilen*, wie
   den ökonomischen «Warenverkehr» oder die von der angeblich nur kapitalis-
   tischen «Kulturindustrie» vorenthaltene «Mündigkeit», vor Augen. Dem von
   Adorno gemeinten «Ganzen» fehlt die Reichweite, die es bei Hegel und bei
   Platon hat.

6 Diese Leistung Platons wird von Ernst Cassirer in Form und Technik (1932)
   anerkannt. Dazu: *Recki* 2013.

7 Ich verweise auf meine kleine Betrachtung über die apokryphe alttestament-
   liche Schrift *Jesus Sirach* [2005]. Zum Ganzen siehe *Jonas* 1934 u. *Markschies*
   2006.

8 Horkheimer, Kritische Theorie und Theologie, in: Gesammelte Schriften,
   Bd. 14, 508. Zustimmend zitiert und zugleich als für Adorno gültig angesehen
   von *Habermas* 2001, 27.

9 Zu Kants philosophischer Behandlung des Gottesproblems verweise ich auf
   die kurz vor Abschluss des vorliegenden Buches erschienene Monographie von
   Rohs 2013. Rohs Buch lässt mich mit besserem Gewissen über die Lücken hinwegsehen, die ich in der Auseinandersetzung mit den klassischen und den
   sprachanalytischen Systematikern des Gottesgedankens offen lasse. Das gilt
   erst recht für die monumentale Abhandlung über Kants Religionsphilosophie
   von Rudolf Langthaler, die 2014 erscheinen soll und von der ich Teile aus der
   Zeit ihrer Entstehung kenne. Im Übrigen verweise ich auf die von Birgit Recki
   ermittelten Zusammenhänge zwischen ästhetischer und religiöser Erfahrung
   bei Kant (2001).

10 Die Dominanz des Guten und die damit einhergehende Relevanzverlust des
   Bösen in der philosophischen Theologie der Neuzeit ist kein Ausdruck der

bequemen Behaglichkeit des modernen Menschen, sondern des gestiegenen Selbstvertrauens in seine eigenen Kräfte. Das «radikal Böse» hat seinen Grund allein in einer menschlichen Schwäche, nämlich in dem «Hang», die vernünftigen Maximen zu verkehren und der besseren Einsicht zuwiderzuhandeln. Wir brauchen also keinen metaphysischen Dualismus gegensätzlicher ethischer Gewalten und auch keine Theologie, die dem Teufel seinen Platz zuweist. Es reicht aus, auf die Bildung und Stärkung der menschlichen Vernunft zu setzen und deren Wirksamkeit so auszuweiten, dass die immer wieder neu entstehenden Gegensätze öffentlich ausgetragen werden können. Dazu bedarf es republikanischer Institutionen, die im Mit- und Gegeneinander ihrer Gewalten dem Antagonismus der menschlichen Kräfte die Chance zu einem rechtsförmigen Ausgleich bieten. Siehe dazu u. Kap. 6.10.

Kapitel 3
Der leibhaftige Zugang zum Ganzen
Vom sinnlichen Reiz zur Bedeutung der Welt

1 Ihr hat die Soziologie eine beachtliche produktive Aufmerksamkeit geschenkt. Ausgehend von Einsichten der Phänomenologie Husserls hat Alfred Schütz gezeigt, wie der «soziale Aufbau der Welt» (1932) als eine Leistung des Sinns verstanden werden kann. Daran schließt Niklas Luhmann mit seiner in ihrer Dichte und Reichweite an Hegels Logik erinnernden Systemtheorie an und macht den Sinn zum tragenden Medium aller systemrelevanten Prozesse. An Luhmanns Konzeption ist bemerkenswert, dass sich der Sinn die binäre Logik des Systemgeschehens zu eigen machen und somit nicht nur sinnliche, soziale und psychische Vorgänge zum Ausdruck bringen, sondern auch dessen rationale Momente in sich aufnehmen kann. Von dieser Weite des Sinnbegriffs gehe ich aus, ohne eigens die Überlegungen Luhmanns aufzunehmen. Das würde eine vollkommen andere Darstellungsperspektive erfordern. Das Gleiche gilt für Luhmanns nachgelassene Religionssoziologie (2000), die zum Besten gehört, was ein Soziologe über die Religion geschrieben hat. Doch die Erörterung des Glaubens erfolgt hier in der hermetischen Form einer Theoriesprache, in der er nicht als die existenzielle Kraft erkannt werden kann, als die er bewusst sein muss, um als notwendiger Begleiter des Wissens erfahren zu werden. Wer will, kann das als Demonstration der von Luhmann (gegen Durkheim und andere) mit Recht vertretenen Ansicht ansehen, dass sich Religion nicht in der Herstellung kollektiver Identität erschöpft. Leider gehört die Person, die letztlich der tragende Pfeiler des religiösen Glaubens ist, bei Luhmann nur zur «Umwelt» der von ihm untersuchten sozialen Systeme. So verbietet ihm der Respekt vor den disziplinären Grenzen seines Systems, nach dem Kernbestand des religiösen Glaubens zu fragen.

2 Eine treffliche Paradoxie, mit der Richard Sennett 1981 die Verkehrung von privater und öffentlicher Wahrnehmung aufgezeigt hat. Die Umkehrung wäre nicht möglich ohne den inneren Zusammenhang von privatem und öffentlichem Bewusstsein, deren Trennung nicht nur eine personale, sondern eine immer auch institutionelle Leistung ist. Auch das gilt es im Umgang mit Glauben und Wissen zu beachten.

3 *Wittgenstein*, Tractatus 6521; *Adorno*, 1966, 370.

4 Der Kampf der Theile im Organismus, 1881; dazu: *Müller Lauter* 1978.

Kapitel 4
Glauben als Einstellung zum Wissen
Die tragende Rolle des Gefühls

1 Die Meinung ist in der Tat nicht gering zu schätzen. In der Suche nach politischem Konsens ist sie nicht selten alles, was wir haben. Sie hat den großen Vorzug, aus eigener Unzulänglichkeit für die Abweichung anderer offen zu sein. Man trägt sie vom eigenen Standpunkt aus und im Bewusstsein eigener (oder hypothetisch angenommener) Interessen vor. Bei Meinungen fällt es daher auch leicht, die in der Politik und im Alltag so unumgänglichen Kompromisse zu machen.

2 Wissen steht nur in den Fällen *logischer, mathematischer* und *methodologischer* Aussagen fest; daneben gibt es noch eine kleine, nicht unumstrittene Zahl sogenannter «Naturkonstanten»; alles Übrige kann sich ändern.

3 Das gilt selbst für das autonome Handeln aus Gründen reiner Vernunft, wie niemand besser wusste als Immanuel Kant. Wenn er gleichwohl auf den kategorischen Imperativ setzen konnte, dann deshalb, weil sich Gefühle (wenn auch nicht unbegrenzt und nicht in jeder Lage) *lenken* lassen. Das hat durch das dirigierende Selbst zu geschehen, das sich auf einsichtige Gründe stützen kann, die freilich selbst eines Gefühls bedürfen, um wirksam zu sein. Das den kategorischen Imperativ leitende Gefühl ist das der *Achtung* (*Recki* 2001, 267 ff.).

4 «Niemand tut doch etwas im Verborgenen und will doch öffentlich etwas gelten. Willst du das, so offenbare dich vor der Welt.» In diesem Sinn nehmen auch Paulus und der Evangelist Johannes den Terminus des Öffentlichen auf.

5 Minima Moralia, 153. Habermas sieht, völlig zu Recht, in diesem Satz einen Beleg für den Glaubensimpuls der kritischen Theorie (2001, 27).

Kapitel 5
Der Sinn des Sinns
Das Göttliche als Bedeutung der Welt

1 Mit dieser Bemerkung könnte eine Klärung der heute stark beachteten Frage, ob auch Tiere glauben, verbunden sein: Wenn sich bei Tieren keine Anzeichen eines religiösen Glaubens finden lassen, muss das nicht heißen, dass sie nicht denken können. Sie mögen über Fähigkeiten der assoziativen Kombination und des antizipierenden Problemlösens verfügen, doch solange sie nicht in kategorialer Form an das Ganze situationsüberschreitender Einheiten denken, solange sie sich also nicht in existenziell orientierender und sozial differenzierender Weise so auf die Welt als Ganze beziehen, dass sie darüber mit ihresgleichen beraten oder mit Mutmaßungen in sich gehen, scheint es für sie die Notwendigkeit des Glaubens nicht zu geben. Man muss nicht mit diesem oder jenem Sachverhalt, sondern mit der Welt selbst ein Problem haben, um zum Glauben zu kommen. Tiere, die offenkundig über den Tod eines Artgenossen trauern, scheinen dieser Nötigung am nächsten zu kommen. Aber dass sie das Geschehen so bedenken, dass sie sich durch die Unabschließbarkeit ihres Nachdenkens zum Glauben genötigt sehen, erscheint wenig wahrscheinlich.

2 Den Begriff des «Umgreifenden» nehme ich von Karl Jaspers auf. Er exponiert die existenzielle Bedeutung des Göttlichen. Man kann aber auch mit Wolfgang Cramer und Dieter Henrich von der Welt und Selbst umfassenden «Ordnung» sprechen. Denn Ganzes und Teil stehen in einer strukturierten Verbindung, auf die wir vertrauen und die den Begriff der Ordnung verdient.

3 So eine Werbung für ungebleichtes Briefpapier.

4 Alles dies sind derzeit gebräuchliche Formen der politischen und wissenschaftlichen Verständigung, die nicht religiös gedeutet werden müssen.

5 Auch das ist eine Auswahl aus dem derzeit üblichen Sprachgebrauch. Erhellend ist Eberhard Jüngels anthropologische Reflexion über den Gott entsprechenden Menschen von 1974. Zum aufrechten Stand des Menschen vor dem Antlitz Gottes: *Bayertz* 2012, 95 ff.

6 Auch die sogenannte Anti-Materie würde, wenn es sie geben sollte, wie es Physiker annehmen, nur zu einer Alternative *innerhalb* der begrifflich gefassten Welt führen. Denn gesetzt, es könnte das Jenseits geben, wäre es der *Nicht-Ort* zur *Un-Zeit* schlechthin, an dem nichts und niemandem jemals gelegen sein könnte. Wenn wir Gott denken können wollen, muss auch er *in* der Welt sein. Wäre die Benennung des 2012 erstmals experimentell nachgewiesenen Higgs-Partikels als «Gottesteilchen» mehr als eine bloße PR-Idee, könnte man sagen, dass sie diesem Umstand Rechnung trägt. Leider verfiele sie dann immer noch dem Fehler der Verdinglichung.

7 Um Missverständnisse zu vermeiden, sei daran erinnert, dass auch Sprache und Vernunft als «Organe» begriffen werden können, in denen die Personalität eines Menschen, ja sogar die Menschheit in der Person des Einzelnen zum Ausdruck gelangen kann.

8 Es ist das Verdienst der weit ausgreifenden kultur- und religionswissenschaftlichen Literatur der letzten Jahrzehnte, diese zivilisierende, moralisierende und ästhetisierende Wirkung der Religionen anschaulich herausgearbeitet zu haben. Das könnte und sollte das Verständnis für die Religionen fördern; inzwischen versuchen ja sogar erklärte Atheisten, von den Religionen zu lernen (*de Botton* 2013). Man sollte aber nicht vergessen, dass es in allen Religionen ein Potenzial zur Dogmatisierung ihres eigenen Glaubens gibt, der sie zu einem bis heute nicht gelöschten Herd entsetzlicher Ungerechtigkeiten und grausamster Konflikte gemacht hat. Hier, so hoffe ich, kann eine philosophische Erörterung mediatisierend wirken.

9 Das kann hier nicht mehr als eine Andeutung sein. Siehe dazu vom Verf.: Humanismus als Naturalismus [2012c].

10 Zwei Beispiele mögen genügen: R. D. Precht für den Falls des Selbst (2009) und M. Gabriel für den Fall der Welt (2013).

11 Weil man angeblich gar nicht wissen kann, ob es überhaupt andere gibt, die daher noch nicht einmal wissen dürften, was Wissen von anderem ist, und folglich auch gar nicht wissen dürften, was Wissen eigentlich ist.

12 Die besondere Stellung des Menschen besteht darin, dass er die in den Spielräumen des Lebendigen immer schon angelegten Freiräume der Bewegung mit Bewusstsein nutzt und sie damit beträchtlich erweitert. Siehe dazu [2007c].

13 Auf einem Tiefpunkt seiner Existenz, enttäuscht von den Gewaltexzessen der von ihm anfangs emphatisch begrüßten Französischen Revolution, ringt sich Herder zu der folgenden Einsicht durch: «Alle Laster und Fehler unsers Geschlechts müssen also dem Ganzen endlich zum Besten gereichen. Alles Elend, das aus Vorurtheilen, Trägheit und Unwissenheit entspringt, kann den Menschen seine Sphäre nur mehr kennen lehren; alle Ausschweifungen rechts und links stoßen ihn am Ende auf seinen Mittelpunkt zurück.» (*Humanismus*, 1793, 25, 26)

Kapitel 6
Das Göttliche, Gott und
das Menschliche der christlichen Botschaft

1 *Barth* 1946. Verwiesen sei auch auf das sprechende Dokument der gegen die Nazidiktatur gerichteten *Barmer Erklärung* (1934). Dazu: *Barth* 1984.

2 Dazu die monumentale Studie von *Taylor*, Ein säkulares Zeitalter, 2009.

3 Auch wenn sich aus der Sicht strenger philosophischer Begründung manche Mängel in Hans Küngs Bemühen um ein «Weltethos» namhaft machen lassen, kann das die politische Bedeutung dieses eminenten Projekts nicht schmälern.

Literatur

Adorno, Theodor W.: Negative Dialektik, Frankfurt a. M. 1966.

Apuleius: Über den Gott des Sokrates, hg. v. M. Baltes u. a., Darmstadt 2004.

Banerjee, Konika/Bloom, Paul: Would Tarzan believe in God? Conditions for the emergence of religious belief, in: Trends in Cognitive Sciences 17. 1. (2013).

Barth, Karl: Texte zur Theologischen Erklärung. Mit einer Einleitung von Eberhard Jüngel und einem Editionsbericht, hg. v. M. Rohkrämer, Zürich 1984.

–: Christengemeinde und Bürgergemeinde, München 1946.

Bayertz, Kurt: Der aufrechte Gang, München 2012.

Beere, Jonathan: Thinking, Thinking, Thinking: On God's Selfthinking in Aristoteles' Metaphysics ΛE.9, Antrittsvorlesung Humboldt-Universität zu Berlin am 4. 2. 2010.

Bellah, Robert N.: Religion in Human Evolution. From the Paleolithic to the Axial Age, Cambridge, Mass. 2011.

Bethge, Eberhard: Dietrich Bonhoeffer. Eine Biographie, München 1978.

Bleistein, Roman: Alfred Delp – Geschichte eines Zeugen, Frankfurt a. M. 1989.

Blumenberg, Hans: Die Legitimität der Neuzeit, Frankfurt a. M. 1966.

–: Matthäuspassion, Frankfurt a. M. 1988.

Boldt, Michael: Platons Theologie, Freiburg/München 2006.

Bonhoeffer, Dietrich, Widerstand und Ergebung. Briefe und Aufzeichnungen aus der Haft, hg. v. G. Gremmels/E. Bethge/R. Bethge, zus. m. I. Tödt, München 1998.

Botton, Alain de: Religion für Atheisten. Vom Nutzen der Religion für das Leben, Frankfurt a. M. 2013.

Brämer, Andreas: Joseph Carlebach, Hamburg 2007.

Burkert, Walter: Die Griechen und der Orient, München 2003.

Camus, Albert: Der Mythos von Siyphos: Ein Versuch über das Absurde, Hamburg 1959.

Cassirer, Ernst: Form und Technik (1930), in: Hamburger Ausgabe, Bd. 17, Hamburg 2004, 139–184.

Cramer, Wolfgang: Das Absolute und das Kontingente, Frankfurt a. M. 1959.

Darwin, Charles: The Expression of the Emotions in Man and Animals, Definitive Edition, hg. v. P. L. Ekman, New York u. a. 1998.

–: Journal and remarks. 1832–1836. Bd. 3, hg. v. P. P. King/R. Fitzroy: The narrative of the voyages of H. M. Ships Adventure and Beagle, London 1838–1839.

–: Religious Belief, in: Autobiographies, hg. v. M. Neve/S. Messenger, London/New York 2002. *[RB]*

Delp, Alfred: Aus dem Gefängnis, Mit einleitenden Texten von Roman Bleistein, Frankfurt a. M. 1984.

Dihle, Albrecht: Hellas und Orient. Phasen wechselseitiger Rezeption, Berlin/Boston 2009.

Dubois-Reymond, Emil: Über die Grenzen des Naturerkennens, Rede auf der Versammlung der Gesellschaft Deutscher Naturforscher und Ärzte, 1872 in Leipzig, Nachdruck in: Vorträge über Philosophie und Gesellschaft, Hamburg 1974.

Durkheim, Émile: Les formes élémentaires de la vie religieuse (Die elementaren Formen des religiösen Lebens), Paris 1912.

Eckhart (Meister Eckhart): Deutsche Predigten und Traktate, hg. v. J. Quint, München 1963.

Fallada, Hans: Jeder stirbt für sich allein (1948), Neuausgabe Berlin 2012.

Frankl, Viktor: Der Mensch vor der Frage nach dem Sinn. Eine Auswahl aus dem Gesamtwerk, München/Zürich 1979.

Frede, Dorothea: Kommentar zu Platons *Phaidon*. Der Traum von der Unsterblichkeit der Seele, Darmstadt 2001.

Furth, Peter: Troja hört nicht auf zu brennen. Aufsätze aus den Jahren 1981 bis 2004, Berlin 2006.

Frege, Gottlob: Über Sinn und Bedeutung, in: Zeitschrift für Philosophie und philosophische Kritik, NF 100 (1892), 25–50; wieder in: Gottlob Frege: Funktion, Begriff, Bedeutung. Fünf logische Studien, hg. v. u. eingl. v. G. Patzig, Göttingen 1962, 38–63.

Freud, Sigmund: Totem und Tabu (1912/13), in: Gesammelte Werke, Bd. 9, London 1948.

–: Die Zukunft einer Illusion (1927), in: Gesammelte Werke, Bd. 14, London 1950, 323–380.

Furth, Peter: Troja hört nicht auf zu brennen. Aufsätze aus den Jahren 1981 bis 2004, Berlin 2006.

Gabriel, Markus: Warum es die Welt nicht gibt, Berlin 2013.

Ganten, Detlev/Spahl, Tilo/Deichmann, Thomas: Die Steinzeit steckt uns in den Knochen: Gesundheit als Erbe der Evolution, München/Zürich 2011.

Gerhardt, Volker: Metaphysik und Politik: Antrittsvorlesung an der Westfälischen Wilhelms-Universität Münster am 30. 6. 1984, in: H. Baier (Hg.), Gedenkschrift für Helmut Schelsky, Stuttgart 1985, 93–113.

–: Politische Subjekte. Zur Stellung des Subjekts in der Politik, in: H. Nagl-Docekal/H. Vetter (Hg.): Tod des Subjekts, in: Wiener Reihe, Wien/München 1987, 201–229.

–: Die Perspektive des Perspektivismus, in: Nietzsche-Studien. Internationales Jahrbuch für die Nietzsche-Forschung, 18 (1989), 260–281.

–: Sinn des Lebens. Über einen Zusammenhang zwischen antiker und moderner Philosophie (Teil I), in: V. Caysa/K. D. Eichler (Hg.), Praxis – Vernunft – Gemeinschaft. Auf der Suche nach einer anderen Vernunft, Weinheim 1994, 371–386, und: Über den Sinn des Lebens (Teil II), in: Zeitschrift für Philosophische Praxis, Sankt Augustin 1994, 25–31. [1994]

–: Artikel «Sinn des Lebens», in: Historisches Wörterbuch d. Philosophie, Band 9, Basel 1995, 815–824. [1995]

–: Der Mensch wird geboren. Kleine Apologie der Humanität, München 2001.

–: Warum ich ein Christ bin, in: Christ in der Gegenwart, 54. Jahrgang, Nr. 27/02 vom 7. Juli 2002, Freiburg, 221–222.

–: Immanuel Kant. Vernunft und Leben, Stuttgart 2002. [2004a]

–: Die angeborene Würde des Menschen. Aufsätze zur Biopolitik, Berlin, 2004.

–: Weisheit in den Zeiten der Moderne. Vorspruch zu einer Deutung des Buches Sirach, in: T. Gundlach/Chr. Markschies (Hg.): Von der Anmut des Anstandes. Das Buch Jesus Sirach. Hermann Barth zum 60. Geburtstag, Leipzig 2005, 19–26.

–: Partizipation. Das Prinzip der Politik, München 2007. [2007a]

–: Individualität. Individuum/Individualisierung/Institution/Universalität, in: W. Gräb/B. Weyel (Hg.): Handbuch praktische Theologie, Gütersloh 2007, 64–76. [2007b]

–: Leben ist das größere Problem. Philosophische Annäherung an eine Naturgeschichte der Freiheit, in: J.-Chr. Heilinger (Hg.): Naturgeschichte der Freiheit, Berlin/New York 2007, 457–479. [2007c]

–: Monadologie des Leibes. Leib, Selbst und Ich in Nietzsches *Zarathustra*, in: Die Funken des freien Geistes, Berlin/Boston 2011, 1–49. [2011a]

–: Über Wahrheit und Lüge in der Politik, in: *Merkur* 744, Mai 2011, 393–402. [2011b]

–: Säkularisierung: Eine historische Chance für den Glauben, in: M. Kühnlein/M. Lutz-Bachmann (Hg.): Unerfüllte Moderne? Neue Perspektiven auf das Werk Charles Taylors, Berlin 2011, 547–572. [2011c]

–: Öffentlichkeit. Die politische Form des Bewusstseins, München 2012. [2012a]

–: Ein Wertweiser: Der Soziologe Hans Joas heiligt das Menschenrecht, in: *Literarische Welt*, 15. Januar 2012, 3; erweiterte Fassung in: Philosophisches Jahrbuch, 119. Jg., 2012/II, 441–444. [2012b]

–: Der Wert der Wahrheit wächst. Die Unparteilichkeit der Wissenschaft als Parteilichkeit für die Erkenntnis der gemeinsamen Welt, in: Glanzlichter der Wissenschaft 2012, hg. v. Deutscher Hochschulverband, Bonn 2012, 19–27. [2012c]

–: Humanismus als Naturalismus. Zur Kritik an Julian Nida-Rümelins Entgegensetzung von Natur und Freiheit, in: D. Sturma (Hg.): Vernunft und Freiheit. Zur Praktischen Philosophie von Julian Nida-Rümelin, Berlin/Boston 2012, 201–225. [2012d]

–: Glaube als Gefühl, an dem die Liebe ihren Anteil hat. Vortrag in der Katholischen Akademie Berlin, 22. März 2013; Auszug in: Christ in der Gegenwart, April 2013. [2013a]

–: Kultur als Form der Natur, in: Mitteilungen der Gesellschaft für Urgeschichte, 21.12 (2013), 91–104. [2013b]

–: Freiheit und Leben, in: Freiheit und Denken. Festschrift für Jürgen Stolzenberg, hg. v. St. Lang u. L. Th. Ulrichs, Berlin/Boston 2013, 383–402. [2013c]

–: Die Öffentlichkeit des Bewusstseins, in: M. Kühnlein (Hg.), Die Politik und das Vorpolitische, Baden-Baden 2014, 501–535. [2014a]

–: Die Öffentlichkeit des Glaubens. Über eine strukturelle Analogie von Glauben und Wissen, in: Bedford-Strohm, H./Huber, W. (Hg.): Kommunikative Freiheit. Interdisziplinäre Diskurse mit Wolfgang Huber, Leipzig 2014, 67–81. [2014b]

–: Die digitale Innovation, in: Zeitschrift für Technikphilosophie, hg. v. P. Gehring/G. Gamm/Ch. Hubig, 1/2014, Berlin. [2014c]

Habermas, Jürgen: Glauben und Wissen. Friedenspreis des Deutschen Buchhandels 2001, Frankfurt a. M. 2001.

Henrich, Dieter: Das Selbstbewußtsein und seine Selbstdeutungen. Über Wurzeln der Religionen im bewußten Leben, in: Fluchtlinien. Philosophische Essays, Frankfurt a. M. 1982, 99–124.

–: Selbstbewusstsein und Gottesgedanke, in: Selbstbewusstsein und Gottesgedanke. Ein Wiener Symposion mit Dieter Henrich über Philosophische Theologie, Wiener Jahrbuch für Philosophie XI, hg. v. R. Langthaler, Wien 2008, 9–22.

Henry, Michel: Ich bin die Wahrheit. Für eine Philosophie des Christentums, Freiburg/München 1997.

Heraklit: Fragmente, in: Die Vorsokratiker, gr./dt., hg. v. J. Mansfeld, Stuttgart 1987.

Herder, Johann Gottfried: Briefe zur Beförderung der Humanität (1793–97), 2 Bde. Berlin/Weimar 1971.

Horkheimer, Max: Kritische Theorie und Theologie, in: Gesammelte Schriften, Bd. 14: Nachlass, Notizen 5, hg. v. Gunzelin Schmid Noerr, Frankfurt 1988, 507–509.

Hübner, Kurt: Glaube und Denken. Dimensionen der Wirklichkeit, Tübingen 2001.

Hume, David: Dialoge über natürliche Religion (1779), hg. v. G. Gawlick, Hamburg 1968.

James, Williams: The Will to Believe, and other essays in popular philosophy, New York 1897.

–: The Varieties of Religious Experience. A Study in Human Nature (1902), hg. v. M. E. Marty, New York 1982.

Jaspers, Karl: Der philosophische Glaube angesichts der Offenbarung, München 1962.

Joas, Hans: Die Sakralität der Person. Eine neue Genealogie der Menschenrechte, Berlin 2011.

–: Glaube als Option: Zukunftsmöglichkeiten des Christentums, Freiburg i. Br. 2012.

Jonas, Hans: Gnosis und spätantiker Geist. Bd 1: Die mythologische Gnosis, Göttingen 1934.

–: Der Gottesbegriff nach Auschwitz. Eine jüdische Stimme, Frankfurt a. M. 1987.

–: Das Prinzip Verantwortung. Versuch einer Ethik für die technologische Zivilisation, Frankfurt a. M. 1979.

Jüngel, Eberhard: Der Gott entsprechende Mensch, in:. H.–G. Gadamer/P. Vogler (Hg.): Neue Anthropologie, Bd. 7, Stuttgart 1974.

Kant, Immanuel: Gesammelte Schriften, hg. von der Preußischen Akademie der Wissenschaften, 28 Bde., Berlin 1902 ff. [*Aufklärung*: Zur Beantwortung der Frage: Was ist Aufklärung, Bd. 8; *Beweisgrund*: Der einzig mögliche Beweisgrund zu einer Demonstration des Daseins Gottes, Bd. 2; GMS: Grundlegung zur Metaphysik der Sitten, Bd. 4; *KrV*: Kritik der reinen Vernunft, Bd. 2; *KpV*: Kritik der praktischen Vernunft, Bd. 5; *KU*: Kritik der Urteilskraft, Bd. 5; *Naturrecht*: Vorlesungsnachschrift Feyerabend, Bd. 26; REL: Die Religion in den Grenzen bloßer Vernunft, Bd. 7; *R*: Reflexionen, Bde. 14–19].

–: Sein Leben in Darstellungen von Zeitgenossen. Die Biographien von Borowski, Jachmann und Wasianski, hg. v. R. Malter, mit einem Vorwort v. V. Gerhardt, Darmstadt 2012.

Kellerwessel, Wulf: Denn sie wissen nicht, wovon sie sprechen, Würzburg 2010.

Latour, Bruno: Jubilieren. Über religiöse Rede, Berlin 2011.

Luhmann, Niklas: Die Religion der Gesellschaft, hg. v. A. Kieserling, Frankfurt a. M. 2000.

Magnis, Esther Maria: Gott braucht Dich nicht. Eine Bekehrung, Reinbek 2012.

Martin, W./Russell, M. J.: On the Origin of Cells: a Hypothesis for the Evolutionary Transitions from Abiotic Geochemistry to Chemoautotropic Prokaryotes, and from Prokaryotes to Nucleated Cells; in: Philos. Trans. R. Soc. Lond. B. Biol. Science, Ausgabe vom 23. Januar 2003; 358(1429):59.

Markschies, Christoph: Das antike Christentum: Frömmigkeit, Lebensformen, Institutionen, München 2006.

Meier, Christian: Griechen und Europa. Die großen Herausforderungen der Freiheit im fünften Jahrhundert vor Christus. Europavortrag, Universitätsreden der Universität des Saarlandes, 89, Saarbrücken 2011.

Moltke, Helmuth James und Freya von: Abschiedsbriefe Gefängnis Tegel. September 1944 – Januar 1945, München 2011.

Müller-Lauter, Wolfgang: Artikel «Nihilismus», in: Historisches Wörterbuch der Philosophie, Bd. 6, Basel 1984, 846–853.

–: Nihilismus als Konsequenz des Idealismus, in: Denken im Schatten des Nihilismus, Festschr. f. W. Weischedel, hg. v. A. Schwan, Darmstadt 1975, 113–163.

–: Der Organismus als innerer Kampf, in: Nietzsche-Studien 7 (1978), 189–223.

Nietzsche, Friedrich: Sämtliche Werke. Kritische Studienausgabe (KSA), hg. v. G. Colli/M. Montinari, München 1980 [Die verwendeten Abkürzungen für die aus dieser Ausgabe zitierten Werke: *AC*: Antichrist, Bd. 6; *EH*: Ecce homo, Bd. 6; *FW*: Fröhliche Wissenschaft, Bd. 3; *GD*: Götzen-Dämmerung, Bd. 6; *GM*: Zur Genealogie der Moral, Bd. 5; *GT*: Die Geburt der Tragödie, Bd. 1; *J*: Jenseits von Gut und Böse, Bd. 5; *MA*: Menschliches, Allzumenschliches, Bd. 2; *N*: Nachlass, Bde. 7–14; *PW*: Über das Pathos der Wahrheit, Bd. 1; *SLR*: Scherz, List und Rache, Vorspiel zu *FW*, Bd. 3; *UB*: Unzeitgemäße Betrachtungen, Bd. 1; *WL*: Wahrheit und Lüge im außermoralischen Sinne, Bd. 1; *Z*: Also sprach Zarathustra, Bd. 4 (Die Ziffern im Text verweisen auf die von Nietzsche vorgegebene Einteilung nach der Nummer von Aphorismen oder Abschnitten und auf die Band- und Seitenzahl der KSA.)

–: Willensfreiheit und Fatum, Schulaufsatz in der Pforte, April 1862, in: Frühe Schriften, hg. v. K. Schlechta u. a., München 1994, 2, 60–63 [*WF*].

Novalis: Das allgemeine Brouillon, Materialien zur Enzyklopädistik (1798/99), Hamburg 1993.

Otto, Rudolf, Das Heilige, Breslau 1917.

Parmenides, Fragmente, in: Die Vorsokratiker, gr./dt., hg. v. J. Mansfeld, Stuttgart 1987.

Patrizi, Francesco: Nova de Universis Philosophia, Ferrara 1591.

Perler, Dominik: Transformationen der Gefühle. Philosophische Emotionstheorien 1270–1670, Frankfurt a. M. 2011.

Perler, Dominik/Markus Wild (Hgg.): Der Geist der Tiere. Philosophische Texte zu einer aktuellen Debatte, Frankfurt a. M. 2005.

Pico della Mirandola, Giovanni: De hominis dignitate/Über die Würde des Menschen (1486/87/), lat./dt., Stuttgart 1997.

Platon, Werke, gr./dt. hg. von Gunter Eigler nach der Übersetzung von Friedrich Schleiermacher, Darmstadt 1965 ff. [*Alk*: Alkibiades maior; *Euth*: Euthyphron; *Ion*: Ion; *Nom*: Nomoi; *Pol*: Politikos; *RP*: Politeia; *Sym*: Symposion; *Tim*: Timaios]

Plessner, Helmuth: Die Stufen des Organischen und der Mensch (1928), Gesammelte Schriften, Bd. 4, Frankfurt a. M. 1981.

–: Mensch und Tier. Hamburger Vortrag 1946, Gesammelte Schriften, Bd. 8, Frankfurt a. M. 1981, 52–65.

Polke, Christian: Personalität statt Subjektivität. Friedrich Heinrich Jacobi und Dieter Henrich. Ein (fiktives) Streitgespräch, in: Philosophisches Jahrbuch 120.2 (2013), 305–329.

Precht, Richard David: Wer bin ich und wenn ja, wie viele? Eine philosophische Reise, München 2007.

Reetmsma, Jan Philipp: Im Keller, Hamburg 1997.

–: Vertrauen und Gewalt. Versuch über eine besondere Konstellation der Moderne, Hamburg 2009.

Recki, Birgit: Ästhetik der Sitten. Die Affinität von ästhetischem Gefühl und praktischer Vernunft bei Kant, Frankfurt a. M. 2001

–: Ernst Cassirer über Selbstbewusstsein, in: Freiheit und Denken. Festschrift für Jürgen Stolzenberg, hg. v. St. Lang u. L. Th. Ulrichs, Berlin/Boston 2013, 365–382.

Röser, Johannes: Mut zur Religion. Erziehung, Werte und die neue Frage nach Gott, Freiburg/Basel/Wien 2005.

Rohs, Peter; Der Platz zum Glauben, Münster 2013.

Royce, Josiah: The Philosophy of Loyalty, Nashville/Ten. 1908.

–: The Problem of Christianity (1913), Washington, D. C., 2001.

Schnädelbach, Herbert: Religion in der modernen Welt. Vorträge, Abhandlungen, Streitschriften. Frankfurt a. M. 2009.

Schröder, Richard: Abschaffung der Religion? Wissenschaftlicher Fanatismus und die Folgen, Freiburg 2008.

Schütz, Alfred: Der sinnhafte Aufbau der sozialen Welt. Eine Einleitung in die verstehende Soziologie, Wien 1932.

Seel, Martin: 111 Tugenden, 111 Laster. Eine philosophische Revue, Frankfurt a. M. 2011, 126–130.

Seibert, Christoph: Ethische Theologie, in: Zeitschrift für Theologie und Kirche, 111 (2014), 76–102.

Sommer, Andreas Urs: Religionsverzicht. Ein Memorandum, in: Information Philosophie, 41.2 (2013), 8–14.

Spaemann, Robert: Das unsterbliche Gerücht. Die Frage nach Gott und der Aberglaube der Moderne, Stuttgart 2005.

–/Schönberger, Rolf: Der letzte Gottesbeweis, Düsseldorf 2007.

Taylor, Charles: Ein säkulares Zeitalter, Frankfurt a. M. 2009.

Thies, Christian: Der Sinn der Sinnfrage. Metaphysische Reflexionen auf kantianischer Grundlage, Freiburg/München 2008.

Troeltsch, Ernst: Die Absolutheit des Christentums (1902/1912), Kritische Gesamtausgabe (KGA), Bd. 5, hg. v. T. Rendtorff, Berlin 1998.

–: Die Stellung des Christentums unter den Weltreligionen, in: KGA 17, hg. v. G. Hübinger, Berlin 2006, 105–118.

Updike, John: Marching through Boston (1971), in: Too Far to Go. The Maples Stories, New York 1979, 73–90.

Weber, Max: Wirtschaft und Gesellschaft (1921/22), 5. Aufl., Tübingen 1972.

Wensierski, Peter: Schläge im Namen des Herrn. Die verdrängte Geschichte der Heimkinder in der Bundesrepublik, München 2006.

Willaschek, Marcus: Praktische Vernunft. Handlungstheorie und Moralbegründung bei Kant, Stuttgart/Weimar 1992.

Wittgenstein, Ludwig: Tractatus logico-philosophicus. Kritische Edition, Frankfurt a. M. 1998.

Volker Gerhardt bei C.H.Beck

Öffentlichkeit
Die Politische Form des Bewusstseins
2012. 584 Seiten. Gebunden

Partizipation
Das Prinzip der Politik
2007. 507 Seiten. Gebunden

Der Mensch wird geboren
Kleine Apologie der Humanität
2001. 150 Seiten. Gebunden

Individualität
Das Element der Welt
2000. 242 Seiten. Paperback
Beck'sche Reihe Band 1381

Friedrich Nietzsche
4. Aufl. 2006. 247 Seiten. Paperback
Beck'sche Reihe Band 522

Philosophie und Religion bei C.H.Beck

Kurt Flasch
Warum ich kein Christ bin
Bericht und Argumentation
5. Auflage 2014. 280 Seiten. Gebunden

Heinrich Meier
**Politische Philosophie und die Herausforderung
der Offenbarungsreligion**
2013. 236 Seiten. Gebunden

Wolfgang Huber
Ethik
Die Grundfragen unseres Lebens von der Geburt bis zum Tod
2013. 310 Seiten. Gebunden

Friedrich Wilhelm Graf
Götter global
Wie die Welt zum Supermarkt der Religionen wird
2014. 286 Seiten. Broschiert
Beck Paperback Band 6126

Vittorio Hösle
Eine kurze Geschichte der deutschen Philsophie
Rückblick auf den deutschen Geist
2013. 320 Seiten. Gebunden